# 中国电力行业年度发展报告

# 2015

中国电力企业联合会

中国市场出版社
· 北京 ·

**图书在版编目（CIP）数据**

中国电力行业年度发展报告. 2015 / 中国电力企业联合会编著. —北京：中国市场出版社，2015. 10

ISBN 978 - 7 - 5092 - 1407 - 7

Ⅰ. ①中…　Ⅱ. ①中…　Ⅲ. ①电力工业 - 研究报告 - 中国 - 2015　Ⅳ. ①F426. 61

中国版本图书馆 CIP 数据核字（2015）第 238476 号

## 中国电力行业年度发展报告 2015

**作　　者**　中国电力企业联合会
**责任编辑**　许　慧
**责编邮箱**　xu_hui1985@126. com
**出版发行**　中国市场出版社
**社　　址**　北京市西城区月坛北小街 2 号院 3 号楼　　**邮政编码**　100837
**电　　话**　**编辑部**（010）68012468　**读者服务部**（010）68022950
**发行部**（010）68021338　68020340　68053489
68024335　68033577　68033539
**总编室（盗版举报）**（010）68020336
**经　　销**　新华书店
**印　　刷**　河北鑫宏源印刷包装有限责任公司
**规　　格**　210mm × 285mm　16 开本　　**版　　次**　2015 年 10 月第 1 版
**印　　张**　19. 75　　**印　　次**　2015 年 10 月第 1 次印刷
**字　　数**　335 千字　　**定　　价**　398. 00 元

# 《中国电力行业年度发展报告2015》
# 编 委 会

# 序　言

《中国电力行业年度发展报告》是中国电力企业联合会（以下简称“中电联”）编撰的反映年度行业发展状况的综合性、资料性正式出版物，自2006年首次出版以来，受到电力行业和社会各界的高度关注。

《中国电力行业年度发展报告2015》（以下简称《报告2015》），以国家和电力行业统计数据为依据，通过丰富的资料、准确的数据、必要的分析，力求全面、客观地反映2014年中国电力工业发展变化全貌（不含香港、澳门和台湾地区的相关情况）。《报告2015》共11章，客观地反映了2014年电力行业在法规政策、标准化、电力改革与行业管理、工程建设、电力生产与供应、安全生产和可靠性、电力消费、环境保护与资源节约、电力科技与信息化、电力企业发展与经营，以及国际合作等方面的情况。

我们真诚地希望，《报告2015》能够成为电力从业人员和关心电力事业的读者了解中国电力发展情况的一部权威性、实用性文献。

编委会

2015年8月

# 目 录 CONTENTS

# 第一章 综 述

2014 年，我国经济在复杂多变的环境和多重挑战下持续稳定发展。电力行业适应经济发展新常态，继续坚持“稳中求进”，行业结构不断优化，努力克服各种困难，保持了良好的发展水平，各项工作取得新成绩，为社会经济的稳定发展提供了可靠的电力保障。

**电力供应能力稳步提升。**

2014 年，电力建设速度保持稳定增长态势。到 2014 年年底，全国全口径发电容量 137 018 万千瓦，比上年增长 8.95%，增速比上年下降 0.75 个百分点。其中，水电 30 486 万千瓦，比上年增长 8.71%；火电 92 363 万千瓦，比上年增长 6.15%；核电 2 008 万千瓦，比上年增长 36.97%；并网风电[1]9 657 万千瓦，比上年增长 26.20%；太阳能发电 2 486 万千瓦，比上年增长 56.50%。2014 年年底，全国电网 220 千伏及以上输电线路回路长度 57.76 万千米，比上年增长 6.20%；220 千伏及以上变电设备容量 30.92 亿千伏安，比上年增长 11.15%。

2014 年，全国电源基建新增生产能力 10 443 万千瓦，比上年多投产 221 万千瓦。其中，水电 2 180 万千瓦，比上年少投产 916 万千瓦，占全部新投产容量的 20.87%，比上年减少 9.41 个百分点；火电 4 791 万千瓦，比上年多投产 615 万千瓦，占全部新投产机组容量的 45.87%，比上年提高 5.02 个百分点；核电 547 万千瓦，比上年多投产 326 万千瓦，占全部新投产机组容量的 5.24%，比上年提高 3.08 个百分点；并网风电 2 101 万千瓦，比上年多投产 613 万千瓦，占全部新投产容量的 20.11%，比上年增长 5.57 个百分点；并网太阳能光伏发电新增 825 万千瓦，比上年少投产 418 万千瓦，占全部新投产容量的 7.90%，比上年降低 4.26 个百分点。

2014 年，电力建设投资总额保持增长。全国电力工程建设完成投资 7 805 亿元，比上年增长 1.00%。其中，电源工程建设完成投资 3 686 亿元，比上年减少

[1] 本报告统计的风电、太阳能发电数据均为并网数据。

4.80%，占全国电力工程建设完成投资总额的47.23%；电网工程建设完成投资4 119亿元，比上年增加6.82%，占全国电力工程建设完成投资总额的52.77%。2014年，全国水电、核电、太阳能发电完成投资为负增长，火电完成投资明显回升。

2014年，电网跨区域输电和资源优化配置能力继续提高，截至2014年年底，国家电网公司跨区输电工程输电能力超过6 700万千瓦；其中，交直流联网工程跨区输电能力超过5 850万千瓦，跨区点对网送电能力超过850万千瓦。南方电网形成“八交八直”的“西电东送”主网架，“西电东送”总输电能力超过3 400万千瓦。

**电源结构进一步优化。**

2014年，电力行业清洁发展、绿色发展成效显著，水电、核电、风电、太阳能发电装机容量增幅均高于火电，非化石能源比重进一步上升，火电装机容量比重继续下降。

到2014年年底，水电、核电、风电、太阳能发电等发电设备容量占全国装机容量的比重为32.60%，比上年提高1.78个百分点。截至2014年年底，纳入行业6 000千瓦及以上机组统计调查范围的火电机组容量89 723万千瓦，占全国6 000千瓦及以上火电机组容量的97.67%。调查范围内火电机组平均单机容量12.53万千瓦，比上年增加0.72万千瓦，60万千瓦及以上火电机组容量所占比重达到41.58%，比上年提高0.44个百分点，比2005年提高29.90个百分点，大容量、高参数的火电机组自“十一五”以来得到迅速发展。单机30万~60万千瓦（不包含60万千瓦）、20万~30万千瓦（不包含30万千瓦）、10万~20万千瓦（不包含20万千瓦）火电机组比重分别为35.75%、6.22%和7.09%。

**电力生产运行安全平稳。**

2014年，全国全口径发电量56 045亿千瓦时，比上年增长4.33%。其中，水电10 601亿千瓦时，比上年增长18.83%；火电42 274亿千瓦时，比上年增长0.14%；核电1 332亿千瓦时，比上年增长19.48%；风电1 598亿千瓦时，比上年增长15.55%。

2014年，全国6 000千瓦及以上发电设备利用小时4 318小时，比上年降低203小时。其中，水电3 669小时，比上年提高310小时；火电4 739小时，比上年降低282小时；核电7 787小时，比上年降低87小时；风电1 900小时，比上年降低 125 小时。

2014 年，全国跨区送电量完成 2 997 亿千瓦时，比上年增长 23.03%；全国跨省输出电量 8 670 亿千瓦时，比上年增长 10.41%。

2014 年，全国没有发生重大以上电力人身伤亡责任事故，没有发生重大以上电力安全事故，没有发生较大以上电力设备事故，没有发生电力系统稳定事故及水电站大坝漫坝、垮坝等对社会有重大影响的电力安全事件。

2014 年，全国发电设备、输变电设施、直流输电系统、城市和农村用户供电可靠性运行水平稳步提高。在全国 415 个地市级供电企业及所辖 2 260 个县级供电企业开展的用户供电可靠性统计中，全国城市 10 千伏电压等级供电系统总用户数达到了 193.7 万户，平均供电可靠率 99.971%，比上年提高了 0.013 个百分点，用户平均停电时间 2.59 小时，比上年减少 1.07 小时；全国农村 10 千伏电压等级供电系统总用户数达到了 614 万户，平均供电可靠率为 99.935%，比上年提高了 0.030 个百分点，用户平均停电时间 5.72 小时，比上年减少 2.58 小时。

**电力消费需求增速放缓。**

2014 年，全国电力消费需求增长放缓，全国全社会用电量增速较上年回落。全国全社会用电量 55 637 亿千瓦时，比上年增长 4.14%，增速较上年回落 3.44 个百分点。第一产业、第二产业、第三产业、城乡居民生活用电量增速较上年都有回落。

2014 年，全国第一产业用电量 1 013 亿千瓦时，比上年下降 1.22%；第二产业用电量 41 017 亿千瓦时，比上年增长 4.28%，高于全社会用电量增速 0.14 个百分点，对全社会用电量增长的贡献率为 76.02%，比上年提高 6.79 个百分点；第三产业用电量 6 670 亿千瓦时，比上年增长 6.39%，高于全社会用电量增速 2.25 个百分点，对全社会用电量增长的贡献率为 18.09%；城乡居民生活用电量 6 936 亿千瓦时，比上年增长 2.10%，比全社会用电量增速低 2.04 个百分点，对全社会用电量增长的贡献率为 6.45%，比上年降低 8.27 个百分点。

2014 年，电力消费需求增长放缓，而全国发电装机容量总体充足，电煤供应持续宽松，主要水电生产地区汛期来水情况较好，全国电力供需总体宽松。受煤电机组环保改造、气温、局部电网受限等因素影响，局部地区在部分时段有一定错峰。

分区域看，华北区域电力供需总体平衡、部分地区个别时段偏紧，7 月份山东日最大错峰负荷360万千瓦、河北南网239万千瓦、冀北87万千瓦、天津36万千瓦。东北区域电力供应能力富余较多，火电设备利用小时比上年小幅提高，机组过剩、开机不足问题仍然较为突出。华东区域电力供需平衡，4月份安徽有少量错峰，7月份江苏日最大错峰负荷112万千瓦，福建有少量错峰；受电力消费需求增长放缓以及区域外来电增加较多影响，区域火电设备利用小时比上年明显下降。华中区域电力供需平衡，7月份河南日最大错峰负荷90万千瓦。西北区域电力供应能力富余，7月份陕西日最大错峰负荷116万千瓦。南方区域电力供需总体平衡，海南电力供应持续紧张，日最大错峰负荷59.4万千瓦，累计错峰电量5.8亿千瓦时；云南丰水期电力供应能力富余较多，全年火电设备利用小时不足3 000小时。

**电力改革取得新进展。**

2014年，电力改革主要围绕市场化方向展开。深圳开展输配电价改革试点，目的是通过完善输配电价监管制度和监管方法，促进电力市场化改革，为其他地区输配电价改革积累经验，实现输配电价监管的科学化、规范化和制度化。通过确定电网输配电价，加强对输配电价改革的监管，有利于推动发电侧和售电侧的市场化改革，逐步放开竞争性环节电价，把输配电价与发、售电价在形成机制上分开。参与市场交易的发电企业上网电价由用户或市场化售电主体与发电企业通过自愿协商、市场竞价等方式自主确定，电网企业按照政府核定的输配电价收取过网费。参与电力市场的用户购电价格由市场交易价格、输配电价（含损耗）和政府性基金组成，未参与电力市场的用户，继续执行政府定价。

黑龙江、吉林开展的竞价上网试点，广东等地电力大用户与发电企业直接交易深化试点，分布式光伏发电探索区域电力交易试点等改革试点，充分体现了“管住中间、放开两头”的改革思路，这些改革试点为全面电力市场化改革措施的出台积累了经验。

**科技创新取得新成果。**

2014年，国家电网公司等12家大型电力企业科技投入金额405.23亿元，占营业收入的1.14%；其中自筹技术开发费用投入318.17亿元，占科技投入总额的78.52%。12家大型电力企业共有研发机构534家，其中国家重点实验室7家、国家工程实验室4家、国家工程技术研究中心9家、国家级企业技术中心16个、省部级认定的研发机构111家。

2014年，电力企业获得国家科学技术进步奖7项（其中一等奖2项、二等奖5

项）；获得中国电力科学技术奖96项，包括2014年度中国电力技术发明奖5项、中国电力科学技术进步奖91项（其中一等奖11项、二等奖21项）。

在电网领域，电网雷击防护关键技术研究，在基础理论与实验、技术研发、工程应用方面整体技术达到国际领先水平，成果已在电网中广泛应用，对国防和民用重要基础设施的雷电灾害监测与防治有着重要的推广应用价值。特高压串补关键技术研究、装置研制及工程应用研制出了具有完全自主知识产权的世界首套特高压串补装置，主要技术指标国际领先。大型城市电网高压设备状态检测集成评价技术研究与应用实践、智能配用电示范工程研究与实践等十几项重大研究成果，全面增强了我国在相关领域的影响力、竞争力和话语权。

在电源领域，水电站特高拱坝复杂基础多层次稳定评价理论与应用，系统研究了高拱坝基础变形破坏的力学机理、稳定分析及加固设计等关键问题，取得了系列研究成果。核电蒸汽发生器用800合金U形管传热管项目摆脱了长期以来我国核电蒸汽发生器传热管对国外的依赖，填补了国内空白，对促进我国核电出口、保障国家能源安全以及加强对外能源合作有着重要意义，同时创造了巨大的经济效益和社会效益，提升了我国特殊合金管生产水平，推进了我国高性能核电用管国产化进程。另有二十余项重大成果，覆盖了发电领域的相关方面，产生了巨大的社会效益和经济效益。

**节能减排迈出新步伐。**

2014年，全国火电机组每千瓦时供电标准煤耗319克，比上年降低2克，煤电机组供电标准煤耗继续保持世界先进水平；全国线路损失率为6.64%，比上年降低0.38个百分点；全国发电厂用电率4.83%，比上年降低0.22个百分点。

2014年，全国电力烟尘排放约98万吨，比上年下降31.0%；每千瓦时火电发电量烟尘排放量为0.23克，比上年下降0.11克。全国电力二氧化硫排放约620万吨，比上年下降20.5%，与1995年电力二氧化硫排放量相当；每千瓦时火电发电量二氧化硫排放量为1.47克，比上年下降0.38克，优于美国2013年水平。全国电力氮氧化物排放约620万吨，比上年下降25.7%，每千瓦时火电发电量氮氧化物排放量为1.47克，比上年下降0.51克。

截至2014年年底，燃煤电厂电除尘器、袋式除尘器、电袋复合式除尘器占全国燃煤机组容量的比重分别为77.3%、9.0%、13.7%。全国累计投运火电厂烟气脱硫机组容量约7.6亿千瓦，占全国火电机组容量的82.3%，占全国煤电机组容量的91.4%，比美国（2013年）高近20个百分点；全国累计投运火电厂烟气脱硝机组约6.87亿千瓦，占全国火电机组容量的74.4%。

以2005年为基准年，2006—2014年，电力行业通过发展非化石能源、降低供电煤耗和降低线损率等措施，累计减排二氧化碳约60亿吨。其中，供电煤耗的降低对电力行业二氧化碳减排贡献50%，非化石能源发展贡献48%。

**电力企业经营保持良好。**

2014年，全国电力企业利润总额4 186亿元，比上年增长19.03%，占全国规模以上工业企业利润总额的6.47%，比上年提高0.92个百分点，但仍低于全国电力企业资产总额占全国规模以上工业企业的比重。从资产利润率来看，全国电力企业为4.03%，电力供应企业为2.41%，发电企业为5.28%，其中火电企业、水电企业、核电企业、风电企业和太阳能发电企业分别为7.15%、3.72%、3.99%、2.34%和2.81%，同期全国规模以上工业企业资产利润率为6.99%，远高于电力企业资产利润率。

**国际合作取得新成绩。**

2014年，电力企业对外投资出现显著变化：投资规模和投资项目数量大幅增加；投资模式上股权并购项目数量占比明显增多；投资领域向清洁能源项目倾斜，核电投资成为新兴领域。

2014年，12家主要电力企业实际完成对外投资总额117.3亿美元，同比增长约7.4倍。电力企业对外投资区域广泛，涉及亚洲的柬埔寨、印尼、老挝和韩国，美洲的巴西和加拿大，欧洲的西班牙、意大利和俄罗斯，大洋洲的澳大利亚以及非洲的纳米比亚等国家。投资模式较2013年变化较大，股权投资成为主要投资类型。投资领域包括风电、水电、火电、核电和输变电等，核电投资首次出现。2014年重大电力对外投资项目（投资超过3 000万美元）共有24项，较2013年增加15项。

2014年，我国电力企业积极实施“走出去”战略，充分抓住投资机遇，重点收购发达国家和地区的优质电力资产或股权。如国家电网公司分别收购新加坡能源国际澳洲资产公司60%股权、新加坡能源澳网公司19.9%股权、香港电灯有限公司20%股权和意大利存贷款能源网公司35%股权；南方电网国际（香港）有限公司联合中华电力有限公司成功收购香港青山发电有限公司100%股权；华电集团收购西班牙巴辛风电项目100%股权等。

2014 年，我国电力工业可持续发展成就显著，也存在着一些问题，困扰我国电力工业科学发展的体制机制性问题有待继续完善，电力工业可持续发展能力需要进一步提高，转变电力发展方式任重道远，这些问题都需要通过电力行业和全社会的共同努力来解决。

# 第二章 法规政策和标准化

## 一、法律法规

### （一）法律

2014 年公布、修改的与电力行业有关的法律有：

（1）《中华人民共和国环境保护法》。由中华人民共和国第十二届全国人民代表大会常务委员会第 8 次会议于 2014 年 4 月 24 日修订通过，中华人民共和国主席令第 9 号公布，自 2015 年 1 月 1 日起施行。

（2）《全国人民代表大会常务委员会关于修改〈中华人民共和国安全生产法〉的决定》。由中华人民共和国第十二届全国人民代表大会常务委员会第 10 次会议于 2014 年 8 月 31 日通过，中华人民共和国主席令第 13 号公布，自 2014 年 12 月 1 日起施行。

（3）《中华人民共和国航道法》。由中华人民共和国第十二届全国人民代表大会常务委员会第 12 次会议于 2014 年 12 月 28 日通过，中华人民共和国主席令第 17 号公布，自 2015 年 3 月 1 日起施行。

### （二）行政法规

2014 年颁布、修改的与电力行业有关的行政法规有：

（1）《中华人民共和国保守国家秘密法实施条例》。2014 年 1 月 17 日国务院令第 646 号公布，自 2014 年 3 月 1 日起施行。

（2）《南水北调工程供用水管理条例》。由 2014 年 1 月 22 日国务院第 37 次常务会议通过，2014 年 2 月 16 日国务院令第 647 号公布，自公布之日起施行。

（3）《企业信息公示暂行条例》。由 2014 年 7 月 23 日国务院第 57 次常务会议通过，2014 年 8 月 7 日国务院令第 654 号公布，自 2014 年 10 月 1 日起施行。

（4）《国务院关于废止和修改部分行政法规的决定》（国务院令第 648 号，

2014年2月19日公布，2014年3月1日起施行）中，国务院决定修改的行政法规：对《中华人民共和国公司登记管理条例》做出修改；对《中华人民共和国企业法人登记管理条例》做出修改；对《中华人民共和国中外合资经营企业法实施条例》做出修改；对《中华人民共和国中外合作经营企业法实施细则》做出修改。

国务院宣布废止的行政法规有：《中外合资经营企业合营各方出资的若干规定》（1987年12月30日国务院批准，1988年1月1日对外经济贸易部、国家工商行政管理局发布）；《〈中外合资经营企业合营各方出资的若干规定〉的补充规定》（1997年9月2日国务院批准，1997年9月29日对外贸易经济合作部、国家工商行政管理局发布）。

### （三）国务院部门规章

2014年颁布、修改的与电力行业有关的国务院部门规章有：

（1）《价格违法行为举报处理规定》（国家发展改革委令第6号）。2014年1月15日公布，自2014年5月1日起施行。

（2）《劳务派遣暂行规定》（人力资源和社会保障部令第22号）。2014年1月24日公布，自2014年3月1日起施行。

（3）《中央预算内直接投资项目管理办法》（国家发展改革委令第7号）。2014年1月29日发布，自2014年3月1日起施行。

（4）《工伤职工劳动能力鉴定管理办法》（人力资源和社会保障部等两部委令第21号）。2014年2月20日公布，自2014年4月1日起施行。

（5）《天然气基础设施建设与运营管理办法》（国家发展改革委令第8号）。2014年2月28日公布，自2014年4月1日起施行。

（6）《政府核准投资项目管理办法》（国家发展改革委令第11号）。2014年5月14日发布，自2014年6月14日起施行。

（7）《建筑施工企业主要负责人、项目负责人和专职安全生产管理人员安全生产管理规定》（住房和城乡建设部令第17号）。2014年6月25日发布，自2014年9月1日起施行。

（8）《关于废止〈环境污染治理设施运营资质许可管理办法〉的决定》（环境保护部第27号令）。2014年7月4日公布，自公布之日起施行。

（9）《煤炭经营监管办法》（国家发展改革委令第 13 号）。2014 年 7 月 30 日发布，自 2014 年 9 月 1 日起施行。国家发展改革委 2004 年 12 月 27 日发布的《煤炭经营监管办法》（国家发展改革委令第 25 号）同时废止。

（10）《电力监控系统安全防护规定》（国家发展改革委令第 14 号）。2014 年 8 月 1 日公布，自 2014 年 9 月 1 日起施行。

（11）《西部地区鼓励类产业目录》（国家发展改革委令第 15 号）。2014 年 8 月 20 日发布，自 2014 年 10 月 1 日起施行。

（12）《商品煤质量管理暂行办法》（国家发展改革委等 6 部委令第 16 号）。2014 年 9 月 3 日发布，自 2015 年 1 月 1 日起施行。

（13）《碳排放权交易管理暂行办法》（国家发展改革委第 17 号令）。2014 年 12 月 10 日发布，自发布之日起 30 日后施行。

（14）《环境保护主管部门实施按日连续处罚办法》（环境保护部令第 28 号）。2014 年 12 月 19 日公布，自 2015 年 1 月 1 日起施行。

（15）《环境保护主管部门实施查封、扣押办法》（环境保护部令第 29 号）。2014 年 12 月 19 日公布，自 2015 年 1 月 1 日起施行。

（16）《环境保护主管部门实施限制生产、停产整治办法》（环境保护部令第 30 号）。2014 年 12 月 19 日公布，自 2015 年 1 月 1 日起施行。

（17）《企业事业单位环境信息公开办法》（环境保护部令第 31 号）。2014 年 12 月 19 日公布，自 2015 年 1 月 1 日起施行。

（18）《突发环境事件调查处理办法》（环境保护部令第 32 号）。2014 年 12 月 19 日公布，自 2015 年 3 月 1 日起施行。

（19）《煤矸石综合利用管理办法》（国家发展改革委等 10 部委令第 18 号）。2014 年 12 月 22 日发布，自 2015 年 3 月 1 日起施行。1998 年原国家经贸委等八部门联合发布的《煤矸石综合利用管理办法》（国经贸资〔1998〕80 号）同时废止。

（20）《国家以工代赈管理办法》（国家发展改革委令第 19 号）。2014 年 12 月 27 日公布，自发布之日起 30 日后施行。

## （四）地方性法规

2014 年颁布、修改的与电力行业有关的地方性法规有：

（1）《北京市大气污染防治条例》。由北京市第十四届人民代表大会第 2 次会议于 2014 年 1 月 22 日通过，自 2014 年 3 月 1 日起施行。

（2）《天津市电力设施保护条例》。由天津市第十六届人民代表大会常务委员会第 14 次会议于 2014 年 11 月 28 日通过，自 2015 年 1 月 1 日起施行。

（3）《山西省电力设施保护条例》。由山西省第十二届人民代表大会常务委员会第 12 次会议于 2014 年 7 月 25 日通过，自 2014 年 9 月 1 日起施行。

（4）《山西省建设工程抗震设防条例》。由山西省第十二届人民代表大会常务委员会第 16 次会议于 2014 年 11 月 28 日通过，自 2015 年 1 月 1 日起施行。

（5）《山东省辐射污染防治条例》。由山东省第十二届人民代表大会常务委员会第 6 次会议于 2014 年 1 月 15 日通过，自 2014 年 5 月 1 日起施行。

（6）《山东省供热条例》。由山东省第十二届人民代表大会常务委员会第 7 次会议于 2014 年 3 月 28 日通过，自 2014 年 9 月 1 日起施行。

（7）《上海市大气污染防治条例》。由上海市第十四届人民代表大会常务委员会第 14 次会议于 2014 年 7 月 25 日通过，自 2014 年 10 月 1 日起施行。2001 年 7 月 13 日上海市第十一届人民代表大会常务委员会第 29 次会议通过的《上海市实施〈中华人民共和国大气污染防治法〉办法》同时废止。

（8）《上海市防汛条例》。由上海市第十四届人民代表大会常务委员会第 14 次会议于 2014 年 7 月 25 日通过《关于修改〈上海市防汛条例〉的决定》第二次修正。

（9）《上海市消费者权益保护条例》。由上海市第十四届人民代表大会常务委员会第 16 次会议于 2014 年 11 月 20 日通过《关于修改〈上海市消费者权益保护条例〉的决定》修正。

（10）《江苏省统计条例》。由江苏省第十二届人民代表大会常务委员会第 8 次会议于 2014 年 1 月 16 日通过，自 2014 年 5 月 1 日起施行。

（11）《江苏省企业技术进步条例》。由江苏省第十二届人民代表大会常务委员会第 11 次会议于 2014 年 7 月 25 日通过，自 2014 年 10 月 1 日起施行。

（12）《江苏省气候资源保护和开发利用条例》。由江苏省第十二届人民代表大会常务委员会第 12 次会议于 2014 年 9 月 26 日通过，自 2015 年 1 月 1 日起施行。

（13）《浙江省防震减灾条例》。由浙江省第十二届人民代表大会常务委员会第 10 次会议于 2014 年 5 月 28 日通过，自 2014 年 10 月 1 日起施行。

（14）《安徽省企业民主管理条例》。由安徽省第十二届人民代表大会常务委员会第 9 次会议于 2014 年 1 月 22 日通过，自 2014 年 3 月 1 日起施行。

（15）《安徽省建设工程造价管理条例》。由安徽省第十二届人民代表大会常务委员会第 13 次会议于 2014 年 8 月 21 日通过，自 2014 年 11 月 1 日起施行。

（16）《安徽省气候资源开发利用和保护条例》。由安徽省第十二届人民代表大会常务委员会第 14 次会议于 2014 年 9 月 26 日通过，自 2014 年 12 月 1 日起施行。

（17）《安徽省实施〈中华人民共和国水土保持法〉办法》。由安徽省第十二届人民代表大会常务委员会第 15 次会议于 2014 年 11 月 20 日修订，自 2015 年 1 月 1 日起施行。

（18）《福建省水土保持条例》。由福建省第十二届人民代表大会常务委员会第 9 次会议于 2014 年 5 月 22 日通过，自 2014 年 7 月 1 日起施行。1995 年 1 月 13 日福建省第八届人民代表大会常务委员会第 14 次会议通过，1997 年 10 月 25 日经福建省第八届人民代表大会常务委员会第 35 次会议修订的《福建省实施〈中华人民共和国水土保持法〉办法》同时废止。

（19）《湖北省水污染防治条例》。由湖北省第十二届人民代表大会第 2 次会议于 2014 年 1 月 22 日通过，自 2014 年 7 月 1 日起施行。2000 年 12 月 1 日湖北省第九届人民代表大会常务委员会第 21 次会议通过的《湖北省实施〈中华人民共和国水污染防治法〉办法》同时废止。

（20）《湖北省抗旱条例》。由湖北省第十二届人民代表大会常务委员会第 7 次会议于 2014 年 1 月 9 日通过，自 2014 年 4 月 1 日起施行。

（21）《湖北省人民代表大会常务委员会关于集中修改、废止部分省本级地方性法规的决定》。由湖北省第十二届人民代表大会常务委员会第 11 次会议 2014 年 9 月 25 日通过，对《湖北省安全生产条例》做出修改，删去第十九条第五款。

（22）《四川省〈中华人民共和国节约能源法〉实施办法》。由四川省第十二届人民代表大会常务委员会第 9 次会议于 2014 年 5 月 29 日修订，自 2014 年 8 月 1 日起施行。

（23）《重庆市劳动保障监察条例》。由重庆市第四届人民代表大会常务委员会第 13 次会议于 2014 年 9 月 25 日通过，自 2015 年 1 月 1 日起施行。

（24）《辽宁省水能资源开发利用管理条例》。由辽宁省第十二届人民代表大会常务委员会第 6 次会议于 2014 年 1 月 9 日根据《关于修改部分地方性法规的决定》

修正。

(25)《辽宁省安全生产条例》。由辽宁省第十二届人民代表大会常务委员会第6次会议于2014年1月9日根据《关于修改部分地方性法规的决定》修正。

(26)《辽宁省统计管理条例》。辽宁省第十二届人民代表大会常务委员会第6次会议于2014年1月9日根据《关于修改部分地方性法规的决定》第三次修正。

(27)《吉林省人民代表大会常务委员会关于修改〈吉林省地方水电管理条例〉的决定》。由吉林省第十二届人民代表大会常务委员会第9次会议于2014年7月30日通过，自2014年7月30日起施行。

(28)《黑龙江省安全生产条例》。由黑龙江省第十二届人民代表大会常务委员会第16次会议于2014年12月17日通过，自2015年4月1日起施行。2006年8月19日黑龙江省第十届人民代表大会常务委员会第22次会议通过的《黑龙江省安全生产条例》同时废止。

(29)《陕西省标准化条例》。由陕西省第十二届人民代表大会常务委员会第9次会议于2014年5月29日通过，2014年5月29日公布，自2014年10月1日起施行。

(30)《陕西省放射性污染防治条例》。由陕西省第十二届人民代表大会常务委员会第11次会议于2014年7月31日通过，2014年7月31日公布，自2014年10月1日起施行。

(31)《广东省信息化促进条例》。由广东省第十二届人民代表大会常务委员会第9次会议于2014年5月29日通过，2014年5月29日公布，自2014年9月1日起施行。

(32)《广东省企业集体合同条例》。由广东省第十二届人民代表大会常务委员会第11次会议于2014年9月25日通过，2014年9月25日公布，自2015年1月1日起施行。

(33)《广东省气象灾害防御条例》。由广东省第十二届人民代表大会常务委员会第12次会议于2014年11月26日通过，2014年11月26日公布，自2015年3月1日起施行。

### （五）地方政府规章

2014年颁布、修改的与电力行业有关的地方政府规章有：

（1）《北京市民用建筑节能管理办法》（北京市人民政府令第 256 号）。由北京市人民政府第 43 次常务会议于 2014 年 6 月 3 日审议通过，2014 年 6 月 24 日公布，自 2014 年 8 月 1 日起施行。

（2）《关于修改部分市政府规章的决定》（天津市人民政府令第 7 号）。由天津市人民政府第 28 次常务会议于 2014 年 3 月 25 日通过，2014 年 4 月 12 日公布，自公布之日起施行。其中《天津市电磁辐射环境保护管理办法》（2005 年市人民政府令第 96 号）删去第九条第二款。

（3）《浙江省科学技术奖励办法》（浙江省人民政府令第 325 号）。由浙江省人民政府第 30 次常务会议审议通过，2014 年 7 月 28 日公布，自 2014 年 9 月 1 日起施行。

（4）《浙江省企业权益保护规定》（浙江省人民政府令第 328 号）。由浙江省人民政府第 34 次常务会议审议通过，2014 年 10 月 30 日公布，自 2015 年 1 月 1 日起施行。

（5）《江西省人民政府关于修改〈江西省水路运输管理办法〉等 11 件省政府规章的决定》（江西省人民政府令第 210 号）。由江西省人民政府第 18 次常务会议于 2014 年 1 月 27 日审议通过，2014 年 1 月 30 日公布，自公布之日起施行。其中《江西省电力设施保护办法》第二十五条修改。

（6）《江西省税收保障办法》（江西省人民政府令第 211 号）。由江西省人民政府第 24 次常务会议于 2014 年 5 月 13 日审议通过，2014 年 5 月 19 日公布，自 2014 年 7 月 1 日起施行。

（7）《江西省实施〈自然灾害救助条例〉办法》（江西省人民政府令第 212 号）。由江西省人民政府第 25 次常务会议于 2014 年 6 月 3 日审议通过，2014 年 6 月 9 日公布，自 2014 年 8 月 1 日起施行。

（8）《山东省气象灾害评估管理办法》（山东省人民政府令第 275 号）。由山东省人民政府第 25 次常务会议于 2014 年 2 月 24 日通过，2014 年 3 月 27 日公布，自 2014 年 5 月 1 日起施行。

（9）《湖北省突发事件应对办法》（湖北省人民政府令第 367 号）。由湖北省人民政府常务会议于 2014 年 1 月 6 日审议通过，2014 年 1 月 10 日公布，自 2014 年 3 月 1 日起施行。

（10）《湖北省碳排放权管理和交易暂行办法》（湖北省人民政府令第 371 号）。由湖北省人民政府常务会议于 2014 年 3 月 17 日审议通过，2014 年 4 月 4 日公布，自2014年6月1日起施行。

(11)《湖北省气象灾害防御实施办法》(湖北省人民政府令第372号)。由湖北省人民政府常务会议于2014年3月31日审议通过，2014年4月18日公布，自2014年7月1日起施行。

(12)《湖北省工伤保险实施办法》(湖北省人民政府令第375号)。由湖北省人民政府常务会议于2014年11月17日修订通过，修订后的《湖北省工伤保险实施办法》2014年12月6日公布，自2015年2月1日起施行。

(13)《湖南省实施〈工伤保险条例〉办法》(湖南省人民政府令第267号)。由湖南省人民政府第21次常务会议于2014年1月22日审议通过，2014年2月22日公布，自2014年4月1日施行。

(14)《广东省建设工程造价管理规定》(广东省人民政府令第205号)。由广东省人民政府第32次常务会议于2014年9月22日通过，2014年10月27日公布，自2014年12月15日起施行。

(15)《海南省节能监察暂行办法》(海南省人民政府令第255号)。由海南省人民政府第30次常务会议于2014年11月24日审议通过，2014年11月28日公布，自2015年1月1日起施行。

(16)《四川省〈中华人民共和国抗旱条例〉实施办法》(四川省人民政府令第282号)。由四川省人民政府第60次常务会议于2014年9月22日审议通过，2014年10月8日公布，自2014年12月1日起施行。

(17)《四川省气候资源开发利用和保护办法》(四川省人民政府令第285号)。由四川省人民政府第67次常务会议于2014年11月17日审议通过，2014年11月24日公布，自2015年1月1日起施行。

(18)《甘肃省取水许可和水资源费征收管理办法》(甘肃省人民政府令第110号)。由省人民政府第50次常务会议于2014年6月20日讨论通过，2014年6月21日公布，自2014年8月1日起施行。

## 二、电力发展政策

### (一) 十二届全国人大二次会议《政府工作报告》中的有关内容

2014年3月5日十二届全国人大二次会议批准的《政府工作报告》指出，2014

年，我国面临的形势依然错综复杂，有利条件和不利因素并存。世界经济复苏存在不稳定、不确定因素，一些国家宏观政策调整带来变数，新兴经济体又面临新的困难和挑战。全球经济格局深度调整，国际竞争更趋激烈。我国支撑发展的要素条件也在发生深刻变化，深层次矛盾凸显，正处于结构调整阵痛期、增长速度换挡期，到了爬坡过坎的紧要关口，经济下行压力依然较大。同时要看到，我国发展仍处在可以大有作为的重要战略机遇期，工业化、城镇化持续推进，区域发展回旋余地大，今后一个时期保持经济中高速增长有基础也有条件。要坚持稳中求进工作总基调，把改革创新贯穿于经济社会发展各个领域各个环节，保持宏观经济政策的连续性、稳定性，增强调控的前瞻性、针对性，全面深化改革，不断扩大开放，实施创新驱动，坚持走中国特色新型工业化、信息化、城镇化、农业现代化道路，加快转方式调结构促升级，加强基本公共服务体系建设，着力保障和改善民生，切实提高发展质量和效益，大力推进社会主义经济建设、政治建设、文化建设、社会建设、生态文明建设，实现经济持续健康发展和社会和谐稳定。要完善国有资产管理体制，准确界定不同国有企业功能，推进国有资本投资运营公司试点。完善国有资本经营预算，提高中央企业国有资本收益上缴公共财政比例。制定非国有资本参与中央企业投资项目的办法，在金融、石油、电力、铁路、电信、资源开发、公用事业等领域，向非国有资本推出一批投资项目。推动能源生产和消费方式变革。加大节能减排力度，控制能源消费总量，今年能源消耗强度要降低3.9%以上，二氧化硫、化学需氧量排放量都要减少2%。要提高非化石能源发电比重，发展智能电网和分布式能源，鼓励发展风能、太阳能，开工一批水电、核电项目。加强天然气、煤层气、页岩气勘探开采与应用。推进资源性产品价格改革，建立健全居民用水、用气阶梯价格制度。实施建筑能效提升、节能产品惠民工程，发展清洁生产、绿色低碳技术和循环经济，提高应对气候变化能力。强化节水、节材和资源综合利用。加快开发应用节能环保技术和产品，把节能环保产业打造成生机勃勃的朝阳产业。

### （二）国务院常务会议有关内容

2014年国务院常务会议共召开40次，其中15次会议研究决定的事项涉及电力行业或与电力行业相关。

（1）1月8日，国务院常务会议决定推出进一步深化行政审批制度改革三项措施。一是公开国务院各部门全部行政审批事项清单，推进进一步取消和下放，促进规范管理，接受社会监督，切实防止边减边增、明减暗增。除公开的事项外，各部门不得擅自新设行政审批事项。向审批事项的“负面清单”管理方向迈进，逐步做到审批清单之外的事项，均由市场主体依法自行决定。二是清理并逐步取消各部门非行政许可审批事项。对面向公民、法人或其他组织的非行政许可审批事项原则上予以取消，确需保留的要通过法定程序调整为行政许可，其余一律废止。堵住“偏门”，消除审批管理中的“灰色地带”。今后也不得在法律法规之外设立面向社会公众的审批事项。同时，要改变管理方式，加强事中事后监管，切实做到“放”、“管”结合。三是在2013年分三批取消和下放行政审批事项的基础上，重点围绕生产经营领域，再取消和下放70项审批事项，使简政放权成为持续的改革行动。

(2) 1月15日，国务院常务会议原则通过《社会信用体系建设规划纲要(2014—2020年)》和《中华人民共和国安全生产法修正案（草案)》。该规划纲要要求：一是全面推进包括政务诚信、商务诚信、社会诚信等在内的社会信用体系建设。政府要以身作则，带头推进政务公开，依法公开在行政管理中掌握的信用信息，提高决策透明度，以政务诚信示范引领全社会诚信建设。二是加强基础建设。制定全国统一的信用信息采集和分类管理标准，推动地方、行业信用信息系统建设及互联互通，逐步消除“信息孤岛”，构建信息共享机制，在保护涉及公共安全、商业秘密、个人隐私等信用信息的基础上，依法使各类社会主体的信用状况透明、可核查，让失信行为无处藏身。三是用好社会力量。企业要把诚信经营作为安身立命之本，切实做到重合同、守信用。发挥行业组织自律和市场机制作用，培育和规范信用服务市场，形成全社会共同参与、推进信用体系建设的合力。四是加快推动立法。把健全相关法律法规和标准体系作为重要基础性工作，列入立法规划尽快推进实施，使信用体系建设有法可依。

会议通过《中华人民共和国安全生产法修正案（草案)》。草案更加突出事故隐患排查治理和事前预防，重点强化了三方面的要求：一是强化落实企业主体责任，对重大安全隐患加大处罚力度；二是强化政府监管，完善监管措施，扩大监管范围，严肃查处监管人员失职渎职、不作为等行为；三是强化安全生产责任追究，加重对违法违规行为特别是责任人的处罚，让肇事者、责任人付出更大的代价。

(3) 1月22日召开国务院第三次常务会议指出，实施创新驱动发展战略，发挥好科技创新对经济社会发展的引领支撑作用，推动经济提质增效升级，必须创新体制机制，改革科研项目和资金管理办法，使财政科研资金突出助优扶强，流向能创新、善攻坚的优秀团队和符合经济社会重大需求的项目，提高资金配置效率。一要把政府引导支持和企业主体作用有效结合。财政资金积极支持基础前沿、战略高技术、社会公益和重大共性关键技术研究，建立财政投入与社会资金搭配机制，发挥“四两拨千斤”的撬动作用。对市场导向类项目突出以企业为主体，自主决定研发方向、要素配置等。鼓励企业联合高校和科研院所，既搞基础科研，又搞应用研究，促进科学与技术、科技与产业融合，推动成果产业化、市场化。二要简政放权，简化审批流程。建立公开透明的申报、立项、评审和批准制度，健全绩效评估、动态调整和终止机制。强化资金监管，建立科研信用“黑名单”制度，杜绝一题多报、重复资助等现象，消除行政化定项目、分资金的弊端，把资金用到刀刃上。三要着力调动科研人员积极性。完善科研人员收入分配政策，健全与岗位职责、工作业绩、实际贡献紧密联系的分配激励机制。推进科技评价和奖励制度改革，鼓励科研院所、高校和企业创新人才双向交流。完善和落实促进科研人员成果转化的收益分配政策，落实激励科技创新的税收政策，让创造性智力活动得到应有的回报，让科技创新的核心要素真正活起来。

（4）2 月 12 日，国务院常务会议研究部署进一步加强雾霾等大气污染治理。会议要求在抓紧完善现有政策的基础上，进一步推出以下措施：一是加快调整能源结构。实施跨区送电项目，合理控制煤炭消费总量，推广使用洁净煤。促进车用成品油质量升级，2014 年年底前全面供应国Ⅳ车用柴油。推行供热计量改革，开展建筑节能，促进城镇污染减排。加快淘汰老旧低效锅炉，提升燃煤锅炉节能环保水平。提前一年全面完成“十二五”落后产能淘汰任务。二是发挥价格、税收、补贴等的激励和导向作用。对煤层气发电等给予税收政策支持。中央财政设立专项资金，2014 年安排 100 亿元，对重点区域大气污染防治实行“以奖代补”。制定重点行业能效、排污强度“领跑者”标准，对达标企业予以激励。完善购买新能源汽车的补贴政策，加大力度淘汰黄标车和老旧汽车。大力支持节能环保核心技术攻关和相关产业发展。三是落实各方责任。实施大气污染防治责任考核。健全国家监察、地方监管、单位负责的环境监管体制。完善水泥、锅炉、有色等行业大气污染物排放标准。规范环境信息发布。

（5）4 月 23 日，国务院常务会议确定进一步落实企业投资自主权的政策措施，决定在基础设施等领域推出一批鼓励社会资本参与的项目，部署促进市场公平竞争、维护市场正常秩序工作。

会议确定，一是进一步缩减投资核准范围，下放核准权限。在2013年修订的政府核准投资项目目录基础上，2014年再做修订。对市场竞争充分、企业能自我调节、可以用经济和法律手段有效调控的项目，由核准改为备案；对现阶段仍需核准的，要明确中央部门和地方的责任。二是改进和规范核准行为，加快建设和用好全国联网的项目审批、核准和备案信息系统，简化手续、在线运行、限时办结。三是改革创新投资管理，减少、整合和规范前置审批及中介服务，尽快发布企业投资核准办法、外商投资核准备案办法。

会议决定，按照《政府工作报告》部署，在铁路、港口等交通基础设施，新一代信息基础设施，重大水电、风电、光伏发电等清洁能源工程，油气管网及储气设施、现代煤化工和石化产业基地等方面，首批推出80个符合规划布局要求、有利转型升级的示范项目，面向社会公开招标，鼓励和吸引社会资本以合资、独资、特许经营等方式参与建设营运。下一步将推动油气勘查、公用事业、水利、机场等领域扩大向社会资本开放。会议要求，要完善配套实施细则，推动基础设施和公用事业特许经营等立法，加强对落实情况的督促检查。

(6) 5月30日，国务院常务会议确定进一步减少和规范涉企收费、减轻企业负担。一是正税清费。取消政府提供普遍公共服务或体现一般性管理职能的收费项目。把暂免小微企业管理类、登记类、证照类行政事业性收费改为长期措施。依法将有税收性质的收费基金项目并入相应税种。二是建立涉企收费清单管理制度，所有收费纳入清单，对外公开，接受监督。清单外的一律不得收费，清单内的逐步减少数量。三是清理规范行政审批前置服务收费。需实行政府定价或指导价的，实行目录管理。严格规范行业协会、中介组织收费。四是新设涉企行政事业性收费和政府性基金项目，必须有法律法规规定。建立企业负担举报和反馈机制，严查乱收费、乱罚款和摊派等行为。

(7) 6月25日，国务院常务会议确定促进产业转移和重点产业布局调整的政策措施。一要营造承接产业转移的良好“硬环境”和“软环境”。加大薄弱环节投资力度，加快改善中西部交通、信息、能源等基础设施，强化财税、金融等服务，做好人才开发和产业配套。二要发挥市场主导作用，注重政策引导，促进东部地区产业创新升级和生产性服务业发展，推动劳动密集型产业和加工组装产能向中西部转移。结合“一带一路”和长江经济带等建设，发展特色优势产业。三要发挥资源禀赋和区位优势，强化资源型产业布局导向。有序推进西部煤炭和现代煤化工、西南水电、北方风电、沿海造船等基地建设。京津冀、长三角、珠三角地区，除热电联产外，禁止新建燃煤发电等高耗能高污染项目。四要深化产业国际合作。在西部地区建设向西开放产业平台，支持优势企业到境外开拓市场。五要实施差别化区域产业政策，切实保护环境，节约集约用地用水。通过产业转移和布局优化促进中国经济提质升级、行稳致远。

（8）7 月 9 日，国务院常务会议决定免征新能源汽车车辆购置税。会议决定，自 2014 年 9 月 1 日至 2017 年年底，对获得许可在中国境内销售（包括进口）的纯电动以及符合条件的插电式（含增程式）混合动力、燃料电池三类新能源汽车，免征车辆购置税。有关部门要抓紧制定公布车型目录。让更多人选择绿色出行，为可持续发展增添能量。

（9）8 月 27 日，国务院常务会议确定大力发展清洁能源，开工建设一批风电、水电、光伏发电及沿海核电项目。会议要求，要做好项目前期工作，完善和落实配套政策，改革投融资机制，更多吸引社会资本参与，促进项目顺利实施。

（10）9 月 29 日，国务院常务会议决定实施煤炭资源税改革，推进清费立税、减轻企业负担。在做好清费工作的基础上，从 2014 年 12 月 1 日起，在全国将煤炭资源税由从量计征改为从价计征，税率由省级政府在规定幅度内确定。会议要求，要立即着手清理涉煤收费基金，停止征收煤炭价格调节基金，取消原生矿产品生态补偿费、煤炭资源地方经济发展费等，取缔省以下地方政府违规设立的涉煤收费基金，严肃查处违规收费行为，确保不增加煤炭企业总体负担。

（11）10 月 8 日，国务院常务会议决定再次修订政府核准的投资项目目录，促进有效投资和创业；听取对中央企业监督检查情况的汇报，推进国企改革发展。会议确定了以下原则：一是进一步缩减核准范围。对市场竞争充分、企业能自我调节、可以用经济和法律手段有效调控的项目，由核准改为备案。二是进一步下放核准权限。对现阶段仍需核准的项目，明确中央部门和地方责任。三是进一步完善监管。下放的核准事项由地方政府按国家规划进行核准，并落实“各负其责、依法监管”要求，建立完善纵横联动协管机制。会议指出，去年以来，监事会树立问题导向，依法履行职责，融入治理结构，发挥制衡作用，工作富有成效。从监督检查情况看，中央企业扎实推进改革，加快转型升级，为经济社会发展做出积极贡献，但部分企业存在经营风险，保值增值压力较大。会议强调，下一步，监事会要创新监督形式，进一步提高监督的针对性、有效性，探索推进国有企业财务预算等重大信息公开，参照有关监督机构及上市公司监事会信息披露的做法，采取适当方式，公开监事会对中央企业监督检查情况，主动回应社会关切，努力打造“阳光央企”，有效保障国有资产安全和保值增值，促进企业健康发展。

(12) 10月24日，国务院常务会议决定创新重点领域投融资机制，为社会有效投资拓展更大空间。会议决定要进一步引入社会资本参与水电、核电等项目，建设跨区输电通道、区域主干电网、分布式电源并网等工程和电动汽车充换电设施。

(13) 10月29日召开国务院第三十二次常务会议指出，促进绿色消费，推广节能产品，对建设城市停车、新能源汽车充电设施较多地给予奖励。

(14) 11月5日，国务院常务会议决定削减前置审批、推行投资项目网上核准，释放投资潜力、发展活力。一是实行五个“一律”，更大程度方便企业投资。对属于企业经营自主权的事项，一律不再作为前置条件；对法律法规未明确规定为前置条件的，一律不再进行前置审批；对法律法规有明确规定的前置条件，除确有必要保留的外，通过修法一律取消；核准机关能通过征求部门意见解决的，一律不再进行前置审批；除特殊需要并有法律法规依据的外，一律不得设定强制性中介服务和指定中介机构。对确需保留的前置审批及中介服务，要制定目录，并向社会公布。二是企业需要中介服务的，由企业自主选择。行政机关委托开展的中介服务，要通过竞争方式选择，并由行政机关支付费用。建立中介机构信用档案，严格依法监管，对出具假报告、假认证等加大打击力度，严惩违背诚信行为。三是推行前置审批与项目核准“并联”办理，作为重要简政措施，加快办理速度。同一部门实施的多个审批，实行一次受理、一并办理。四是强化事中事后监管。建设信息共享、覆盖全国的投资项目在线审批监管平台，实现网上办理、审批和监管，提高审批效率。用“制度+技术”使权力运行处处“留痕”，铲除滋生权力腐败的土壤。会议要求，要建立投资项目建设信息在线报告等制度，并公开有关信息，形成中央与地方、政府与社会协同监督的合力，让企业在公平竞争市场中壮大做强。

(15) 11月26日，国务院常务会议讨论通过《中华人民共和国大气污染防治法(修订草案)》。草案强调源头治理、全民参与，强化污染排放总量和浓度控制，增加了对重点区域和燃煤、工业、机动车、扬尘等重点领域开展多污染物协同治理和区域联防联控的专门规定，明确了对无证、超标排放和监测数据作假等行为的处罚措施。会议决定，草案经进一步修改后提请全国人大常委会审议。

### （三）相关文件

2014 年发布的涉及电力及其相关领域的国务院及国务院办公厅文件、国家发展改革委和国家能源局及其办公厅文件、财政部和国家税务总局文件、环境保护部等部委文件共 110 余项，发布单位、文件名称、文号分别见附件 2 ~6。2014 年国家发展改革委决定废止的涉及电力及相关领域的规章和规范性文件见附件 7。

## 三、电力标准化

### （一）标准项目计划及发布

2014 年经有关部门批准，共确定电力标准计划立项 500 项。其中，国家标准项目计划共 66 项，包括国家标准化管理委员会下达电力国家标准计划项目 54 项（见附件 8），住房和城乡建设部下达 2014 年度电力工程建设国家标准计划项目 12 项（见附件 9），国家能源局下达电力行业标准计划项目 434 项（见附件 10）。

其中，在国家标准化管理委员会战略性新兴产业国家标准计划项目中包括电力行业智能电网标准综合体、光伏发电站运行维护标准综合体、电动汽车充换电设施标准综合体标准共计 31 项。

2014 年经有关部门批准发布的电力标准共 282 项。包含国家标准 28 项，其中国家标准化管理委员会发布的国家标准 6 项（见附件 11），住房和城乡建设部发布的电力工程建设国家标准 22 项（见附件 12），国家能源局发布的电力行业标准 254 项（见附件 13）。

在 2014 年发布的标准中，包含 6 项《电气装置安装工程》系列工程建设国家标准修订，29 项能源领域核电厂常规岛标准，DL/T 1398《智能家居系统》系列行业标准 8 项，GB 50194《建筑工程施工现场供用电安全规范》、DL/T 5009. 1《电力建设安全技术规范　第 1 部分：火力发电》等重要安全标准等。

2014 年中电联根据标准复审管理办法开展标准复审工作，并向国家能源局提交复审报告，提出继续有效的行业标准 113 项、修订的项目 94 项、废止项目 51 项。国家能源局批复同意废止 51 项电力行业标准（见附件 14）。

## （二）标准化重点建设

### 1. 中国标准创新贡献奖

2014 年 10 月，国家质量监督检验检疫总局和国家标准管理委员会公布 2014 年度“中国标准创新贡献奖”获奖名单，Q/GDW 354—2009《智能电能表功能规范等》39 项标准获得一等奖，GB/T 20234. 1—2011《电动汽车传导充电用连接装置 第 1 部分：通用要求》等 4 项标准、DL/T 1121—2009《燃煤电厂锅炉烟气袋式除尘工程技术规范》等 18 项标准分获两个二等奖。

中国标准创新贡献奖是经全国评比达标表彰工作协调小组批准，由国家质量监督检验检疫总局和国家标准化管理委员会共同设立的全国性奖项，是标准化领域的最高殊荣。此次获奖的三项电力标准项目代表了智能电网、电动汽车充电设施和环境保护等电力行业标准化工作重点领域的最新重要成果，这些标准的实施对电力行业技术进步和产业发展起到了重要推动作用，获得重大社会效益和经济效益。从 2007 年至今，先后有 7 项电力标准项目获得中国标准创新贡献奖。

### 2. 标准主管部门组织的标准化综合业务

根据《智能电网综合标准化试点工作方案》安排，中电联组织全国电力系统管理及其信息交换等标委会、江苏省电力公司等 12 家试点单位开展了智能调度等专业领域标准体系建设，确定了标准综合体初步方案，为开展标准制修订工作奠定了基础。

2014 年 5 月，国家标准化管理委员会、国家发展改革委、国家能源局等 12 个部门联合发布《2014 年战略性新兴产业标准综合体指导目录》。其中，槽式太阳能热发电热力系统标准综合体、智能电网并网标准综合体、光伏发电站运行维护标准综合体、电动汽车充换电设施标准综合体等电力相关内容纳入国家指导目录。根据综合标准化工作方案安排，电力行业先后组织有关标委会、试点单位专家开展标准综合体建设研究工作，形成的智能变电站标准综合体包括 137 项标准、智能电网调度控制系统标准综合体包括 33 项标准、电动汽车充换电设施标准综合体包括 81 项标准，风电并网管理标准综合体包括 25 项标准。

2014 年 3 月，国家标准化管理委员会在河南南阳组织专家组对 1 000 千伏晋东南至荆门特高压交流输变电工程标准化示范项目进行了验收。这也是首个国家重大工程标准化示范项目通过验收。

3. 国际标准化

2014 年 2 月，国际电工委员会（IEC）成立了由中国牵头组织的微电网特别工作组（ahG53）。特别工作组组织国内相关单位的专家，与有关国家一起开展了微电网国际标准化工作方案的讨论，多次召开国际会议，最终形成了微电网标准化工作方案。在 11 月召开的 IEC 大会上，微电网系统评估组（IEC/SEG6）获得批准，由中国担任秘书国。

国际电工委员会批准成立的大容量可再生能源并网技术委员会（IEC/TC8/SC8A）于 2014 年 7 月在北京召开第一次全体会议，会议通过了由中国主导编制的技术委员会战略书，确定了技术委员会工作范围以及下一步重点工作。

中电联向国际电工委员会提交《变压器直流偏磁抑制装置技术规范》、《电动汽车充电站—监控系统》、《新能源发电站并网符合性评价方法》等 6 项国际标准提案。

中电联与中国电器工业协会联合向国家标准化管理委员会提出承担国际电工委员会/智慧能源系统委员会（IEC/SyC）国内技术对口单位的请示。

4. 电力标准英文版

2014 年，中电联向住房和城乡建设部报批 13 项标准英文版。申报国家标准化管理委员会 1 项、住房和城乡建设部 6 项电力标准翻译计划。下达 2014 年 17 项电力标准英文版翻译计划，其中，国家标准 7 项，电力行业标准 10 项。

5. 企业标准化工作

2014 年，青海黄河上游水电开发有限责任公司公伯峡发电分公司、江苏淮阴发电有限责任公司、贵州西电电力股份有限公司黔北发电总厂、贵州电网公司贵阳供电局、广东红海湾发电有限公司、广东电力发展股份有限公司沙角 A 电厂、江苏国信淮安燃气发电有限公司、上海漕泾热电有限责任公司、大唐新能源黑龙江开发公司、大唐岩滩水力发电有限责任公司、内蒙古大唐国际托克托发电有限责任公司、大唐韩城第二发电有限责任公司、石家庄良村热电有限公司等 13 家企业先后通过了标准化良好行为企业现场确认。

GB/T 15496—2003《企业标准体系要求》等四项企业标准化基础系列国家标准列入国家标准化管理委员会 2014 年第二批国家标准制修订计划，中电联作为行业代表单位参加修订工作。

组织申报新一批标准化良好行为试点企业申报工作，并确定了 92 家电力企业作为“标准化良好行为企业”进行试点。

2013 年，中电联共审查、备案企业技术标准 334 项。组织《电力企业能源管理体系实施指南》等重要电力标准宣贯。

## （三）标准化组织机构建设

2014 年 11 月，在国家质量监督与检验检疫总局与台湾省相关单位召开的联席会议上，电力行业提出的将智能电网纳入《海峡两岸标准计量检验认证合作协议》，成立智能电网标准工作组的建议获得批准。电力行业将组织有关专家与台湾有关方面共同商定，将需求侧管理、配电网自动化作为下一步海峡两岸标准化工作合作的重点，推动海峡两岸智能电网标准与技术的交流与合作。

2014 年，电力行业结合技术发展及标准体系建设的需要，向国家标准化管理委员会提出了成立全国火力发电技术标准化技术委员会、全国水力发电技术标准化技术委员会、全国特高压交流输电标准化技术委员会、全国光热标准化技术委员会的申请；向国家能源局提出了成立能源行业电力接地标准化技术委员会、能源行业输变电工程材料标准化技术委员会的申请。

根据国家标准化管理委员会批准，正式成立第一届全国智能电网用户接口标准化技术委员会、第一届全国电力储能标准化技术委员会。

国家能源局调整能源行业风电标准化技术委员会组成，将原有 7 个专业组分别组建为风电场规划设计、风电场施工安装、风电场运行维护、风电场并网管理、风电机械设备、风电电器设备、风能资源监测评价和预报分技术委员会。

2014 年，以下全国/行业标准化技术委员会进行了换届（括号中为新届次）：全国电力监管标准化技术委员会（第二届），全国电气化学标准化技术委员会（第二届），全国高压电气安全标准化技术委员会（第三届），全国静态继电保护装置分标准化技术委员会（第四届），电力行业火电建设标准化技术委员会与所属建筑及管理分技术委员会、热机安装分技术委员会、热控及化学分技术委员会（第二届），电力行业高压试验技术标准化技术委员会（第六届），电力行业电站阀门标准化技术委员会（第五届），电力行业水轮发电机及电气设备标准化技术委员会（第五届），电力行业热工自动化与信息标准化技术委员会（第五届），电力行业气体绝缘金属封闭电器标准化技术委员会（第六届）。

2014 年，以下全国/行业标准化技术委员会调整了部分委员：第五届电力行业电测量标准化技术委员会，第二届电力行业供用电标准化技术委员会，第四届电力行业继电保护标准化技术委员会，第二届电力行业电气施工及调试标准化技术委员会，第二届电力行业电能质量及柔性输电标准化技术委员会，第六届电力行业电力电容器标准化技术委员会，第四届电力行业水电施工标准化技术委员会，第四届电力行业环境保护标准化技术委员会，第五届电力行业信息标准化技术委员会。

# 第三章

# 电力改革与行业管理

## 一、电力改革

### （一）开展深圳市输配电价改革试点

2014年10月23日，国家发展改革委印发《关于深圳市开展输配电价改革试点的通知》（发改价格〔2014〕2379号），决定在深圳开展输配电价改革。

改革方案明确以下内容：

**1. 目标和原则**

（1）目标：在深圳市建立独立的输配电价体系，完善输配电价监管制度和监管方法，促进电力市场化改革；为其他地区输配电价改革积累经验，实现输配电价监管的科学化、规范化和制度化。

（2）原则：

深化改革。输配电价形成机制要与电力体制改革相适应，并促进电力市场化改革。

促进发展。输配电价的制定应按合理成本、合理盈利的原则制定，引导电网合理投资，促进电网健康发展。

强化监管。建立对电网企业成本的约束与激励机制，促进电网企业加强管理、提高效率。

公平负担。输配电价应逐步反映各类用户输配电成本，利用价格信号引导用户合理使用电力资源，促进电力事业和国民经济的协调、健康发展。

积极稳妥。既要立足当前，又要着眼长远；既要大胆创新，又要循序渐进。妥善处理好改革对相关各方的影响，促进改革顺利实施。

**2. 输配电价核定**

（1）核价基础为深圳供电局有限公司的输配电资产和业务。

（2）试点范围为深圳供电局有限公司的共用网络输配电服务价格。

(3) 输配电价实行事前监管，按成本加收益的管制方式确定，监管周期为三年。

(4) 输配电价监管包括总收入监管与价格结构监管。总收入核定以有效资产为基础。有效资产指电网企业为提供输配电服务所必需的各项资产，不包括应与电网企业分离的辅业、多经及三产资产等。价格结构分电压等级核定，以各电压等级输配电的合理成本为基础。

(5) 总收入的核定方法为：准许收入＝准许成本＋准许收益＋税金。

其中：

①准许成本由折旧费和运行维护费构成。

折旧费是指电网企业按政府价格主管部门核定的输配电固定资产原值和定价折旧率计提的费用。

运行维护费是指维持电网企业正常运行的费用，包括材料费、修理费、职工薪酬和其他费用。

②准许收益等于可计提收益的有效资产乘以加权平均资本收益率。

可计提收益的有效资产是指由电网企业投资形成的、可获取投资收益的有效资产。用户或地方政府无偿移交等非电网企业投资形成的资产，不计提投资收益。具体项目由政府价格主管部门核定。

加权平均资本收益率＝权益资本收益率×(1－资产负债率) ＋债务资本收益率×资产负债率

其中：权益资本收益率参照监管周期初始年前三年平均长期国债利率加1～3个百分点的投资机会损失确定；债务资本收益率参照监管周期初始年前三年平均国内商业银行5年期以上贷款利率水平确定；资产负债率参照监管周期初始年前三年电网企业资产负债率的平均值确定。

③税金包括企业所得税、城市维护建设税、教育费附加。

(6) 输配电价总水平等于输配电总准许收入除以总输配电量。

(7) 深圳市输配电价分500千伏、220千伏、110千伏、20千伏、10千伏、不满1千伏6个电压等级制定。电网企业应对各电压等级的资产、费用、供输售电量、线变损率等逐步实行独立核算、独立计量。

各电压等级输配电价＝该电压等级回收的总准许收入÷该级电网总输送电量

该电压等级总准许收入为本电压等级的准许收入和上级电网向本级电网传递的准许收入之和。

（8）在相关条件具备时，输配电价制定可在分电压等级的基础上，进一步考虑负荷特性对输配电成本的影响。

3. 平衡账户

电网企业输配电实际收入与准许收入之间的差额，通过设立平衡账户进行调节。多出部分进入平衡账户，不足部分由平衡账户弥补。

4. 其他事项

（1）监管周期起始时间。第一个监管周期为 2015 年 1 月 1 日至 2017 年 12 月 31 日。

（2）核价程序。电网企业须在每一监管周期开始前一年的 9 月 30 日前向政府价格主管部门提交申请及相关材料。政府价格主管部门受理后，经输配电成本监审及对预测成本的评估分析，并充分听取各利益相关方的意见后，在次年 5 月 31 日前公布本监管周期内电网企业各年的准许收入和输配电价水平。

（3）调整机制。监管周期内若某个年度电网企业预测新增的固定资产与实际差异不超过 20%（含 20%）时，则当年准许收入和输配电价在本周期不做调整，其差额在下一个监管周期予以调整。若变动差异超过 20%，则调整本监管周期内电网企业的准许收入和输配电价。

（4）激励和约束机制。电网企业通过加强管理，提高效率，使其运营成本低于准许成本，节约的成本可在企业与用户之间进行分享。在一个监管周期内，如果电网实际成本低于核定的准许成本，则节约部分的 50% 留给企业，并在下一监管周期核价时予以适当考虑。

政府价格主管部门会同相关电力行业管理部门等制定考核电网企业运营效率和服务质量的奖惩机制。电网企业服务绩效（如创新、普遍服务、提高可靠性等）超过规定目标的，适当给予奖励，反之予以惩罚。同时，制定企业诚信评估机制。对电网企业虚报相关数据，情节严重的，将纳入诚信评估机制考核并扣罚部分准许收益。

（5）跟踪监测。监管周期内每一个年度结束后，政府价格主管部门要测算该年度电网企业实际输配电成本和收入，并与准许成本和准许收入进行分析比较。政府价格主管部门应会同相关电力行业管理部门持续监测电网企业的资产、成本、收入、服务等相关信息，并与其他政府有关部门、利益相关方和专家组成评估小组进行分析评估。

（6）电网的责任和义务。电网企业应按照政府价格主管部门的要求提供真实、充分的成本、投资等相关信息及证明材料；在提交监管周期预测电量、投资和成本等资料时，应包含预测的条件、依据、方法及结果等内容；每一个监管年度结束后，应提交预测数据与实际发生数的差异情况及原因分析等材料；应根据实际情况和核定输配电准许成本的需要，逐步改变现有成本费用的核算方式，由现行按成本属性分类的方式改为按经济活动（分生产成本、管理费用和销售费用等）的方式归集成本，并进一步细化到按分电压等级归集成本。

5. 配套改革

（1）建立独立输配电价体系后，积极推进发电侧和销售侧电价市场化。鼓励放开竞争性环节电力价格，把输配电价与发电、售电价在形成机制上分开。参与市场交易的发电企业上网电价由用户或市场化售电主体与发电企业通过自愿协商、市场竞价等方式自主确定，电网企业按照政府核定的输配电价收取过网费。参与电力市场的用户购电价格由市场交易价格、输配电价（含损耗）和政府性基金组成；未参与电力市场的用户，继续执行政府定价。

（2）输配电价平衡账户盈亏超过当年输配电准许收入的6%时，相应对执行政府定价电力用户的销售电价进行调整，具体由广东省政府价格主管部门负责实施。

（3）逐步取消深圳市不同电压等级、不同用户类别销售电价之间的交叉补贴。在交叉补贴取消前，电力用户与发电企业直接交易的输配电价标准，应适度包含交叉补贴的成本。

（4）结合深圳市情况，推进输配电价按分电压等级逐步过渡到分电压等级、分用户类别制定。

改革方案还规定了《深圳市电网输配电准许成本核定办法》。

## （二）广东电力大用户与发电企业直接交易深化试点工作

2014年9月10日，国家能源局公布消息称，在“试点工作中也暴露出市场交易电量规模与准入用户需求不匹配、交易机构和信息化的交易平台缺失等问题”的情况下，广东将对电力直接交易进行深度试点。

根据国家能源局南方监管局与广东省有关部门联合印发的《广东电力大用户与发电企业直接交易深化试点工作方案》显示，将正式启动广东省电力直接交易深度试点工作。

深化试点工作的主要内容包括：

（1）不断扩大交易电量规模。2014 年度直接交易电量规模约 150 亿千瓦时，达到上一年省内发电量的 4%；2015 年度直接交易电量规模约 227 亿千瓦时，达到上一年省内发电量的 6%；2016 年度直接交易电量规模约 306 亿千瓦时，达到上一年省内发电量的 8%。

（2）组建电力交易机构，搭建交易平台。广东电网公司在 2014 年 9 月底前组建广东电力交易中心，承担电力市场交易管理职能并接受能源监管机构的监管。广东电力交易中心负责信息化交易平台建设工作，2015 年 6 月底前投入试运行。

（3）逐步开放用户购电权。根据直接交易规模，逐年降低用户年用电量的准入门槛，适时纳入商业电力大用户，保持市场的适度竞争活力。

## （三）抽水蓄能电站实行两部制电价

2014 年 7 月 31 日，国家发展改革委下达《关于完善抽水蓄能电站价格形成机制有关问题的通知》。通知明确了电力市场形成前，抽水蓄能电站实行两部制电价。对电价确定的方式、抽水蓄能电站费用的回收方式、抽水蓄能电站建设和运行的管理以及执行范围和执行时间等都予以明确。

### 1. 抽水蓄能电站价格机制

电力市场形成前，抽水蓄能电站实行两部制电价。电价按照合理成本加准许收益的原则核定。其中，成本包括建设成本和运行成本；准许收益按无风险收益率（长期国债利率）加 1%～3% 的风险收益率核定。

（1）两部制电价中，容量电价主要体现抽水蓄能电站提供备用、调频、调相和黑启动等辅助服务价值，按照弥补抽水蓄能电站固定成本及准许收益的原则核定。逐步对新投产抽水蓄能电站实行标杆容量电价。

（2）电量电价主要体现抽水蓄能电站通过抽发电量实现的调峰填谷效益。主要弥补抽水蓄能电站抽发电损耗等变动成本。电价水平按当地燃煤机组标杆上网电价（含脱硫、脱硝、除尘等环保电价，下同）执行。

（3）电网企业向抽水蓄能电站提供的抽水电量，电价按燃煤机组标杆上网电价的 75% 执行。

### 2. 鼓励通过市场方式确定电价

为推动抽水蓄能电站电价市场化，在具备条件的地区，鼓励采用招标、市场竞价等方式确定抽水蓄能电站项目业主、电量、容量电价、抽水电价和上网电价。

3. 抽水蓄能电站费用回收方式

电力市场化前，抽水蓄能电站容量电费和抽发损耗纳入当地省级电网（或区域电网）运行费用统一核算，并作为销售电价调整因素统筹考虑。

4. 加强对抽水蓄能电站建设和运行的管理

（1）抽水蓄能电站应根据电力系统需要和站址资源条件统一规划、合理布局、有序建设。未纳入国家抽水蓄能电站选点规划及相关建设规划的项目不得建设。

（2）电网企业、抽水蓄能电站要以整个电力系统安全可靠、经济运行及减少化石燃料消耗为目标，合理安排抽水蓄能电站运行，确保蓄能电站充分发挥功能效用、提高利用效率，缓解电网峰谷运行矛盾。

（3）国家能源局及其派出机构要加强对抽水蓄能电站运行情况的监管与考核。对不能按电网调度要求运行的抽水蓄能电站，以及用电高峰时段发生拉闸限电或系统内发生弃风、弃光等情况而抽水蓄能电站又未能得到充分利用的电网企业，要进行考核，并责令其说明原因，查清责任。情况严重的要通报批评并追究相关方责任。

5. 执行范围和执行时间

（1）今后新投产或已投产未核定电价的抽水蓄能电站按本通知规定的电价机制执行；已核定电价的抽水蓄能电站逐步实行两部制上网电价。

（2）上述规定自2014年8月1日起执行。

## （四）上网电价再次下调

2014年8月27日，国家发展改革委发布《关于疏导环保电价矛盾有关问题的通知》（发改价格〔2014〕1908号），决定自9月1日起，在保持销售电价总水平不变的情况下，适当降低燃煤发电企业上网电价，全国燃煤发电企业标杆上网电价平均每千瓦时降低0.93分，腾出的电价空间用于进一步疏导环保电价矛盾。

截至该政策发布时，全国已累计解决7.1亿千瓦燃煤发电机组脱硝、除尘电价补偿问题，占全部燃煤发电装机容量95%以上。

## （五）开展黑龙江、吉林竞价上网电力改革试点工作

2014年8月，《国务院关于近期支持东北振兴若干重大政策举措的意见》（以下简称《意见》）称：尽快开工内蒙古锡盟至山东交流特高压、锡盟至江苏直流特高

压、辽宁绥中电厂改接华北电网等输电工程，加快推进黑龙江经吉林、辽宁至华北输电工程前期工作。研究在黑龙江、吉林开展竞价上网电力改革试点，推动在内蒙古通辽开展区域微型电网试点。

《意见》要求构建多元清洁能源体系。加快电力外送通道建设，切实解决东北地区“窝电”问题。尽快开工内蒙古锡盟至山东交流特高压、锡盟至江苏直流特高压、辽宁绥中电厂改接华北电网等输电工程，加快推进黑龙江经吉林、辽宁至华北输电工程前期工作。研究在黑龙江、吉林开展竞价上网电力改革试点，推动在内蒙古通辽开展区域微型电网试点。优化东北地区能源结构，开工建设辽宁红沿河核电二期项目，适时启动辽宁徐大堡核电项目建设。在东北地区加快审批建设一批热电联产集中供热项目。加快地热能开发利用。支持工业燃煤锅炉节能减排改造、余热余压利用示范工程。支持吉林省开展油页岩综合开发利用示范工程。加快实施中俄原油管道复线、中俄东线天然气管道、黑河与俄阿穆尔州炼化及成品油储输项目等一批重大合作项目。

### （六）分布式光伏发电新政出台，探索区域电力交易试点

2014 年 9 月 2 日，《国家能源局关于进一步落实分布式光伏发电有关政策的通知》（以下简称《通知》）发布，针对制约当前分布式发电市场发展的诸多因素进行全面政策调整。

《通知》指出，要进一步创新分布式光伏发电应用示范区建设。继续推进分布式光伏发电应用示范区建设，重点开展发展模式、投融资模式及专业化服务模式创新。在示范区探索分布式光伏发电区域电力交易试点，允许分布式光伏发电项目向同一变电台区的符合政策和条件的电力用户直接售电，电价由供用电双方协商，电网企业负责输电和电费结算。鼓励示范区政府与银行等金融机构合作开展金融服务创新试点，通过设立公共担保基金、公共资金池等方式为本地区光伏发电项目提供融资服务。各省级能源主管部门组织具备条件的地区提出示范区实施方案报国家能源局，国家能源局会同有关部门研究确定有关政策条件后指导示范区组织实施。对示范区内的分布式光伏发电项目（含就近消纳的分布式光伏电站），可按照“先备案，后追加规模指标”方式管理，以支持示范区建设持续进行。

### （七）热电联产屡迎利好政策

2014 年 11 月 18 日，国务院发布《关于发布政府核准的投资项目目录（2014

年本）的通知》（国发〔2014〕53 号），将热电站的核准下放至地方政府，其中抽凝式燃煤热电项目由省级政府在国家依据总量控制制定的建设规划内核准。这是继上年国务院发布《关于取消和下放一批行政审批项目等事项的决定》（国发〔2013〕19 号），将企业投资燃煤背压热电项目核准下放至省级投资主管部门之后的关于热电站审批权的再一次下放。

此外，在 2014 年发布的《煤电节能减排升级与改造行动计划（2014—2020 年）》（以下简称《计划》）、《西部地区鼓励类产业目录》、《大气污染防治行动计划》等文件中，均提出要发展热电联产机组。《计划》还提出，到 2020 年，燃煤热电机组装机容量占煤电总装机容量比重力争达到 28%；在符合条件的大中型城市，适度建设大型热电机组，鼓励建设背压式热电机组；在中小型城市和热负荷集中的工业园区，优先建设背压式热电机组。

## 二、行业管理

2014 年是我国能源事业发展极为重要的一年。党中央、国务院高度重视能源工作。习近平总书记、李克强总理和张高丽副总理等中央领导同志多次主持召开会议，做出一系列重要指示和批示，为我国能源发展明确行动纲领、制定发展方针、部署重大任务。全国能源系统认真贯彻落实，坚持改革创新、开拓进取，履职尽责，能源工作大事多、亮点多，取得了新成绩、新进展。

### （一）习近平总书记主持召开中央财经领导小组第 6 次会议，确立了我国能源安全发展的行动纲领

2014 年，国家能源局研究拟定了《国家能源安全战略行动计划（2013—2020）》。6 月 13 日，习近平总书记亲自主持召开中央财经领导小组第 6 次会议，听取国家能源局关于能源安全战略的汇报并发表重要讲话，明确提出了我国能源安全发展的“四个革命、一个合作”战略思想，即：推动能源消费革命，抑制不合理能源消费；推动能源供给革命，建立多元供应体系；推动能源技术革命，带动产业升级；推动能源体制革命，打通能源发展快车道；全方位加强国际合作，实现开放条件下能源安全。这是新中国成立以来，党中央首次专门召开会议研究能源安全问题，标志着我国进入了能源生产和消费革命的新时代。

### （二）李克强总理主持召开新一届国家能源委员会首次会议，确立了我国能源发展战略

根据国务院领导同志批示精神，国家能源局研究拟订了《能源发展战略行动计划（2014—2020）》。4 月 18 日，李克强总理亲自主持召开新一届国家能源委员会首次会议，审议通过《能源发展战略行动计划》，明确了“节约、清洁、安全”三大能源战略方针和“节能优先、绿色低碳、立足国内、创新驱动”四大能源发展战略，部署了增强能源自主保障能力、推进能源消费革命、优化能源结构、拓展能源国际合作、推进能源科技创新等能源发展改革的重点任务。

### （三）能源国际合作取得重大进展

**中俄能源合作取得重大突破。**一是签署了中俄东线天然气政府间购销合同，年输气能力 380 亿立方米，俄境内管道已开工建设。二是签署了西线天然气政府间合作备忘录和企业合作框架协议，年设计输气能力 300 亿立方米。三是油气上下游合作取得重要进展，明确了天津炼厂投产线路图和进度表，签署了亚马尔 LNG 购销合同和万科油田合作框架协议，萨哈林 3 号和 UDM 项目也进展顺利。四是扎舒兰煤矿项目和煤炭、电力贸易等能源合作顺利推进。

**中亚能源合作深入推进。**一是中亚天然气管道 D 线开工建设，年设计输气能力 300 亿立方米。二是 C 线正式投产，年设计输气能力 250 亿立方米。三是与土库曼斯坦签署《关于深化天然气领域稳定合作的协议》和《中土天然气管道安全稳定运营协议》。四是塔吉克斯坦杜尚别 2 号热电厂等一批电力项目顺利投产。

**中巴、中缅能源合作取得积极进展。**一是签署了中巴政府间关于中巴经济走廊能源项目合作的协议，编制完成了相关规划，拟建 21 个能源项目，总装机达 1 700 万千瓦。二是组建中缅电力合作委员会，有序推进电力领域合作。

**核电“走出去”取得实质性进展。**一是与罗马尼亚、阿根廷分别签订政府间核能合作协议，重水堆核电项目基本敲定，双方企业正在就商务合同进行谈判。二是签署了中英政府间民用核能合作联合声明，积极推进欣克利角及后续核电项目。三是与南非、土耳其、捷克、沙特等国家核电合作务实推进。

**我国在国际能源事务中的话语权和影响力进一步提升。**一是习近平主席在 G20 领导人第九次峰会上就能源议题发表主导讲话，向世界阐明了“四个革命、

一个合作”五位一体的重大能源战略方针。中国与美国、澳大利亚牵头发布《G20 能源合作原则》。二是成功主办第 11 届 APEC 能源部长会议，会议发表了《北京宣言》。三是代表中国政府正式加入联合国“人人享有可持续能源”行动。四是中俄能源委员会，中土、中哈、中乌能源分委会等双边合作机制下的交流与合作成果丰富。

### （四）认真落实国务院《大气污染防治行动计划》，能源领域大气污染治理力度不断加大

**制定出台一系列能源领域大气污染防治配套政策措施。**主要包括：《能源行业加强大气污染防治工作方案》、《煤电节能减排升级与改造行动计划（2014—2020）》、《关于建立保障天然气稳定供应长效机制的若干意见》、《关于加快推进大气污染防治行动计划 12 条重点输电通道建设的通知》、《关于严格控制重点区域燃煤发电项目规划建设有关要求的通知》、《大气污染防治成品油质量升级行动计划》、《商品煤质量管理暂行办法》等。

**加强重点地区清洁能源保障工作。**一是组织实施了一批大气污染防治能源领域重大项目，淮南—上海、锡盟—山东、宁东—浙江输电线路和天津 LNG、江苏 LNG 二期、西气东输三线（中段）、陕京四线输气管道等工程开工建设，金陵石化改扩建、大连石化升级改造等油品质量升级重大工程建设。二是压减煤炭消费，严格控制京津冀、长三角、珠三角等重点防控区域新上燃煤项目。2014 年京津冀及周边地区已淘汰落后小火电机组约 25 万千瓦。三是明确了京津冀地区散煤优质替代目标，预计 2017 年实现替代 3 500 万吨。

### （五）加快发展清洁能源，能源结构进一步优化

2014 年，非化石能源占一次能源消费比重从上年的 9.8% 提升到 11.1%，煤炭比重从 66% 下降到 64.2%。

水电新增装机近 2 000 万千瓦，总装机达到约 3 亿千瓦，年发电量约 1 万亿千瓦时，提前一年完成“十二五”规划目标。溪洛渡、向家坝、锦屏等一批“西电东送”标志性大型水电项目建成投产，黄登、河南天池等一批常规水电和抽水蓄能电站项目开工建设。

核电新投产 5 台机组，全国在运核电机组达到 22 台，总装机容量 2 010 万千

瓦。目前，在建核电机组26台，装机容量2 845万千瓦。重启核电项目建设，红沿河二期工程已上报国务院，福清5、6号机组，以及海阳二期项目已启动评估。研究编制核电厂址保护管理办法，保护了一批条件优越的核电厂址。“华龙一号”、CAP1400、高温气冷堆等自主核电技术研发成果显著。

风电并网装机已超9 000万千瓦。安排“十二五”第四批风电计划项目2 760万千瓦。哈密风电基地二期、承德风电基地二期、河西走廊清洁能源基地等一批项目开工建设。甘肃通渭风电基地、四川凉山州风电基地等规划工作启动。批复海南海上风电规划，组织编制全国海上风电开发建设方案。开展风电供热、风电制氢、风电互补等示范项目建设，提高风电消纳能力。

太阳能发电并网装机达到3 000万千瓦。2014年安排光伏发电新增建设规模1 500万千瓦，其中：分布式光伏800万千瓦、光伏电站700万千瓦。召开浙江嘉兴现场会。进一步落实分布式光伏发电政策。启动建设30个光伏发电应用示范区。开展水光互补示范项目建设，提高光伏发电消纳能力。

生物质能、地热能发电装机超过920万千瓦。启动生物质成型燃料锅炉供热示范项目建设。召开全国地热能利用工作会议，推广“河北雄县模式”，启动全国地热能开发利用规划编制工作。

页岩气、煤层气和深海油气勘探开发取得重大进展。一是推进涪陵、长宁—威远、昭通等国家级页岩气示范区产能建设，全国共完钻页岩气井约400口，压裂试采水平井114口，建成产能每年31.8亿立方米。预计2014年全国页岩气产量达到12亿立方米，复合桥塞、大型压裂车、微地震监测等页岩气关键技术装备攻关取得重大进展。二是指导企业实施中艰难钻探项目，实现了南海中部油气勘探的突破。三是加快重点煤层气勘探开发项目建设，加强煤层气抽采利用技术创新。

### （六）出台并组织实施《煤电节能减排升级与改造行动计划（2014—2020年）》，推动煤电清洁高效利用

**明确“三降三提高”目标**。即：降低供应煤耗、降低污染物排放、降低煤炭占能源消费比重，提高安全运行质量、提高技术装备水平、提高能源利用效率。2014年，新核准火电项目44个，装机4 411万千瓦；淘汰落后小火电330万千瓦。

**推动示范基地建设**。坚持典型引路，确定上海外高桥第三电厂、浙江嘉兴电厂

等先进典型电厂为“国家煤电节能减排示范基地”和“国家煤电节能减排示范电站”。

## （七）集思广益，科学论证，努力破解制约能源科学发展的难题

**适时启动核电项目建设**。广泛开展调查研究，充分听取专家意见，形成今明两年启动核电重点项目建设的意见，已上报国务院批准同意。

**推进西电东送通道建设**。方案共识得到增强，12 条输电通道建设工程有序开展。新增 7 000 万千瓦输电能力，京津冀鲁、长三角、珠三角地区每年可减少煤炭消费 1 亿吨标煤以上。

**努力缓解部分地区“窝电”**。制定解决东北地区“窝电”难题的办法。推进解决云南“弃水”问题，核准开工金中直流输电工程，推动观音岩水电站直流工程前期工作。大力推进湖南—甘肃、广东—福建、川渝第三回 500 千伏输电等省际电网互联互通工程建设。

**积极推进煤炭平稳运行**。会同有关部门建立了煤炭行业脱困工作联席会议制度。加快调整煤炭产业结构和产业布局，稳步推进大型煤炭基地建设，大力淘汰煤炭落后产能，深入推进煤炭企业兼并重组。建立煤矿生产能力登记公告制度，有效遏制煤矿超能力生产。部署煤矿建设秩序专项监管，加大对违法违规生产建设行为的查处力度。积极推进实施煤炭资源税差别化税率，清理涉煤收费基金，取消煤炭进口零关税政策。

## （八）转职能，改作风，简政放权迈出新步伐

**大力推进简政放权**。国家能源局取消和下放审批事项 17 项，占原有审批事项的 68%，超过审改办要求比例（50%）18 个百分点。严格控制新增行政审批事项，全面清理规范性文件，建立合法性审查制度。

**积极探索建立规划（计划）、政策（规定）、规则、监管“四位一体”的能源管理新机制**。一是以依法监管为根本，闭环监管为方法，认真研究简政放权后有效管理办法，制定并印发实施了《能源监管行动计划（2014—2018 年）》、《关于创新能源监督管理机制的指导意见》、《关于加强电力项目核准权限下放后规划建设监管工作的暂行办法》和《关于做好电力项目核准权限下放后规划建设有关工作的通知》。二是组织开展了能源项目审批简政放权落实情况专项监管、火电项目规划及建设工

作开展情况专项监管等31项专项监管，重点开展了新建电源项目投资开发秩序和煤矿建设秩序专项监管。三是加强电力安全监管，强化隐患排查治理，确保迎峰度夏和防洪度汛期间电力系统安全稳定和水电站大坝安全运行，圆满完成APEC和青奥会期间保电任务，快速、有效应对“威马逊”超强台风和昭通、普洱、康定地震等自然灾害。

**稳步推进能源改革**。推进出台《关于进一步深化电力体制改革的若干意见》，研究提出核电体制改革有关意见建议，推动油气勘探开发体制改革试点。积极为非公有资本参与能源领域投资创造制度条件，推出51个鼓励社会资本参与的能源示范项目。参与电力、天然气等能源价格改革，推动输配电价改革试点。

## 三、行业服务

2014年，中电联紧紧把握“立足行业、服务企业、联系政府、沟通社会”的功能定位，提升服务质量，夯实专业基础，突出工作重点，深入推进电力行业企业的科学可持续发展。

### （一）围绕行业热点，深入开展重点课题研究

针对电力发展与改革、特高压发展、煤电联动、节能减排、核电发展等行业热点问题开展相关研究，完成《“十三五”电力需求预测研究》、《电力市场化改革研究》、《经济发展与电力关系研究》、《储能技术发展应用研究》、《电煤运行存在的新问题及对策研究》、《垃圾发电发展机制研究》等重点课题研究，为电力相关法规、规划、政策的制修订发挥了积极作用。

### （二）关注企业难点，积极反映诉求，提出政策建议

深入调研火电企业反映的亏损严重情况及运行中面临的困境，撰写专题调研报告报送有关政府主管部门。积极开展燃煤电厂超低排放、火电厂烟气在线监测系统、碳税碳交易对电力行业影响、电力低碳发展等相关问题研究，就国家节能减排新要求和节能环保政策对电力行业企业的影响深入调研，向国家发展改革委、环境保护部、国家能源局等有关政府部门反馈意见，提出政策建议。

### （三）推进电力行业统计信息系统及信息数据库建设，有效开展经济形势与电力供需分析预测

完成电力行业统计信息系统及信息数据库一期工程建设，有效提升信息统计信息化水平和信息咨询服务能力；修订《电力工业统计指标解释》、《全国农村电网统计报表制度》，推进统计体系科学完善；按时完成电力行业年度快报、月度快报、月报；加强月度电力供需分析和经济运行分析，发布2014年全国电力供需形势分析预测报告，提出促进电力工业健康发展的政策建议。

### （四）持续加强电力标准制修订管理，重点领域标准化建设取得突破

完成标准报批248项，批准发布标准216项；申请标准计划项目349项；3项电力标准获中国标准创新贡献奖；完成智能变电站、智能调度、电动汽车充电设施及新能源并网等专业领域标准体系建设；成立电力储能和智能电网用户接口两个全国标委会，国家能源局发文授权中电联为能源行业风电标准化技术委员会秘书处技术支撑单位，微电网标准化技术组织获得国际电工委员会批准。完成18项电力工程建设标准翻译审核并报批，下达17项标准翻译计划。

### （五）发布电力可靠性指标，创新电力可靠性管理方式

创新年度全国电力可靠性数据的采集、汇总、分析、发布等工作，组织开展年度火力发电机组和供电企业可靠性评价，开展全国燃气—蒸汽联合循环机组运行专项可靠性分析，深化可靠性技术和可靠性数据的应用，加强对各业务领域的服务和指导，促进我国可靠性管理方法与国际通行规则的全面接轨。

### （六）创新服务，稳步提升专业服务质量

**加强舆情监测分析，积极引导社会舆论。**开展为电力行业全国“两会”代表委员服务工作；积极宣传电力行业企业做出的成就和贡献；编制电力行业舆情分析报告，适时推出新闻舆情专项报告，提升行业话语权。

**不断深化行业国际化服务。**成功举办2014中国国际清洁能源博览会暨清洁电力峰会、第十五届中国国际电力设备及技术展览会；联合国内主要发电企业，开展国内部分发电企业世界一流指标对标数据统计和发布工作；召开电力行业国际合作会

议，为电力企业“走出去”搭建交流沟通平台。

**继续推进行业文化建设**。组织召开电力行业思想文化建设座谈会，明确今后一个时期行业思想文化建设的指导思想和主要任务；完成年度电力行业企业文化优秀成果和管理创新优秀成果评审；发布《中国电力企业文化建设报告》。

**持续加强电力工程造价与定额管理**。完成电力建设工程定额及费用计算及相关手册编制工作；积极开展定额和费用计算规定的宣贯和推广应用；稳步推进电网检修技改工程定额及费用计算规定的编制工作；新版电力建设工程定额宣贯面不断扩大，宣贯力度持续提升。

**大力完善电力工程质量监督体系**。编制完成《火力发电工程质量监督检查大纲》和《输变电工程质量监督检查大纲》，获国家能源局批准并印发实施，开展电力工程质量专项督查，完成全国电力工程项目统计工作；开发完成电力工程质量监督公共服务系统和现场监督检查系统。

**有效规范技能鉴定和教育培训体系建设**。成功举办第九届全国电力行业职业技能竞赛，全面推动电力行业职业技能鉴定信息网络化考试平台建设；完成电力行业特有职业（工种）高级技师评审；规范电力行业职业技能鉴定质量管理，组织开展督导检查；完成第十二届中华技能大奖、全国技术能手候选人遴选推荐以及电力行业人才培训统计工作。

**进一步巩固评审咨询核心业务**。拓展设计咨询服务市场，首次开展两大电网公司技术性科研项目，扩大技术影响力；成功完成皖电东送特高压交流示范工程造价咨询服务项目，中标国内首例间接空冷超超临界百万机组项目全过程造价咨询；实现新能源领域工程造价咨询零的突破。

**有效提升科技服务能力和水平**。拓展安全生产达标评级工作；科技新产品、新成果鉴定工作实现对重要设备产品的转变；工业领域和公共机构电力需求侧管理取得阶段性成果；企业标准化管理咨询服务内容进一步扩展；管理体系认证和企业标准化管理咨询稳步推进。

**积极推进电力行业市场诚信体系建设**。编制发布了《电力行业信用体系建设指导意见（2015—2020 年）》，《电力企业信用评价规范》等四项行业标准获得国家能源局批准，电力行业成为全国首个制定信用评价标准的行业，2014 年度电力行业信用企业见附件 15，2014 年度电力建设信用企业名单见附件 16。

# 第四章

# 电力工程建设

## 一、电力工程建设投资

2014 年，全国电力工程建设完成投资 7 805 亿元，比上年增长 1.00%。其中，电源工程建设完成投资 3 686 亿元，比上年减少 4.80%，占全国电力工程建设完成投资总额的 47.23%；电网工程建设完成投资 4 119 亿元，比上年增长 6.82%，占全国电力工程建设完成投资总额的 52.77%。

### （一）电源工程建设完成投资情况

2014 年，全国火电完成投资明显回升，风电完成投资大幅增长，水电、核电、太阳能发电完成投资均为负增长。2014 年电源工程建设项目投资情况见表 4－1。

表 4－1　2014 年电源工程建设项目投资情况

| 类　型 | | 本年投资完成额（亿元） | 比上年增长（%） | 占全部电源投资额的比例 | |
|---|---|---|---|---|---|
| | | | | 比例（%） | 比上年提高（个百分点） |
| 电源工程建设投资 | | 3 686 | -4.80 | 100.00 | |
| 其中 | 水　电 | 943 | -22.93 | 25.57 | -6.01 |
| | 火　电 | 1 145 | 12.66 | 31.06 | 4.81 |
| | 核　电 | 533 | -19.31 | 14.45 | -2.60 |
| | 风　电 | 915 | 40.93 | 24.84 | 8.06 |
| | 太阳能发电 | 150 | -53.43 | 4.08 | -4.26 |

分区域来看，仅华北区域电源工程完成投资实现正增长。受火电投资明显增加的拉动作用，华北区域电源工程建设完成投资 614 亿元，比上年增长 20.16%；东北区域电源工程建设完成投资 166 亿元，比上年降低 34.50%；华东区域电源工程建设完成投资 684 亿元，比去年降低 6.88%；华中区域电源工程建设完成投资 775 亿元，比上年降低 3.78%；西北区域电源工程建设完成投资 564 亿元，比上年降低 6.95%；南方区域电源工程建设完成投资 884 亿元，比上年降低 8.16%。华北、华中区域完成投资占全国电源投资比重分别比上年提高 3.48 个百分点和 0.21 个百分

点。东北、华东、西北和南方区域电源投资均比上年有所减少，其完成投资占全国电源投资比重比上年分别下降2.03、0.41、0.36和0.87个百分点。2014年各区域电源工程建设项目投资完成情况见表4－2。

表4－2　2014年各区域电源工程建设项目投资完成情况

单位：亿元

| 区　域 | 投资完成额 | | | | | 合计完成投资比重比上年增长（%） | 完成投资额占全国比重（%） |
|---|---|---|---|---|---|---|---|
| | 合计 | 水电 | 火电 | 核电 | 风电 | | |
| 全国合计 | 3 686 | 943 | 1 145 | 533 | 915 | — | 100.00 |
| 华北区域 | 614 | 15 | 283 | 7 | 255 | 3.48 | 16.66 |
| 东北区域 | 166 | 19 | 41 | 29 | 74 | −2.03 | 4.50 |
| 华东区域 | 684 | 31 | 326 | 235 | 72 | −0.41 | 18.57 |
| 华中区域 | 775 | 445 | 246 | | 78 | 0.21 | 21.01 |
| 西北区域 | 564 | 52 | 149 | | 306 | −0.36 | 15.30 |
| 南方区域 | 884 | 382 | 101 | 261 | 130 | −0.87 | 23.97 |

注：西藏计入西北区域，蒙东计入东北区域，蒙西计入华北区域，下同。

## （二）电网工程建设完成投资情况

2014年，全国电网工程建设完成投资比上年增长6.82%，增速比上年提高1.49个百分点。分电压等级看，220千伏、330千伏、500千伏以及1 000千伏等级完成投资增速均超过10%，其他等级完成投资均比上年有不同程度的下降，其中750千伏以及±800千伏等级下降较多。分区域电网看，华中区域电网完成投资比上年下降5.51%，其他区域电网完成投资均比上年有所增长；华东区域投资规模最大，所占全国比重达到28.82%，但投资增速比上年回落较多。2014年电网工程建设项目分电压等级完成投资情况见表4－3，2014年电网工程建设项目分区域完成投资情况见表4－4。

表4－3　2014年电网工程建设项目分电压等级完成投资情况

| | | 2014年完成投资（亿元） | 同比增长（%） |
|---|---|---|---|
| 合　计 | | 4 119 | 6.82 |
| 其中 | ±800千伏 | 126 | −59.30 |
| | ±500千伏 | 42 | −6.72 |
| | 1 000千伏 | 215 | 34.44 |
| | 750千伏 | 90 | −25.00 |
| | 500千伏 | 456 | 13.14 |
| | 330千伏 | 50 | 15.96 |
| | 220千伏 | 924 | 16.66 |
| | 110千伏（含66千伏） | 696 | −2.08 |

表 4－4 2014 年电网工程建设项目分区域完成投资情况

| | 完成投资额 | | | 占全国电网工程投资的比例 | |
|---|---|---|---|---|---|
| | 数量（亿元） | 比上年增长（%） | 增速比上年提高（个百分点） | 比例（%） | 比例比上年提高（个百分点） |
| 全　国 | 4 119 | 6.82 | 1.49 | 100.00 | — |
| 国网总部 | 30 | 57.89 | 94.56 | 0.73 | 0.24 |
| 华北区域 | 888 | 20.00 | 22.50 | 21.56 | 2.37 |
| 东北区域 | 248 | 5.98 | 24.16 | 6.02 | -0.05 |
| 华东区域 | 1 187 | 6.17 | -15.88 | 28.82 | -0.17 |
| 华中区域 | 755 | -5.51 | -14.96 | 18.33 | -2.39 |
| 西北区域 | 361 | 17.97 | -1.10 | 8.76 | 0.82 |
| 南方区域 | 651 | 1.72 | 8.15 | 15.80 | -0.80 |

注：上表以投资主体所在区域来划分。

## 二、电源工程建设

### （一）电源新增装机情况

#### 1. 基建新增发电装机情况

2014 年，全国电源基建新增生产能力 10 443 万千瓦，比上年多投产 221 万千瓦。其中，水电 2 180 万千瓦，比上年少投产 916 万千瓦，占全部新投产容量的 20.87%，比上年下降 9.41 个百分点；火电 4 791 万千瓦，比上年多投产 615 万千瓦，占全部新投产机组容量的 45.87%，比上年提高 5.02 个百分点；核电 547 万千瓦，比上年多投产 326 万千瓦，占全部新投产机组容量的 5.24%，比上年提高 3.08 个百分点；并网风电 2 101 万千瓦，比上年多投产 613 万千瓦，占全部新投产容量的 20.11%，比上年增长 5.57 个百分点；并网太阳能光伏发电新增 825 万千瓦，比上年少投产 418 万千瓦，占全部新投产容量的 7.90%，比上年下降 4.26 个百分点。

#### 2. 各能源类型新增发电装机情况

2014 年，基建新增水电装机 2 180 万千瓦。一批大中型水电机组相继投产，包括三峡金沙江溪洛渡 6 台共 462 万千瓦、金沙江向家坝 2 台共 180 万千瓦，国投锦屏二级 4 台共 240 万千瓦、锦屏一级 2 台共 120 万千瓦，华能云南糯扎渡 2 台共 130 万千瓦、云南金沙江龙开口 1 台 36 万千瓦，华电云南鲁地拉 3 台共 108 万千瓦、金沙江梨园 1 台 60 万千瓦、云南金沙江中游阿海 1 台 40 万千瓦，大唐云南观音岩 1

台 60 万千瓦、广西岩滩 1 台 30 万千瓦机组等。抽水蓄能机组投产 60 万千瓦。

火电新增装机继续以大容量、高参数燃煤机组为主，但新增火电装机容量中燃煤机组所占比重比上年有所下降。2014 年，全国新增燃煤（含煤矸石）机组 3 498 万千瓦，占火电新增容量的 73. 02%，占比较上年下降 9. 55 个百分点；全年新投产单机容量 30 万千瓦及以上燃煤（含煤矸石）机组 69 台、共 3 250 万千瓦，分别占新投产燃煤机组和火电机组容量的 92. 9% 和 67. 8%，其中，60 万千瓦及以上燃煤机组 22 台、1 654 万千瓦，占新投产燃煤机组容量的 47. 3%，包括江苏南通电厂 2 台、华润浙江苍南电厂 2 台和浙能舟山六横电厂 2 台共 6 台百万千瓦超超临界火电机组。2014 年年底，全国在运百万千瓦超超临界火电机组 69 台。此外，2014 年新增燃气机组 938 万千瓦，占火电新增容量的 19. 6%，主要分布在北京、天津、山西、浙江、广东、重庆；新增余热余压发电容量 254 万千瓦、并网生物质发电容量 71 万千瓦、并网垃圾发电容量 21 万千瓦（2014 年水电、火电、核电重点投产项目见附件 17，2014 年水电、火电、核电在建重点项目见附件 18）。

核电有 5 台机组陆续投产。2014 年，新增核电 547 万千瓦，分别为广东阳江核电站 15 号机组、福建宁德核电站一期 2 号机组、辽宁红河沿核电站一期 2 号机组、福建福清核电站 1 号机组和浙江秦山核电站一期扩建工程 1 号机组，年底全国在运核电装机容量 2 008 万千瓦。

并网风电装机实现快速增长。2014 年，全国新增并网风电 2 101 万千瓦，比上年增长 41. 25%，增速比上年提高 26. 48 个百分点。分省份看，甘肃、新疆新增并网风电容量超过 200 万千瓦，河北、山西、内蒙古、云南、宁夏新增并网风电容量超过 100 万千瓦。

并网太阳能发电继续保持大规模投产。2014 年，全年新增并网太阳能发电装机容量 825 万千瓦，比上年降低 33. 63%，其中，江苏、内蒙古、青海和甘肃并网太阳能发电装机投产容量分别达到 137 万千瓦、115 万千瓦、94 万千瓦和 87 万千瓦。

**3. 分区域新增装机情况**

各区域中，西北区域基建新增装机容量最多，主要以火电和风电为主，在甘肃、宁夏、新疆等风电机组集中投产的带动下，区域新增风电装机容量占全国新增风电装机容量的 38. 16%，新增装机容量占全国新增装机容量的 21. 64%，比上年降低 0. 03 个百分点。华北区域新增装机容量占全国新增装机容量的 20. 75%，比上年提高 6. 62 个百分点，其中新增并网风电装机容量占全国新增并网风电装机容量的

38.04%。南方区域新增装机容量占全国新增装机容量的15.12%，比重比上年下降9.60个百分点，区域新增水电占全国水电的46.02%。华东区域新增装机容量占全国新增装机容量的19.44%，比重比上年提高1.55个百分点。华中区域新增装机容量占全国新增装机容量的17.27%，比重比上年提高2.23个百分点。东北区域新增装机容量占全国新增装机容量的5.77%，比重比上年降低0.76个百分点。2014年分区域新增装机容量情况见表4-5。

表4-5　2014年分区域新增装机容量情况

单位：万千瓦

| 区　域 | 基建新增装机容量 | | | | | | 区域新增装机容量占全国比重（%） |
|---|---|---|---|---|---|---|---|
| | 合计 | 水电 | 火电 | 核电 | 风电 | 太阳能 | |
| 全国合计 | 10 443 | 2 180 | 4 791 | 547 | 2 101 | 825 | 100.00 |
| 华北区域 | 2 167 | 73 | 1 272 | | 582 | 240 | 20.75 |
| 东北区域 | 603 | 27 | 246 | 112 | 192 | 27 | 5.77 |
| 华东区域 | 2 030 | 14 | 1 341 | 327 | 149 | 199 | 19.44 |
| 华中区域 | 1 804 | 904 | 680 | | 169 | 51 | 17.27 |
| 西北区域 | 2 260 | 160 | 1 001 | | 802 | 298 | 21.64 |
| 南方区域 | 1 579 | 1 003 | 249 | 109 | 207 | 11 | 15.12 |

4. 分省份新增装机情况

2014年，基建新增装机容量超过1 000万千瓦的省份有云南和新疆；基建新增装机容量超过500万千瓦的省份有山西、浙江、四川和甘肃；基建新增装机容量超过200万千瓦的省份有北京、河北、内蒙古、辽宁、江苏、安徽、福建、山东、湖北、湖南、广东、重庆、贵州和宁夏。2014年全国各省份新增装机容量情况见表4-6。

表4-6　2014年全国各省份新增装机容量情况

单位：万千瓦

| 区　域 | 合计 | 其　中 | | | | |
|---|---|---|---|---|---|---|
| | | 水电 | 火电 | 核电 | 并网风电 | 其他类型发电 |
| 全　国 | 10 443 | 2 180 | 4 791 | 547 | 2 101 | 825 |
| 北　京 | 379 | | 379 | | | |
| 天　津 | 158 | | 156 | | | 2 |
| 河　北 | 315 | 1 | 79 | | 158 | 77 |
| 山　西 | 581 | 2 | 356 | | 177 | 47 |
| 内蒙古 | 487 | 69 | 127 | | 177 | 115 |
| 辽　宁 | 257 | 20 | 72 | 112 | 49 | 4 |

续表

| 区 域 | 合计 | 其 中 | | | | |
|---|---|---|---|---|---|---|
| | | 水电 | 火电 | 核电 | 并网风电 | 其他类型发电 |
| 吉 林 | 133 | 6 | 85 | | 36 | 6 |
| 黑龙江 | 174 | 0 | 88 | | 86 | 0 |
| 上 海 | 18 | | 7 | | 5 | 6 |
| 江 苏 | 421 | 0 | 221 | | 63 | 137 |
| 浙 江 | 949 | 7 | 795 | 109 | 19 | 20 |
| 安 徽 | 409 | 7 | 317 | | 52 | 33 |
| 福 建 | 233 | | 2 | 218 | 10 | 3 |
| 江 西 | 60 | 20 | 9 | | 14 | 17 |
| 山 东 | 285 | 0 | 178 | | 92 | 15 |
| 河 南 | 159 | 2 | 104 | | 32 | 20 |
| 湖 北 | 302 | 7 | 247 | | 45 | 4 |
| 湖 南 | 252 | 120 | 79 | | 45 | 8 |
| 广 东 | 219 | | 78 | 109 | 30 | 3 |
| 广 西 | 44 | 32 | 12 | | | |
| 海 南 | 9 | 6 | | | | 3 |
| 重 庆 | 245 | 15 | 229 | | | |
| 四 川 | 786 | 739 | 12 | | 33 | 2 |
| 贵 州 | 225 | 19 | 159 | | 47 | |
| 云 南 | 1 082 | 946 | | | 130 | 5 |
| 西 藏 | 17 | 17 | | | | |
| 陕 西 | 148 | | 93 | | 29 | 26 |
| 甘 肃 | 696 | 48 | 251 | | 309 | 87 |
| 青 海 | 149 | 30 | 7 | | 18 | 94 |
| 宁 夏 | 247 | | 56 | | 169 | 21 |
| 新 疆 | 1 004 | 64 | 595 | | 276 | 69 |

### （二）电源新开工项目

2014 年全国新开工电源项目装机容量 4 008 万千瓦，比上年减少 1 216 万千瓦。其中，水电 693 万千瓦，比上年增加 404 万千瓦；火电 1 508 万千瓦，比上年减少 1 556万千瓦；风电 1 582 万千瓦，比上年增加 310 万千瓦。

## 三、电网工程建设

### （一）电网新增能力情况

2014 年，全国新增 110 千伏及以上输电线路长度 62 675 千米，比上年下降 2. 75%。分电压等级看，占比较大的 110 千伏和 220 千伏等级新增线路长度分别为

26 708 千米和 22 098 千米，分别比上年增长 4.64% 和 2.79%；两者合计新增占全国新增 110 千伏及以上线路长度的 77.87%，占比比上年提高 4.91 个百分点。分直流和交流类型看，直流工程新增线路长度 2 876 千米，比上年下降 40.65%，其中新增 ±800 千伏线路长度 1 653 千米，比上年下降 54.37%；交流工程新增线路长度 59 799 千米，比上年增长 0.33%，其中新增 1 000 千伏线路长度 1 206 千米，比上年下降 7.09%。

2014 年，全国直流工程新增换流容量 3 860 万千瓦，比上年增长 181.75%，其中 ±500 千伏、±800 千伏分别增长 200.00% 和 176.19%；全国交流工程新增 110 千伏及以上变电设备容量 30 853 万千伏安，比上年增长 7.97%，主要是 220 千伏、330 千伏和 500 千伏分别增长 11.58%、29.32% 和 35.39%，而 750 千伏和 1 000 千伏变电设备容量分别比上年下降 44.07% 和 14.29%。2014 年全国新增交直流输电线路规模见表 4－7。

表 4－7　2014 年全国新增交直流输电工程规模

| | 容量（万千瓦、万千伏安） | 长度（千米） |
|---|---|---|
| 总　计 | | 62 675 |
| 1. 直流工程 | 3 860 | 2 876 |
| ±800 千伏 | 2 900 | 1 653 |
| ±500 千伏 | 960 | 1 223 |
| 2. 交流工程（110 千伏及以上） | 30 853 | 59 799 |
| 1 000 千伏 | 1 800 | 1 206 |
| 750 千伏 | 660 | 1 314 |
| 500 千伏 | 7 555 | 7 272 |
| 330 千伏 | 741 | 1 202 |
| 220 千伏 | 11 602 | 22 098 |
| 110 千伏（含 66 千伏） | 8 495 | 26 708 |

注：直流工程容量为换流容量，单位为万千瓦；交流工程容量为变电设备容量，单位为万千伏安。

## （二）部分重点电网工程建设项目

2014 年，包括一批特高压项目在内的部分重点电网建设项目相继开工或投运，特高压在电网大范围资源优化配置的能力继续提升。

1 月份，哈密南—郑州 ±800 千伏特高压直流输电工程正式投运，这是国家实施“疆电外送”战略的第一个特高压输电工程。6 月份，溪洛渡右岸电站送电广东 ±500千伏同塔双回直流输电工程正式投运，有利于保障云南汛期水电送出以及迎峰度夏期间广东的电力供应。7 月份，溪洛渡左岸—浙江金华 ±800 千伏特高压直流输电工程正式投运，成为又一条连接我国西南水电基地和东部负荷中心的清洁能源大通道。11 月份，川藏电力联网工程正式投运，结束了西藏昌都地区长期孤网运行的历史，解决了西藏昌都和四川甘孜州南部地区的用电需求。12 月份，浙北—福州 1 000 千伏特高压交流输变电工程正式投运，将提升华东电网接受区外来电和区内资源优化配置的能力。为落实国务院发布的《大气污染防治行动计划》，淮南—上海、锡盟—山东两条 1 000 千伏特高压交流输电工程以及宁东—浙江 ±800 千伏特高压直流输电工程共三个特高压输电项目在 11 月份正式开工建设，对于提高京津冀鲁、长三角地区外来电供应和保障能力、缓解环境压力具有重大意义。

## 四、电力建设工程造价

### （一）发电工程

#### 1. 燃煤发电工程

2014 年，不同容量等级燃煤发电新建工程造价水平与上年相比均有下降，2 × 100 万千瓦机组单位造价的下降幅度较大，体现了我国百万机组技术装备及施工工艺的不断成熟。2013 年、2014 年燃煤发电工程单位造价变化情况见表 4 – 8。

表 4 – 8　2013 年、2014 年燃煤发电工程单位造价变化情况

| 机组容量 | 机组种类 | 单位造价（元/千瓦） | | 比上年增长（%） |
|---|---|---|---|---|
| | | 2013 年 | 2014 年 | |
| 2 × 30 万千瓦 | 亚临界 | 4 394 | 4 323 | –1. 62 |
| 2 × 35 万千瓦 | 超临界 | 4 123 | 4 076 | –1. 14 |
| 2 × 60 万千瓦 | 超临界 | 3 646 | 3 590 | –1. 54 |
| 2 × 66 万千瓦 | 超临界 | 3 367 | 3 305 | –1. 84 |
| 2 × 100 万千瓦 | 超超临界 | 3 334 | 3 202 | –3. 96 |

与 2013 年相比，2014 年 2 × 30 万千瓦、2 × 60 万千瓦、2 × 100 万千瓦燃煤发电工程的建筑、安装工程费呈现不同幅度的下降，其中，建筑工程材料中每吨钢筋价格由 2013 年底的 3 740 元下降为 3 230 元，下降 13. 63%，安装工程材料价格与 2013 年相比下降 10% 左右。设备购置费均有所下降，百万机组尤甚，主要因为锅炉、汽机和发电机等主要设备的价格都呈现下降趋势（见表 4 – 9），主要辅机中变

压器价格下降约4%，凝汽器价格下降约10%。2013年、2014年燃煤发电工程各项费用变化率见图4-1。

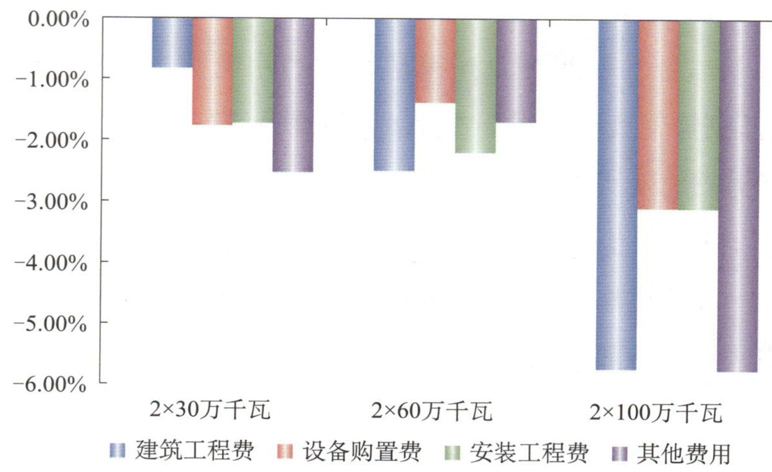


图4-1 2013年、2014年燃煤发电工程各项费用变化率

表4-9 锅炉、汽轮机、发电机价格变化表

单位：万元/台

| 设备名称 | 300MW机组 | | | 600MW机组 | | | 1 000MW机组 | | |
|---|---|---|---|---|---|---|---|---|---|
| | 2013年 | 2014年 | 变化幅度 | 2013年 | 2014年 | 变化幅度 | 2013年 | 2014年 | 变化幅度 |
| 锅 炉 | 14 500 | 13 800 | -4.83% | 31 000 | 30 500 | -1.61% | 50 000 | 46 000 | -8.00% |
| 汽 机 | 7 700 | 6 500 | -15.58% | 15 000 | 14 500 | -3.33% | 22 000 | 19 000 | -13.64% |
| 发电机 | 4 200 | 4 100 | -2.38% | 7 400 | 7 300 | -1.35% | 12 000 | 11 700 | -2.50% |

2. 燃气—蒸汽联合循环电站工程

2014年，2×18万千瓦（9E级）燃气—蒸汽联合循环电站新建工程、2×30万千瓦（9F级）燃气—蒸汽联合循环电站新建工程造价水平较上年均呈下降趋势。2013年、2014年燃气—蒸汽联合循环电站工程单位造价变化情况见表4-10。

表4-10 2013年、2014年燃气—蒸汽联合循环电站工程单位造价变化情况

| 机组容量和种类 | 单位造价（元/千瓦） | | 比上年增长（%） |
|---|---|---|---|
| | 2013年 | 2014年 | |
| 2×30万千瓦，9F级 | 2 895 | 2 762 | -4.59 |
| 2×18万千瓦，9E级 | 3 242 | 3 147 | -2.93 |

3. 清洁能源发电工程

2014年，水电工程每千瓦造价约为11 193元，根据容量等级、地理条件、功能划分等因素的不同，单位造价差异较大，每千瓦造价8 000～13 000元。与2013年相比，水电工程单位造价呈现上涨的趋势，其主要原因：一是人工工资及物价水平

上涨明显；二是优良的水电资源逐步减少，水电工程开发建设的整体难度加大；三是由于移民安置补偿标准大幅度提高，以及国家对环保日益重视和相关标准提高，都使得环保投资增长较多。

中国核工业集团公司提供的数据显示，2014 年核电工程的概算单位造价为每千瓦 12 175 元，较 2013 年下降 20.14%。其中设备购置费每千瓦为 5 712 元，较 2013 年下降 16.84%。

2014 年，风电工程每千瓦造价约为 7 551 元。随着风电设备国产化率的逐年提高，风电设备价格逐年降低，因此风电工程的单位造价与 2013 年相比仍在下降。

太阳能发电工程单位造价与上年相比也有较大幅度的降低，每千瓦约为 8 657 元。造价降低的主要原因也是由于太阳能电池板等设备价格大幅降低。2013 年、2014 年清洁能源发电工程单位造价变化情况见表 4－11。

**表 4－11　2013 年、2014 年清洁能源发电工程单位造价变化情况**

| 工程类别 | 单位造价（元/千瓦） | | 比上年增长（%） |
|---|---|---|---|
| | 2013 年 | 2014 年 | |
| 水　电 | 9 732 | 11 193 | 15.01 |
| 核　电 | 15 245 | 12 175 | -20.14 |
| 风　电 | 7 758 | 7 551 | -2.67 |
| 太阳能发电 | 9 183 | 8 657 | -5.73 |

## （二）电网工程

### 1. 输电线路工程

2014 年，110 千伏～500 千伏交流架空线路工程和 ±500 千伏直流架空线路工程单位造价较上年呈上涨趋势，幅度在 2.14%～3.65% 之间；上涨主要是受到社会总体价格水平、人工成本和建设场地征用费增长的影响，但其主要材料价格基本都呈现下降趋势。750 千伏、1 000 千伏交流架空线路工程和 ±800 千伏直流架空线路工程单位造价较上年均有一定幅度的下降，降幅分别为 2.46%、5.25%、2.70%，充分体现了高电压等级的输电技术，特别是特高压输电技术的不断成熟。交流电缆工程单位造价与上年基本持平，呈略降趋势，110 千伏和 220 千伏交流电缆工程的降幅分别为 0.59%、1.23%；下降主要是由于铝、锌、铜、钢等原材料价格较上年降低。2013、2014 年输电线路工程单位造价变化情况见表 4－12。

表 4－12　2013 年、2014 年输电线路工程单位造价变化情况

| 电压等级 | 单位造价（万元/千米） | | 比上年增长（%） |
|---|---|---|---|
| | 2013 年 | 2014 年 | |
| 一、交流架空输电线路工程 | | | |
| 110 千伏 | 55.73 | 57.76 | 3.65 |
| 220 千伏 | 74.91 | 77.28 | 3.16 |
| 330 千伏 | 88.04 | 90.51 | 2.81 |
| 500 千伏 | 179.92 | 183.77 | 2.14 |
| 750 千伏 | 259.05 | 252.68 | -2.46 |
| 1 000 千伏 | 550.67 | 521.76 | -5.25 |
| 二、直流架空输电线路工程 | | | |
| ±500 千伏 | 176.36 | 182.53 | 3.50 |
| ±800 千伏 | 377.06 | 366.87 | -2.70 |
| 三、交流电缆工程 | | | |
| 110 千伏 | 543.69 | 540.48 | -0.59 |
| 220 千伏 | 1 491.96 | 1 473.61 | -1.23 |

注：输电线路工程单位造价均已折算为单回线路的千米造价。

2. 变电站工程

与 2013 年相比，2014 年新建变电站工程单位造价水平呈下降趋势，降幅为 1.76%～5.98%。整体造价水平下降的主要原因是 2014 年新建变电站工程的设备购置费较上年下降幅度较大：主变压器、高压电抗器价格下降 5%～10%；柱式、罐式、GIS 断路器价格下降 7%～13%。值得一提的是，1 000 千伏新建变电站工程的单位造价下降幅度最大，主要是随着 1 000 千伏技术装备水平的不断提高、施工工艺水平的不断成熟和工程造价管理的不断精细化，交流特高压主设备价格大幅下降，建筑安装工程费和其他费用也均有一定下降。2013 年、2014 年新建变电站工程单位造价变化情况见表 4－13。

表 4－13　2013 年、2014 年新建变电站工程单位造价变化情况

| 电压等级 | 变电站容量 | 断路器型式 | 单位造价（元/千伏安） | | 比上年增长（%） |
|---|---|---|---|---|---|
| | | | 2013 年 | 2014 年 | |
| 110 千伏 | 1×4 万千伏安 | 国产 GIS 设备 | 273.33 | 267.45 | -2.15 |
| | | SF6 断路器 | 301.05 | 295.75 | -1.76 |
| | 2×5 万千伏安 | 国产 GIS 设备 | 337.84 | 330.84 | -2.07 |
| | | SF6 断路器 | 416.44 | 408.78 | -1.84 |
| 220 千伏 | 2×18 万千伏安 | 柱式断路器 | 251.69 | 244.89 | -2.70 |
| | | GIS 组合电器 | 269.58 | 254.75 | -5.50 |

续表

| 电压等级 | 变电站容量 | 断路器型式 | 单位造价（元/千伏安） | | 比上年增长（%） |
|---|---|---|---|---|---|
| | | | 2013 年 | 2014 年 | |
| 330 千伏 | 1×24 万千伏安 | 柱式断路器 | 467.08 | 456.34 | -2.30 |
| | | 罐式断路器 | 471.96 | 459.83 | -2.57 |
| | 1×36 万千伏安 | GIS 组合电器 | 380.64 | 368.42 | -3.21 |
| 500 千伏 | 1×75 万千伏安 | 柱式断路器 | 237.39 | 228.94 | -3.56 |
| | | HGIS 组合电器 | 288.20 | 281.74 | -2.24 |
| | 2×100 万千伏安 | 罐式断路器 | 149.55 | 141.98 | -5.06 |
| | | GIS 组合电器 | 154.83 | 148.75 | -3.93 |
| 750 千伏 | 1×210 万千伏安 | 罐式断路器 | 313.02 | 298.03 | -4.79 |
| 1 000 千伏 | 2×300 万千伏安 | GIS 组合电器 | 343.61 | 323.06 | -5.98 |

### 3. 换流站工程

2014 年，±500、±800 千伏电压等级换流站工程单位造价水平与上年相比有大幅下降，主要由于直流设备价格呈现较大幅度的下降，特别是±800 千伏特高压直流设备价格呈大幅下降。其中，±800 千伏换流阀价格下降 10.67%、换流变压器价格下降 5%～10%，直流场设备价格下降 30.26%，交流滤波场价格下降 28%～42%。2013 年、2014 年新建直流换流站工程单位造价变化情况见表 4－14。

表 4－14　2013 年、2014 年新建直流换流站工程单位造价变化情况

| 电压等级 | 变电站容量 | 断路器型式 | 单位造价（元/千瓦） | | 2014 年与上年比变化率（%） |
|---|---|---|---|---|---|
| | | | 2013 年 | 2014 年 | |
| ±500 千伏 | 300 万千瓦 | 户内 GIS | 524.42 | 503.29 | -4.03 |
| | | 户外柱式断路器 | 518.13 | 499.94 | -3.51 |
| ±800 千伏 | 800 万千瓦 | 户外 GIS | 638.26 | 562.26 | -11.91 |

# 五、电力工程质量监督管理

## （一）火力发电、输变电工程质量监督检查大纲颁布实施

2014 年 1 月 15 日，国家能源局以国能综安全〔2014〕45 号文件发布《国家能源局综合司关于印发火力发电、输变电工程质量监督检查大纲的通知》，正式批准了质监总站修编的《火力发电工程质量监督检查大纲》和《输变电工程质量监督检查大纲》，均自颁布之日起施行。两册大纲的颁布实施，对于规范电力工程质量监督检查的工作方式和工作内容，提高质监机构的现场监督检查工作水平，具有重要的引领和导向作用。

### （二）质监总站编写完成2014年版《电力建设工程现行标准及管理文件名录》

2014年5月，质监总站编写印发了2014年版《电力建设工程现行标准及管理文件名录》，共包括火力发电工程、电网工程、核电工程、水电工程和新能源工程5章，收录约2 000个标准条目，是开展工程质量管理工作的必备工具书。

### （三）国家能源局印发《关于加强电力工程质量监督工作的通知》，明确了质监总站的工作职责

2014年5月10日，国家能源局以国能安全〔2014〕206号文印发《关于加强电力工程质量监督工作的通知》，明确了“国家能源局归口管理、派出机构属地监管、质监机构独立监督、电力企业积极支持”的工作机制，要求中国电力企业联合会和各省（直辖市、自治区）中心站、华能中心站、核电中心站要认真履行职责，保证质监工作的正常开展。文件中规定质监总站的职责为：承担电力工程质量监督技术性、服务性工作，拟订提出相关规章制度并督促落实，指导各中心站业务工作，负责国家试验示范工程和跨区重大电力工程项目的质量监督，参与电力工程竣工验收和重大质量事故的调查处理，完成国家能源局交办的其他任务。

### （四）质监总站编制完成《电力工程检测试验费用定额》

2014年6月，在定额总站的大力支持和各检测试验机构的积极配合下，《电力工程检测试验费用定额》编制完成。定额共包括16章，分别是水泥试验、骨料检验、水及石灰检验、砌筑材料检验、陶瓷及石材检验、砂浆及灌浆料试验、钢材试验、混凝土试验、外加剂试验、混凝土（砂浆）掺合料试验、主体结构检测、防护材料检验、土工试验、金属无损检测、理化检验、机械性能试验。定额内容基本涵盖了电力工程建设所需要的检测试验项目，可以满足结算和市场招投标的需要。

### （五）2014年电力工程质量监督师复证考核圆满完成

2014年6月26日，随着最后一期培训结束，2014年度电力工程质量监督师复证考核工作结束，共有来自全国的1 924名质监师参加了本年度的复证考核。

### （六）质监总站完成2014年度“杰出工程师奖”候选人推荐工作

2014年7月10日，质监总站经过严格选拔和初审，从电力行业各企业和科研院所遴选出20名候选人，报送中华国际科学交流基金会，参加2014年度“杰出工程师奖”的评奖角逐。“杰出工程师奖”是经科技部和国家科学技术奖励工作办公室批准，由中华国际科学交流基金会设立的公益性奖项，是目前国内唯一面向生产建设一线工程技术人员的奖项。

### （七）国家能源局部署开展2014年电力工程质量专项监管督查活动

2014年7月30日，国家能源局在江西省南昌市召开电力工程质量专项监管督查启动会，部署2014年全国电力工程质量专项监管督查工作。

### （八）电力工程质量监督现场检查系统开发完成

2014年8月15日，质监总站组织开发的电力工程质量现场检查系统通过了专家验收，并交付有关质监机构试运行。该系统共包括电网工程、火电工程、机构查询、人员查询、项目信息统计、质量问题统计、机构评价和数据支持等八个子系统。该系统的开发应用将有效提高电力工程质量监督检查工作的规范化和标准化水平。

### （九）《电力工程质量监督专业考试基地管理办法》和《电力工程质量监督专业考试工作细则》印发施行

2014年10月31日，质监总站以质监〔2015〕95号、96号文印发《电力工程质量监督专业考试基地管理办法》和《电力工程质量监督专业考试工作细则》。颁布施行两个办法的目的是为规范电力工程质量监督专业人员管理，实现专业培训和考试工作的基地化管理，减轻总站及各中心站的日常工作压力。考试基地必须具备规定的教学场所和师资力量，必须是具有独立法人资格的高校或培训中心。

### （十）建筑、汽轮机、电气和输电线路专业培训教材和考试题库编写完成

2014年9月30日，电力工程质量监督系列考试教材中的建筑、汽轮机、电气和输电线路四个专业的培训教材和考试题库编制完成，并由中国电力出版社出版

发行。

### （十一）蒙东电力工程质量监督中心站挂牌成立

2014 年 12 月 10 日，经质监总站批准，蒙东电力工程质量监督中心站在内蒙古呼和浩特市挂牌成立。蒙东中心站的机构挂靠国网内蒙古东部电力有限公司，主要职责为：承担内蒙古自治区各级政府核准（批准）的、在本地区内独立建设的发电、输变电项目的工程质量监督检查任务，负责本地区内电力工程质量监督专业人员的培训，承担总站委托的其他工作。

## 六、电力优质工程

2014 年，电力行业有 27 项工程获国家优质工程奖（其中 6 项工程获国家优质工程金质奖、20 项工程获国家优质工程奖、1 项工程获国家优质工程境外奖），4 项工程获中国建设工程鲁班奖（其中 3 项工程获鲁班奖、1 项工程获鲁班境外奖），13 项工程获中国安装工程优质奖（中国安装之星），36 项工程获中国电力优质工程奖，9 项工程获中国电力优质工程奖（中小型），2 项获中国电力优质工程境外奖，分别见附件 19 至附件 22。

# 第五章

# 电力生产与供应

## 一、电力生产与供应能力

### （一）发电装机规模

#### 1. 全国整体情况

截至2014年年底，全国全口径发电装机容量137 018万千瓦，比上年增长8.95%。其中，水电30 486万千瓦，比上年增长8.71%；火电92 363万千瓦，比上年增长6.15%；核电2 008万千瓦，比上年增长36.97%；风电容量9 657万千瓦，比上年增长26.20%；太阳能发电2 486万千瓦，比上年增长56.50%。核电、风电、太阳能发电占全国发电装机容量的比重为10.33%，水电、火电所占比重分别为22.25%、67.41%。2014年年底全国全口径发电装机容量结构情况见图5－1。

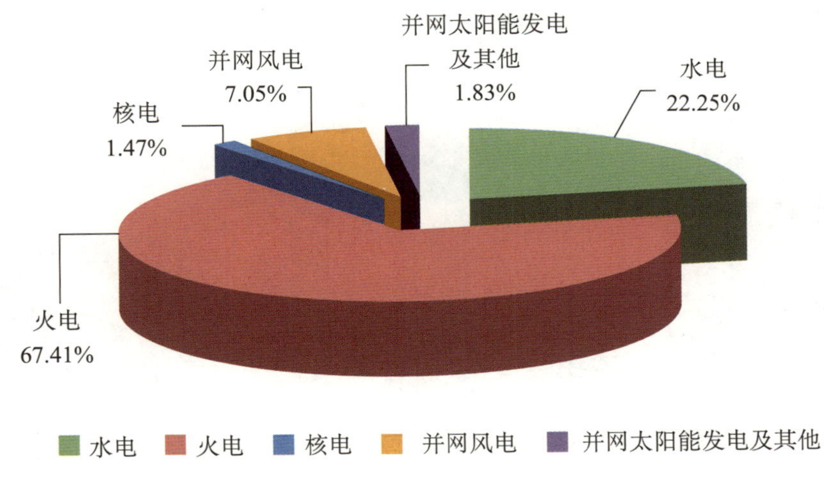


图5－1 2014年年底全国全口径发电装机结构情况

截至2014年年底，全国6 000千瓦及以上电厂发电装机容量133 298万千瓦，分类型容量结构见表5－1。

表 5－1　全国 6 000 千瓦及以上电厂发电设备容量结构

| 类　型 | | 装机容量（万千瓦） | 装机容量增速（%） |
|---|---|---|---|
| 全国 | | 133 298 | 9. 06 |
| 水电 | | 27 410 | 9. 32 |
| 火电 | | 91 861 | 6. 23 |
| 其中 | 燃煤发电 | 83 106 | 4. 60 |
| | 其中：煤矸石发电 | 3 349 | 62. 42 |
| | 燃油发电 | 270 | -7. 70 |
| | 燃气发电 | 5 666 | 33. 26 |
| | 其他类型发电 | 2 819 | 13. 74 |
| | 其中：生物质发电 | 980 | 12. 97 |
| 核电 | | 2 008 | 36. 97 |
| 风电 | | 9 655 | 26. 20 |
| 太阳能发电 | | 2 349 | 50. 96 |

2. 分区域情况

2014 年年底，华北区域全口径发电装机容量 2. 90 亿千瓦，是装机容量最多的区域，比上年增加 2 339 万千瓦；华东、华中区域全口径发电装机容量也接近或超过 2. 7 亿千瓦，分别比上年增加 1 963 万千瓦和 2 021 万千瓦；南方区域全口径发电装机容量 2. 46 亿千瓦，比上年增加 1 938 万千瓦；西北区域全口径发电装机容量 1. 69 亿千瓦，比上年增加 2 532 万千瓦，其中风电装机容量比上年增长 45. 2%；东北区域全口径发电装机容量 1. 17 亿千瓦，比上年增长 456 万千瓦，装机增幅在全国各区域中最小。2013 年、2014 年全国各电网供电区域发电装机容量情况见图 5－2。

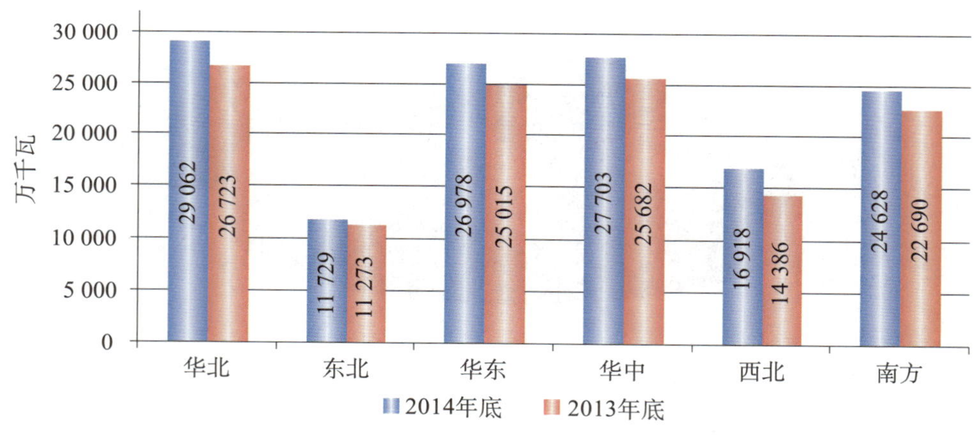


图 5－2　2013 年、2014 年全国分供电区域发电装机结构

3. 分省份情况

截至 2014 年年底，全国有 12 个省份的全口径发电装机容量超过 5 000 万千瓦，这些省份均是用电大省或能源资源富集省份。其中，内蒙古、广东、江苏全口径发

电装机容量分别为 9 273 万千瓦、9 163 万千瓦和 8 611 万千瓦；山东、四川、浙江、云南超过 7 000 万千瓦，山西、湖北、河南、河北、新疆超过 5 000 万千瓦。全口径发电装机容量低于 1 000 万千瓦的省份有海南、西藏。

2014 年，北京、西藏、新疆、甘肃四个省份的全口径发电装机容量增长率超过 20%。吉林、海南、上海全口径发电装机容量增长率低于 2%。2014 年年底全国各省份全口径发电装机容量情况见表 5－2。

表 5－2　2014 年年底全国各省份全口径发电装机容量情况

单位：万千瓦

| 地　区 | 合计 | 水电 | 火电 | 核电 | 风电 | 太阳能发电 | 其他 |
|---|---|---|---|---|---|---|---|
| 全国总计 | 137 018 | 30 486 | 92 363 | 2 008 | 9 657 | 2 486 | 18.82 |
| 北　京 | 1 090 | 101 | 970 | | 15 | 2.5 | 1.0 |
| 天　津 | 1 357 | 1 | 1 323 | | 29 | 4.7 | |
| 河　北 | 5 544 | 182 | 4 283 | | 963 | 114.5 | 1.9 |
| 山　西 | 6 304 | 244 | 5 564 | | 455 | 41.3 | |
| 内蒙古 | 9 273 | 177 | 6 710 | | 2 100 | 285.4 | |
| 辽　宁 | 4 192 | 293 | 3 084 | 200 | 608 | 7.0 | |
| 吉　林 | 2 560 | 377 | 1 768 | | 408 | 6.1 | 0.3 |
| 黑龙江 | 2 499 | 97 | 1 948 | | 454 | 1.1 | 0.4 |
| 上　海 | 2 184 | | 2 138 | | 37 | 8.7 | |
| 江　苏 | 8 611 | 114 | 7 727 | 212 | 302 | 256.2 | |
| 浙　江 | 7 412 | 995 | 5 746 | 549 | 73 | 49.8 | 0.4 |
| 安　徽 | 4 322 | 288 | 3 911 | | 82 | 40.0 | |
| 福　建 | 4 449 | 1 288 | 2 667 | 327 | 159 | 7.8 | |
| 江　西 | 2 078 | 484 | 1 537 | | 37 | 20.4 | |
| 山　东 | 7 971 | 107.8 | 7 203 | | 622 | 30.6 | 7.1 |
| 河　南 | 6 196 | 396 | 5 735 | | 44 | 20.1 | |
| 湖　北 | 6 213 | 3 627 | 2 501 | | 77 | 8.6 | 0.6 |
| 湖　南 | 3 567 | 1 510 | 1 983 | | 70 | 4.9 | |
| 广　东 | 9 163 | 1 323 | 6 863 | 721 | 204 | 51.1 | 1.5 |
| 广　西 | 3 215 | 1 626 | 1 572 | | 12 | 4.5 | |
| 海　南 | 504 | 83 | 376 | | 31 | 13.9 | |
| 重　庆 | 1 774 | 652 | 1 113 | | 10 | | |
| 四　川 | 7 874 | 6 293 | 1 547 | | 29 | 5.4 | |
| 贵　州 | 4 669 | 1 955 | 2 482 | | 233 | | |
| 云　南 | 7 078 | 5 361 | 1 402 | | 287 | 28.2 | |
| 西　藏 | 144 | 87 | 40 | | 1 | 13.0 | 2.7 |
| 陕　西 | 2 866 | 253 | 2 498 | | 84 | 31.3 | |
| 甘　肃 | 4 191 | 814 | 1 850 | | 1 008 | 517.3 | 3.0 |
| 青　海 | 1 829 | 1 143 | 242 | | 32 | 412.4 | |
| 宁　夏 | 2 424 | 43 | 1 790 | | 418 | 173.4 | |
| 新　疆 | 5 464 | 573 | 3 791 | | 774 | 326.1 | |

## （二）全国统计调查范围内水电、火电机组容量等级结构情况

### 1. 全国统计调查范围内水电机组容量等级结构情况

截至 2014 年年底，纳入行业 6 000 千瓦及以上机组统计调查范围的水电机组容量 25 020 万千瓦，占全国 6 000 千瓦及以上水电机组容量的 91. 28%。在调查范围内的水电机组中，单机 60 万千瓦及以上水电机组容量所占比重为 32. 17%；单机 30 万 ~60 万千瓦（不包含 60 万千瓦）、20 万 ~30 万千瓦（不包含 30 万千瓦）、10 万 ~20 万千瓦（不包含 20 万千瓦）、5 万 ~10 万千瓦（不包含 10 万千瓦）和 5 万千瓦以下水电机组比重分别为 15. 28%、10. 95%、12. 20%、8. 85% 和 20. 55%。2014 年年底全国统计调查范围内的水电机组容量等级结构情况见图 5 – 3。

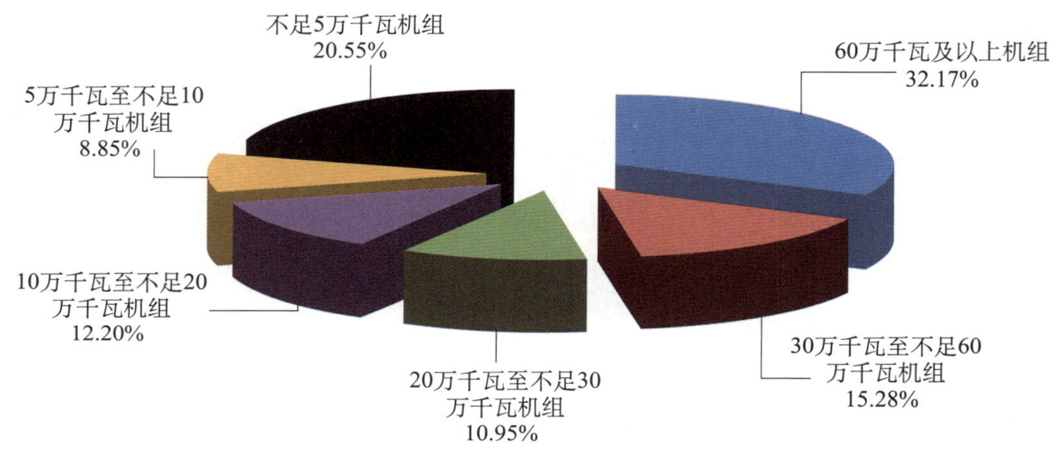


图 5 – 3　2014 年年底全国统计调查范围内的水电机组容量等级结构情况图

### 2. 全国统计调查范围内火电机组容量等级结构情况

截至 2014 年年底，纳入行业 6 000 千瓦及以上机组统计调查范围的火电机组容量 89 723 万千瓦，占全国 6 000 千瓦及以上火电机组容量的 97. 67%。调查范围内火电机组平均单机容量 12. 53 万千瓦，比上年增加 0. 72 万千瓦。在调查范围内的火电机组中，60 万千瓦及以上火电机组容量所占比重达到 41. 58%，比上年提高 0. 44 个百分点，比 2005 年提高 29. 90 个百分点，反映大容量、高参数的火电机组自“十一五”以来得到迅速发展。单机 30 万 ~60 万千瓦（不包含 60 万千瓦）、20 万 ~30 万千瓦（不包含 30 万千瓦）、10 万 ~20 万千瓦（不包含 20 万千瓦）火电机组比重分别为 35. 75%、6. 21%、7. 08%。2014 年年底全国统计调查范围内火电机组容量等级结构见表 5 – 3。

表 5-3　2014 年年底全国统计调查范围内火电机组容量等级结构

| 指标分类 | | | 计算单位 | 火电机组合计 | 占统计调查范围内火电容量比例（%） |
|---|---|---|---|---|---|
| 6 000 千瓦及以上机组 | | 合计 | 台 | 7 162 | 100 |
| | | | 万千瓦 | 89 723 | |
| 其中 | 60 万千瓦及以上机组 | 小计 | 台 | 553 | 41.58 |
| | | | 万千瓦 | 37 305 | |
| | 30 万~60 万千瓦机组（不含 60 万千瓦） | 小计 | 台 | 983 | 35.75 |
| | | | 万千瓦 | 32 080 | |
| | 20 万~30 万千瓦机组（不含 30 万千瓦） | 小计 | 台 | 260 | 6.21 |
| | | | 万千瓦 | 5 568 | |
| | 10 万~20 万千瓦机组（不含 20 万千瓦） | 小计 | 台 | 463 | 7.08 |
| | | | 万千瓦 | 6 348 | |
| | 不足 10 万千瓦机组 | 小计 | 台 | 4 903 | 9.39 |
| | | | 万千瓦 | 8 422 | |

## （三）部分大型发电企业情况

截至 2014 年年底，在纳入中电联直报统计范围内的大型发电企业中，装机容量超过 500 万千瓦的企业共有 20 家，合计装机容量 94 426 万千瓦，占全国全口径装机容量的 68.91%。截至 2014 年年底，这 20 家发电企业拥有火电装机容量 66 303 万千瓦，占全国火电装机容量的 71.79%。拥有的水电、核电、风电、其他类型发电设备（绝大部分为并网太阳能发电）的装机规模合计为 28 122 万千瓦，其中，水电 16 905 万千瓦，占全国水电装机容量的 55.45%；风电 8 006 万千瓦，占全国风电装机容量的 82.91%；其他类型发电为 956 万千瓦，占全国其他类型发电容量的 38.44%。2014 年年底装机容量超过 500 万千瓦的大型发电企业装机容量及发电量情况见附件 23。

截至 2014 年年底，五大发电集团公司合计装机容量 61 635 万千瓦，比上年增长 5.75%，占全国总装机容量的 44.98%，比重较上年降低 1.36 个百分点。其中，水电装机容量 9 720 万千瓦，比上年增长 9.46%，占全国水电装机容量的 31.88%，比重比上年提高 0.21 个百分点；火电装机容量 45 337 万千瓦，比上年增长 2.75%，占全国火电装机容量的 49.09%，比重比上年降低 1.62 个百分点；风电装机容量 5 642 万千瓦，比上年增长 21.27%，占全国风电装机容量的 58.43%，比重比上年降低 2.37 个百分点。

五大发电集团公司中，华能集团公司发电设备容量 15 149 万千瓦，比上年增长 6.50%；国电集团公司装机容量 12 518 万千瓦，比上年增长 1.94%；中国大唐集团公司、华电集团公司、中国电力投资集团公司装机容量分别为 12 048 万千瓦、12 254 万千瓦、9 667 万千瓦，分别比上年增长 4.45%、8.67% 和 7.80%。五大发电集团水电装机容量均超过 1 200 万千瓦，其中华电集团公司、中国电力投资集团公司和华能集团公司超过 2 000 万千瓦；国电集团公司风电装机容量达到 1 976 万千瓦，华能集团公司、中国大唐集团公司风电并网装机容量超过 1 000 万千瓦。

其他发电企业中，神华集团装机容量 6 685 万千瓦，比上年增长 1.88%；中国长江三峡集团公司、华润电力公司、国投电力公司、浙能集团、广东粤电集团有限公司、中国广核集团装机容量超过 2 000 万千瓦。

## （四）大型电厂情况

近几年，全国装机容量达到 100 万千瓦及以上的水电、核电厂及火电厂数量稳定增加。2014 年年底，装机容量最大的水电厂（站）是三峡水电厂（2 240 万千瓦）；装机容量最大的火电厂是大唐托克托发电公司（480 万千瓦）；装机容量最大的核电站是中核核电秦山联营有限公司（262 万千瓦）。2014 年年底水电、火电装机容量分别排全国前十位的电厂见附件 24。

截至 2014 年年底，纳入中电联统计范围的百万千瓦级电厂装机容量为 66 873 万千瓦，占全国全口径装机容量的 48.8%，其中水电 14 588 万千瓦，火电 50 309 万千瓦，核电 1 976 万千瓦。2014 年年底大型电厂装机和发电情况见表 5－4。

表 5－4　2014 年年大型电厂装机和发电情况

| 类　型 | 大型电厂数量（座） | 期末设备容量（万千瓦） | 发电量（亿千瓦时） | 利用小时（小时） |
|---|---|---|---|---|
| 合　计 | 386 | 66 873 | 17 447 | 4 587 |
| 水　电 | 58 | 14 588 | 5 026 | 3651 |
| 火　电 | 317 | 50 309 | 11 101 | 4 923 |
| 核　电 | 11 | 1 976 | 1 320 | 7 784 |

## （五）电网输送能力

### 1. 电网规模整体情况

2014 年年底，全国电网 35 千伏及以上输电线路回路长度 162.85 万千米，比上年年底增长 4.78%，其中 220 千伏及以上输电线路回路长度 57.76 万千米，比上年年底增长 6.20%。全国电网 35 千伏及以上变电设备容量 52.67 亿千伏安，比上年年底增长

8.95%，其中220千伏及以上变电设备容量30.92亿千伏安，比上年年底增长11.15%。2014年底全国35千伏及以上输电线路回路长度及变电设备容量情况见表5-5。

**表5-5 2014年年底全国35千伏及以上输电线路回路长度及变电设备容量情况**

| | | 输电线路回路长度 | | 变电设备容量 | |
|---|---|---|---|---|---|
| | | 长度（千米） | 增长率（%） | 容量（万千伏安） | 增长率（%） |
| 35千伏及以上合计 | | 1 628 472 | 4.78 | 526 685 | 8.95 |
| 220千伏及以上全部电压等级 | | 577 605 | 6.20 | 309 187 | 11.15 |
| 其中 | 1 000千伏 | 3 111 | 60.70 | 5 700 | 46.15 |
| | ±800千伏 | 10 132 | 46.75 | 3 180 | -31.67 |
| | 750千伏 | 13 881 | 9.59 | 8 090 | 24.47 |
| | ±600千伏 | 1 336 | -4.54 | 0 | -100.00 |
| | 500千伏 | 152 107 | 4.06 | 100 011 | 10.99 |
| | ±500千伏 | 11 875 | 11.48 | 14 230 | 86.32 |
| | ±400千伏 | 1 640 | 59.00 | 141 | 0.00 |
| | 330千伏 | 25 146 | 4.49 | 10 493 | 22.36 |
| | 220千伏 | 358 377 | 5.69 | 167 342 | 7.48 |

注：±600千伏数据统计口径有调整。

从分省份情况看，全国共有14个省份的220千伏及以上输电线路回路长度超过2万千米，分别是江苏、四川、广东、内蒙古、河北、山东、湖北、浙江、云南、河南、辽宁、山西、新疆和安徽，比上年年底增加安徽，其中江苏、四川、广东和内蒙古分别达到3.60万、3.35万、3.10万和3.09万千米，这些省份基本都是电力消费大省或电力输送、交换大省。全国共有11个省份的220千伏及以上变电设备容量超过1亿千伏安，分别是江苏、广东、浙江、山东、四川、河北、河南、辽宁、内蒙古、上海和湖北，其中江苏、广东和浙江分别达到2.69万、2.48万和2.21亿千伏安。

**2. 跨区域电网及全国联网**

目前我国电网实现了除台湾省以外的全国联网，以及与俄罗斯、越南、缅甸等国的跨国互联。

截至2014年年底，华北电网通过高岭直流背靠背工程与东北电网联网。通过宁东—山东±660千伏直流线路与西北电网联网；同时，陕西府谷、锦界电厂通过500千伏交流线路以点对网方式接入河北南网，向华北电网送电。通过晋东南—荆门1 000千伏特高压交流工程与华中电网联网，充分发挥南北水火互济能力。内蒙古西部电网通过220千伏和110千伏输电线路向蒙古送电。

华东电网是全国重要的受端电网，通过葛南直流、龙政直流、宜华直流、向上直流、三沪二回直流（林枫直流）、锦苏直流以及溪浙直流等与华中电网联网，大规模接受三峡、葛洲坝及四川的水电。山西阳城电厂通过 500 千伏交流线路以点对网方式接入江苏电网，向华东电网送电。

华中电网位于全国电网的中心，通过晋东南—荆门 1 000 千伏特高压交流工程与华北电网联网，通过川藏电力联网工程与昌都电网联网，通过灵宝背靠背、德宝直流工程与西北电网联网，接受华北、西北煤电基地电力并实现水火互济，2014 年哈郑直流工程正式投运，西北送华中能力进一步增强。通过向上直流、锦苏直流、葛沪直流、龙政直流、溪浙直流等与华东电网联网，将三峡、葛洲坝及四川的水电送往华东负荷中心。通过江城（三广）直流与南方电网联网，将三峡水电送至广东负荷中心；湖南鲤鱼江水电站以点对网方式接入广东电网，向广东电网送电。

东北电网通过高岭直流背靠背工程与华北电网联网。通过黑河直流背靠背工程与俄罗斯电网联网，周边实现向朝鲜供电。

西北地区发电能源资源丰富，西北电网是我国重要的送端电网。西北电网通过灵宝背靠背工程、德宝直流以及哈郑直流工程，向华中电网送电。通过宁东—山东直流工程与华北电网联网，并将宁东煤电基地电力送至山东负荷中心。通过川藏电力联网工程与昌都电网联网，通过格尔木—拉萨直流工程与藏中电网联网，大幅缓解了西藏长期缺电问题。

南方电网通过江城直流与华中电网联网，并接纳三峡水电送入。通过交流输电线路与香港、澳门联网，为香港、澳门特别行政区提供电力支撑。通过 220 千伏以及 110 千伏交流线路与越南、缅甸、老挝等东南亚国家边境地区实现电网互联和电力互供。湖南鲤鱼江电厂通过 500 千伏交流线路以点对网方式接入广东电网，向南方电网送电。在南方电网内部，建成多回交直流混合“西电东送”跨省输电通道，将云南、贵州的电力送往广东和广西负荷中心。

**3. 跨区域电力输送能力**

2014 年，随着数条跨区输电线路相继投运，电网跨区域输电和资源优化配置能力继续提高。截至 2014 年年底，国家电网公司跨区输电工程跨区输电能力超过 6 700 万千瓦；其中，交直流联网工程跨区输电能力超过 5 850 万千瓦，跨区点对网送电能力超过 850 万千瓦。南方电网形成“八交八直”的“西电东送”主网架，“西电东送”总输电能力超过 3 400 万千瓦。

我国与俄罗斯、蒙古、越南、缅甸等周边国家跨国电力交换能力超过 200 万千瓦，电网跨境优化配置资源能力初步显现。

# 二、电力生产

## （一）发电量

### 1. 全国总体情况

2014 年，全国全口径发电量 56 045 亿千瓦时，比上年增长 4. 33%。其中，水电 10 601 亿千瓦时，比上年增长 18. 83%；火电 42 274 亿千瓦时，比上年增长 0. 14%；核电 1 332 亿千瓦时，比上年增长 19. 48%；风电发电量 1 598 亿千瓦时，比上年增长 15. 55%。2014 年全国电力生产基本情况见表 5－6。

表 5－6　2014 年全国电力生产基本情况

| 类　型 | 发电量（亿千瓦时） | 比上年增长（%） | 所占结构比例（%） | 比例比上年提高（个百分点） |
|---|---|---|---|---|
| 合　计 | 56 045 | 4. 3 | 100. 00 | |
| 水　电 | 10 601 | 18. 8 | 18. 91 | 2. 31 |
| 火　电 | 42 274 | 0. 1 | 75. 43 | -3. 16 |
| 核　电 | 1 332 | 19. 5 | 2. 38 | 0. 30 |
| 风　电 | 1 598 | 15. 5 | 2. 85 | 0. 28 |

2014 年全国规模以上发电量 54 638 亿千瓦时，比上年增长 3. 19%。分月来看，除 8 月份增速出现负增长外，其余各月同比增速均保持正增长。2014 年全国规模以上分月发电量及其增长率见图 5－4。

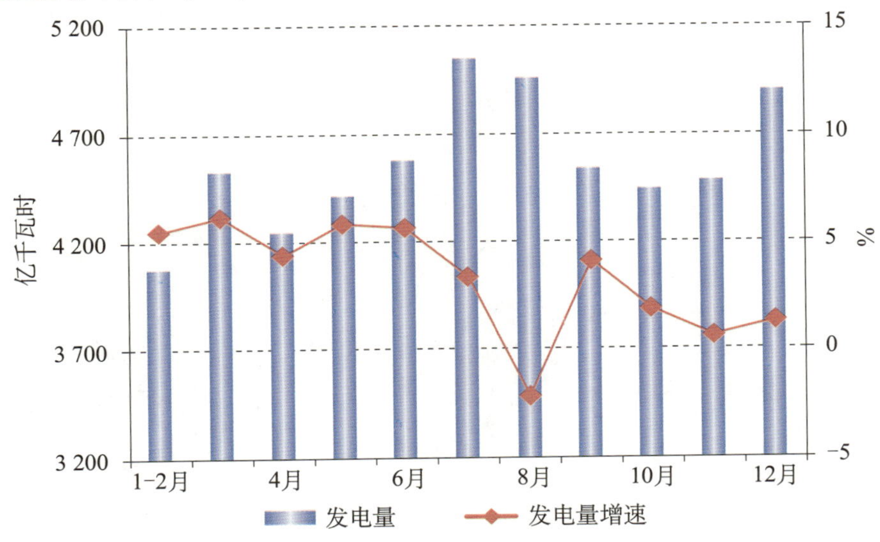


图 5－4　2014 年全国规模以上分月发电量及其增长率

2. 分省份情况

2014 年，全口径发电量增速超过 10% 的省份仅有新疆（29. 77%），主要是由于发电装机容量快速增长及外送电量增加较多；负增长的省份有浙江、江苏、湖南、吉林、河北、河南及上海。2014 年全国各省份全口径发电量见表 5－7。

表 5－7　2014 年全国各省份全口径发电量

| 地区 | 发电量（亿千瓦时） | | | | | | 增长率（%） | | | | | |
|---|---|---|---|---|---|---|---|---|---|---|---|---|
| | 合计 | 其中 | | | | | 合计 | 其中 | | | | |
| | | 水电 | 火电 | 核电 | 风电 | 光伏 | | 水电 | 火电 | 核电 | 风电 | 光伏 |
| 全国总计 | 56 045 | 10 601 | 42 274 | 1 332 | 1 598 | 235. 1 | 4. 3 | 18. 83 | 0. 1 | 19. 5 | 15. 5 | 181 |
| 北京 | 369 | 7 | 359 | | 3 | 0. 2 | 9. 7 | 48. 2 | 9. 1 | | −8. 3 | |
| 天津 | 612 | 0 | 605 | | 6 | 0. 3 | 2. 5 | −10. 0 | 2. 4 | | 4. 9 | 1 450 |
| 河北 | 2 383 | 13 | 2 200 | | 164 | 5. 8 | −2. 5 | 8. 6 | −3. 3 | | 5. 5 | 435 |
| 山西 | 2 643 | 34 | 2 530 | | 76 | 3. 2 | 0. 7 | −14. 9 | 0. 1 | | 31. 1 | 557 |
| 内蒙古 | 3 861 | 35 | 3 415 | | 386 | 24. 7 | 6. 6 | −3. 1 | 6. 3 | | 4. 9 | 296 |
| 辽宁 | 1 617 | 42 | 1 351 | 120 | 104 | 0. 7 | 2. 8 | −46. 2 | 1. 6 | 88 | 3. 2 | 313 |
| 吉林 | 758 | 70 | 630 | | 58 | 0. 5 | −1. 9 | −44. 2 | 6. 7 | | 0. 8 | 1 533 |
| 黑龙江 | 894 | 21 | 801 | | 72 | 0. 2 | 5. 9 | −28. 0 | 7. 4 | | 3. 6 | |
| 上海 | 808 | | 800 | | 7 | 0. 8 | −16. 8 | | −16. 9 | | −4. 2 | 1 057 |
| 江苏 | 4 348 | 12 | 4 098 | 168 | 57 | 13. 9 | −1. 3 | 1. 9 | −1. 8 | 0. 5 | 21. 0 | 132 |
| 浙江 | 2 913 | 203 | 2 340 | 354 | 13 | 2. 6 | −0. 9 | 6. 4 | −2. 2 | 2. 4 | 32. 4 | 241 |
| 安徽 | 2 028 | 41 | 1 972 | | 13 | 1. 0 | 2. 5 | 16. 1 | 2. 0 | | 50. 6 | 188 |
| 福建 | 1 870 | 413 | 1 277 | 142 | 38 | 0. 5 | 4. 5 | 3. 4 | −0. 2 | 91 | 5. 0 | 246 |
| 江西 | 876 | 133 | 737 | | 6 | 1. 0 | 2. 9 | 7. 4 | 2. 0 | | 12. 8 | 136 |
| 山东 | 3 738 | 5. 5 | 3 627 | | 101 | 1. 9 | 3. 9 | 20. 7 | 3. 5 | | 13. 4 | 96 |
| 河南 | 2 675 | 96 | 2 571 | | 7 | 0. 5 | −4. 9 | −16. 7 | −4. 5 | | 41. 8 | 2 150 |
| 湖北 | 2 395 | 1 385 | 997 | | 13 | 0. 6 | 7. 2 | 17. 8 | −5. 4 | | 130. 6 | 186 |
| 湖南 | 1 261 | 488 | 765 | | 8 | 0. 2 | −1. 3 | 13. 6 | −9. 3 | | 56. 0 | 533 |
| 广东 | 3 805 | 289 | 2 933 | 549 | 34 | 0. 9 | 1. 0 | −9. 4 | −0. 7 | 18. 2 | 11. 0 | 1 229 |
| 广西 | 1 298 | 631 | 664 | | 2 | 0. 4 | 6. 5 | 36. 8 | −12. 0 | | −3. 0 | 24 |
| 海南 | 246 | 25 | 215 | | 5 | 1. 7 | 6. 0 | 1. 6 | 6. 6 | | −15. 6 | 261 |
| 重庆 | 674 | 241 | 431 | | 2 | | 14. 0 | 35. 2 | 4. 8 | | 47. 2 | |
| 四川 | 3 130 | 2 578 | 547 | | 4 | 0. 5 | 19. 6 | 27. 4 | −7. 7 | | 339. 0 | 4 900 |
| 贵州 | 1 845 | 733 | 1 094 | | 18 | | 10. 2 | 73. 4 | −11. 8 | | 53. 6 | |
| 云南 | 2 550 | 2 082 | 401 | | 63 | 2. 9 | 18. 7 | 27. 7 | −16. 1 | | 66. 0 | 217 |
| 西藏 | 26 | 20 | 3 | | 0 | 1. 8 | 10. 0 | 39. 1 | −57. 1 | | | 24 |
| 陕西 | 1 326 | 71 | 1 240 | | 13 | 0. 9 | 5. 8 | −0. 2 | 5. 6 | | 96. 9 | 14 |
| 甘肃 | 1 241 | 355 | 731 | | 115 | 40. 0 | 3. 9 | −0. 3 | 4. 3 | | −3. 7 | 111 |
| 青海 | 596 | 403 | 131 | | 4 | 58. 2 | 0. 8 | −5. 6 | −3. 7 | | 407. 1 | 107 |
| 宁夏 | 1 167 | 18 | 1 053 | | 71 | 25. 9 | 4. 1 | −6. 5 | 2. 1 | | 16. 6 | 148 |
| 新疆 | 2 093 | 159 | 1 756 | | 135 | 43. 6 | 29. 8 | −3. 4 | 27. 6 | | 99. 6 | 730 |

### 3. 水力发电情况

2014 年，全国全口径水电发电量 10 601 亿千瓦时，比上年增长 18.83%，增速比上年降低 14.56 个百分点；占全部发电量的 18.91%，比上年提高 2.3 个百分点。

2014 年，全国有 4 个省份全口径水电发电量超过 100 亿千瓦时，其水电发电量合计 10 092 亿千瓦时，占全国水电发电量的 95.20%。这些水电生产大省中，贵州同比增长 73.43%，广西增长 36.83%，重庆增长 35.21%。

2014 年全国规模以上水电发电量 9 436 亿千瓦时，同比增长 18.0%。分月来看，受汛期来水充足因素影响，7、8、9 三个月的发电量均超过 1 000 亿千瓦时。2014 年全国规模以上水电分月发电生产情况见图 5－5。

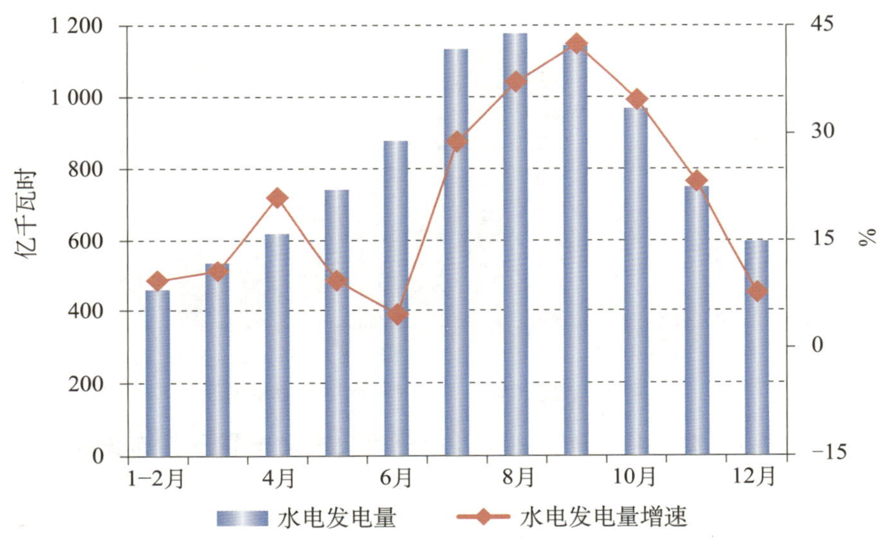


**图 5－5　2014 年全国规模以上分月水电发电量及其增长率**

### 4. 火力发电情况

2014 年，全国全口径火电发电量 42 274 亿千瓦时，比上年增长 0.14%，增速比上年降低 7.4 个百分点；占全部发电量的比重为 75.43%，比上年降低 3.15 个百分点。

从分省情况看，2014 年，全口径火电发电量超过 2 000 亿千瓦时的省份有江苏（4 098 亿千瓦时）、山东（3 627 亿千瓦时）、内蒙古（3 415 亿千瓦时）、广东（2 933 亿千瓦时）、河南（2 571 亿千瓦时）、山西（2 530 亿千瓦时）、浙江（2 340 亿千瓦时）和河北（2 200 亿千瓦时），低于 500 亿千瓦时的省份有重庆（431 亿千瓦时）、云南（401 亿千瓦时）、北京（359 亿千瓦时）、海南（215 亿千瓦时）、青海（131 亿千瓦时）和西藏（3 亿千瓦时）。

2014 年全口径火电发电量增速高于 10% 的省份仅有新疆（27.63%），有 15 个省份火力发电量同比下降，降幅大于 10% 的省份有贵州（－11.80%）、广西（－12.04%）、云南（－16.12%）、上海（－16.92%）和西藏（－57.08%）。

2014 年全国规模以上火电发电量 42 049 亿千瓦时，同比降低 0.4%。分月来看，在进入汛期的 7 月份以后，受水电多发的影响，火电发电量增速下滑明显，虽然从 9 月份后有所回升，但直到年底都没有恢复到上一年的水平。2014 年规模以上火电分月发电生产情况见图 5－6。

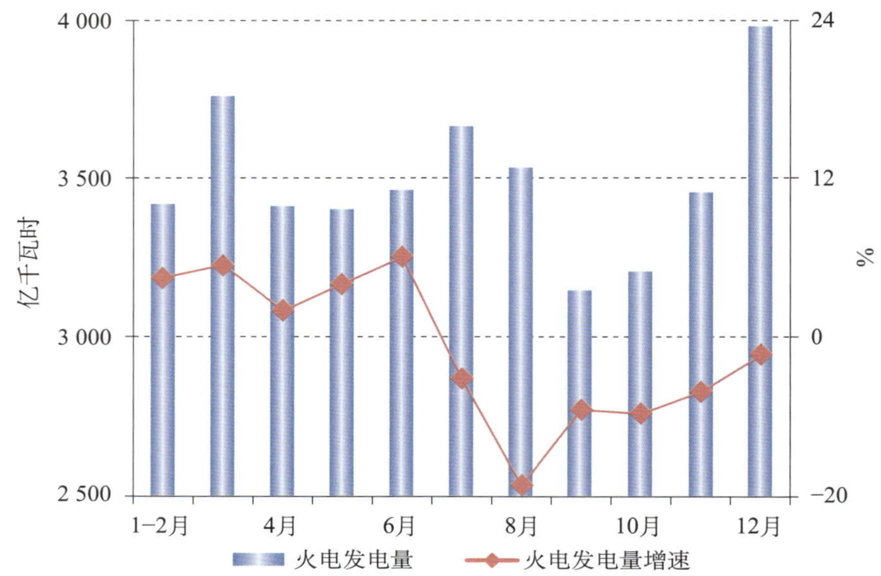


图 5－6　2014 年全国规模以上分月火电发电量及其增长率

## （二）发电设备平均利用小时

### 1. 全国总体情况

2014 年，全国 6 000 千瓦及以上电厂发电设备利用小时 4 318 小时，比上年降低 203 小时。其中，水电 3 669 小时，比上年增加 310 小时；火电 4 739 小时，比上年降低 282 小时；核电 7 787 小时；风电 1 900 小时。2014 年分类型发电设备累计平均利用小时数变化情况见表 5－8。

表 5－8　2014 年分类型发电设备累计平均利用小时数变化情况

| | | 2014 年（小时） | 比上年增加（小时） |
|---|---|---|---|
| 发电设备累计平均利用小时数 | | 4 318 | −203 |
| 其中 | 水　电 | 3 669 | 310 |
| | 火　电 | 4 739 | −282 |
| | 核　电 | 7 787 | −87 |
| | 风　电 | 1 900 | −124 |

根据中电联对大型发电企业火电机组调查统计分析，2014 年除 10 万 ~20 万千瓦（不含 20 万千瓦）机组外，各等级火电机组利用率均比上年有所下降。其中，百万千瓦机组 5 255 小时，比上年降低 511 小时；60 万 ~100 万千瓦（不含 100 万千瓦）机组 4 868 小时，比上年降低 291 小时；30 万 ~60 万千瓦（不含 60 万千瓦）机组 4 355 小时，比上年降低 514 小时；20 万 ~30 万千瓦（不含 30 万千瓦）机组 4 157 小时，比上年降低 487 小时；10 万 ~20 万千瓦（不含 20 万千瓦）机组 4 810 小时，比上年上升 306 小时；0.6 万 ~10 万千瓦（不含 10 万千瓦）机组 4 307 小时，比上年降低 573 小时。2014 年全国大型发电企业火电机组按容量等级发电设备利用小时情况见图 5－7。

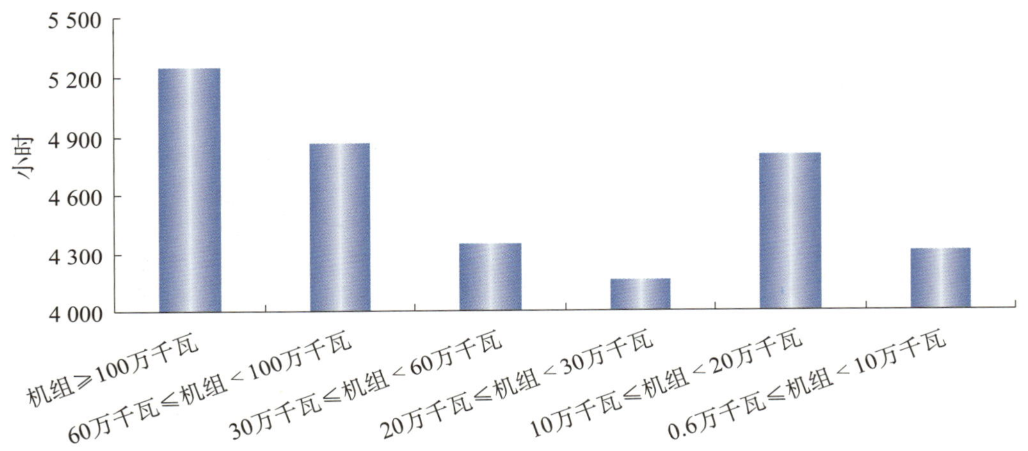


**图 5－7　2014 年全国大型发电企业火电机组按容量等级发电设备利用小时情况**

### 2. 分省份情况

分省份来看，2014 年，全国只有 7 个省份的发电设备利用小时比上年提高，其中提高较多的省份分别为重庆（697 小时）、海南（180 小时）、湖北（137 小时）。

2014 年发电设备利用小时比上年下降超过 500 小时的省份有安徽（－580 小时）、浙江（－598 小时）、上海（－784 小时）、新疆（－857 小时）。2014 年全国各省（区、市）发电设备利用小时见表 5－9。

**表 5－9　2014 年全国各省份发电设备利用小时**

| 地　区 | 利用小时数（小时） | 比上年增加（小时） | 地　区 | 利用小时数（小时） | 比上年增加（小时） |
|---|---|---|---|---|---|
| 全　国 | 4 318 | －203 | 河　南 | 4 354 | －448 |
| 北　京 | 4 069 | －191 | 湖　北 | 3 969 | 137 |
| 天　津 | 5 068 | －162 | 湖　南 | 3 641 | －267 |

续表

| 地　区 | 利用小时数（小时） | 比上年增加（小时） | 地　区 | 利用小时数（小时） | 比上年增加（小时） |
|---|---|---|---|---|---|
| 河　北 | 4 497 | -332 | 广　东 | 4 504 | -72 |
| 山　西 | 4 452 | -292 | 广　西 | 3 931 | 74 |
| 内蒙古 | 4 354 | -67 | 海　南 | 4 995 | 180 |
| 辽　宁 | 3 935 | -71 | 重　庆 | 4 845 | 697 |
| 吉　林 | 2 998 | -88 | 四　川 | 4 308 | 20 |
| 黑龙江 | 3 668 | -69 | 贵　州 | 3 980 | -91 |
| 上　海 | 3 718 | -784 | 云　南 | 3 989 | -35 |
| 江　苏 | 5 098 | -447 | 西　藏 | 1 976 | -175 |
| 浙　江 | 4 398 | -598 | 陕　西 | 4 995 | 5 |
| 安　徽 | 4 690 | -580 | 甘　肃 | 3 356 | -448 |
| 福　建 | 4 464 | -35 | 青　海 | 3 375 | -407 |
| 江　西 | 4 474 | -6 | 宁　夏 | 5 094 | -309 |
| 山　东 | 4 822 | 7 | 新　疆 | 4 188 | -857 |

### 3. 水电设备利用小时

2014 年，全国 6 000 千瓦及以上水电设备平均利用小时 3 669 小时，比上年提高 310 小时。在水电装机容量较多的省份（装机大于 1 000 万千瓦）中，除青海、云南外，水电设备利用小时均比上年有所增加；其中，贵州增加 1 289 小时，广西增加 897 小时，湖北增加 574 小时，湖南增加 280 小时，四川增加 112 小时。2014 年部分省份水电设备平均利用小时统计情况见表 5 – 10。

**表 5 – 10　2014 年部分省份水电设备平均利用小时**

| 地　区 | 水电设备利用小时数（小时） | 比上年增加（小时） |
|---|---|---|
| 全　国 | 3 669 | 310 |
| 四　川 | 4 528 | 112 |
| 云　南 | 4 128 | -195 |
| 湖　北 | 3 876 | 574 |
| 贵　州 | 3 432 | 1 289 |
| 广　西 | 3 760 | 897 |
| 湖　南 | 3 287 | 280 |
| 广　东 | 3 648 | 1 843 |
| 福　建 | 3 213 | -49 |
| 青　海 | 3 554 | -279 |
| 浙　江 | 1 886 | 83 |
| 甘　肃 | 4 348 | -251 |
| 重　庆 | 3 750 | 969 |
| 新　疆 | 3 220 | -376 |

### 4. 火电设备利用小时

2014 年，全国 6 000 千瓦及以上火电设备平均利用小时 4 739 小时，比上年降低282小时。全国下降比较大的省份有贵州（－1 187小时）、西藏（－1 022小时）。在各省份中，重庆同比增加561小时，增加100小时以上的有海南（306小时）、吉林（237小时）。

5. 风电设备利用小时

2014年，全国6 000千瓦及以上风电设备平均利用小时1 900小时，比上年降低124小时。2014年底风电装机超过100万千瓦的15个省份中，风电设备平均利用小时超过2 000小时的省份有云南（2 511小时）、福建（2 478小时）、新疆（2 094小时）、江苏（2 064小时）、内蒙古（2 002小时）；占全国风电装机容量22%的内蒙古风电利用小时数同比降低122小时。

## （三）发电燃料

2014年，全国煤炭市场需求持续低迷，全年煤炭消费量同比下降2.9%。煤炭产能继续释放，煤炭进口2.91亿吨、同比下降10.9%，国内煤炭市场供应充足，电煤供应持续宽松，全国重点电厂电煤库存总体维持正常水平。

重点电厂耗煤量同比减少。2014年，全国重点电厂累计供煤12.4亿吨，同比减少1.2亿吨，下降8.6%；累计耗煤12.5亿吨，同比减少1.0亿吨，下降7.4%。全国重点电厂耗煤量情况分月看，除3—6月份耗煤量同比有所增加外，其余月份耗煤量均同比减少，尤其是随着下半年电力消费增速回落以及水电多发，7月份耗煤量同比下降9.8%，8—12月份耗煤量同比下降幅度均超过10%。2013—2014年全国重点电厂各月耗煤量情况见图5－8。

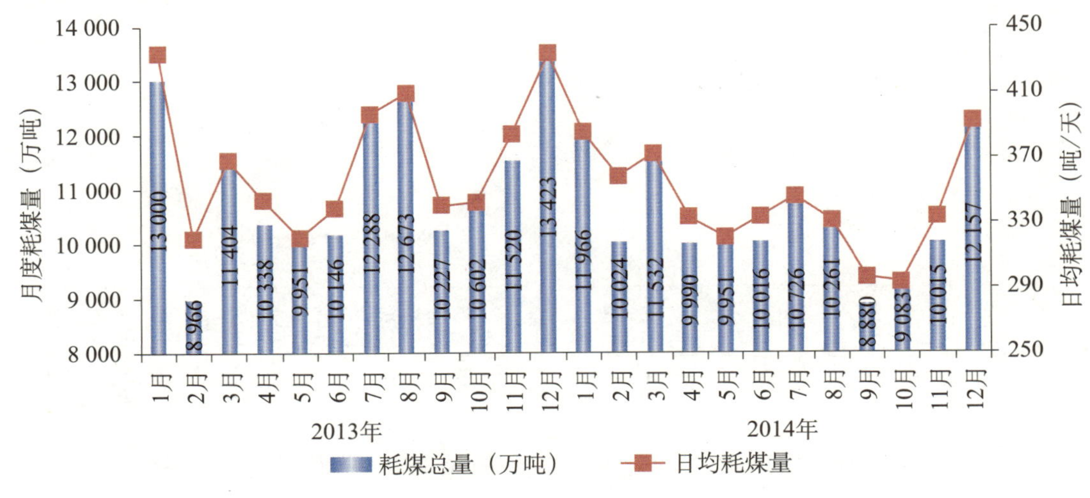


图5－8 2013—2014年全国重点电厂各月耗煤量情况图

全国电煤供需总体宽松。2 月份以来全国重点电厂存煤量总体呈逐月上升态势，从 2 月底的 7 185 万吨逐月增加至 11 月底的 9 764 万吨，12 月份随着煤炭消费量的增加，12 月底存煤量降至 9 455 万吨、可用 24 天，总体仍处于正常偏高水平。2013—2014 年分月全国重点电厂电煤库存情况见图 5－9。

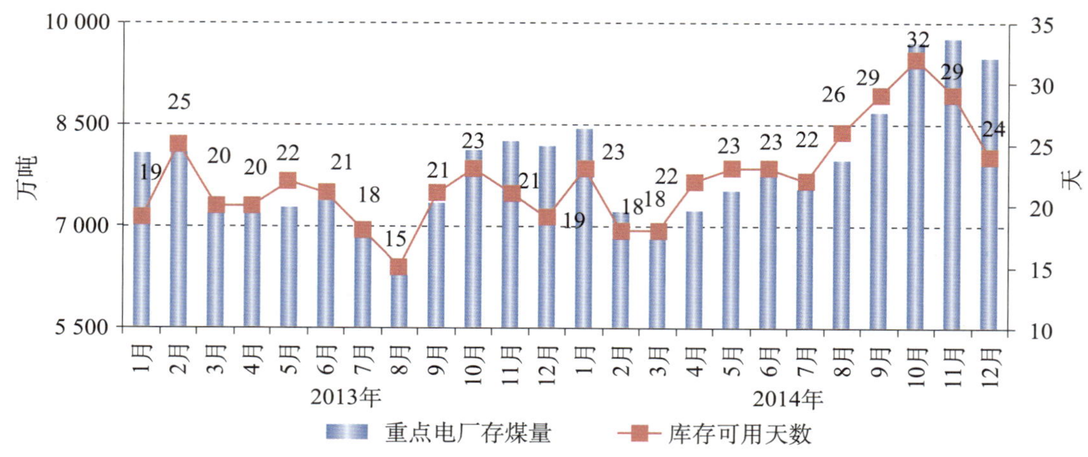


**图 5－9　2013—2014 年分月全国重点电厂电煤库存情况图**

市场煤价总体呈先大幅下降后小幅回升态势。煤价自年初以来持续下降，3 月中下旬至 6 月初价格总体平稳，6 月中旬至 7 月份再次持续下滑，在经过 8、9 两月盘整后，10 月份以来煤价总体呈小幅上升态势，12 月底秦皇岛港 5 500 大卡山西优混煤炭每吨平仓价为 520 ~530 元，比年初下降 90 元左右。2014 年秦皇岛 5 500 大卡市场动力煤周价格变动情况见表 5－10。

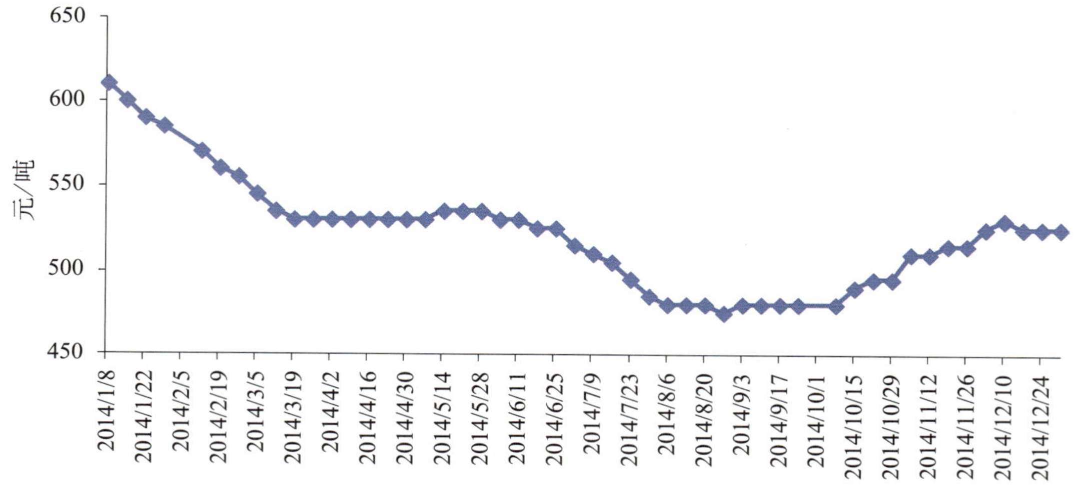


**图 5－10　2014 年秦皇岛 5 500 大卡市场动力煤周价格情况图**

## 三、电力供应

### （一）供电情况

2014 年，全国电力企业供电量 48 676 亿千瓦时，比上年增长 3. 40%。

2014 年电力企业供电量超过 2 000 亿千瓦时的省份有广东（4 973 亿千瓦时）、江苏（4 469 亿千瓦时）、山东（3 250 亿千瓦时）、浙江（3 187 亿千瓦时）、河北（3 029 亿千瓦时）、河南（2 576 亿千瓦时）；超过 1 000 亿千瓦时的省份有云南、四川、辽宁、福建、内蒙古、贵州、山西、湖北、安徽、广西、湖南、上海。其中，河北首次突破 3 000 亿千瓦时。

2014 年电力企业供电量增速超过全国供电量增速（3. 40%）的省份有 14 个，其中增速超过 10% 的省份为海南（11. 62%）和西藏（11. 11%）。

### （二）跨区域送电情况

2014 年，全国跨区域送电量完成 2 997 亿千瓦时，比上年增长 23. 03%。西北电网区域全年送出电量 549 亿千瓦时，比上年增长 19. 81%。其中，西北送山东完成 282 亿千瓦时；西北通过德宝直流送四川 54 亿千瓦时，比上年下降 43. 33%；西北通过灵宝送华中 74 亿千瓦时，比上年增长 11. 20%。东北送华北 215 亿千瓦时，比上年增长 19. 68%。华东通过龙政直流送华中 11 亿千瓦时，比上年增长 16. 69%。华中送出电量为 1 604 亿千瓦时，比上年增长 39. 29%。其中，送华东电量为 1 277 亿千瓦时，比上年增长 49. 76%；送南方电网 250 亿千瓦时，比上年增长 1. 21%；送西北 46 亿千瓦时，比上年增长 24. 96%；送华北 31 亿千瓦时，比上年增长 103. 73%。华北送出电量 317 亿千瓦时，比上年增长 0. 56%，其中，送华中 106 亿千瓦时，比上年下降 1. 51%；送华东 162 亿千瓦时，比上年下降 2. 70%；送西北 39 亿千瓦时，比上年增长 17. 04%；送蒙古国 10 亿千瓦时，比上年增长 29. 37%。三峡电厂送出电量 984 亿千瓦时，比上年增长 19. 32%。2014 年部分跨区域送电情况见表 5－11。

表 5－11　2014 年部分跨区域送电情况

| | | 送电量（亿千瓦时） | 比上年增长（%） |
|---|---|---|---|
| 全　国 | | 2 997 | 23.03 |
| 其中 | 华北送华东（阳城送江苏） | 162 | -2.70 |
| | 华北送华中（特高压） | 106 | -1.51 |
| | 华北送西北 | 39 | 17.04 |
| | 华北送蒙古国 | 10 | 29.37 |
| | 东北送华北 | 215 | 19.68 |
| | 华东送华中 | 11 | 16.74 |
| | 华中送华东 | 1 277 | 49.76 |
| | 华中送南网 | 250 | 1.21 |
| | 华中送西北 | 46 | 24.96 |
| | 华中送华北 | 31 | 103.73 |
| | 西北送华中 | 74 | 11.20 |
| | 西北送四川（德宝线） | 54 | -43.33 |
| | 西北送山东 | 282 | -0.09 |
| | 贵州送重庆 | 28 | -7.37 |
| | 贵州送湖南 | 92 | -4.02 |

2006—2014 年跨区送电量及增长情况见图 5－11。

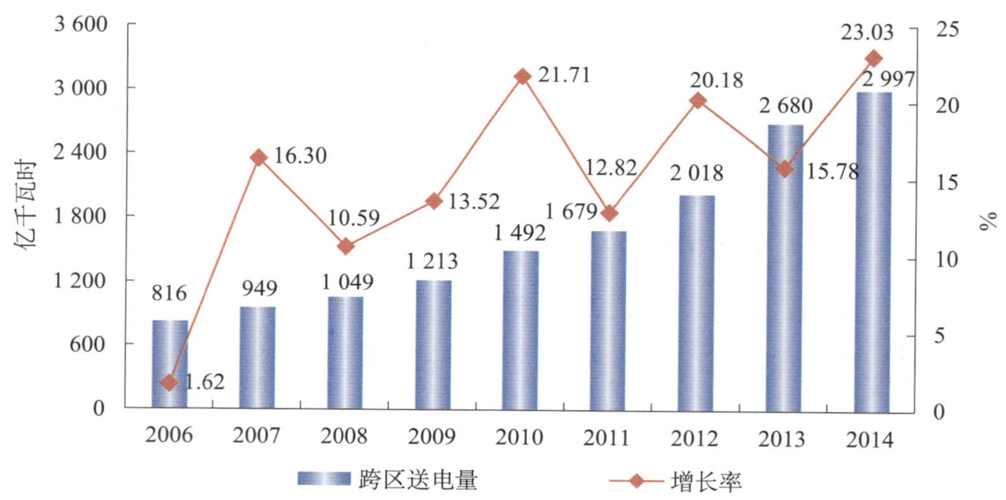


图 5－11　2006—2014 年跨区送电量及增长情况

## （三）区域内“西电东送”情况

2014 年，南方电网“西电东送”完成 1 723 亿千瓦时，比上年增长 31.08%。

其中，送广东完成1 574亿千瓦时，比上年增长31.94%；送广西完成149亿千瓦时，比上年增长22.60%。

2014年，京津唐电网累计受入电量383亿千瓦时，比上年下降0.64%。京津唐电网分别向河北南网、山东电网输出电量29亿千瓦时和218亿千瓦时，分别增长172.38%和0.35%。

## （四）跨省电量输出情况

2014年，全国跨省输出电量8 670亿千瓦时，比上年增长10.41%。送出电量超过100亿千瓦时的省份有17个，其中，内蒙古送出1 460亿千瓦时，比上年增长0.46%；四川送出1 167亿千瓦时，比上年增长52.63%；湖北送出913亿千瓦时，比上年增长21.13%；山西送出851亿千瓦时，比上年增长5.47%；云南送出726亿千瓦时，比上年增长11.34%；贵州送出671亿千瓦时，比上年增长22.01%；安徽送出455亿千瓦时，比上年下降1.19%；宁夏送出356亿千瓦时，比上年增长0.42%。2014年送出电量合计规模超过100亿千瓦时的省份见图5－12。

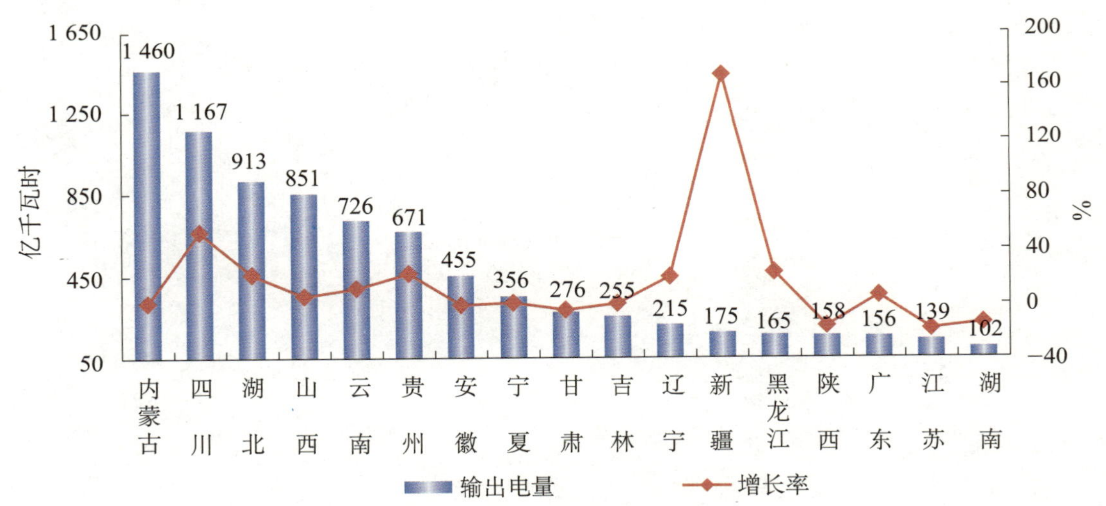


图5－12　2014年送出电量超过100亿千瓦时的省份情况

2014年送出电量超过100亿千瓦时的省份送出电量占本省发电量比例情况见图5－13。其中湖北送出电量占本省发电量比例为各省份中最高，达38.1%。

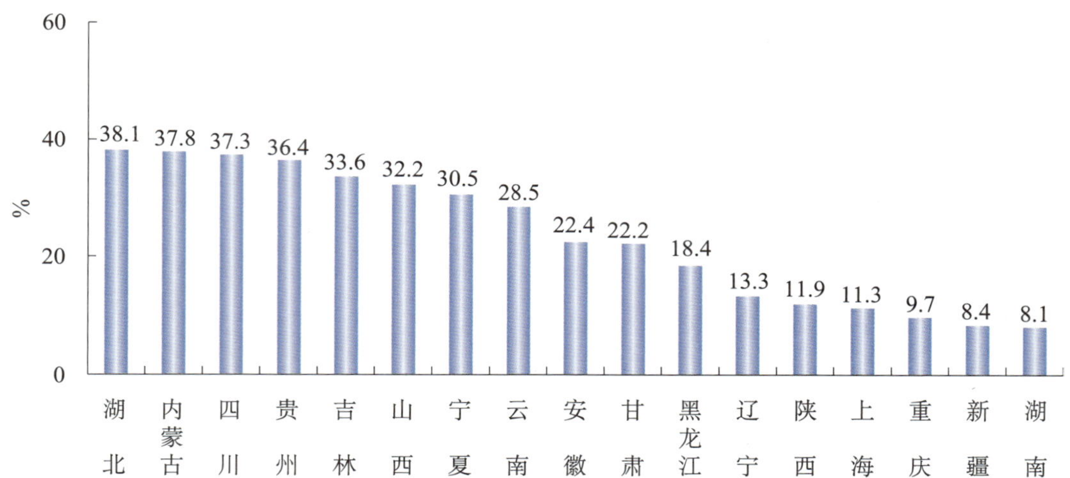


图 5－13　2014 年送出电量超过 100 亿千瓦时的省份送出电量占本省发电量比例情况

2014 年省间（省与区域间）送出电量超过 150 亿千瓦时情况见表 5－12。

表 5－12　2014 年省间（省与区域间）送出电量超过 150 亿千瓦时情况

| 输出地区 | 输入地点 | 送出电量（亿千瓦时） | 比上年增长（%） |
|---|---|---|---|
| 内蒙古 | 河　北 | 832 | －2. 24 |
| 云　南 | 广　东 | 691 | 15. 12 |
| 贵　州 | 广　东 | 526 | 34. 09 |
| 内蒙古 | 辽　宁 | 406 | 6. 11 |
| 四　川 | 江　苏 | 353 | 56. 37 |
| 四　川 | 上　海 | 312 | －2. 96 |
| 安　徽 | 浙　江 | 297 | 11. 34 |
| 宁　夏 | 山　东 | 282 | －0. 09 |
| 四　川 | 浙　江 | 251 | |
| 吉　林 | 辽　宁 | 243 | －1. 27 |
| 湖　北 | 上　海 | 239 | 23. 07 |
| 辽　宁 | 华　北 | 215 | 19. 68 |
| 山　西 | 河北南网 | 212 | 8. 20 |
| 四　川 | 重　庆 | 204 | 13. 79 |
| 山　西 | 北　京 | 166 | 4. 15 |
| 山　西 | 江　苏 | 162 | －2. 70 |
| 黑龙江 | 吉　林 | 160 | 23. 77 |
| 安　徽 | 江　苏 | 158 | －18. 40 |
| 湖　北 | 湖　南 | 151 | 14. 74 |

## （五）境内外电力交换

2014 年，全国电力进出口电量合计 245 亿千瓦时，比上年下降 7. 58%。其中，全年进口电量 61 亿千瓦时，比上年下降 13. 24%。其中，广东购香港电量 12 亿千瓦时，比上年下降 25. 57%；云南购缅甸电量 15 亿千瓦时，比上年下降 20. 50%；黑龙江购俄罗斯电量 33 亿千瓦时，比上年下降 3. 46%。全年出口电量 184 亿千瓦时，比上年下降 5. 54%。其中，云南向越南送电完成 20 亿千瓦时，比上年下降 43. 55%；广东送香港、广东送澳门电量分别完成 109 亿千瓦时和 41 亿千瓦时，分别比上年增长 2. 01% 和 0. 98%。

# 四、售电情况

2014 年，全国各省份电网企业累计完成售电量 45 442 亿千瓦时，比上年增长 3. 82%，增速比全国电力企业供电量增速高 0. 42 个百分点。售电量超过 1 000 亿千瓦时的省份共有 18 个，比上年减 1 个。其中，广东售电量 4 728 亿千瓦时，江苏售电量 4 264 亿千瓦时，浙江售电量 3 044 亿千瓦时，山东售电量 3 032 亿千瓦时，浙江售电量首次超过 3 000 亿千瓦时。这 18 个省份合计售电量占全国合计售电量的 83. 65%。2014 年售电量超过 1 000 亿千瓦时的省份售电量情况见表 5 – 13。

表 5 – 13　2014 年全国售电量超过 1 000 亿千瓦时省（自治区、直辖市）情况

| 地　区 | 售电量（亿千瓦时） | 比上年增长（%） |
|---|---|---|
| 广　东 | 4 728 | 8. 91 |
| 江　苏 | 4 264 | 3. 17 |
| 浙　江 | 3 044 | 1. 81 |
| 山　东 | 3 032 | 2. 82 |
| 河　北 | 2 825 | 3. 22 |
| 河　南 | 2 420 | 3. 76 |
| 云　南 | 1 867 | 7. 45 |
| 辽　宁 | 1 638 | 1. 67 |
| 四　川 | 1 618 | -1. 90 |
| 福　建 | 1 590 | 9. 07 |
| 内蒙古 | 1 461 | 6. 32 |
| 贵　州 | 1 435 | 8. 30 |
| 山　西 | 1 372 | -0. 20 |

续表

| 地　区 | 售电量（亿千瓦时） | 比上年增长（%） |
|---|---|---|
| 湖　北 | 1 312 | 2.28 |
| 安　徽 | 1 216 | 2.91 |
| 广　西 | 1 141 | 6.60 |
| 上　海 | 1 123 | -2.78 |
| 湖　南 | 1 096 | 1.05 |

2014 年，售电量增速增长超过全国水平（3.82%）的省份有 13 个，其中增速超过 10% 的省份为海南（11.77%）和西藏（10.99%）。

## 五、供电服务

2014 年，电网企业认真践行党的群众路线教育实践活动，切实履行电力普遍服务责任，着力解决关系人民群众切身利益的供电服务问题，积极服务国家新能源发展战略，努力拓展服务内涵、提升服务水平，为经济社会平稳健康发展提供坚实的电力保障。

### （一）国家电网公司

2014 年国家电网公司启动实施“你用电，我用心”为民服务工程，以服务民生为出发点，公司供电服务水平持续提升，客户满意度明显提高。公司供电服务十项承诺兑现率保持 99.99% 以上。

实现 95598 全网全业务集中，供电服务效率明显提高。历经三年时间，建设了国网客户服务中心，实现了 95598 呼叫业务的规模化运营，建成了当前世界规模最大、服务人口最多、服务功能最全的电力客户服务中心，为 11 亿人口提供“全业务、全天候”供电服务。95598 集中运营，实现了服务资源的优化配置，消除了地域服务差异，95598 电话人工服务接通率 98.56%，高出行业标准 13.6 个百分点，业务处理满意率达到 98.48%，座席服务满意率由 96% 上升至 99.4%。

深化为民服务，奋力提升“最后一公里”服务水平。优化业务流程，提高客户办电效率。制定并落实《简化业扩手续　提高办电效率　深化为民服务的工作意见》，精简申请资料，优化提交资料时序；统一用电业务办理告知书，明确客户需提交的资料、权利义务、流程环节和收费标准，一次性告知；实施流程“串改并”改造，客户往返次数平均减少 2 次，平均接电时间缩短 3. 5 天。拓展缴费渠道，解决用电客户交费难。大力增加交费网点，2014 年新增收费网点 18. 55 万个，累计收费网点达到 65. 30 万个，城市地区全面建成“十分钟交费圈”，农村地区收费网点达到 49. 72 万个，覆盖率达到 87%；先后推出支付宝、POS 机、充值卡、互联网、手机支付、有线电视、第三方支付等各种便捷交费方式，满足客户多样化、个性化交费需求；开通微信、微博、手机客户端、网站等互动渠道，提供客户业务受理、咨询投诉、充值交费、积分评价等多项服务内容，提高与客户双向互动服务水平。实施跨专业协同，提高供电服务效率。实现 95598 业务在总部层面统一受理和指挥、末端营配融合的服务机制，实现营销、运检、调控等专业高效协同；实施配网全方位实时监控，实现了故障预警主动抢修与 95598 客户报修双向驱动。

圆满完成各项重大活动保电服务，做好迎峰度夏期间各项优质服务工作。2014 年圆满完成春节、全国两会、亚信峰会、南京青奥会、“嫦娥五号”、北京 APEC 会议等重大活动保电任务。特别是 2014 年春节期间公司系统 10 236 个自有营业厅值班营业，其中 1 078 个营业厅 24 小时值班营业，确保节日期间“服务不放假，品质不打折”。启动供电服务重要信息零报告制度，建立每日短信报告，每周、每月专报制度，积极督导各单位制订供电服务应急预案；及时启动应急预案，取得抗击台风“海贝思”、“麦德姆”，以及湖北、湖南、四川暴雨等自然灾害的全面胜利。

组织开展了四次供电服务暗访，覆盖 25 家省公司（除新疆、西藏外），及时发现纠正了违规服务行为。持续开展客户满意度调查（范围覆盖所属 27 家省公司），广泛听取社会各界意见建议，加强服务监督。跟踪核实，挂牌督办 95598 典型投诉。定期核查 95598 客户投诉工单，抽取客户反映强烈、处理结果可疑的投诉，跟踪核实问题后续解决情况，电话回访投诉客户，对典型投诉挂牌督办。累计抽查投诉工单 3 369 件，跟踪核实投诉工单 595 件，电话回访投诉客户 541 次，挂牌督办 219 起。

服务国家新能源发展战略。认真落实国家政策，“欢迎、支持、服务”分布式电源发展，创新服务举措，实现了分布式电源便捷高效接入、安全稳定运行和电费及时支付。2014 年公司经营区分布式光伏累计并网 6 936 户，是 2013 年的 6. 5 倍；累计并网容量 265 万千瓦，同比增长 130%。设立专属客户经理，为分布式电源客户提供政策指导、技术咨询、业务办理、结算支付等“一站式”服务；主动服务 30 个光伏发电应用示范区和 6 个省（区）光伏扶贫工程。提供方案制订、并网验收与调试等全过程免费服务；免费提供计量电能表，免收分布式光伏项目系统备用费；全额承担分布式光伏并网引起的公共电网改造费用。精简并网手续，取消低压光伏设计审查环节，并行受理申请与现场勘查、计量装置安装与合同协议签署等环节。

电动汽车充换电服务。创新建立充换电标准体系。构建了覆盖充换电设施全环节的包含88 项标准的框架体系，完成国家标准13 项、行业标准18 项、企业标准47 项，承担了国际电工委员会（IEC）2 项国际标准编制，实现了电动汽车领域由我国提出国际标准零的突破。创新建立了首个具有自主知识产权、国际先进的中国充换电技术标准体系，与美国、欧洲、日本标准并列成为世界四大标准体系。示范引领充换电设施建设。自2006 年以来，累计建成充换电站618 座、充电桩2. 4 万个。在高速公路建设快充站133 座、快充桩532 个，覆盖34 座城市，续行里程达2 900 千米，基本形成京沪、青银、京港澳“两纵一横”高速公路城际充电设施的互联网络。截至2014 年年底，累计提供充换电服务488 万次，充换电量2. 96 亿千瓦时，相当于减少油耗8. 12 万吨，减排二氧化碳20. 87 万吨。公司主动与国外车企开展以中国标准为依据的车辆对接测试，积极引导采用中国标准，提升了中国话语权。全面开放充换电设施市场，全力支持社会资本建设充换电设施。加强配电网规划建设，深入研究充换电设施负荷特性及对电网的影响，制定接入电网方案，明确电能质量治理措施，保障充换电设施电力供应。制定《电动汽车充换电设施用电报装服务工作的意见》和《关于简化业扩手续、提高办电效率、深化为民服务的工作意见》，优化流程、简化手续，为充换电设施提供方便、快捷、优质的供电服务。截至2014 年年底，公司共受理报装申请3 140 件，报装容量11. 39 万千瓦，完成送电2 826 户，接电容量9. 57 万千瓦。持续开展充换电关键技术研究与设备研发，承担国家863 课题6 项、国家能源局课题4 项。建立电池特性实验室和智能用电检测中心，充电设施检测通过德国莱茵TUV 集团、德国机动车监督协会（DEKRA）和美国保险商实验室（UL）等国际知名检测机构认证，具备向欧洲和北美出口充电装备检测资质，为我国充电设备走向世界提供检测服务。成功研制了多款充换电设备、立体式充电车库、交直流、快慢充一体化智能充电桩、高速公路一机双充式大功率智能充电机、快换电池箱和充换电监控系统等，建成了技术水平国际领先、规模最大、跨区域、全覆盖的智能充换电服务网络运营监控系统，实现充换电设施在线监测、科学调度。

### （二）南方电网公司

南方电网公司强化全方位服务体系建设，有效解决客户问题。建立完善的营销管理制度体系。修编完成全部30项营销A类管理制度，统一制定了全部108个营销作业指导书和业务指导书，统一制定了全部16个营销班组手册。各分子公司完成全部营销B类制度的修编工作。加强顶层设计，规范专业协同。统一组织制定颁发客户全方位服务三项机制和20项跨部门重大协同全流程，实现协同制度化、协同流程化。首次成功开发上线全网统一的营销管理系统，为提升客户服务水平和营销精益化管理水平提供了坚实保障。全网开通手机缴费业务，方便客户缴费，客户远程访问累计620万次，注册客户35万户，远程支付方式累计缴纳电费11.2万笔。充分发挥各级客户全方位服务管理委员会作用，有效解决客户问题。成立三级客户全方位服务管理委员会，协调和督促跨专业工作。截至目前，客户停电时间同比减少25%，全资产口径第三方客户满意度79分（同比提高3分）。全网业扩受限79万千瓦，同比减少51%。实施低电压解决计划，电压质量问题得到明显改善。

开展三项治理，有效解决客户突出问题。认真组织开展业扩报装专项治理、电压质量专项整治、客户用电安全专项治理等活动。大力推行业扩标准化管理。大力推行客户工程典型设计、供电方案标准化、竣工检验标准，目前客户工程典型设计应用率达到95%。加强制度建设，着力规范业务操作。统一制定了潜在需求管理、大客户业扩管理、高压客户业扩管理、低压三相客户业扩管理、零散居民业扩管理等5类跨部门重大业务协同全流程，并制定了相关作业指导书，规范业务操作，有效避免体外循环。加大监督查处力度。全年受理业扩信访举报481件，查处违规违纪问题279起，给予党纪政纪处分71人，移交司法机关4人，解除劳动合同2人。配合设备部门，加强低电压台区整改。全网共改造低电压台区15 605个，并制定了三年基本解决低电压问题的行动计划。开展用电安全专项治理，全网4 077家重要客户的供电电源合格率同比提高5.15%，自备应急电源配置合格率提高12.05%；排查重要客户安全隐患4 181条，督促客户完成整改1 936条。

开展四项举措，真情服务群众。在关爱困难群众方面，全网共走访113万户低保户和农村五保户，义务开展用电安全检查115万次，协助客户整改开关失灵、室内线路残旧、接线混乱、用电设备漏电等用电安全隐患3.6万项。加大免费电量优惠政策的宣传力度，帮助客户办理免费电量有关手续，全网共落实免费电量138万户，比之前增加20万户。为每个城乡低保户、农村五保户家庭赠送两只节能灯，全网共赠送节能灯227万只。在保障安居工程方面，为五省区702个保障性住房小区配备客户经理，先后走访1 651次。已经送电的450个保障性住房实现提前接火送电，平均缩短33天。对已建成的保障性安居住房小区，优先列入用户资产接收计划，共接收住宅小区288个，资产原值8.7亿，为80 213户居民客户实行供电、抄表、收费、服务“四到户”供电服务。在助力农村小康方面，加强农村电网改造，提高供电能力和供电质量。公司2012年已全面实现电网覆盖范围内“户户通电”。2014年完成县级电网投资183亿元，占公司电网建设投资的27.8%，其中完成中央预算内农网改造升级工程投资60亿元。新建和改造110千伏变电站52座、线路1 906千米，35千伏变电站77座、线路1 431千米，10千伏线路11 177千米、农村配电变压器台区18 549个、低压线路62 269千米，改造户表25万个。为保障春节用电，公司投入7.8亿元专项资金，完成11 308个农村变台区改造，春节期间没有发生农村台变烧毁情况。在服务企业发展方面，为全网重要客户、大客户、重点关注客户配备1.5万名客户经理并提供个性化服务，完成全网45万重要客户、大客户的档案完善工作。对全网4 553家重要客户建立一户一册，组织对158个电气化铁路、32个民航机场、874家特级及一级重要用户进行供用电安全专项检查，供电电源配置率和客户应急电源配置率分别提高15%、10%。为大客户业务办理开辟绿色通道，收集了12 038户大客户未来三年用电需求，提前做好供电准备工作。组织节能宣传活动775期，接待节能参观和咨询30万人次，组织客户节能技术培训200期，培训人员达7 500人次，为1 025家企业进行节能诊断。节约电量19.9亿千瓦时、电力37.4万千瓦，完成节约电力、电量“两个千分之三”目标。2014年11月13日，在《企业社会责任蓝皮书（2014）》暨“中国企业300强社会责任发展指数（2014）”发布会上，公司社会责任综合发展指数和行业发展指数在300家被评价企业中均排名第一。

## （三）地方电网企业

陕西省地方电力（集团）有限公司升级“96789”客户服务热线，提高热线服务水平。集团公司于2013年底对“96789”热线进行了升级改造，通过2014年的运行情况来看，热线的服务效率明显提高，接通率显著提升，切实解决了以前客户拨打热线难的问题。配合西北能监局完成了人民群众满意用电驻点监管工作。开展低电压治理活动。停电信息以多种形式向客户进行告知。为提升客户的满意度，各市供电分公司开展了多种形式的停电告知，在原有的张贴公告、电视、新闻媒体、政府网站发布停电信息公告外，部分县公司以电力微信平台的方式向客户提供信息服务。用心服务，开展多种形式的服务活动。优化用电报装流程，确保政府保障性住房及时报装接电。开辟绿色通道特事特办，前移服务平台，主动服务政府保障性住房等民生项目，提前规划电力配套工程，推行“业扩报装绿色通道”和“一站式服务”等便捷的居民用电服务措施。

# 第六章 电力安全生产和可靠性

## 一、电力安全生产

根据国家能源局2014年全国电力安全生产情况通报，2014年，电力行业认真贯彻落实党中央、国务院关于安全生产工作的一系列重要决策部署，牢固树立底线思维和红线意识，强化和落实安全生产责任，建立健全电力安全生产各项规章制度，推动建立“党政同责、一岗双责、齐抓共管”的安全生产责任体系。

加强电力安全监管，重点开展了电网安全风险管控、电力企业网络与信息安全、电力建设工程施工安全、重要输电通道运行安全、电力建设工程质量等六项安全专项监管工作，督促电力企业落实安全管理措施。按照国务院安委会的总体部署，开展电力行业“六打六治”打非治违专项行动，严厉打击非法违法生产经营行为。

加强问题监管和专项督查，组织开展重要输电通道事故应急预案、电力行业工程建设领域预防坍塌事故专项整治“回头看”和燃煤发电机组环保改造施工等多项专项督查。

加强组织领导、协同配合，圆满完成APEC会议、南京青奥会等重大活动保电工作。

加强电力应急管理，成功应对海南“威马逊”台风，云南普洱、鲁甸地震，四川康定地震等重大灾害，确保迎峰度夏等特殊时段电力系统安全稳定运行。坚持安全生产标准化建设、事故调查处理、安全宣贯培训、事故警示教育等各项工作协同推进。

加强水电站大坝安全监管和隐患排查治理，强化电力可靠性监督管理，不断夯实电力安全生产工作基础。

在党中央、国务院的正确领导下和全行业的共同努力下，2014年，全国没有发生重大以上电力人身伤亡事故，没有发生重大电力安全事故，没有发生较大电力设备事故，没有发生电力系统水电站大坝垮坝、漫坝以及对社会造成重大影响的事件，电力供应基本满足了我国经济社会发展和人民生活的需求。

2014 年电力事故和电力安全事件呈现以下特点：

（1）电力人身伤亡事故继续下降。全年发生电力人身伤亡事故49 起，死亡（失踪）75 人，同比分别下降 16% 和 4%。

（2）电力人身伤亡责任事故下降。全年发生电力人身伤亡责任事故 47 起，死亡 65 人，同比分别下降 15% 和 3%。

（3）电力生产人身伤亡责任事故显著下降。全年发生电力生产人身伤亡责任事故 30 起，死亡 35 人，同比分别下降 36% 和 38%。

（4）电力建设人身伤亡责任事故大幅上升。全年发生电力建设人身伤亡责任事故 17 起，死亡 30 人，同比分别上升 113% 和 173%。

（5）因触电、高处坠落、坍塌、物体打击导致的电力人身伤亡责任事故多发。据统计，因以上原因造成的事故起数分别占事故总起数的 32%、19%、13%、10%，死亡人数分别占事故死亡总人数的 26%、20%、23%、9%。

（6）电力安全事件大幅下降。全年发生电力安全事件 16 起，同比下降 41%。自然灾害是引发电力安全事件的主要原因，占事件总起数的 44%。

## 二、电力可靠性

2014 年，全国发电设备、输变电设施、直流输电系统、城市和农村用户供电可靠性运行情况平稳，其中火电机组、水电机组的等效可用系数、非计划停运次数等主要可靠性指标持续向好，全国全口径用户平均停电时间达到 5. 22 小时，较上年减少 2. 25 小时。

### （一）发电机组运行可靠性

#### 1. 2014 年参与可靠性指标统计评价的发电机组装机容量构成

2014 年，纳入电力可靠性管理中心统计的发电机组（火电 10 万千瓦及以上、水电 4 万千瓦及以上和核电机组，本报告所指均为此范围的统计口径）共计 2 613 台，装机容量之和为 86 579. 82 万千瓦，分别比 2013 年增加 85 台和 4 393. 66 万千瓦。其中，火电机组 1 771 台（含 112 台燃气轮机组），装机容量之和为 67 648. 66 万千瓦，占总装机容量的 78. 13%；水电机组 827 台，装机容量之和为 17 686. 22

万千瓦，占总装机容量的 20.43%；核电机组 15 台，装机容量之和为 1 245.02 万千瓦，占总装机容量的 1.44%。

2. 火电机组运行可靠性指标

2014 年，纳入可靠性统计的 10 万千瓦及以上燃煤发电机组共计 1 659 台，运行系数为 76.96%，同比降低 3.49 个百分点；等效可用系数为 91.96%，同比上升 0.12 个百分点；等效强迫停运率为 0.41%，同比上升 0.02 个百分点；非计划停运次数每台年为 0.48 次，比上年减少 0.06 次。

2014 年纳入可靠性统计的 10 万千瓦及以上各容量等级常规火电机组主要运行可靠性指标见表 6－1。

表 6－1　2014 年纳入可靠性统计的 10 万千瓦及以上各容量等级常规火电机组主要运行可靠性指标

| 机组容量分类（万千瓦） | 统计台数（台） | 运行系数（%） | 等效可用系数（%） | 等效强迫停运率（%） | 非计划停运次数（次/台年） |
|---|---|---|---|---|---|
| 10 ~19.9 | 218 | 72.18 | 91.40 | 0.81 | 0.69 |
| 20 ~29.9 | 184 | 67.48 | 91.34 | 0.40 | 0.39 |
| 30 ~39.9 | 748 | 76.02 | 91.92 | 0.38 | 0.47 |
| 50 | 8 | 78.72 | 90.03 | 0.10 | 0.38 |
| 60 ~69.9 | 429 | 78.09 | 92.42 | 0.43 | 0.43 |
| 70 | 8 | 84.82 | 94.06 | 0.47 | 0.63 |
| 80 | 2 | 82.03 | 94.06 | 0.71 | 2.44 |
| 90 | 2 | 69.82 | 82.29 | 0.00 | 0.00 |
| 100 | 60 | 83.13 | 90.91 | 0.26 | 0.44 |
| 全部 | 1 659 | 76.96 | 91.96 | 0.41 | 0.48 |

3. 水电机组运行可靠性指标

2014 年，纳入可靠性统计的 4 万千瓦及以上水电机组共计 827 台，比上年增加 69 台；运行系数为 51.74%，比上年增加 3.12 个百分点；等效可用系数为 92.60%，比上年上升 0.89 个百分点；等效强迫停运率为 0.11%，比上年降低 0.02 个百分点；非计划停运次数每台年为 0.30 次，比上年减少 0.07 次。

2014 年纳入可靠性统计的 4 万千瓦及以上各容量等级水电机组主要运行可靠性指标见表 6－2。

表 6－2　2014 年纳入可靠性统计的 4 万千瓦及以上各容量水电机组主要运行可靠性指标

| 指标分类 | | 统计台数（台） | 运行系数（%） | 等效可用系数（%） | 等效强迫停运率（%） | 非计划停运次数（次/台年） |
|---|---|---|---|---|---|---|
| 水电轴流机组 | | 140 | 61. 68 | 93. 35 | 0. 02 | 0. 13 |
| 其中 | 4 万～9. 9 万千瓦 | 67 | 50. 28 | 92. 59 | 0. 09 | 0. 24 |
| | 10 万～19. 9 万千瓦 | 64 | 68. 26 | 93. 28 | 0. 00 | 0. 02 |
| | 20 万～29. 9 万千瓦 | 7 | 62. 10 | 92. 39 | 0. 00 | 0. 14 |
| | 30 万千瓦及以上 | 2 | 54. 18 | 97. 41 | 0. 00 | 0. 00 |
| 水电混流机组 | | 602 | 55. 49 | 92. 85 | 0. 07 | 0. 09 |
| 其中 | 4 万～9. 9 万千瓦 | 246 | 55. 22 | 94. 56 | 0. 06 | 0. 06 |
| | 10 万～19. 9 万千瓦 | 108 | 43. 89 | 92. 77 | 0. 02 | 0. 07 |
| | 20 万～29. 9 万千瓦 | 76 | 53. 27 | 91. 76 | 0. 01 | 0. 11 |
| | 30 万千瓦及以上 | 172 | 57. 79 | 92. 96 | 0. 09 | 0. 13 |
| 抽水蓄能机组 | | 85 | 20. 27 | 90. 5 | 0. 89 | 2. 05 |
| 其中 | 4 万～9. 9 万千瓦 | 9 | 40. 46 | 92. 98 | 0. 11 | 1. 44 |
| | 10 万～19. 9 万千瓦 | 6 | 20. 49 | 89. 82 | 0. 21 | 0. 83 |
| | 20 万～29. 9 万千瓦 | 20 | 18. 59 | 90. 88 | 0. 24 | 0. 90 |
| | 30 万千瓦及以上 | 50 | 20. 02 | 90. 33 | 1. 19 | 2. 76 |
| 全　部 | | 827 | 51. 74 | 92. 60 | 0. 11 | 0. 30 |

## （二）火电机组主要辅助设备运行可靠性

2014 年，纳入可靠性统计的 20 万千瓦及以上容量的火电机组共有 1 439 台，机组 5 种主要辅助设备磨煤机、给水泵组、送风机、引风机、高压加热器（以下顺序同此）的台数分别为 5 509、3 110、2 244、2 257、3 423 台，比 2013 年分别增加 267、74、60、83、145 台。2014 年纳入可靠性统计的 20 万千瓦及以上容量火电机组 5 种辅助设备的主要可靠性指标见表 6－3。

表 6－3　2014 年纳入可靠性统计的 20 万千瓦及以上容量火电机组 5 种辅助设备的主要可靠性指标

| 辅助设备分类 | 运行系数 SF（%） | 可用系数 AF（%） | 非计划停运率 UOR（%） | 非计划停运小时（小时/台年） | 计划停运小时（小时/台年） |
|---|---|---|---|---|---|
| 磨煤机 | 60. 61 | 92. 68 | 0. 13 | 6. 97 | 634. 51 |
| 给水泵组 | 51. 62 | 93. 29 | 0. 09 | 4. 25 | 583. 96 |
| 送风机 | 75. 23 | 93. 22 | 0. 01 | 0. 62 | 593. 62 |
| 引风机 | 75. 12 | 93. 17 | 0. 03 | 2. 11 | 596. 26 |
| 高压加热器 | 75. 17 | 93. 13 | 0. 10 | 6. 41 | 595. 26 |

## （三）输变电设施运行可靠性

2014 年，全国 220 千伏及以上电压等级架空线路、变压器、断路器等 13 类输变电设施的可靠性指标均保持在较高水平。截至 2014 年年底，参与可靠性统计的 220 千伏及以上电压等级架空线路总里程达到 569 953.9 千米，变压器、断路器总数量分别达到 12 966 台和 38 349 台。架空线路、变压器、断路器三类主要设施的可用系数分别为 99.492%、99.857%、99.926%，架空线路、变压器、断路器可用系数较上年分别降低 0.361、0.101 和 0.051 个百分点。2014 年纳入可靠性统计的电网企业 220 千伏及以上电压等级架空线路、变压器、断路器主要运行可靠性指标见表 6－4，纳入可靠性统计的电网企业 220 千伏及以上电压等级 13 类输变电设施主要运行可靠性指标完成情况见表 6－5。

表 6－4　2014 年全国电网 220 千伏及以上电压等级架空线路、变压器、断路器主要运行可靠性指标

| 设施类型 | 电压等级（千伏） | 统计数量 *1 | 强迫停运率 *2 | 可用系数（%） | 非计划停运次数（次） | 非计划停运时间 *3 | 计划停运次数（次） | 计划停运时间 *3 |
|---|---|---|---|---|---|---|---|---|
| 架空线路 | 220 | 3 299.545 | 0.068 | 99.720 | 279 | 0.27 | 2 305 | 23.95 |
| | 330 | 232.097 | 0.168 | 99.135 | 43 | 2.76 | 162 | 71.20 |
| | 400 | 5.251 | 0.000 | 100.000 | 0 | 0.00 | 0 | 0.00 |
| | 500 | 1 649.611 | 0.100 | 99.519 | 195 | 0.54 | 463 | 40.09 |
| | 660 | 22.517 | 0.000 | 98.767 | 0 | 0.00 | 2 | 55.78 |
| | 750 | 128.975 | 0.062 | 98.680 | 8 | 0.78 | 26 | 108.87 |
| | 800 | 165.627 | 0.066 | 96.090 | 11 | 3.38 | 14 | 274.02 |
| | 1 000 | 19.747 | 0.000 | 97.907 | 0 | 0.00 | 10 | 169.21 |
| 变压器 | 220 | 87.829 | 0.114 | 99.873 | 14 | 0.00 | 1 641 | 11.00 |
| | 330 | 3.234 | 2.474 | 99.079 | 9 | 0.22 | 105 | 79.19 |
| | 500 | 32.556 | 0.307 | 99.892 | 14 | 0.31 | 498 | 8.92 |
| | 660 | 0.060 | 0.000 | 100.000 | 0 | 0.00 | 0 | 0.00 |
| | 750 | 1.263 | 1.584 | 99.778 | 2 | 11.16 | 25 | 7.90 |
| | 800 | 0.180 | 0.000 | 100.000 | 0 | 0.00 | 0 | 0.00 |
| | 1 000 | 0.423 | 0.000 | 99.975 | 0 | 0.00 | 5 | 2.15 |
| 断路器 | 220 | 305.109 | 0.075 | 99.931 | 34 | 0.01 | 3 596 | 6.03 |
| | 330 | 14.843 | 0.067 | 99.842 | 1 | 0.06 | 355 | 13.75 |
| | 500 | 54.448 | 0.202 | 99.925 | 12 | 0.01 | 655 | 6.46 |
| | 750 | 2.068 | 0.000 | 99.846 | 2 | 0.03 | 83 | 13.15 |
| | 1 000 | 0.040 | 0.000 | 100.000 | 0 | 0.00 | 0 | 0.00 |

注：*1 架空线路、电缆线路单位为百千米·年，其他设备单位为百台（段）年。
*2 架空线路、电缆线路单位为次/（百千米·年），其他设备单位为次/（百台（段）·年）。
*3 架空线路、电缆线路单位为小时/（百千米·年），其他设备单位为小时/（台（段）·年）。

表 6-5　2014 年全国电网 220 千伏及以上电压等级 13 类输变电设施主要可靠性指标

| 类　别 | 可用系数（%） | 强迫停运率 | 非计划停运时间 | 计划停运时间 |
|---|---|---|---|---|
| 架空线路 | 99.492 | 0.081 | 0.56 | 40.87 |
| 变压器 | 99.857 | 0.239 | 0.20 | 12.14 |
| 电抗器 | 99.806 | 0.178 | 1.28 | 15.07 |
| 断路器 | 99.926 | 0.093 | 0.02 | 6.43 |
| 电流互感器 | 99.947 | 0.028 | 0.01 | 4.61 |
| 电压互感器 | 99.917 | 0.027 | 0.01 | 7.20 |
| 隔离开关 | 99.975 | 0.016 | 0.00 | 2.14 |
| 避雷器 | 99.938 | 0.008 | 0.00 | 5.37 |
| 耦合电容器 | 99.900 | 0.039 | 0.01 | 8.70 |
| 阻波器 | 99.884 | 0.038 | 0.00 | 10.05 |
| 电缆线路 | 99.542 | 0.000 | 0.00 | 37.24 |
| 组合电器 | 99.969 | 0.032 | 0.03 | 2.63 |
| 母线 | 99.955 | 0.048 | 0.02 | 3.79 |

注：强迫停运率单位：架空线路、电缆线路单位为次/（百千米·年），其他设备单位为次/（百台（段）·年）；非停、计停时间单位：架空线路、电缆线路单位为小时/（百千米·年），其他设备单位为小时/（台（段）·年）。

## （四）直流输电系统运行可靠性

2014 年，全年在运的 19 个直流输电系统全部纳入可靠性统计，合计能量可用率、能量利用率分别为 93.898%、49.11%，较上年全年在运的 18 个系统合计值分别减少 0.467 个百分点和 1.21 个百分点；强迫能量不可用率为 0.18%，较上年全年在运的 18 个系统合计值下降了 0.056 个百分点。2014 年，全国直流输电系统总计强迫停运 26 次，其中单极强迫停运 24 次、阀组强迫停运 1 次、单元强迫停运 1 次。灵宝、黑河背靠背换流站和龙政、宜华、德宝、伊穆、柴拉、天广、复奉七家直流输电系统全年未发生强迫停运。2014 年纳入可靠性统计的直流输电系统可靠性指标见表 6-6。

表 6-6　2014 年纳入可靠性统计的直流输电系统可靠性指标

| 直流输电系统 | 能量可用率（%） | 能量利用率（%） | 强迫能量不可用率（%） | 强迫停运次数（次） |
|---|---|---|---|---|
| 葛南 | 53.72 | 30.06 | 2.15 | 4 |
| 龙政 | 89.32 | 47.09 | 0.00 | 0 |
| 江城 | 96.58 | 59.06 | 0.07 | 4 |
| 宜华 | 95.11 | 42.32 | 0.00 | 0 |
| 德宝 | 95.79 | 37.50 | 0.00 | 0 |
| 伊穆 | 96.90 | 57.85 | 0.00 | 0 |

续表

| 直流输电系统 | 能量可用率（%） | 能量利用率（%） | 强迫能量不可用率（%） | 强迫停运次数（次） |
|---|---|---|---|---|
| 银东 | 94.74 | 80.52 | 0.06 | 1 |
| 林枫 | 96.08 | 36.01 | 0.05 | 1 |
| 柴拉 | 94.49 | 16.54 | 0.00 | 0 |
| 天广 | 98.12 | 53.43 | 0.00 | 0 |
| 高肇 | 98.79 | 55.58 | 0.00 | 1 |
| 兴安 | 96.50 | 57.94 | 0.37 | 8 |
| 楚穗 | 95.27 | 68.08 | 0.48 | 4 |
| 复奉 | 92.99 | 55.35 | 0.00 | 0 |
| 锦苏 | 90.82 | 54.08 | 0.59 | 1 |
| 天中 | 93.85 | 16.94 | 0.04 | 1 |
| 灵宝 | 98.05 | 75.13 | 0.00 | 0 |
| 高岭 | 96.95 | 41.36 | 0.02 | 1 |
| 黑河 | 95.92 | 33.01 | 0.00 | 0 |
| 全国合计 | 93.90 | 49.11 | 0.18 | 26 |

### （五）用户供电可靠性

2014 年全国共 415 个地市级供电企业及所辖 2 260 个县级供电企业开展了用户供电可靠性统计，全国全口径平均供电可靠率 99.940%，比 2013 年提高了 0.025 个百分点，用户平均停电时间 5.22 小时，比上年减少 2.25 小时。

2014 年全国城市 10（6、20）千伏供电系统总用户数达到了 1 936 519 户，线路总长度为 678 542 千米，城市电缆化率为 39.77%，架空线路绝缘化率为 50.11%，配电变压器总台数为 2 267 011 台，配电变压器总容量 1 071 641 242 千伏安，平均供电可靠率为 99.971%，比 2013 年提高了 0.013 个百分点，用户平均停电时间 2.59 小时，比上年减少 1.07 小时。

2014 年全国农村 10（6、20）千伏供电系统总用户数达到了 6 139 757 户，线路总长度为 3 902 787 千米，绝缘化率为 12.02%，配电变压器总台数为 6 684 569 台，配电变压器总容量 1 385 574 989 千伏安，平均供电可靠率为 99.935%，比 2013 年提高了 0.030 个百分点，用户平均停电时间 5.72 小时，比上年减少 2.58 小时。

2014 年各区域电网城市、农村 10（6、20）千伏供电系统用户供电可靠性指标见表 6－7。2014 年各省级电力公司城市、农村供电可靠性指标见附件 25。

表6－7　2014年各区域电网城市、农村10（6、20）千伏供电系统用户供电可靠性指标

| 单位名称 | 用户供电可靠率（%） | | | 用户平均停电时间（小时/户） | | |
|---|---|---|---|---|---|---|
| | 全口径 | 城市 | 农村 | 全口径 | 城市 | 农村 |
| 华北区域 | 99.969 | 99.982 | 99.966 | 2.72 | 1.62 | 2.97 |
| 东北区域 | 99.916 | 99.965 | 99.906 | 7.33 | 3.08 | 8.24 |
| 华东区域 | 99.950 | 99.980 | 99.944 | 4.42 | 1.74 | 4.95 |
| 华中区域 | 99.935 | 99.967 | 99.928 | 5.70 | 2.86 | 6.31 |
| 西北区域 | 99.888 | 99.949 | 99.879 | 9.80 | 4.44 | 10.61 |
| 南方区域 | 99.947 | 99.982 | 99.941 | 4.69 | 1.60 | 5.14 |

注："城市"统计范围为市中心＋市区＋城镇；"农村"统计范围为城镇＋农村。

# 第七章

# 电力消费

## 一、电力供需形势

2014 年，电力消费需求增长放缓，而全国发电装机容量总体充足，电煤供应持续宽松，主要水电生产地区汛期来水情况较好，全国电力供需总体宽松。受煤电机组环保改造、气温、局部电网受限等因素影响，局部地区在部分时段有一定错峰。

分区域看，华北区域电力供需总体平衡、部分地区偏紧，7 月份山东日最大错峰负荷 360 万千瓦、河北南网 239 万千瓦、冀北 87 万千瓦、天津 36 万千瓦。东北区域电力供应能力富余较多，火电设备利用小时比上年小幅提高，机组过剩、开机运行不足问题仍然较为突出。华东区域电力供需平衡，4 月份安徽有少量错峰，7 月份江苏日最大错峰负荷 112 万千瓦、福建有少量错峰，受电力消费需求增长放缓以及区域外来电增加较多影响，区域火电设备利用小时比上年明显下降。华中区域电力供需平衡，7 月份河南日最大错峰负荷 90 万千瓦。西北区域电力供应能力富余，1 月份西藏日最大错峰负荷 8. 5 万千瓦，7 月份陕西日最大错峰负荷 116 万千瓦。南方区域电力供需总体平衡，海南电力供应持续紧张，日最大错峰负荷 59. 4 万千瓦，累计错峰电量 5. 8 亿千瓦时，云南丰水期电力供应能力富余较多，全年火电设备利用小时不足 3 000 小时。

## 二、电力消费

2014 年，全国电力消费需求增长放慢，全国全社会用电量增速较上年回落，第一产业、第二产业、第三产业用电量，城乡居民生活用电量增速较上年都有回落。

### （一）用电规模

2014 年，全国全社会用电量 55 637 亿千瓦时，比上年增长 4. 14%，增速较 2013 年回落 3. 44 个百分点。2006—2014 年全社会用电量及其增速情况见图 7－1。

图 7-1 2006—2014 年全社会用电量及其增速情况

分季度看，第一、二、三、四季度全国全社会用电量同比分别增长 5.39%、5.24%、1.36%和 4.94%。分月看，各月用电量规模基本稳定在 4 000 亿 ~4 500 亿千瓦时之间（7 月份、8 月份、12 月份超过 5 000 亿千瓦时），2013 年 8 月份增速为 -1.49%，3 月份增速最高，为 7.18%，6 月份增速为 5.86%，5 月份增速为 5.29%，其他月份用电量增速都低于 5%。2013—2014 年分月全社会用电量及其增速情况见图 7-2。

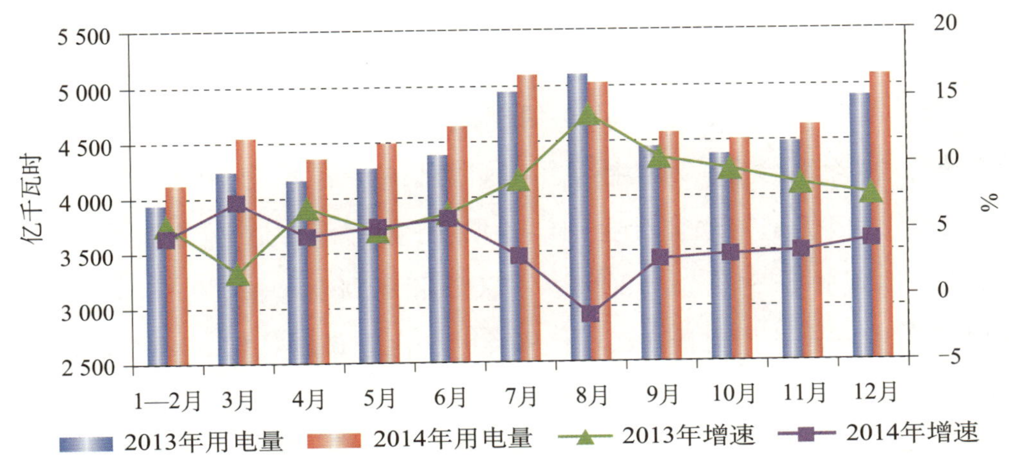


图 7-2 2013—2014 年分月全社会用电量及其增速情况

注：本报告出现在图中 1—2 月用电量显示的是 1—2 月合计用电量的平均值；1—2 月增速显示的是 1—2 月合计用电量增速，下同。

## （二）用电结构

2014 年，第一产业用电量和城乡居民生活用电量占全社会用电量的比重分别比上年降低 0.10 和 0.24 个百分点。而第二产业用电量所占比重为 73.72%，比上年提高 0.10 个百分点。2014 年全国电力消费结构见图 7－3。

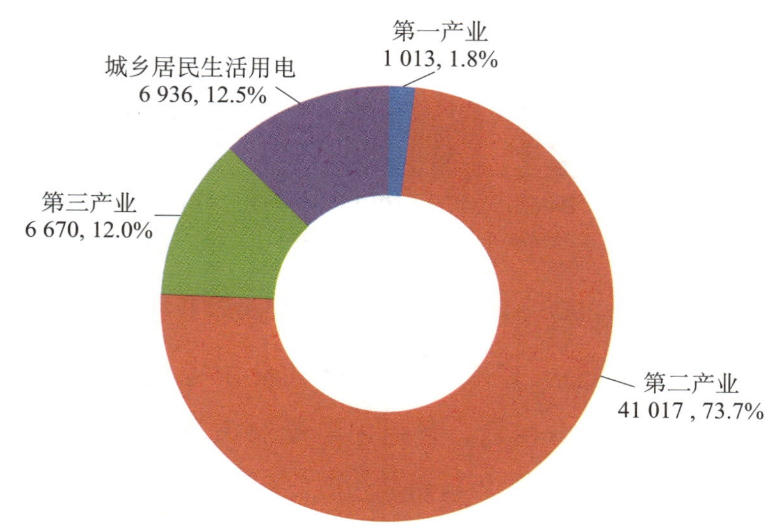


图 7－3　2014 年全国电力消费结构（亿千瓦时）

### 1. 各产业及居民用电

2014 年，第一产业用电量 1 013 亿千瓦时，比上年下降 1.22%。分季度看，第一、二、四季度分别下降 7.01%、2.96%、11.76%，第三季度增长 12.75%。

2014 年，第二产业用电量 41 017 亿千瓦时，比上年增长 4.28%，高于全社会用电量增速 0.14 个百分点；对全社会用电量增长的贡献率为 76.02%，比上年提高 6.79 个百分点，但仍是带动全社会用电量增长的最大动力。分季度看，第一、二、三、四季度分别增长 5.31%、4.88%、2.00% 和 5.08%。

2014 年，第三产业用电量 6 670 亿千瓦时，比上年增长 6.39%，高于全社会用电量增速 2.25 个百分点；对全社会用电量增长的贡献率为 18.09%，比上年提高 2.65 个百分点。其中，交通运输、仓储和邮政业增长 5.91%，信息传输、计算机服务和软件业增长 11.37%，商业、住宿和餐饮业增长 6.36%，金融、房地产、商务业增长 6.91%。分季度看，第一、二、三、四季度分别增长 6.65%、7.10%、3.77% 和 8.63%。

2014 年，全国城乡居民生活用电量 6 936 亿千瓦时，比上年增长 2.10%，低于全社会用电量增速 2.04 个百分点；对全社会用电量增长的贡献率为 6.45%，比上年降低 8.27 个百分点。分季度看，第一、二、四季度城乡居民生活用电量分别增长 5.99%、7.40% 和 3.20%，第三季度城乡居民生活用电量下降 5.63%。2014 年分月各产业和城乡居民生活用电量增速情况见图 7－4。

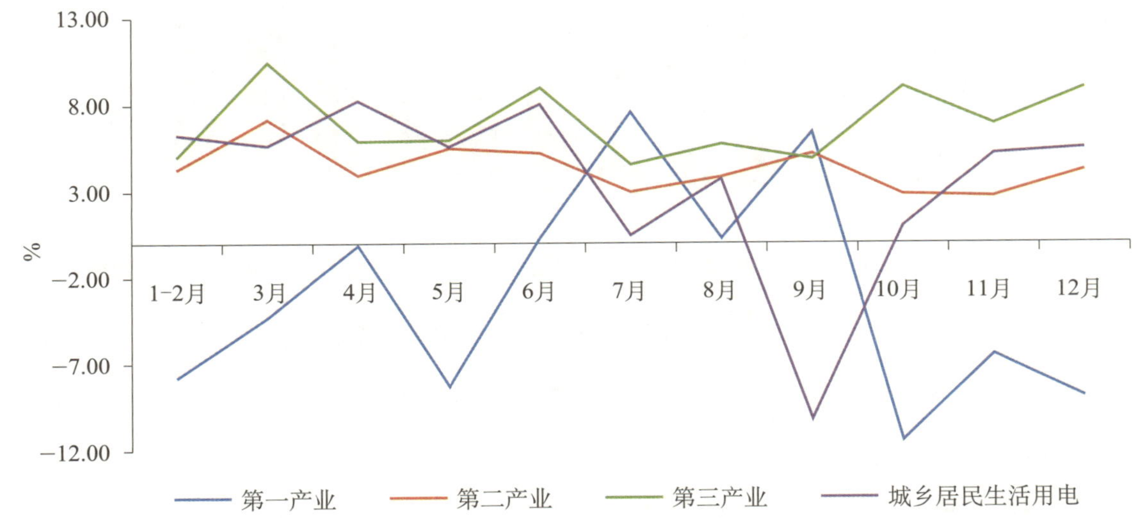


**图 7－4　2014 年分月各产业及城乡居民生活用电量增速情况**

2014 年各产业和城乡居民生活用电量增长情况见表 7－1。

**表 7－1　2014 年各产业和城乡居民生活用电量增长情况**

| | 用电量（亿千瓦时） | 增长率 | | 比重 | | 增长贡献率 | |
|---|---|---|---|---|---|---|---|
| | | 2014 年（%） | 比上年提高（个百分点） | 2014 年（%） | 比上年提高（个百分点） | 2014 年（%） | 比上年提高（个百分点） |
| 全社会 | 55 637 | 4.14 | 回落 3.44 | 100 | — | | |
| 第一产业 | 1 013 | −1.22 | 回落 3.50 | 1.82 | 降低 0.10 | −0.57 | 降低 1.18 |
| 第二产业 | 41 017 | 4.28 | 回落 2.82 | 73.72 | 提高 0.10 | 76.02 | 提高 6.79 |
| 第三产业 | 6 670 | 6.39 | 回落 3.82 | 11.99 | 提高 0.24 | 18.09 | 提高 2.65 |
| 城乡居民生活 | 6 936 | 2.10 | 回落 6.79 | 12.49 | 降低 0.22 | 6.45 | 降低 8.27 |

## 2. 工业及重点行业用电

2014 年，全国工业用电量 40 296 亿千瓦时，比上年增长 4.23%，略高于全社会用电量增速；占全社会用电量的比重为 72.43%，比上年降低 2.80 个百分点；对全社会用电量增长的贡献率为 73.92%，比上年提高 6.48 个百分点。2013—2014 年分月工业用电量及其增速情况见图 7－5。

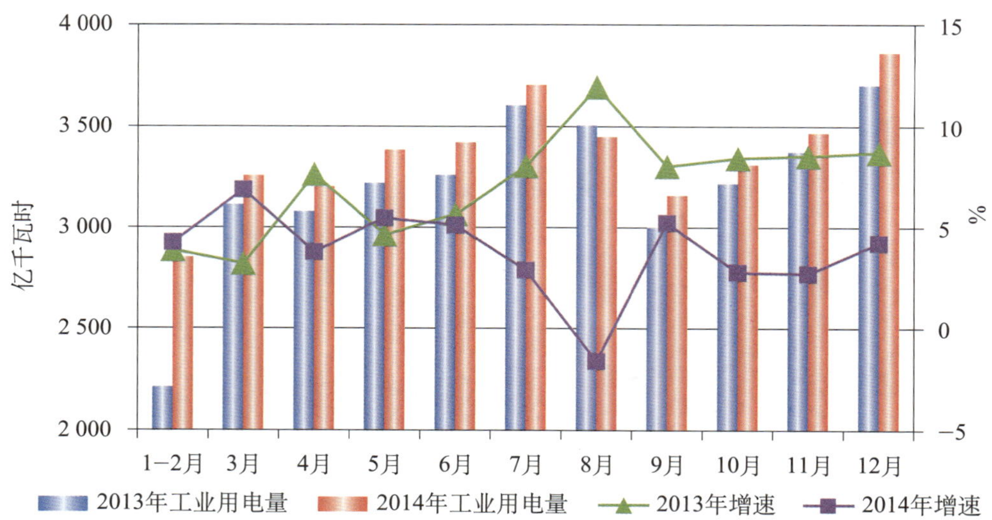


图 7－5　2013—2014 年分月工业用电量及其增速情况

2014 年，全国轻、重工业用电量分别为 6 693 亿千瓦时和 33 603 亿千瓦时，分别比上年增长 4. 15% 和 4. 25%，增速分别比上年回落 2. 39 个百分点和 2. 88 个百分点。2014 年分月轻、重工业用电量增速情况见图 7－6。

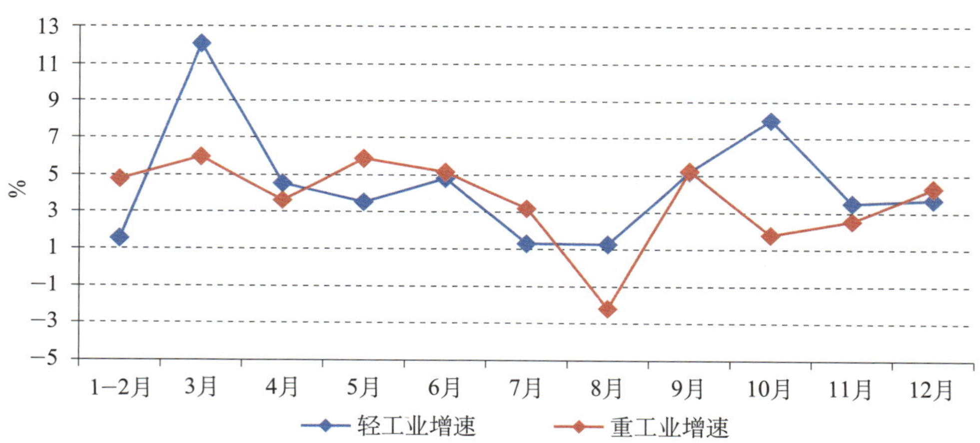


图 7－6　2014 年分月轻、重工业用电量增速情况

2014 年，重点行业用电增速放缓。全年化学原料及化学制品制造业、非金属矿物制品业、黑色金属冶炼及压延加工业、有色金属冶炼及压延加工业四大重点行业用电量合计 17 511 亿千瓦时，比上年增长 4. 81%，增速比上年降低 1. 58 个百分点；占全社会用电量的 31. 47%，比上年提高 0. 21 个百分点；对全社会用电量增长的贡献率为 36. 33%，比上年提高 5. 07 个百分点。分月来看，12 月份四大重点行业用电量 1 593 亿千瓦时，是四大重点行业用电量最多的月份。2014 年分月四大行业

用电量情况见图7－7。

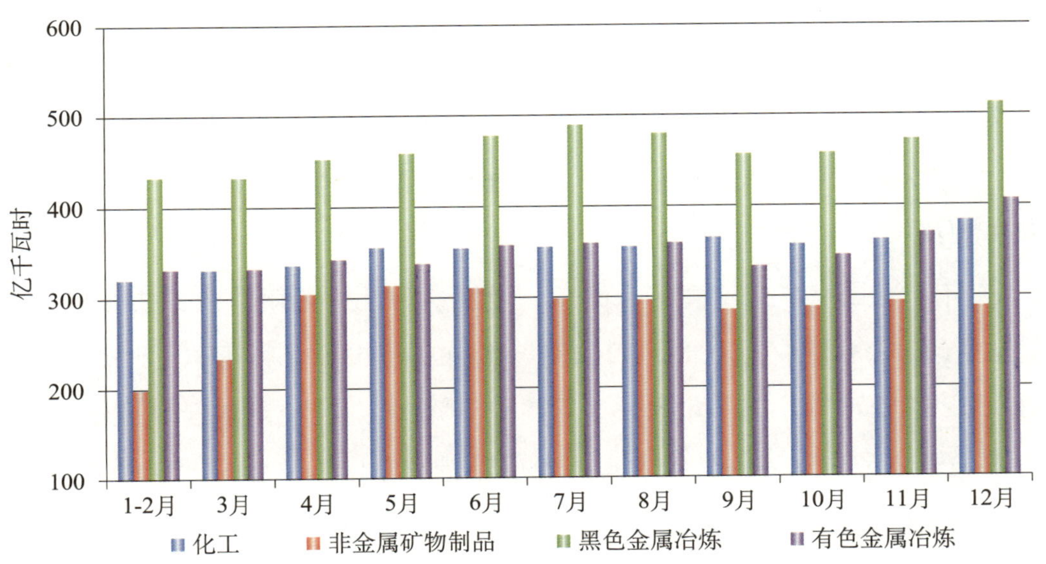


**图7－7　2014年分月四大行业用电量情况**

化学原料及化学制品制造业用电量4 282亿千瓦时，比上年增长6.53%。分月来看，2月份为最小值307亿千瓦时，12月份达到最大值384亿千瓦时。

非金属矿物制品业用电量3 324亿千瓦时，比上年增长5.65%，高于全社会用电量增速。分季度看，第一、二、三、四季度同比分别增长10.71%、8.40%、3.82%、1.41%，增速逐季放缓。

黑色金属冶炼及压延加工业用电量5 576亿千瓦时，比上年增长1.47%。分季度看，第一、二、三、四季度用电量分别增长1.72%、1.60%、2.07%、0.55%。分月看，2月份为最小值407亿千瓦时，12月份达到最大值513亿千瓦时。

有色金属冶炼及压延加工业用电量4 329亿千瓦时，比上年增长6.99%。分季度看，第一、二、三、四季度分别增长4.16%、5.17%、4.30%和13.56%。分月来看，有色金属冶炼行业用电量自2011年5月份开始连续稳定在300亿千瓦时左右，2014年12月份达到最大值407亿千瓦时。

除上述四大重点行业外，2014年，纺织业用电量1 541亿千瓦时，比上年增长0.67%；交通运输、电气、电子设备制造业用电量2 379亿千瓦时，比上年增长9.05%；金属制品业用电量1 716亿千瓦时，比上年增长7.24%；通用及专用设备制造业用电量1 223亿千瓦时，比上年增长6.14%。

## （三）分省份用电

2014 年，在全国各省份中，全社会用电量增速高于全国平均水平（4.14%）的省份共有 14 个，其中增速超过 10% 的省份有新疆（23.41%）、西藏（10.87%）和内蒙古（10.76%）。西部地区全社会用电量增速除甘肃外均高于全国平均水平。社会用电量增速为负的省份有山西（-0.53%）和上海（-2.95%）。

2014 年，全国有广东、江苏、山东、浙江、河北、河南、内蒙古、辽宁和四川 9 省用电量超过 2 000 亿千瓦时，四川用电量首次超过 2 000 亿千瓦时，9 省合计用电量 30 682 亿千瓦时，比上年增长 3.61%，比全国全社会用电量增速低 0.53 个百分点，除内蒙古和广东外的其他 7 省份的用电量增速均低于全国平均水平；9 省份合计用电量占全国全社会用电量的 55.15%，比上年降低 0.28 个百分点；对全国用电量增长的贡献率为 48.30%，比上年降低 0.41 个百分点。2014 年分省用电量及其增长情况见表 7-2。

表 7-2　2014 年分省全社会用电量情况及其增长情况

| 地　区 | 用电量（亿千瓦时） | 比上年增长（±%） |
|---|---|---|
| 全　国 | 55 637 | 4.14 |
| 北　京 | 937 | 2.62 |
| 天　津 | 794 | 2.57 |
| 河　北 | 3 314 | 1.94 |
| 山　西 | 1 823 | -0.53 |
| 内蒙古 | 2 417 | 10.76 |
| 辽　宁 | 2 039 | 1.51 |
| 吉　林 | 668 | 2.14 |
| 黑龙江 | 859 | 1.68 |
| 上　海 | 1 369 | -2.95 |
| 江　苏 | 5 013 | 1.13 |
| 浙　江 | 3 506 | 1.54 |
| 安　徽 | 1 585 | 3.74 |
| 福　建 | 1 856 | 9.12 |
| 江　西 | 1 019 | 7.54 |
| 山　东 | 4 223 | 3.44 |
| 河　南 | 2 920 | 0.70 |
| 湖　北 | 1 657 | 1.64 |
| 湖　南 | 1 431 | 0.55 |
| 广　东 | 5 235 | 8.39 |

续表

| 地区 | 用电量（亿千瓦时） | 比上年增长（±%） |
| --- | --- | --- |
| 广　西 | 1 308 | 5. 68 |
| 海　南 | 252 | 8. 56 |
| 重　庆 | 867 | 6. 64 |
| 四　川 | 2 015 | 3. 38 |
| 贵　州 | 1 174 | 4. 21 |
| 云　南 | 1 529 | 4. 77 |
| 西　藏 | 34 | 10. 87 |
| 陕　西 | 1 226 | 6. 40 |
| 甘　肃 | 1 095 | 2. 07 |
| 青　海 | 723 | 6. 94 |
| 宁　夏 | 849 | 4. 63 |
| 新　疆 | 1 900 | 23. 41 |

### （四）统调最高用电负荷

根据国家电力调度通信中心统计，2014 年，全国电网统调最高用电负荷（即最高发受电电力，下同）比上年增长 2. 55%，增速比上年下降 9. 47 个百分点；分区域电网来看，东北、西北、华中、华东、华北、南方区域统调最高用电负荷增速分别比上年下降 9. 12、7. 52、6. 65、5. 89、5. 31、2. 12 个百分点。2014 年分区域统调最高负荷及增长情况见表 7－3。

表 7－3　2014 年分区域统调最高用电负荷及增长情况

| 电网名称 | 统调最高用电负荷（万千瓦） | | 统调最高发电负荷（万千瓦） | |
| --- | --- | --- | --- | --- |
| | 2014 年 | 比上年增长（%） | 2014 年 | 比上年增长（%） |
| 全国合计 | 79 512 | 2. 55 | 79 729 | 2. 70 |
| 华北 | 19 207 | 3. 15 | 18 495 | 3. 00 |
| 华东 | 22 074 | 2. 66 | 19 734 | 1. 25 |
| 华中 | 15 053 | 0. 92 | 18 069 | 4. 39 |
| 东北 | 5 462 | －0. 05 | 5 721 | －0. 17 |
| 西北 | 7 147 | 3. 67 | 8 106 | 4. 29 |
| 南方 | 13 614 | 5. 61 | 13 306 | 5. 73 |

注：摘自国家电力调度通信中心旬报。

### （五）电力消费弹性系数

据国家统计局初步测算，2014 年，全国国内生产总值 636 463 亿元，按可比价格计算，比上年增长7.4%，增速比上年放缓0.3个百分点。2014年，全国电力消费弹性系数为0.56，比上年下降0.42个百分点，小于1。2000—2014年全国电力消费弹性系数见图7-8。

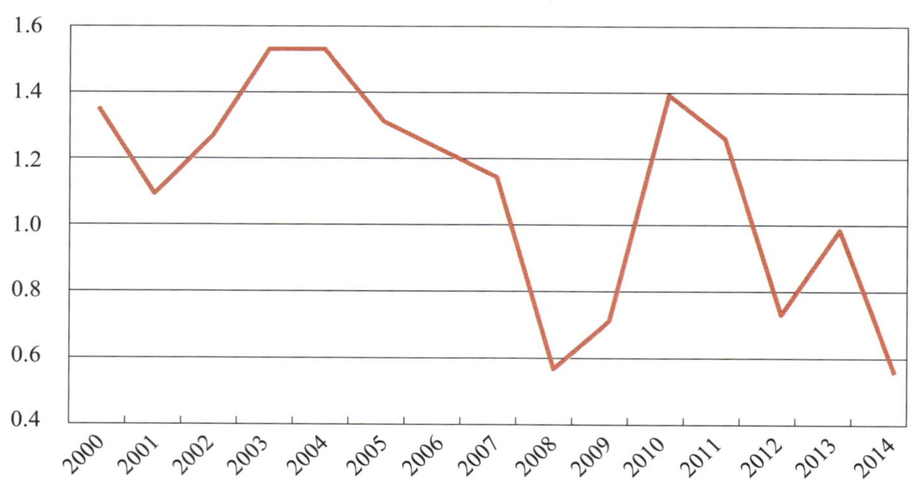


图7-8　2000—2014年全国电力消费弹性系数

## 三、电力需求侧管理

2014年，各级政府部门大力推进电力需求侧管理，广大电力企业认真贯彻政府要求，紧密合作、密切配合，深化电力需求侧管理工作，为保障电力供应、促进电力供需平衡、节能减排发挥了重要作用。

### （一）政府开展的电力需求侧管理工作

深入开展电力需求侧管理。为加快国家电力需求侧管理平台建设进程，规范建设标准，提前做好平台应用准备工作，2014年4月，国家发展改革委下发《关于做好国家电力需求侧管理平台建设和应用工作的通知》（发改办运行〔2014〕734号）。6月，印发《关于做好2014年电力迎峰度夏工作意见的通知》（发改运行〔2014〕1217号），要求各有关单位大胆尝试，深入开展需求侧管理，运用峰谷电价、季节电价、可中断负荷电价、高可靠性电价等需求侧管理措施，引导用户调整用电方式；积极推行试点，切实发挥财政奖励资金的导向作用，引导社会资本参与电力需求侧管理；加快省级平台开发建设等。工业和信息化部下发《关于做好2014

年工业领域电力需求侧管理工作的通知》(工信厅运行函〔2014〕270号),要求各地工业和信息化主管部门加强宏观指导,促进工业需求侧和能源供应侧平衡发展;加强调查分析,把握工业行业用电规律;加强示范推广,扩大电力需求侧管理试点辐射效应;加强信息化应用,建立电力需求侧管理服务平台;加强政策联动,完善电力需求侧管理激励机制;加强宣传培训,夯实电力需求侧管理工作基础。

加强有序用电管理。为强化电力要素保障,优化电力资源配置,确保供用电秩序稳定,各地进一步完善相关政策,细化有序用电方案,坚持优先保障居民生活和重点领域用电,重点限制高耗能高排放企业用电,抑制不合理用电需求过快增长。浙江省经信委印发《关于做好2014年全省电力需求侧管理和有序用电工作的意见》(浙经信电力〔2014〕200号),制定迎峰度夏期间有序用电方案,提出具体工作要求,推进有序用电精细化、差异化管理,提高有序用电应急响应能力,充分发挥负荷管理系统的作用,坚决控制不合理用电需求,广泛深入开展电力需求侧管理工作。上海电力公司在有序用电工作中探索电力削减负荷指标市场化调剂交易新模式,在夏季用电高峰期间激励用户实施主动需求响应,使有序用电由行政干预转变为市场调节,最终实现需求侧电力负荷的市场化。

强化宣传舆论引导。国家发展改革委通过媒体通气会、电视电话会、新闻发布会等多种形式,加强与媒体沟通,广泛听取各方意见。召开工作座谈会、培训会等,大力推进电力需求侧管理工作。工业和信息化部举办以“加强工业领域电力需求侧管理,推进能源消费革命”为主题的工业领域电力需求侧管理成果展,展示了全国工信系统推进电力需求侧管理所取得的成效;发布2014年第7号公告,指出2013年国家电网公司、南方电网公司均超额完成电力需求侧管理目标任务,共节约电量162亿千瓦时,节约电力344万千瓦;要求电网企业发挥专业优势,加大社会节电力度,加快推进电能服务管理平台的建设和应用,加强业务人员培训,为用户提供切实可行的节电实施方案。

## (二)行业开展的电力需求侧管理工作

2014年,中电联在电力需求侧管理中发挥行业协会作用,做好服务工作。

### 1. 制定工作标准

研究编制《电力能效监测系统技术规范》,参与制定《工业企业实施电力需求侧管理工作评价办法》等工作标准。

2. 扎实推进试点示范工作

2014 年启动湖北、安徽、山东、山西、四川、内蒙古、江苏等省份试点示范工作，四川、安徽等省明确了工作实施方案，湖北、山西等省建立了需求侧管理专项资金，内蒙古、江苏等省建设了省级需求侧管理平台。

3. 积极组织电力需求侧管理培训

在 13 个省（自治区、直辖市）召开工业领域电力需求侧管理工作启动会，举办省市级培训 50 余场，培训 1 400 余人次；编制电能管理师培训系列教材。

4. 加大对外宣传和行业内部交流活动

组织相关媒体对工业领域电力需求侧管理理念、工作成果、优秀案例等进行宣传报道；建立工业领域电力需求侧管理促进中心网站，发布政策文件、工作动态、技术规范、成果案例；征集优秀成果案例，编印案例选编，组织典型案例展览展示。

5. 构建工作体系

制定电力需求侧管理服务机构管理办法，形成常态化认定，定期考核、动态更新的管理模式；创新试点示范推进模式，在重点省份建立工作联络人派驻机制；在重点工业行业、电力行业、科研院所、高校、节能等领域聘请国内知名专家、企业一线能源管理专家、服务机构专家等作为高级顾问指导工作，形成分层次、有特色的专家智库，为工作推进提供有力支撑和专业服务；与国家能源所、清华大学电机系、中国能源网、镇江电能云平台、佛山电力行协等机构广泛交流合作。

6. 搭建信息平台

探索搭建工业领域电能数据监测平台，通过国家、地方、企业三级数据平台互联互通，促进电力需求侧管理与节能减排、经济运行监测工作形成有机整体。

## （三）企业开展的电力需求侧管理工作

2014 年，电网企业继续深化推进电力需求侧管理工作，创新管理机制，加大资金投入力度，加强平台建设，拓展培训方式，各项工作都取得了明显进步。

国家电网公司认真落实《电力需求侧管理办法》有关要求，拓展节能服务市场，积极推动全社会提高能源使用效率。全年签订节能项目合同 433 个，其中合同能源管理项目 192 个，总投资 12. 5 亿元。在公司经营区域成立了 659 个能效服务小组，吸收 5 834 家工业企业成员，举办政策研讨、节能交流等活动 1 659 次，促进和帮助企业客户落实国家节能减排政策。在总部和 26 个省级电力公司全面建成了电能服务管理平台，实现了 DSM 目标责任考核、节能业务管理、有序用电管理、售电市场分析等 7 个功能模块应用，有效支持了节能服务业务的发展。通过实施电网节能改造，推动社会企业实施节能项目。全年累计实现节约电力 614.7 万千瓦，节约电量 238.4 亿千瓦时，超额完成国家发展改革委下达的节约电力电量考核目标，相当于累计减少标煤消耗 810.6 万吨，减少二氧化碳排放 2 021.6 万吨，减少二氧化硫、氮氧化物和粉尘等污染物 43.6 万吨。承担国家发展改革委的国家电力需求侧管理平台建设任务，实现电力运营大数据分析。大力实施电能替代，降低能源消费终端排放。2014 年，国家电网公司将电能替代作为国家转变能源发展方式、实现能源战略转型重大举措，全面组织实施电能替代技术创新、示范项目、宣传推广等工作。重点在京津冀、长三角等重点地区和污染严重城市大力推广电能替代技术应用。积极支持和推动电动汽车发展，探索港口岸电"电代油"，结合高铁和城市轨道建设规划，主动做好供电服务，促进交通领域电气化。累计实施电能替代项目 1.3 万余个，完成替代电量 503 亿千瓦时，减排二氧化硫、氮氧化物和 PM2.5 排放 40 万吨、35 万吨、6 086 吨，实现减排二氧化碳 4 263 万吨。扎实开展有序用电管理。超前组织开展 2014 年迎峰度夏（冬）电力供需平衡预测，形成报告报送国家发展改革委、国家能源局和国资委，并对社会公布。组织各单位配合政府编制省、市、县三级有序用电方案，优先保障居民生活、重要用户和抗旱排涝用电，重点控制高耗能、高排放和产能过剩企业用电。共计安排有序用电方案用户 39 万户，可调控负荷 1.68 亿千瓦。各地有序用电方案负荷达到最大负荷的 20% 以上，且完全覆盖预测缺口。在迎峰度夏（冬）期间，密切跟踪电力供需形势，严格执行政府批准的有序用电方案，强化有序用电规范执行和信息报送。2014 年迎峰度夏期间，公司系统实施有序用电的天数累计 29 天，涉及 8 个省份，单日最大错避峰 540 万千瓦（7 月 21 日），保障了居民生活、重要用户和排涝抗旱的可靠用电。

南方电网公司组织全网做好电力需求侧管理，完成国家发展改革委"两个千分之三"需求侧管理考核目标。全年实现需求侧节约电量 22.37 亿千瓦时以上，节约电力 48.96 万千瓦以上。南方五省区均超额完成任务，其中广东电网公司获得"优秀"评价。积极配合国家需求侧管理平台建设。承接国家平台要求，组织建设南方电网电力需求侧管理平台。跟踪国家及各地方政府要求，统筹内部各专业需求，完善国家平台南网子站的功能规范。建立公司电力需求侧管理专业的两大支撑体系。"南度度节能服务网"已成为公司客户节能服务的专业交流平台，成长为国内用电节能行业领先的电子商务平台，并获得国家能源局能源软科学研究三等奖；国家电力需求侧标准化技术委员会即将正式落在南网，成为南方电网公司首个全国性的技术标委会，为公司甚至全国提供需求侧管理的技术标准支持及服务。承接国家发展改革委任务，组织编制国家电力需求侧资源潜力调查工作指南。在公司近年来开展客户能效服务案例的基础上，组织南网能源公司，结合国内专业领先的高校与科研院所，编制形成国家级电力需求侧资源调查工作指南，指导国内各电网企业、各类用电客户科学开展节能管理工作。

陕西省地方电力（集团）有限公司从组织、资金、制度、技术四个方面全力保障电力需求侧管理工作顺利推行。建立并完善了集团公司省、市、县三级需求侧管理体系。规定省、市、县三级市场营销部为电力需求侧管理工作的主管部门，设置了电力需求侧管理岗位，构建了3级能效服务网络，截至2014年年底，集团公司系统共配备电力需求侧管理工作专（兼）职人员88人。市、县能效活动小组成立后，有针对性地筛选、跟踪具有节能潜力的高耗能客户，成功为陕西盛华冶化公司、洋县钒钛磁铁矿有限公司等高耗能企业安装了无功补偿装置，取得了较好的节能效果。集团公司系统通过电网改造、无功补偿及高耗能变压器更换等电网自身项目的实施，共投入资金约2.12亿元，圆满完成了陕西省发展改革委下达的年度节约电力电量指标。制定了《电力需求侧管理办法》、《关于电力需求侧专项资金和项目管理的有关规定》、《电力负荷管理系统项目建设规划》等制度，印发了《关于做好2014年电力需求侧管理目标责任考核工作及2013年专项资金补助计划项目的通知》，要求各市、县分公司将指标细化到项目、落实到人、考核到人。在电力负荷的监测和控制方面，计划建设全省统一的电力负荷管理系统；目前数据采集平台主站系统已经招标，进入实施阶段，部分专变及负荷实现了在线监测和监控。

# 第八章 环境保护与资源节约

## 一、资源节约

### （一）供电煤耗

#### 1. 全国情况

2014 年，全国火电机组每千瓦时供电标准煤耗 319 克，比上年降低 2 克，煤电机组供电煤耗继续保持世界先进水平。

2005—2014 年我国火电机组供电标准煤耗变化情况见图 8－1。

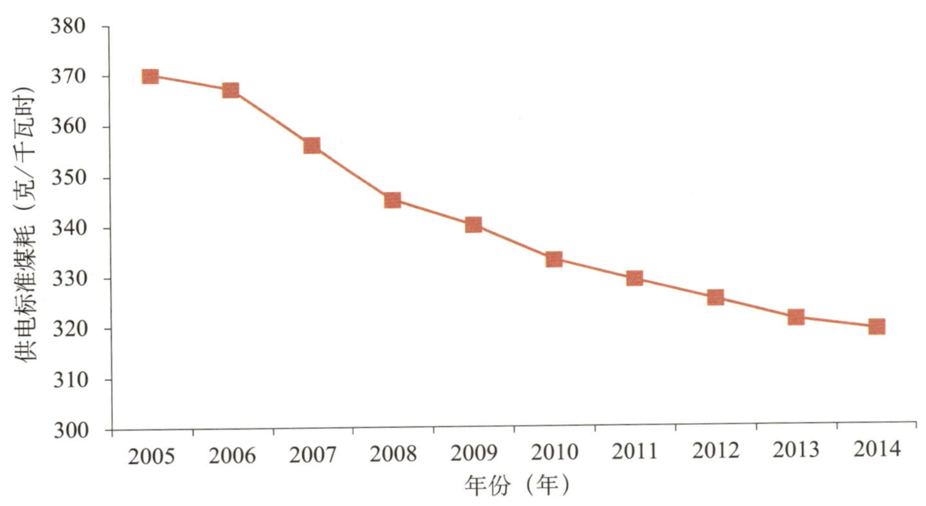


图 8－1　2005—2014 年我国火电机组供电标准煤耗变化情况

#### 2. 各省份情况

2014 年各省份供电标准煤耗情况见表 8－1。

表 8－1　2014 年各省份供电标准煤耗情况一览表

单位：克/千瓦时

| 地　区 | 2014 年供电标准煤耗 | 2013 年供电标准煤耗 | 与 2014 年全国平均值比较 |
|---|---|---|---|
| 全　国 | 319 | 321 | 0 |
| 北　京 | 241 | 260 | -78 |

续表

| 地 区 | 2014 年供电标准煤耗 | 2013 年供电标准煤耗 | 与 2014 年全国平均值比较 |
|---|---|---|---|
| 天 津 | 316 | 320 | -3 |
| 河 北 | 325 | 326 | 6 |
| 山 西 | 330 | 327 | 11 |
| 内蒙古 | 337 | 337 | 18 |
| 辽 宁 | 315 | 321 | -4 |
| 吉 林 | 308 | 319 | -11 |
| 黑龙江 | 330 | 335 | 11 |
| 上 海 | 302 | 302 | -17 |
| 江 苏 | 308 | 308 | -11 |
| 浙 江 | 299 | 303 | -20 |
| 安 徽 | 309 | 312 | -10 |
| 福 建 | 310 | 309 | -9 |
| 江 西 | 313 | 314 | -6 |
| 山 东 | 323 | 323 | 4 |
| 河 南 | 317 | 315 | -2 |
| 湖 北 | 309 | 314 | -10 |
| 湖 南 | 314 | 326 | -5 |
| 广 东 | 315 | 316 | -4 |
| 广 西 | 318 | 318 | -1 |
| 海 南 | 310 | 313 | -9 |
| 重 庆 | 332 | 345 | 13 |
| 四 川 | 322 | 334 | 3 |
| 贵 州 | 331 | 333 | 12 |
| 云 南 | 335 | 334 | 16 |
| 西 藏 | 328 | 308 | 9 |
| 陕 西 | 329 | 330 | 10 |
| 甘 肃 | 329 | 332 | 10 |
| 青 海 | 361 | 356 | 42 |
| 宁 夏 | 347 | 346 | 28 |
| 新 疆 | 336 | 350 | 17 |

### 3. 主要发电集团公司情况

2014 年，中电联统计调查的 27 家主要电力企业中，除 3 家企业没有火电装机外，其余 24 家企业火电装机容量 6.77 亿千瓦，占全国火电装机容量的 73.3%。

2014 年 24 家以火电为主的电力企业供电标准煤耗情况见表 8－2。

表 8－2 2014 年 24 家以火电为主的电力企业供电标准煤耗情况

单位：克/千瓦时

| 单位名称 | 2014 年供电煤耗 | 与全国平均水平比较 |
|---|---|---|
| 中国华能集团公司 | 310 | -9 |
| 中国国电集团公司 | 313 | -6 |
| 中国华电集团公司 | 310 | -9 |
| 中国大唐集团公司 | 313 | -6 |
| 中国电力投资集团公司 | 312 | -7 |
| 中国神华集团有限责任公司 | 321 | 2 |
| 华润电力控股有限公司 | 310 | -9 |
| 国投电力控股股份有限公司 | 312 | -7 |
| 浙江省能源集团有限公司 | 303 | -16 |
| 广东省粤电集团有限公司 | 315 | -4 |
| 中国广核集团有限公司 | 390 | 71 |
| 北京能源投资（集团）有限公司 | 310 | -9 |
| 河北省建设投资集团有限公司 | 323 | 4 |
| 江苏省国信资产管理集团有限公司 | 308 | -11 |
| 申能（集团）有限公司 | 296 | -23 |
| 湖北能源集团股份有限公司 | 317 | -2 |
| 深圳能源集团股份有限公司 | 309 | -10 |
| 安徽省能源集团公司 | 310 | -9 |
| 甘肃省电力投资集团公司 | 340 | 21 |
| 山西国际电力集团有限公司 | 336 | 17 |
| 广州发展集团有限公司 | 315 | -4 |
| 新力能源开发有限公司 | 296 | -23 |
| 中铝宁夏能源集团公司 | 329 | 10 |
| 江西省投资集团公司 | 307 | -12 |

注：按发电装机总容量由大到小排序。

### 4. 对部分大型发电企业火电机组调查统计情况

2014 年，中电联对总装机容量为 6.77 亿千瓦的大型发电企业按不同容量等级调查统计的供电标准煤耗情况见表 8－3。

表 8－3　2014 年大型发电企业不同容量等级火电机组供电标准煤耗情况

| 容量等级（万千瓦） | 台数（台） | 总装机容量（万千瓦） | 供电标准煤耗（克/千瓦时） |
|---|---|---|---|
| 全部机组 | 1 914 | 67 641 | 311 |
| 机组≥100 | 68 | 6 587 | 289 |
| 60≤机组＜100 | 432 | 27 247 | 311 |
| 30≤机组＜60 | 791 | 25 964 | 313 |
| 20≤机组＜30 | 188 | 3 948 | 331 |
| 10≤机组＜20 | 214 | 2 943 | 334 |
| 0.6≤机组＜10 | 221 | 682 | 320 |

## （二）发电厂用电率

### 1. 全国情况

2014 年，全国发电厂用电率 4.83 %，比上年下降 0.22 个百分点。其中，水电 0.5%，比上年下降 0.17 个百分点；火电 5.84%，比上年下降 0.17 个百分点。

2005—2014 年全国发电厂用电率变化情况见图 8－2。

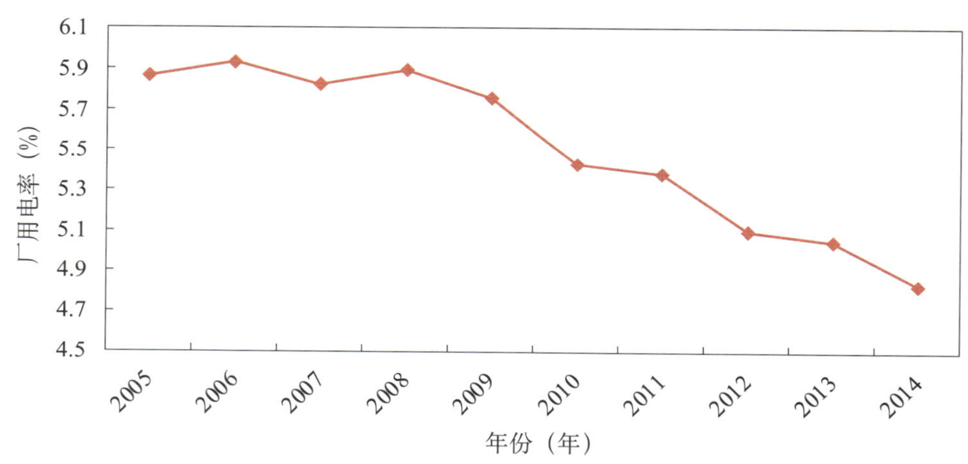


图 8－2　2005—2014 年全国发电厂用电率变化情况

### 2. 各省份情况

2014 年各省份发电厂用电率及与 2013 年对比情况见表 8－4。

表 8－4　2013 年、2014 年各省份发电厂用电率对比情况

| 地区 | 2014 年厂用电率（%） | | | 2013 年厂用电率（%） | | |
|---|---|---|---|---|---|---|
| | 总平均值 | 水电 | 火电 | 总平均值 | 水电 | 火电 |
| 全　国 | 4.83 | 0.50 | 5.84 | 5.05 | 0.33 | 6.01 |
| 北　京 | 4.32 | 1.09 | 4.43 | 5.45 | 1.02 | 5.57 |

续表

| 地区 | 2014年厂用电率（%） | | | 2013年厂用电率（%） | | |
|---|---|---|---|---|---|---|
| | 总平均值 | 水电 | 火电 | 总平均值 | 水电 | 火电 |
| 天　津 | 6.61 | | 6.56 | 6.11 | | 6.14 |
| 河　北 | 5.74 | 1.75 | 6.12 | 5.81 | 1.05 | 6.17 |
| 山　西 | 7.19 | 0.39 | 7.46 | 7.28 | 0.32 | 7.44 |
| 内蒙古 | 6.63 | 1.63 | 7.38 | 6.63 | 0.42 | 7.36 |
| 辽　宁 | 6.28 | 1.89 | 6.56 | 6.34 | 1.09 | 6.84 |
| 吉　林 | 6.19 | 0.80 | 7.08 | 5.84 | 0.49 | 7.29 |
| 黑龙江 | 6.18 | 1.29 | 6.71 | 6.21 | 0.96 | 6.87 |
| 上　海 | 4.57 | | 4.58 | 4.59 | | 4.60 |
| 江　苏 | 4.74 | 0.18 | 4.73 | 4.80 | 0.23 | 4.78 |
| 浙　江 | 4.93 | 0.44 | 5.03 | 4.82 | 0.40 | 4.89 |
| 安　徽 | 4.48 | 0.32 | 4.55 | 4.62 | 0.37 | 4.69 |
| 福　建 | 4.93 | 0.28 | 4.79 | 4.48 | 0.26 | 4.82 |
| 江　西 | 4.48 | 0.63 | 4.89 | 4.78 | 0.71 | 5.16 |
| 山　东 | 5.93 | | 5.51 | 5.83 | | 5.83 |
| 河　南 | 5.41 | 0.34 | 5.61 | 5.36 | 0.34 | 5.57 |
| 湖　北 | 2.14 | 0.10 | 5.22 | 2.46 | 0.12 | 5.24 |
| 湖　南 | 4.03 | 0.57 | 5.82 | 4.37 | 0.57 | 5.85 |
| 广　东 | 5.11 | 0.50 | 5.58 | 5.23 | 0.53 | 5.64 |
| 广　西 | 3.23 | 0.41 | 6.26 | 3.95 | 0.48 | 6.22 |
| 海　南 | 6.76 | 0.42 | 7.42 | 7.13 | 0.48 | 7.82 |
| 重　庆 | 5.58 | 0.45 | 8.09 | 5.72 | 0.51 | 7.70 |
| 四　川 | 1.69 | 0.97 | 5.00 | 1.45 | 0.29 | 5.20 |
| 贵　州 | 4.66 | 0.19 | 7.15 | 5.63 | 0.24 | 7.26 |
| 云　南 | 1.59 | 0.19 | 7.22 | 1.92 | 0.22 | 6.98 |
| 西　藏 | 1.93 | 0.99 | 3.19 | 3.72 | 2.37 | 2.53 |
| 陕　西 | 6.89 | 0.69 | 7.23 | 6.60 | 0.88 | 6.93 |
| 甘　肃 | 4.15 | 0.52 | 6.10 | 4.05 | 0.67 | 6.15 |
| 青　海 | 1.91 | 0.20 | 8.12 | 2.05 | 0.30 | 7.61 |
| 宁　夏 | | | | | | |
| 新　疆 | 3.08 | 0.95 | 3.60 | 6.97 | 0.32 | 8.01 |

### 3. 主要发电集团公司情况

2014年，中电联统计调查的27家主要电力企业厂用电率情况见表8－5。

表 8－5　2014 年 27 家主要电力企业厂用电率情况

| 单位名称 | 2014 年厂用电率（%） | | | 与全国平均水平比较（百分点） | | |
|---|---|---|---|---|---|---|
| | 总平均值 | 水电 | 火电 | 总平均值 | 水电 | 火电 |
| 中国华能集团公司 | 4.45 | 0.19 | 5.19 | −0.38 | −0.31 | −0.65 |
| 中国国电集团公司 | 4.68 | 0.31 | 5.18 | −0.15 | −0.19 | −0.66 |
| 中国华电集团公司 | 5.01 | 0.18 | 6.01 | 0.18 | −0.32 | 0.17 |
| 中国大唐集团公司 | 4.30 | 0.26 | 5.11 | −0.53 | −0.24 | −0.73 |
| 国家电力投资集团公司 | 4.82 | 0.26 | 6.09 | −0.01 | −0.24 | 0.25 |
| 中国神华集团有限责任公司 | 6.43 | 0.27 | 6.61 | 1.6 | −0.23 | 0.77 |
| 中国长江三峡集团公司 | 0.18 | 0.10 | | −4.65 | −0.40 | |
| 华润电力控股有限公司 | 5.04 | 0.37 | 5.04 | 0.21 | −0.13 | −0.80 |
| 国投电力控股股份有限公司 | 2.67 | 0.14 | 5.44 | −2.16 | −0.36 | −0.40 |
| 浙江省能源集团有限公司 | 4.88 | 0.42 | 4.96 | 0.05 | −0.08 | −0.88 |
| 广东省粤电集团有限公司 | 5.47 | 0.15 | 5.83 | 0.64 | −0.35 | −0.01 |
| 中国广核集团有限公司 | 4.53 | 0.41 | 8.10 | −0.3 | −0.09 | 2.26 |
| 北京能源投资（集团）有限公司 | 5.76 | 0.45 | 6.21 | 0.93 | −0.05 | 0.37 |
| 中国核工业（集团）总公司 | 6.20 | | | 1.37 | | |
| 河北省建设投资集团有限公司 | 5.47 | | 5.86 | 0.64 | | 0.02 |
| 江苏省国信资产管理集团有限公司 | 4.95 | 1.12 | 4.97 | 0.12 | 0.62 | −0.87 |
| 申能（集团）有限公司 | 3.65 | | 3.65 | −1.18 | | −2.19 |
| 湖北能源集团股份有限公司 | 3.33 | 0.30 | 6.03 | −1.5 | −0.2 | 0.19 |
| 深圳能源集团股份有限公司 | 5.70 | | 5.77 | 0.87 | | −0.07 |
| 安徽省能源集团公司 | 4.75 | | 4.75 | −0.08 | | −1.09 |
| 甘肃省电力投资集团公司 | 3.19 | 0.80 | 7.06 | −1.64 | 0.3 | 1.22 |
| 山西国际电力集团有限公司 | 6.68 | 0.49 | 7.23 | 1.85 | −0.01 | 1.39 |
| 广州发展集团有限公司 | 5.43 | | 5.43 | 0.6 | | −0.41 |
| 新力能源开发有限公司 | 4.86 | | 4.86 | 0.03 | | −0.98 |
| 中铝宁夏能源集团公司 | 6.54 | | 7.21 | 1.71 | | 1.37 |
| 江西省投资集团公司 | 4.48 | 1.08 | 4.61 | −0.35 | 0.58 | −1.23 |
| 黄河万家寨水利枢纽有限公司 | 0.21 | 0.21 | | −4.62 | −0.29 | |

## （三）线损率

### 1. 全国情况

2014 年，全国线路损失率为 6.64%，比上年降低 0.38 个百分点。

### 2. 各省份情况

2014 年各省份线损率情况见表 8－6。

表 8－6　2014 年各省份线损率情况一览表

| 地　区 | 2014 年线损率（%） | 与全国平均水平比较（百分点） |
|---|---|---|
| 全　国 | 6. 64 | 0 |
| 北　京 | 6. 89 | 0. 25 |
| 天　津 | 6. 76 | 0. 12 |
| 河　北 | 6. 73 | 0. 09 |
| 山　西 | 6. 60 | -0. 04 |
| 内蒙古 | 5. 19 | -1. 45 |
| 辽　宁 | 6. 21 | -0. 43 |
| 吉　林 | 5. 12 | -1. 52 |
| 黑龙江 | 7. 21 | 0. 57 |
| 上　海 | 6. 24 | -0. 4 |
| 江　苏 | 4. 59 | -2. 05 |
| 浙　江 | 4. 49 | -2. 15 |
| 安　徽 | 7. 67 | 1. 03 |
| 福　建 | 5. 65 | -0. 99 |
| 江　西 | 7. 22 | 0. 58 |
| 山　东 | 6. 70 | 0. 06 |
| 河　南 | 6. 06 | -0. 58 |
| 湖　北 | 6. 42 | -0. 22 |
| 湖　南 | 9. 41 | 2. 77 |
| 广　东 | 4. 94 | -1. 7 |
| 广　西 | 6. 84 | 0. 2 |
| 海　南 | 7. 76 | 1. 12 |
| 重　庆 | 6. 59 | -0. 05 |
| 四　川 | 9. 72 | 3. 08 |
| 贵　州 | 6. 44 | -0. 2 |
| 云　南 | 5. 03 | -1. 61 |
| 西　藏 | 13. 84 | 7. 2 |
| 陕　西 | 7. 08 | 0. 44 |
| 甘　肃 | 5. 13 | -1. 51 |
| 青　海 | 3. 08 | -3. 56 |
| 宁　夏 | 3. 64 | -3 |
| 新　疆 | 7. 99 | 1. 35 |

# 二、火力发电厂的污染物排放与控制

## （一）大气污染物排放与控制

现有火力发电锅炉自2014年7月1日起须达到《火电厂大气污染物排放标准》（GB13223—2011）污染物排放限值，重点地区执行大气污染物特别排放限值。2014年，火电厂大气污染物排放量快速下降，实现了“十一五”以来的最大降幅。

1. 烟尘

2014年，全国电力烟尘年排放量约为98万吨，比上年下降31.0%；每千瓦时火电发电量烟尘排放量为0.23克，比上年下降0.11克。

2001—2014年全国火力发电厂烟尘排放情况见图8－3。

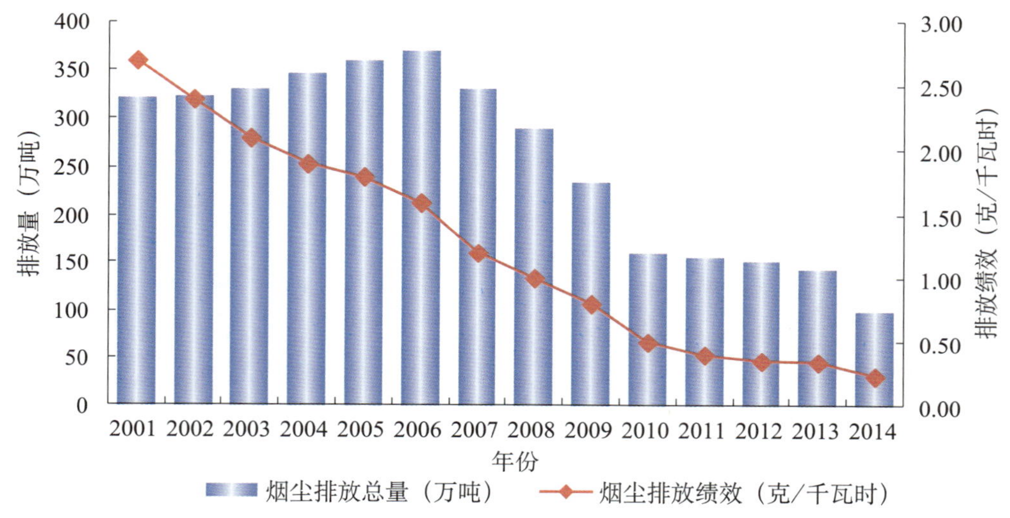


图8－3　2001—2014年全国火力发电厂烟尘排放情况

注：烟尘排放量来源于电力行业统计分析，统计范围为全国装机容量6 000千瓦及以上火电厂。

截至2014年年底，燃煤电厂电除尘器、袋式除尘器、电袋复合式除尘器占全国燃煤机组容量的比重分别为77.3%、9.0%、13.7%。其中，袋式除尘器机组容量约0.75亿千瓦；电袋复合式除尘器机组容量超过1.14亿千瓦，比上年增长超过0.24亿千瓦。

参加2014年度火电厂环保产业登记的环保公司中，截至2014年年底累计投运的袋式除尘器机组容量情况见附件26，累计投运的电袋复合式除尘器机组容量情况见附件27。

2. 二氧化硫

2014年，全国二氧化硫排放1 974.4万吨，比上年下降3.4%；电力二氧化硫排放620万吨，比上年下降20.5%，与1995年电力二氧化硫排放量相当；电力二氧化硫排放量约占全国二氧化硫排放量的31.4%，比上年下降6.8个百分点。2014年，每千瓦时火电发电量二氧化硫排放量为1.47克，比上年下降0.38克，优于美国2013年水平（美国2013年每千瓦时煤电发电量二氧化硫排放量为2.28克）。

2005—2014年全国及电力二氧化硫排放情况见图8－4，2005年以来中美二氧化硫排放绩效对比见图8－5。

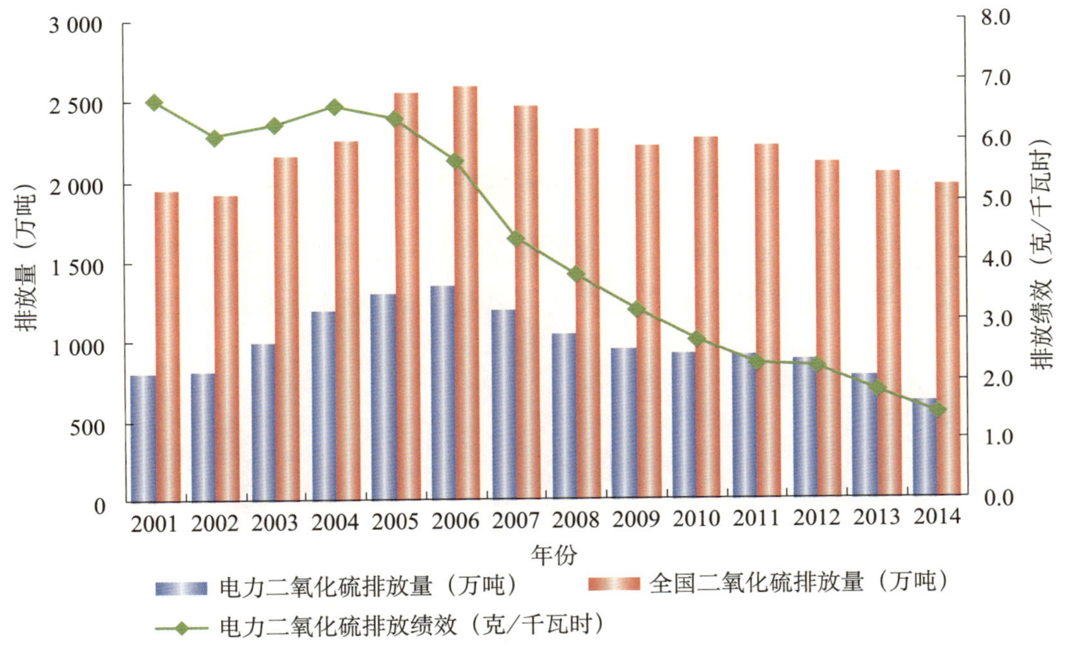


图8－4　2005—2014年全国及电力二氧化硫排放情况

注：全国二氧化硫数据来源于全国环境状况公报；电力二氧化硫排放量数据来源于电力行业统计分析，统计范围为全国装机容量6 000千瓦及以上火电厂。

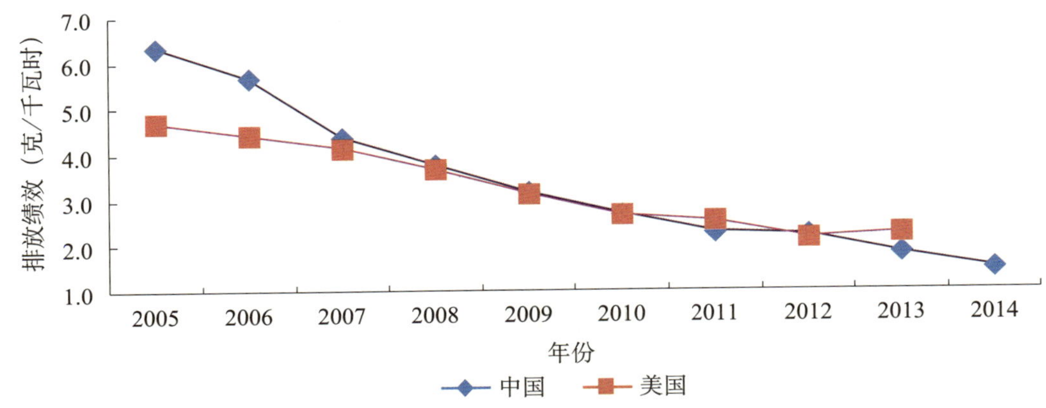


图8－5　2005年以来中美电力二氧化硫排放绩效对比

注：中国为单位火电发电量$SO_2$排放量，美国为单位煤电发电量$SO_2$排放量。

2014 年当年新建投运火电厂烟气脱硫机组容量约 0. 36 亿千瓦；截至 2014 年年底，全国已投运火电厂烟气脱硫机组容量约 7. 6 亿千瓦，占全国火电机组容量的 82. 3%，占全国煤电机组容量的 91. 4%（比 2013 年的美国高 20 个百分点），比 2013 年提高 0. 9 个百分点。从脱硫机组技术采用方式看，截至 2014 年年底，石灰石—石膏湿法占 92. 46%（含电石渣法等），海水法占 2. 67%，烟气循环流化床法占 1. 93%，氨法占 1. 94%，其他占 1. 00%。截至 2014 年年底，已签订火电厂烟气脱硫特许经营方式的第三方治理合同机组容量约 1. 15 亿千瓦，其中，约 0. 97 亿千瓦机组已按照特许经营模式运营。

2005—2014 年全国烟气脱硫机组投运情况见图 8 – 6；参加 2014 年度火电厂环保产业登记的环保公司中，2014 年投运的新建烟气脱硫工程机组容量情况见附件 28，截至 2014 年年底累计投运的烟气脱硫工程机组容量情况见附件 29，截至 2014 年年底已签订火电厂烟气脱硫特许经营合同的机组容量情况见附件 30。

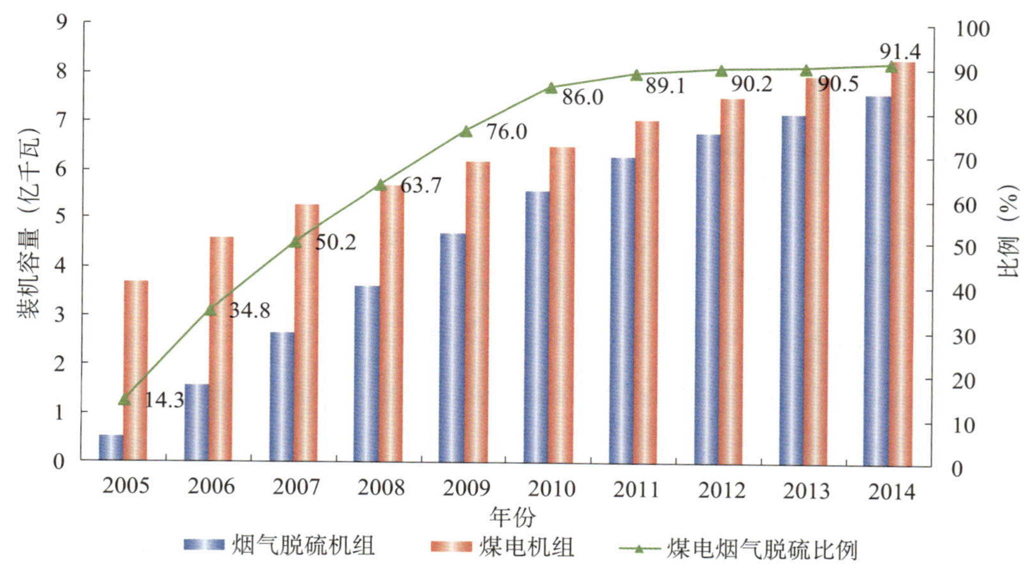


**图 8 – 6 2005—2014 年全国烟气脱硫机组投运情况**

### 3. 氮氧化物

2014 年，全国氮氧化物排放 2 078. 0 万吨，比上年下降 6. 7%；电力氮氧化物排放 620 万吨，比上年下降 25. 7%；电力氮氧化物排放量约占全国氮氧化物排放量的 29. 8%。2014 年，每千瓦时火电发电量氮氧化物排放量为 1. 47 克，比上年下降 0. 51 克，下降 25. 8%。

2005—2014 年全国及电力氮氧化物排放情况见图 8 – 7。

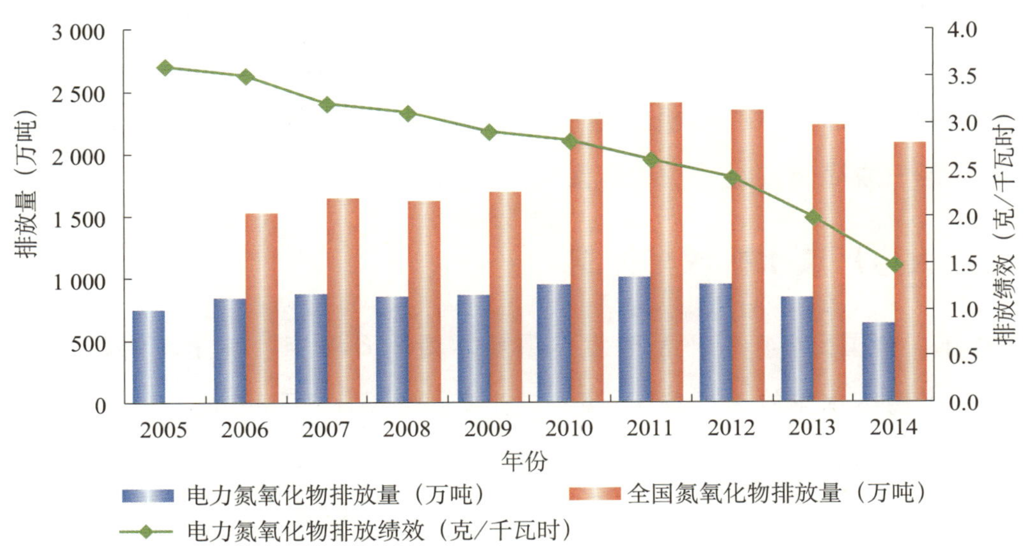


**图 8－7　2005—2014 年全国及电力氮氧化物排放情况**

注：全国氮氧化物排放量来源于全国环境状况公报；电力氮氧化物排放量来源于电力行业统计分析，统计范围为全国装机容量 6 000 千瓦及以上火电厂。

2014 年当年投运火电厂烟气脱硝机组容量约 2.57 亿千瓦；截至 2014 年年底，已投运火电厂烟气脱硝机组容量约 6.87 亿千瓦，占全国火电机组容量的 74.4%，占全国煤电机组容量的 82.7%。截至 2014 年年底，已签订火电厂烟气脱硝特许经营合同的机组容量约 0.33 亿千瓦，其中，约 0.19 亿千瓦机组已按特许经营模式运营。

2005—2014 年全国火电厂烟气脱硝机组投运情况见图 8－8。参加 2014 年度火

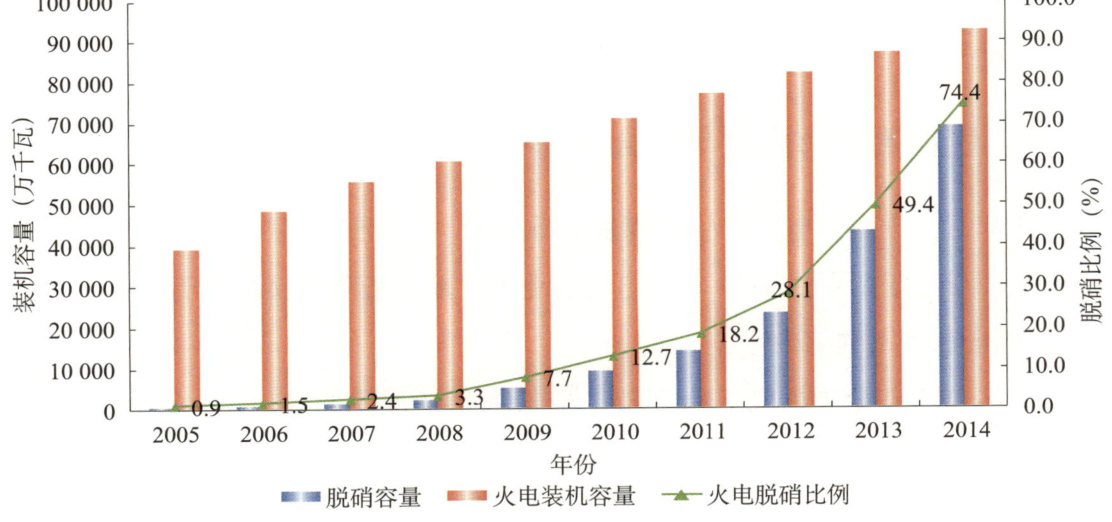


**图 8－8　2005—2014 年全国火电厂烟气脱硝机组投运情况**

电厂环保产业登记的环保公司中，2014 年签订合同的火电厂烟气脱硝机组容量情况见附件 31，2014 年投运的火电厂烟气脱硝机组容量情况见附件 32，截至 2014 年年底累计投运的火电厂烟气脱硝机组容量情况见附件 33，截至 2014 年底累计签订合同的火电厂烟气脱硝特许经营机组容量情况见附件 34。

## （二）火电厂废水排放与控制

2014 年，全国火电厂每千瓦时发电量耗水量 1.6 千克，比上年降低 0.4 千克；每千瓦时发电量废水排放量 0.08 千克，比上年降低 0.02 千克。

2005—2014 年全国火电厂单位发电量水耗和废水排放情况见图 8－9。

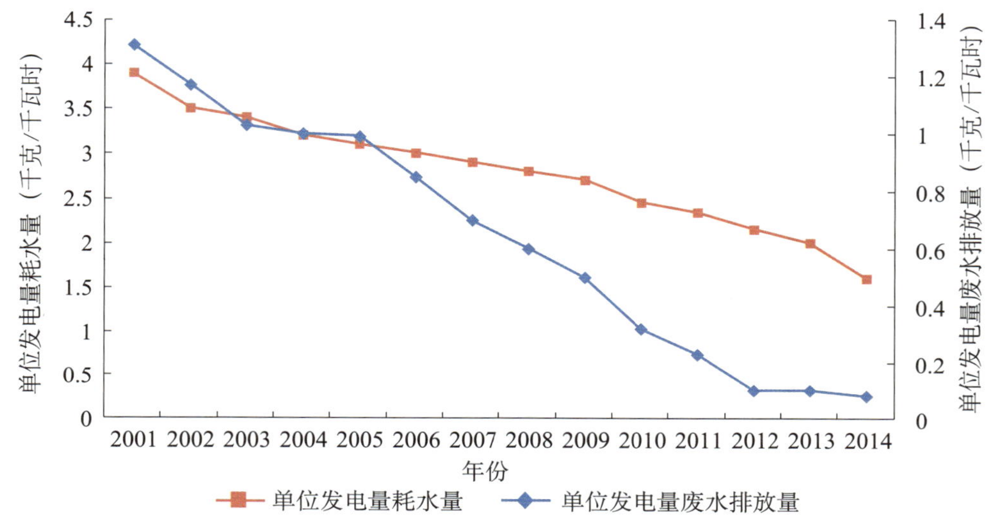


**图 8－9 2005—2014 年全国火电厂单位发电量水耗和废水排放情况**

注：数据来源于电力行业统计分析，统计范围为全国装机容量 6 000 千瓦及以上火电厂。

## （三）固体废弃物排放与综合利用

2014 年，全国燃煤电厂产生粉煤灰约 5.4 亿吨，比上年下降 2%；综合利用率约为 69%，与上年持平。2014 年，电力行业产生脱硫石膏约 7 400 万吨，比上年下降 2%；综合利用率约 72%，与上年持平。

2005—2014 年全国火电厂粉煤灰产生与利用情况见图 8－10，2005—2014 年全国火电厂脱硫石膏产生与利用情况见图 8－11。

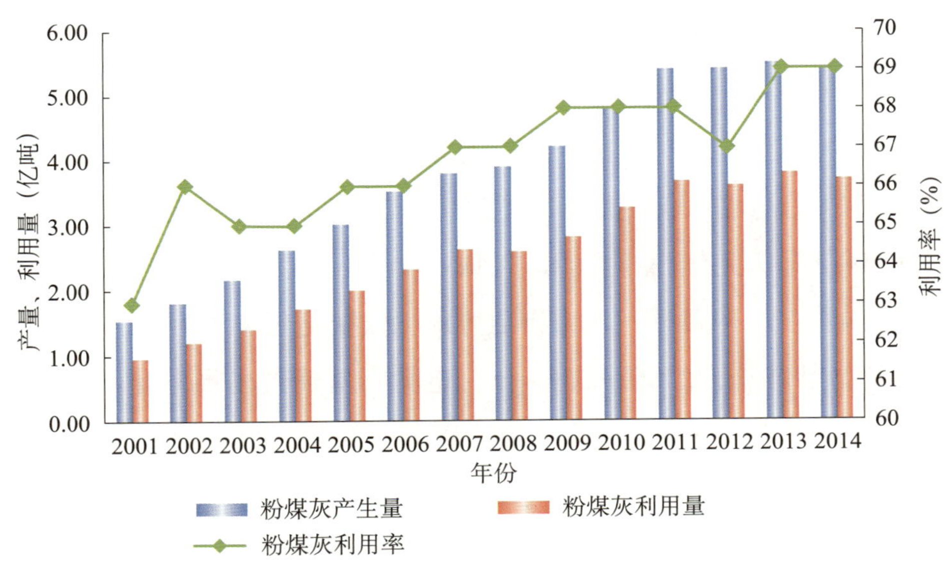


**图 8－10　2005—2014 年全国火电厂粉煤灰产生与利用情况**

注：数据来源于电力行业统计分析，统计范围为全国装机容量 6 000 千瓦及以上火电厂。

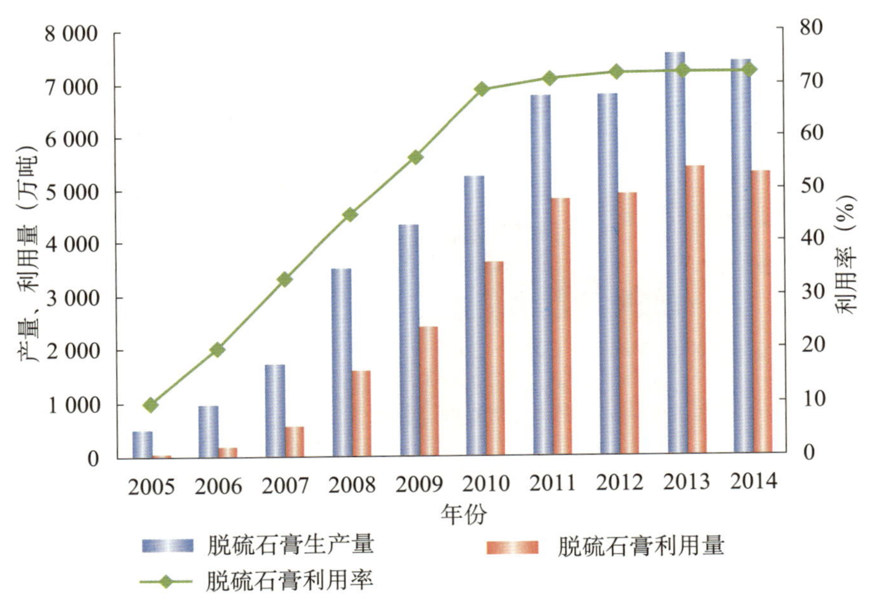


**图 8－11　2005—2014 年全国火电厂脱硫石膏产生与利用情况**

注：数据来源于电力行业统计分析，统计范围为全国装机容量 6 000 千瓦及以上火电厂。

## 三、应对气候变化

2014 年，国家发展改革委印发《国家应对气候变化规划（2014—2020 年）》（发改气候〔2014〕2347 号），提出“到 2015 年大型发电企业集团单位供电二氧化碳排放水平控制在 650 克/千瓦时”和“2015 年全国火电单位供电二氧化碳排放比 2010 年下降 3% 左右”的目标，电力行业应对气候变化任务艰巨。

以 2005 年为基准年，2006—2014 年，电力行业通过发展非化石能源、降低供电煤耗和降低线损率等措施累计减少二氧化碳排放约 60 亿吨，有效减缓了电力二氧化碳排放总量增长率。其中，供电煤耗的降低对电力行业二氧化碳减排贡献 50%，非化石能源发展贡献 48%。

以 2005 年为基准年，各年减少二氧化碳排放情况见图 8－12。

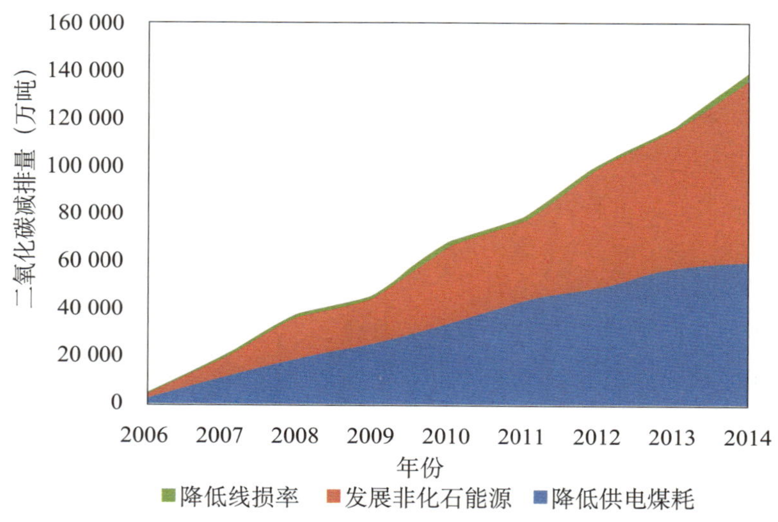


**图 8－12　以 2005 年为基准年各年减少二氧化碳排放情况**

## 四、发电机组能耗对标

根据《全国火电燃煤机组能效水平对标管理办法》（2014 版）和《全国火电燃煤机组竞赛评比管理办法》（2014 版），中电联组织开展了 2014 年度全国火电 60 万千瓦级以上机组能效水平对标工作。2014 年有 53 台 100 万千瓦级超超临界投运机组参加了全国火电大机组能效水平对标及机组竞赛（包括空冷 2 台），51 台湿冷机组的平均供电标准煤耗为每千瓦时287.57克，能效指标见附件35；2014年有58台60万千瓦级超超临界机组参加了机组能效水平对标及竞赛（包括空冷2台），56台湿冷机组的平均供电标准煤耗为每千瓦时292.63克，能效指标见附件36；2014年全国有143台60万千瓦级超临界湿冷机组参加了机组能效水平对标及竞赛，平均供电标准煤耗为每千瓦时303.01克，能效指标见附件37；2014年全国有41台60万千瓦级超临界空冷机组参加了机组能效水平对标及竞赛，平均供电标准煤耗为每千瓦时319.03克，能效指标见附件38。

# 第九章

# 电力科技与信息化

## 一、部分电力企业科技资源配置情况

### （一）企业科技投入

根据对国家电网公司、中国南方电网有限责任公司、中国华能集团公司、中国华电集团公司、中国电力投资集团公司、中国核工业集团公司、国家核电技术有限公司、中国长江三峡集团公司、神华集团有限公司、中国广核集团有限公司、浙江省能源集团有限公司、中国能源建设集团有限公司等 12 家大型电力企业年度统计数据分析显示，2014 年 12 家大型电力企业科技投入金额 405.23 亿元，占营业收入的 1.14%。科技投入中，自筹技术开发费用投入 318.17 亿元，占科技投入总额的 78.52%。

### （二）企业所属科研机构及人力情况

2014 年，12 家大型电力企业共有科研机构 164 家，从事科研活动职工 175 371 人，占年末企业从业人员总数的 9.82%；从职称结构来看，高级、中级和其他人员分别为 28 536 人、50 760 人、84 962 人，分别占科研机构职工总人数的 16.27%、28.94% 和 48.45%。

2014 年，12 家大型电力企业共有研发机构 534 家，其中国家重点实验室 7 家、国家工程实验室 4 家、国家工程技术研究中心 9 家、国家级企业技术中心 16 个、省部级认定的研发机构 111 家。

## 二、科技成果

2014 年，电力企业获得国家科学技术进步奖 7 项（其中，一等奖 2 项，二等奖 5 项）（见附件 39）；获得中国电力科学技术奖 96 项，包括 2014 年度中国电力技术发明奖5项，中国电力科学技术进步奖91项（其中，一等奖11项，二等奖21项）（见附件40）。

2014年，12家大型电力企业的国内专利申请量23 247项，本年度专利授权量和有效量分别为15 044项和52 460项，涉外专利授权量和有效量分别为7项和35项；累计发表论文17 560篇，其中SCI和EI收录论文分别为1 895篇、1 267篇，占论文发表总篇数的比重分别为10.79%和7.22%。

## （一）电网领域

### 1. 输变电技术成果

电网雷击防护关键技术研究。本项目针对我国雷电活动基础数据匮乏、电网雷击风险评估和防护方法不完善、电网雷击故障后的甄别能力与处置效率低下等突出问题，开展了广域雷电地闪监测、雷击接闪放电机理试验与模拟、雷击风险评估与差异化防护、架空线路雷击监测四方面关键技术研究，研发出电网广域雷电地闪监测系统、输电线路雷击风险评估软件系统、差异化防雷系列装置、架空线路雷击监测系统，构建了我国电网雷击防护技术体系，显著提升了电网雷电防护水平，从基础理论与实验、技术研发、工程应用方面推动了雷电科学与防护领域的技术进步，整体技术达到国际领先水平。项目已在电网中广泛应用，对国防和民用重要基础设施的雷电灾害监测与防治有着重要的推广应用价值。

特高压串补关键技术研究、装置研制及工程应用。特高压串补技术通过在特高压线路中串联电容器，达到补偿线路感抗、提高线路输送能力的目的。项目攻克了特高压系统与大容量串补耦合作用，串补内部各设备之间在电磁热力多维度边界条件下的综合优化协调和极限配合，快速暂态空间电位控制，强电磁场应力下弱电设备电磁兼容等关键技术难题；研制出了具有完全自主知识产权的世界首套特高压串补装置，主要技术指标国际领先。

青藏电力联网工程。项目提出了适合高原多年冻土的多种杆塔基础型式和专门的施工技术，以及冻土基础施工技术理论；提出了外绝缘与电磁环境高海拔修正方法；提出了“强直弱交”系统运行控制策略和西藏电网安全稳定控制措施；建立了统一的三级生理卫生保障体系，实现了特高海拔高原疾病临床救治技术突破；建立了特高海拔电网工程迹地植被恢复技术体系，高原生态环境得到了有效保护和恢复。项目的成功实施，标志着我国在高海拔、高寒、多年冻土地区输电技术上取得重大突破，实现了全国除台湾以外电网全面互联的新格局，极大地促进了青海海西和西藏地区经济和社会发展，为增进民族团结、维护边疆地区稳定和保护生态环境发挥了极为重要的作用。

±660 千伏直流架空输电线路带电作业技术和工器具创新及应用。项目创新研制出系统的 ±660 千伏带电作业工法和系列工器具，编制完成首个《 ±660 千伏直流输电线路带电作业技术导则》行业标准，形成了系统的 ±660 千伏直流输电带电作业体系，实现了 ±660 千伏线路带电作业，填补了世界范围内的技术空白。项目有效提高了输电设备健康水平，减少了停电时间，创造了可观的经济价值，极大地推动了世界电力行业的科技进步，为世界各国电力行业 ±660 千伏直流输电线路带电作业奠定了基础，开创了先河。

交直流并联大电网关键技术研究及工程实践。本项目揭示了多回直流换相失败规律、交直流系统交互作用等交直流并联大电网内在机理，拓展了现代大电网技术理论；提出了交直流送电规模、直流电压等级、多回直流落点等一整套交直流协调规划方法，发展了交直流并联大电网规划技术；创立了交直流并联大电网稳控技术与在线安全稳定综合防御技术；创建了多直流协调控制、振荡定位和解列控制、电网故障感知等交直流电网广域监测控制技术体系；研发了交直流网损优化、跨流域水电群优化、煤耗在线监测等节能与经济运行技术；研发了极端自然灾害的防灾减灾技术；构建了世界上规模最大的交直流并联电网全景式实时数字仿真平台。

大型城市电网高压设备状态检测集成评价技术研究与应用实践。通过项目实施，通过新型状态检测体系的建立，通过推进预防性试验管理模式从“停电试验为主”到“带电测试为主”的转变，可以大幅度较少停电试验时间，促进供电可靠性提高，大幅度提高缺陷的检测效率，从而为企业带来巨大的经济效益，项目研究成果直接面向我国电网高压设备，在国内电网公司、发电公司变电站和大型用户变电站均具有重大的推广价值。

**2. 智能电网技术成果**

智能配用电示范工程研究与实践。智能电网综合示范工程是智能电网建设的重要内容，国家电网公司分别选取科技示范区、经济开发区、红色教育基地等 7 个不同区域，开展了各具特色的智能电网综合示范工程建设，技术水平达到国际领先水平。通过对智能电网技术在特定区域内的集中应用，实现智能电网技术的系统性融合与高度集成，在实现智能电网的各项技术的综合验证、智能电网建设效益的集中体现的基础上，为国内不同区域开展智能电网建设提供了多样化的借鉴样板。项目成果、建设理念及相关技术获得了国际社会的广泛认可，对国际智能电网建设产生了积极影响，也成为地方政府、国内知名高校、科研院所、相关设备厂商的协同创新平台，促进了相关产业快速发展，对城市区域智能电网建设具有较强的示范意义。

国家电网智能电网创新工程。国家电网公司系统实施管理创新，开展了智能电网创新工程建设。通过体制、机制和平台建设，全面提升了整体创新能力。在工程带动下，有效破解新能源发电上网难题，成为全球风电接入容量最大、光伏发电增速最快的电网；智能电网建设在世界上规模最大、水平最高，调度自动化、控制与保护、柔性直流、电动汽车充换电等智能电网关键技术达到国际一流水平；积极开展国际标准编制，显著提升了国际话语权。实现了电网技术实现从“跟随者”到“引领者”的跨越。

动态畸变负荷电能准确计量及溯源技术、装备与应用。本项目在钢铁、冶金、轨道交通、电动汽车充电站等多种动态畸变负荷的电能准确计量技术标准、设计实现、质量检测、量值溯源等领域取得了重大突破，取得了显著的经济效益和社会效益。该项目为进一步提高负荷能效水平、电能质量和开展节能减排工作提供了技术支撑，为将来推进发展智能电网、智能计量，实现公平、公正智能用电奠定了坚实的基础。

柔性备自投关键技术及其标准化体系研究。项目研发了可分别应用于各类接线方式的500千伏、220千伏及110千伏变电站智能化柔性备自投装置，实现了智能动态分组、智能判别主供及备投元件、智能选切负荷、智能方式转换等关键技术的突破。项目还从各类柔性备自投装置的硬件及外部回路设计、测试检验体系、运行管理等多个维度，编制了一套完整的柔性备自投装置技术标准体系。

基于电压源变流器的±200兆伏安静止同步补偿装置关键技术开发及工程应用。本项目首次研发出世界上直挂电压最高（35千伏）、容量最大（额定容量±200兆伏安，10秒短时容量±300兆伏安）、响应速度达到16ms的STATCOM装置，奠定了电网用STATCOM装置的技术基础；首次在大功率STATCOM中采用压接式IGBT器件，开发了专用驱动及保护技术，优化了功率单元电气拓扑与热力效应，功率密度达到了应用的极限；提出了超多链节串联变流器的电容电压平衡匹配控制算法，并优化了脉冲控制算法，开发了功率单元在线旁路技术，大大提高了STATCOM运行稳定性和可靠性；提出了新型三相软锁相检测技术、电流快速跟踪控制技术和暂态无功电流给定前馈算法，实现了 STATCOM 从系统电压跌落到暂态无功输出至目标值响应时间仅为 16ms 的优异性能；提出基于零序注入的不平衡控制策略，增强了 STATCOM 在电网故障情况下低电压穿越及不平衡控制能力；提出多母线补偿与多目标协调控制策略，提升了 STATCOM 对大电网复杂运行工况的适应性；建立装置级试验检测平台，实现了 STATCOM 的全电压满载测试，构建了基于实时仿真器的受端电网主网架和多链节换流器实时仿真平台，实现了控制保护系统的闭环仿真测试和全电网故障下的 STATCOM 性能测试。

#### 3. 其他技术研发成果

新型阴极结构铝电解槽重大节能技术的开发应用。技术采用有凸梁的阴极炭块替代普通阴极碳块砌筑电解槽，阴极炭块上的凸梁可以阻挡受磁场力推动的铝液流动，大大降低了阴极铝液的波动，使铝液表面处于相对平静的状态，从而可有效缩短电解槽阴、阳极极距，降低槽电压，达到降低电耗的目的。

大水电系统调度方法及自适应软件系统。本项目首次提出了解决高水头巨型电站避开多振动区优化调度求解的模型和算法，有效确保机组安全、高效运行；提出了大规模区域电网长期可吸纳电量最大模型和算法，有效解决了南方电网跨流域、省区电网间的大规模水电站群调度问题，提高了汛期洪水资源化利用程度；提出的跨流域水电站群多省区电网短期调峰优化调度多目标模型，统筹考虑多省区电网负荷及峰谷差异，实现了省区间补偿优化，并充分发挥水电调峰作用；提出了复杂约束条件下水电站群短期优化调度的系统负荷分配算法，显著提高了短期优化调度计划编制的效率和质量。

### （二）电源领域

#### 1. 火电科技成果

百万千瓦超超临界机组系列优化技术研究与工程应用。项目研究了百万千瓦超超临界机组规划设计、设备研制、技术开发、调整试验、故障预警与诊断中的系列优化技术，解决了机组建设过程的若干重大技术难题，主要创新点包括：世界首创管状带式输送机穿烟囱技术；在 8 级地震区主厂房采用煤仓间结构框架—短肢剪力墙结构形式；提出并实施基于数值模拟技术的燃烧优化新方法；提出轴系失稳故障判据与预控策略，解决了 1 000MW 超超临界机组首例可倾瓦轴承油膜涡动故障问题。

600MW 机组锅炉多种劣质煤燃烧特性试验研究与工程应用。项目结合煤场混煤、皮带预混、分仓上煤等多种方法的优点进行试验研究，建立具有工程应用特点、高效的多煤种掺混体系和优化方法；基于大型锅炉结构、运行特性及煤质特性，明确多种劣质煤多维参数掺混平衡特性及合理比例范围，采用合理科学的工程试验方法，优化运行参数，极大程度提高锅炉及其附属系统运行经济性、安全性，降低能耗、污染物排放水平；建立完善大型、高参数锅炉烟风、制粉系统热力计算方法和性能评估体系。该成果可以更好地针对大型高参数锅炉燃用严重偏离设计煤种的燃烧工况进行预测、评估和有效干预，实现对高度变煤种、深度变负荷工况，尤其低负荷调峰运行的大型、高参数锅炉的热力特性和经济特性进行快速、便捷、定量计算分析。

燃气联合循环机组全过程自动化控管系统的研究与应用。京桥热电公司按照集团对于燃气电厂全过程自动化、数字化建设的要求，打破以往基建与生产两条线考虑的惯例，提出“生产控制全程智能化，业务处理全程互动化”目标，解决国内首套纯凝、抽凝、背压、全切供热工况的联合循环机组的旁路自动升温升压控制、主再热蒸汽全自动并退汽控制等关键技术，实现燃气—蒸汽发电供热机组从辅助设备循环水泵启动开始，至发电机并网运行，直至机组停运的全过程智能自动化控制和集中运营，实现机组最佳安全、经济、节能、环保运行。

火电厂 SCR 烟气脱硝系统安全经济运行关键技术问题研究。项目研发了火电厂 SCR 脱硝装置的设计优化和现场优化技术，开发了具备催化剂优选、催化剂更新策略优化、脱硝系统运行参数三维动态模拟优化等新功能的 SCR 催化剂及脱硝系统综合分析管理平台，并成功应用于工程实践；建立了一套基于激光诱导击穿光谱的 SCR 催化剂活性成分含量直接检测方法；开发了具有多场均匀性分布功能的脱硝反应器，成功应用于实际电厂；建立了我国 SCR 脱硝系统现场优化技术规范，编写了我国首部脱硝装置调试国家标准。

抗雾霾型燃机进气过滤系统研发。对燃机进气过滤系统进行优化改造，通过对波纹式框架粗滤的研发，极大地增加了粗滤的容尘量，降低了粗滤的初始压差，且其稳固的金属框架结构实现了粗滤的在线拆卸不落尘、在线安装简易方便的功能；采用两级粗滤加一级精滤组合应用模式，两级粗滤分内/外仓布置，两层粗滤均具备在线更换的功能，抗恶劣天气干扰能力强；过滤仓粗滤采用新型固定结构，保证了粗滤固定牢固且密封严密，安装方便，大大减少了维护劳动强度。

“智慧电厂”全业务流程智能生产及管理系统的研发与应用。本项目使机组过程控制及生产管理过程标准化，同时降低发电企业运行成本及机组维护成本。实现机组自动控制全工况、全流程自动投入、二拖一机组自动并退汽、全厂主辅助系统无人干预一键启停等关键生产控制技术；同时对机组正常运行实现精细化管理，对机组效率、损耗、燃机轰鸣喘振、燃烧效率等进行量化分析，并提供在线计算的功能；采用先进的项目管理方法实现生产设备生命周期管理，实现了“智慧电厂”的建设目标。

发电厂智能机器人巡检系统的研究与应用。新型机器人以自主或遥控的方式，对设备进行巡检，可及时发现设备的内部热缺陷、外部机械或电气问题，为运行人员提供事故隐患和故障先兆数据。可替代运行维护人员现场巡检，节省设备巡检成本，降低人身伤害风险，提高运维水平。

利用计算机三维技术减少安装施工停滞时间。电力安装过程中，各专业交叉作业，安装工作错综复杂，时常发生专业间交叉作业配合、厂家供货与安装要求不匹配等问题。本研究旨在通过三维模拟施工，提前为下一道工序的施工做好人力、物力和机械设备的准备，确保了工程各个环节都能顺利配合；充分利用三维模型，减少施工中停滞、窝工现象的发生。

2. 水电科技成果

大型地下水电站混凝土高效施工技术与装备。溪洛渡水电站大型地下洞室工群工程是世界上最大的地下洞室工程，无论工程规模还是施工难度在世界地下建筑工程史上都是首屈一指的，工程施工难度大，安全问题突出，在国内乃至世界已建工程中都是比较少见的。本项目依托溪洛渡水电站工程，以引水发电系统纵横交错布置的特大规模地下洞室群混凝土施工为研究载体，重点研究了特大型地下洞室群混凝土施工关键技术。

三峡地下电站巨型机组调节保证关键技术及应用。课题研究成果已在三峡地下电站的设计、施工和运行过程中得以成功应用，解决了工程在设计施工中存在的技术难题。工程运行实践证明，三峡地下电站机组在开停机、变负荷运行等暂态过程中运行稳定，机组调节品质良好，因此设计方案科学有效，研究成果在水电站设计和运行过程中具有广泛而重大的推广应用价值。

闭环智能控制的混凝土结构理论与关键技术。本项目依托我国高拱坝工程和桥梁工程，采用理论分析、模型试验、数值模拟等综合手段，系统研究了闭环智能控制的混凝土结构理论、方法及关键技术，建立了控制混凝土结构应力或变形的智能驱动系统，创建了闭环智能控制的混凝土结构理论技术体系；提出了智能混凝土坝块通水换热精细预测模型、智能通水换热控制混凝土坝块应力的技术途径，发明了混凝土坝块通水换热实时智能温度控制方法和成套设备，解决了大体积混凝土温度应力控制难题，有效控制了大体积混凝土裂缝的产生；利用形状记忆合金（SMA）作为驱动元件，建立了方便实用的、反映 SMA 相变特性和加载过程中塑性变形的本构模型，研发了与常规预应力束配套的形状记忆合金束，解决了形状记忆合金束现场快速通电加温施加驱动力和形状记忆合金束与常规预应力束连接的难题。

大型抽水蓄能电站机组关键技术、成套设备及工程应用。项目确定了大型抽水蓄能机组主力机型和关键技术参数，攻克了水泵水轮机“S”区和“驼峰”区等水力双向稳定性、双向重载推力轴承和通风冷却、机组多工况转换及控制策略、系统集成等重大难题，建成了国际领先试验平台，创建了完备技术体系，自主研制出综合性能最优的机组及成套设备并成功应用，实现了我国大型抽水蓄能机组关键技术和成套设备制造业从无到有、从弱到强、从进口到出口的根本性跨越，使我国抽水蓄能制造业具备了强大的核心竞争力，掌握了市场主导权，带动了高端装备制造业的技术发展，全面增强了我国在国际抽水蓄能领域的影响力、竞争力和话语权，是我国重大技术装备自主化的成功典范，经济社会效益显著，具有广阔的推广应用前景。

水利水电工程生态环境调控关键技术及应用。工程建设与运行使上下游水文泥沙情势发生改变，会引起水库富营养化及水华、重要水生生物生境胁迫、通江湖泊江湖关系变化等生态环境问题。本研究面向上述国家重大需求且亟待解决的关键科学问题，通过多学科交叉研究，运用原型观测、理论分析、模型开发、系统集成等手段，形成了一整套水利水电工程生态环境调控关键技术，为水利水电工程管理和生态环境保护提供了科技支撑和系统解决方案。

大型水电企业基于战略运营一体化的全面预算管理信息系统。全面预算管理系统的建设，突破了现有的建设思路，力图将预算系统从预算管理的业务系统提升为公司层面的管理、分析、决策支持协同平台，通过将预算管理软件与现有各业务系统和信息平台的充分整合，实现了企业各项业务从申报、审批、执行、考核全流程的系统管理和控制。业务系统的数据通过系统化处理，实时反映为不同管理层级生产经营决策所需的不同报表和关键指标，通过这些指标和报表还可实现业务的层层下钻，追溯到最明细的业务数据。

3. 核电科技成果

福清核电 500 千伏电能计量系统改造项目。福清核电 500 千伏电能计量系统改造项目保留了原有线路侧电能表和主变高压侧电能表，只在主变高压侧计量点增加两块与原计量表计参数一致的具有电表自动启停回路的电能表，原本厂线路侧计量表计与新增加的主变高压侧计量表计作为上、下网电量的结算使用，原主变高压侧计量表计作为机组间上网电量分配使用。

三代核电 AP1000 壳内电缆。三代核电 AP1000 壳内电缆是国际上首次开发，主要包括中压电力、低压电力、控制及仪表等系列电缆，项目的开创性成功研制及应用，标志着我国壳内电缆的设计和制造水平已达到国际先进水平，为我国核电发展提供了有力支持。后续将在产品突破的基础上，进一步优化技术标准和技术规范，提出未来的发展要求，满足产业发展的需要。

核电蒸汽发生器用 800 合金 U 形管传热管。该项目摆脱了长期以来我国核电蒸汽发生器传热管对国外的依赖，填补了国内空白，对促进我国核电出口、保障国家能源安全以及加强对外能源合作有着重要意义，同时创造了巨大的经济效益和社会效益，提升了我国特殊合金管生产水平，推进了我国高性能核电用管国产化进程。

国核 CAP1400 数字化核电站示范工程。CAP1400 示范工程以数字化电站为目标，以数字化技术开展各专业设计，编制应用了国家核电材料编码体系，创新管控体系严格把关二三维模型数据质量，可与进度计划挂钩。以数字化设计牵引全寿期数字核电，打造高端可视化研发创新平台。全面推动 CAP1400 各项业务流程创新。协同设计变革设计模式，独创的模型管控手段提升了设计质量。通过整合设计、采购、建造全过程数据后，最终实现电厂的精细管理和精确控制并服务于生产，从而达到高效、安全运行核电厂的目标。

4. 可再生能源发电科技成果

大容量风光储联合发电关键技术研究及示范应用。项目攻克了风光储容量优化配比，联合发电全景监控、电池储能大规模系统集成、联合发电系统并网优化调度、风光储设备状态评估等一系列重大难题，在风光储联合发电控制系统的综合功能配置等方面达到国际领先水平，建成了世界上规模最大的风光储输示范工程。开辟了我国大规模可再生能源基地开发利用的新途径，带动了我国电池储能产业集成应用的快速稳定发展，提升了新能源装备制造的技术水平，大幅提升了我国在国际新能源领域的影响力和话语权，对加快我国千万千瓦级风光新能源发电基地开发、大力推进国家新能源发展战略具有重大意义。

大型新能源发电机组超低频故障在线监测与诊断成套技术。项目以大型新能源发电机组的振动监测为切入点，建立锥形压电陶瓷材料传感器测试频率影响模型和长时效低时漂的传感器稳定性模型，开发了多系列传感器、测试和监测系统、校验仪器，建立了基于对象的数据采集、处理、分析和故障诊断系统。

大功率风电机组研制与示范。项目促进了我国大功率风电机组技术从引进消化到自主创新的跨越式发展，将我国大功率风电机组研发、制造能力提高到世界领先水平；建成了集国家级技术研究中心、国家级重点实验室和国家级技术转移示范机构于一体的高科技公共创新平台，培养了一大批风电科技人才及科研团队，全面推动了风电行业产业链的科技创新和持续发展。该项目的实施，对保障国家能源安全、建设环境友好型社会和促进节能减排发挥了特别重大的作用。

600MW 超临界煤电机组与分布式光伏清洁能源联合发电技术研究应用。太阳能新能源与燃煤电厂耦合发电技术可将光伏太阳能转化为电能或热能形式，通过火电机组部分负荷实时消耗，可很好地解决常规新光伏电站或供热系统接入或并网难，产能送出受限制方面问题，在满足建设条件允许情况下，促进了光伏产业规模化发展；对占主导地位燃煤机组而言，随着本技术的推广应用，在促进多元能源清洁发展、调整能源及产业结构、提高火电机组效率、节约煤炭化石能源消耗、减排减负等方面贡献将越来越突出。

## 三、电力信息化

### （一）电力信息化概况

2014 年度，我国信息化发展态势良好，国家政策强力推进信息化发展，两化融合促进结构优化升级成效显著，智慧城市开启区域信息化新阶段，移动互联网创新应用和商业化进程加速，电子政务更加注重集中管理和集成应用。信息消费在扩大内需中作用凸显。

根据对国家电网公司、中国南方电网有限责任公司、中国华能集团公司、中国华电集团公司、中国电力投资集团公司、中国核工业集团公司、国家核电技术有限

公司、中国长江三峡集团公司、神华集团有限公司、中国广核集团有限公司、浙江省能源集团有限公司、中国能源建设集团有限公司等 12 家大型电力企业年度统计数据分析显示，2014 年与 2013 年相比，电力行业信息化投入总额增长率为 2.27%；在各项信息化投入指标中，硬件投入增长 0.55%，IT 服务与运维投入增长 6.57%，信息安全投入和信息化培训投入比例增高。

2014 年，中电联继续做好电力行业信息化优秀成果的评选工作，进一步细化了成果的评选内容，对原有的“电力行业信息化成果评选平台”进行功能完善。2014 年共收集成果 358 项，选出 185 项优秀成果，其中一等奖 35 项（见附件 41）、二等奖 62 项、三等奖 88 项。获奖成果在大数据、云计算数据中心、移动办公平台建设等方面均有建树和发展，部分成果成为企业生产经营管理的主体和核心系统，产生了巨大的经济效益和社会效益，对电力行业的产业发展方向产生了积极影响，并起到了重要支撑作用。

信息化与工业化融合是企业信息化创新发展的必然趋势，是推动我国工业由大到强的必然选择，是经济社会转型发展的重要动力。两化融合正推动企业经营方式和管理模式发生深刻变化。中电联按照工业和信息化部的要求积极推动电力行业两化融合提升，主要开展了两方面的工作：一方面，组织编制《电力行业两化融合水平评估》指标体系和工作导则两项标准，为下一步规范开展两化融合水平评估确立依据，目前已完成两个标准的初稿；另一方面，为落实《信息化和工业化深度融合专项行动计划（2013—2018 年）》，共推荐了 11 家电力企业开展两化融合管理体系贯标试点。中电联科技中心也先后被工业和信息化部授予两化融合管理体系咨询和评定的资质。

中电联向工业和信息化部推荐了 2 家电力企业——中国大唐集团公司和中国国电集团公司，开展互联网与工业融合创新试点工作，现已取得阶段性成果。

举办“电力行业两化融合推进会暨全国电力企业信息化大会”，构建良好沟通平台。2014 年 11 月，中电联组织召开了 2014 年“电力行业两化融合推进会暨全国电力企业信息化大会”，表彰了 2014 年电力行业信息化优秀成果，发布了电力行业信息化年度发展报告。

### （二）信息化优秀成果

特大型电力集团一体化信息系统工程关键技术与应用。项目在国家科技计划的支撑下，联合了国内高校、科研机构、IT 厂商等近百家单位，对项目的关键技术进行了深入研究和应用。项目历时 5 年，直接参与人数超 3 万。项目建立了一体化信息集成平台，开发了涵盖核心业务和核心资源管理的应用系统，建立了安全、运行、标准等信息化保障体系，取得了一系列成果，实现了重大突破和实质性创新。项目成果已在国家电网公司各层级 2 292 个单位全面应用，并成功推广到国家相关部委和能源、环保、交通、电信、烟草等行业。项目近三年经济效益显著。由 10 位院士等组成的项目鉴定委员会认为："项目在特大型电力运行企业信息一体化平台、集成化应用方面达到国际领先水平"。

面向智能电网的信息安全边界接入技术研究与应用。针对电力领域输变电线路在线监测、用户用电信息采集、移动作业、移动办公和电力光纤到户等业务终端通过无线公网安全接入电力信息内网的迫切需求，借鉴国际先进的可信计算和可信网络连接思想，设计电力系统信息安全可信接入架构，研究边界安全防护关键技术，研发信息安全接入系统，为电力系统信息安全接入提供基础性的安全支撑技术，其关键技术及成果已在行业内得到全面推广应用。

智能电网信息安全防护及工控系统测评服务。项目针对我国电网工控系统特点，创新性提出了覆盖电网工控系统各层次、全过程的综合安全测评体系，首次系统性地进行了典型工控系统安全测评机制、方法、技术、标准示范验证等工作，形成了一批具有自主知识产权的安全防护设备和专利，培养了一支专业化的工控安全测评队伍，有效增强了电网工控系统安全服务能力。项目提出的电网工控系统多维度组合性测试技术、统一安全可信接入技术、电网规约安全校验及通信密钥高速分发技术具有创新性，达到国际领先水平，具有良好的示范性和可推广性，为国家重要行业的工业控制系统提供安全技术借鉴及支撑。构建了覆盖电网工控系统各层次、全过程的综合安全测评体系；建成了支撑电网"输、变、配、用、调"五个典型的电网工控系统核心业务仿真与测评环境，在天津、上海、江苏电力进行了试点测评验证；掌握了工控系统安全测评关键技术和攻防渗透能力；建立了基于"分区分域、安全接入、动态感知、全面防护"策略的智能电网信息安全防御体系。

下一代互联网技术在智能电网应用关键技术研究与示范工程。项目应用 IPV4 向 IPV6 过渡的关键技术，电力移动作业应用 IPV6，IPV6 设备功能、互联互通等测试技术与方法规范，高可靠网络架构、网络管理及运维技术，从接入、汇聚到骨干的整体可靠网络架构设计和应用规范等内容；开展了 IPV6 实验网络建设；建设了包含总部以及山西、江苏、辽宁、青海、宁夏等节点的 IPV6 试点网络试点网络；建设了统一视频监控、输变电状态监测以及 95598 互动服务网站等三个示范应用建设；完成了 IPV6 信息安全防护技术研究与信息安全防护总体方案。

# 第十章

# 电力企业发展与经营

## 一、电力企业总体情况

### （一）电力企业概况

根据国家统计局统计，截至2014年年底，全国规模以上电力企业5 111家（统计口径为年产值2 000万元以上的企业，下同）。其中，电网企业1 535家，占30.03%；发电企业3 576家，占69.97%。国有控股电力企业3 572家，占电力企业总数的69.89%。其中，国有控股电网企业1 465家，占电网企业总数的95.44%；国有控股发电企业2 107家，占发电企业总数的58.92%；私人控股电力企业905家，占电力企业总数的17.71%，其他控股企业占电力企业的比重相对较小。在全国规模以上发电企业中，火电企业占34.14%，比上年降低2.38个百分点；水电企业占36.83%，比上年降低1.83个百分点。水电企业个数超过火电企业个数。在全国规模以上发电企业中，国有控股的企业数占全部火电企业数的65.60%，水电比例为49.89%，核电比例为100%，风电比例为78.41%，太阳能发电比例为47.40%；私人控股的这一比例分别为火电16.30%、水电33.30%、风电10.48%、太阳能发电41.56%。2014年年底电力企业按属性划分的企业单位数汇总及比重情况分别见表10－1和表10－2。2014年年底全国各省份电网企业和发电企业单位数见附件42。

表10－1　2014年年底按电力企业属性划分的各类控股企业单位数汇总情况

| | 电力企业 | 其中 | | | | | | | |
|---|---|---|---|---|---|---|---|---|---|
| | | 电网企业 | 发电企业 | 其中 | | | | | |
| | | | | 火电 | 水电 | 核电 | 风电 | 太阳能发电 | 其他 |
| | 家 | 家 | 家 | 家 | 家 | 家 | 家 | 家 | 家 |
| 总　计 | 5 111 | 1 535 | 3 576 | 1 221 | 1 317 | 11 | 630 | 154 | 243 |
| 国有控股 | 3 572 | 1 465 | 2 107 | 801 | 657 | 11 | 494 | 73 | 71 |
| 集体控股 | 166 | 28 | 138 | 33 | 87 | | 10 | | 8 |
| 私人控股 | 905 | 29 | 876 | 199 | 439 | | 66 | 64 | 108 |
| 港澳台商控股 | 141 | | 141 | 69 | 21 | | 24 | 5 | 22 |
| 外商控股 | 93 | 1 | 92 | 49 | 20 | | 11 | 2 | 10 |
| 其他 | 234 | 12 | 222 | 70 | 93 | | 25 | 10 | 24 |

表 10－2 2014 年年底按电力企业属性划分的各类控股企业单位数所占比重情况

| | 电力企业 | 其 中 | | | | | | | |
|---|---|---|---|---|---|---|---|---|---|
| | | 电网企业 | 发电企业 | 其 中 | | | | | |
| | | | | 火电 | 水电 | 核电 | 风电 | 太阳能发电 | 其他 |
| | % | % | % | % | % | % | % | % | % |
| 总 计 | 100 | 100 | 100 | 100 | 100 | 100 | 100 | 100 | 100 |
| 国有控股 | 69.89 | 95.44 | 58.92 | 65.60 | 49.89 | 100.00 | 78.41 | 47.40 | 29.22 |
| 集体控股 | 3.25 | 1.82 | 3.86 | 2.70 | 6.61 | 0.00 | 1.59 | 0.00 | 3.29 |
| 私人控股 | 17.71 | 1.89 | 24.50 | 16.30 | 33.33 | 0.00 | 10.48 | 41.56 | 44.44 |
| 港澳台商控股 | 2.76 | 0.00 | 3.94 | 5.65 | 1.59 | 0.00 | 3.81 | 3.25 | 9.05 |
| 外商控股 | 1.82 | 0.07 | 2.57 | 4.01 | 1.52 | 0.00 | 1.75 | 1.30 | 4.12 |
| 其他 | 4.58 | 0.78 | 6.21 | 5.73 | 7.06 | 0.00 | 3.97 | 6.49 | 9.88 |

## （二）部分电力企业人力资源有关情况

据中电联统计，截至 2014 年年底，国家电网公司（未含西藏电力有限公司，以下同）、中国南方电网有限责任公司、中国华能集团公司、中国大唐集团公司、中国华电集团公司、中国国电集团公司、中国电力投资集团公司、国家核电技术公司、中国广核集团有限公司、广东省粤电集团有限公司、中国电力建设集团有限公司、中国能源建设集团有限公司、内蒙古电力（集团）有限责任公司、北京能源投资（集团）有限公司、申能（集团）有限公司、陕西省地方电力（集团）有限公司共 16 家电力企业的人力资源有关指标情况如下：

### 1. 职工人员构成情况

16 家电力企业职工中，技能人员人数最多，占同口径企业职工总人数比重为 53.09%，管理人员、专业技术人员比重分别为 17.76%、16.62%。除国家核电技术公司和中国广核集团有限公司外，在三类人员中，北京能源投资（集团）有限公司管理人员占公司职工人数比重最高，为 36.96%，中国南方电网有限责任公司比重最低，为 9.11%；中国电力建设集团有限公司专业技术人员比重最高，为 32.19%，比重最低的是中国国电集团公司，为 8.97%；中国华能集团公司生产技能人员比重最高，为 68.16%，比重最低的是中国电力建设集团有限公司，为 31.49%。2014 年 16 家电力企业职工分类结构情况见附件 43。

### 2. 职工年龄、职称、技能等级结构情况

（1）年龄结构。16 家电力企业职工中，管理人员平均比重最大的年龄段是 36～

45 岁，专业技术人员平均比重最大的年龄段是35 岁及以下，技能人员平均比重最大的年龄段是36 ~45 岁。

(2) 职称结构和技能等级结构。16 家电力企业职工中，管理人员拥有中级职称的平均比重最高，为 27.85%；专业技术人员拥有初级职称的平均比重最高，为 36.52%；技能人员具有高级工技能等级的平均比重最高，为 31.71%。

2014 年16 家电力企业管理人员年龄结构和职称结构情况见附件44。2014 年16 家电力企业专业技术人员年龄结构和职称结构情况见附件45。2014 年 16 家电力企业技能人员年龄结构和技能等级结构情况见附件46。

**3. 获得2014 年度电力行业特有职业（工种）高级技师资格人员情况**

2014 年，通过鉴定考评，电力行业共评审通过了行业特有职业（工种）高级技师4 252 人。其中，供用电专业 3 325 人，占2014 年度电力行业特有职业（工种）高级技师人数比重最高，其他类别人数依序为火力发电专业436 人，火电建设及送变电专业293 人，水电建设专业117 人，水力发电专业81 人。

**4. 分省分领域电力企业职工分布情况**

(1) 总体情况。16 家电力企业职工队伍中，供电、发电、电力建设领域职工比重分别为52.24%、23.15%和22.06%。在发电领域中，火电领域职工人数占同口径发电领域职工总人数的比重为73.6%，水电领域职工比重为 11.98%，风电领域职工比重为4.24%。在电力建设领域中，水电建设领域职工人数占同口径电力建设领域职工总人数的比重达到了66.81%。

(2) 分省、分领域情况。16 家电力企业供电领域职工分省结构中，广东比重最高，达9.79%，青海比重最低，仅0.44%。16 家电力企业发电领域职工分省结构中，内蒙古比重最高，为9.34%，海南比重最低，仅0.58%。16 家电力企业供电、发电领域职工分省结构分布情况见图 10－1。

16 家电力企业发电领域职工队伍中，火电领域职工人数占同口径火电职工总人数比重最高的省份是内蒙古，为 11.33%，青海比重最低，仅0.18%；水电领域职工人数占同口径水电领域职工总人数比重最高的省份是四川，为 13.73%，上海没有水电领域职工；风电领域职工人数占同口径风电领域职工总人数比重最高的省份是内蒙古，达21.57%，青海比重最低，仅0.02%。

16 家电力企业电力建设领域职工队伍中，水电建设职工分省结构比重最高的省份是湖北，为17.02%，比重最低的省份是海南，仅0.07%。除水电建设人员以外

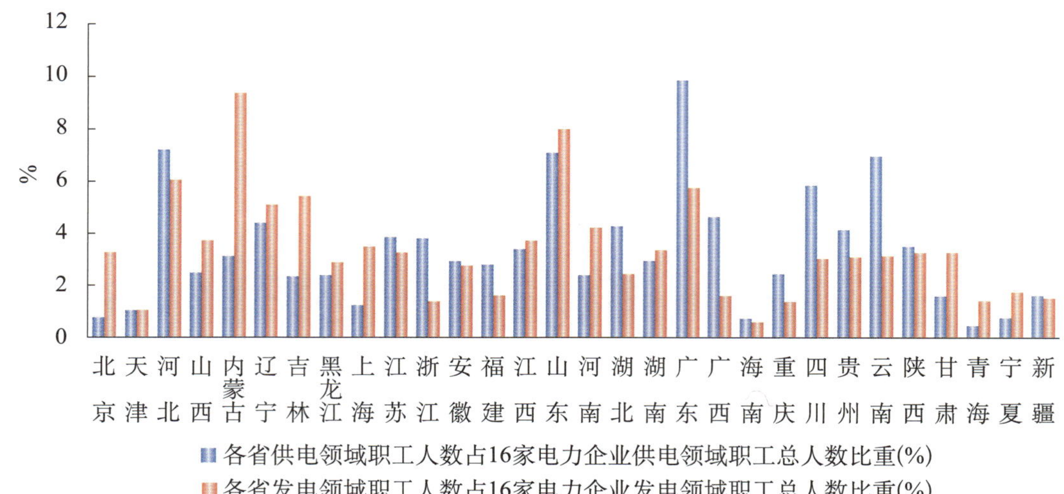


图 10－1　16 家电力企业供电、发电领域职工分省结构分布情况

的电力建设职工分省结构比重最高的省份是广东，为 9.82%，比重最低的省份是内蒙古，仅 0.03%。

2014 年 16 家电力企业职工比重分省分布情况见附件 47。

## 二、电力企业发展经营情况

### （一）电力企业经营总体情况

根据国家统计局统计，截至 2014 年 12 月底，全国电力企业（统计口径为国家统计局统计的年产值 2 000 万元以上的规模以上电力企业，下同）资产总额 103 762 亿元，比上年增长 5.37%；占全国规模以上工业企业资产总额的 11.21%，比上年降低 0.42 个百分点。在电力企业总资产中，电力供应企业资产总额 45 129 亿元，比上年增长 5.89%；占全国电力企业资产总额的 43.49%，比上年增加 0.21 个百分点；发电企业资产总额 58 633 亿元，比上年增长 4.97%；占全国电力企业资产总额的 56.51%，比上年降低 0.21 个百分点，其中，火电企业、水电企业、核电企业、风电企业和太阳能发电企业资产总额分别为 29 112 亿元、18 035 亿元、3 768 亿元、5 913 亿元和 897 亿元，分别比上年增长 2.99%、4.60%、12.31%、8.41% 和 35.88%。

截至 2014 年年底，全国电力企业负债总额 66 011 亿元，比上年增长 1.61%；

占全国规模以上工业企业负债总额的12.55%，比上年降低0.72个百分点。在电力企业负债总额中，电力供应企业负债总额26 168亿元，比上年增长3.21%；占全国电力企业负债总额的39.64%，比上年增加0.61个百分点；发电企业负债总额39 843亿元，比上年增长0.59%；占全国电力企业负债总额的60.36%，比上年降低0.61个百分点，其中，火电企业、水电企业、核电企业、风电企业和太阳能发电企业负债总额分别为19 725亿元、12 284亿元、2 864亿元、3 823亿元和644亿元，分别比上年增长-0.51%、-3.58%、13.20%、8.79%和33.03%。

截至2014年年底，全国电力企业资产负债率为63.62%，比上年降低2.35个百分点，高出全国规模以上工业企业平均水平6.78个百分点。电力供应企业资产负债率57.98%，比上年降低1.50个百分点，高出全国规模以上工业企业平均水平1.15个百分点，低于电力行业整体水平5.63个百分点。发电企业资产负债率67.95%，比上年降低2.96个百分点，高出全国规模以上工业企业平均水平11.12个百分点，高于电力行业整体水平4.34个百分点。其中，火电企业、水电企业、核电企业、风电企业和太阳能发电企业资产负债率分别为67.76%、68.11%、76.01%、64.66%和71.83%。

2014年，全国电力企业利润总额4 186亿元，比上年增长19.03%；占全国规模以上工业企业利润总额的6.47%，比上年提高0.92个百分点，但仍远低于全国电力企业资产总额占全国规模以上工业企业的比重。在电力企业利润总额中，电力供应企业利润总额1 089亿元，比上年增长13.78%；占全国电力企业利润总额的26.02%，比上年降低1.20个百分点；发电企业利润总额3 096亿元，比上年增长20.99%；占全国电力企业利润总额的73.98%，比上年提高1.20个百分点，其中，火电企业、水电企业、核电企业、风电企业和太阳能发电企业利润总额分别为2 081亿元、671亿元、150亿元、138亿元和25亿元，分别比上年增长17.70%、40.79%、17.07%、-5.87%和91.52%。从资产利润率来看，全国电力企业为4.03%，电力供应企业为2.41%，发电企业为5.28%，其中火电企业、水电企业、核电企业、风电企业和太阳能发电企业分别为7.15%、3.72%、3.99%、2.34%和2.81%，同期全国规模以上工业企业资产利润率为6.99%，远高于电力企业资产利润率。

2014年，全国火电企业利润总额2 081亿元，火电利润前5位的省份依次为江苏（312亿元）、广东（249亿元）、山东（220亿元）、浙江（180亿元）和河北

（163 亿元），5 省火电利润总额的占全国火电利润总额的 54.02%，利润集中度较高，贵州和云南火电企业总体亏损。2014 年全国水电企业利润总额 671 亿元，水电利润前 5 位的省份依次为四川（198 亿元）、湖北（166 亿元）、云南（109 亿元）、广西（43 亿元）和贵州（34 亿元），5 省水电利润总额占全国水电利润总额 81.88%，其中四川、湖北和云南 3 省水电利润总额占全国水电利润总额的 70.40%，利润高度集中，西藏、辽宁和新疆水电企业总体亏损。

2014 年，在全国 5 111 家规模以上电力企业中，亏损企业 1 117 家，亏损面（亏损企业数占行业企业总数的比重）达到 21.85%。其中，电力供应企业 1 535 家，457 家亏损，亏损面为 29.77%；发电企业 3 576 家，660 家亏损，亏损面为 18.46%。在发电企业中，火电企业亏损面 19.82%，水电企业亏损面 18.45%，风电企业亏损面 15.40%，太阳能发电企业亏损面 14.94%。

2014 年全国电力企业主要经营效益指标见表 10－3，2014 年电网企业生产经营数据见附件 48，部分大型发电企业生产经营数据见附件 49，电力辅业集团生产经营数据见附件 50。

表 10－3　2014 年全国电力企业主要经营效益指标

| | 资产总额（亿元） | 同比增长（%） | 负债总额（亿元） | 同比增长（%） | 利润总额（亿元） | 同比增长（%） |
|---|---|---|---|---|---|---|
| 电力企业 | 103 762 | 5.37 | 66 011 | 1.61 | 4 186 | 19.03 |
| 电力供应企业 | 45 129 | 5.89 | 26 168 | 3.21 | 1 089 | 13.78 |
| 发电企业 | 58 633 | 4.97 | 39 843 | 0.59 | 3 096 | 20.99 |
| 火电企业 | 29 112 | 2.99 | 19 725 | -0.51 | 2 081 | 17.70 |
| 水电企业 | 18 035 | 4.60 | 12 284 | -3.58 | 671 | 40.79 |
| 核电企业 | 3 768 | 12.31 | 2 864 | 13.20 | 150 | 17.07 |
| 风电企业 | 5 913 | 8.41 | 3 823 | 8.79 | 138 | -5.87 |
| 太阳能发电企业 | 897 | 35.88 | 644 | 33.03 | 25 | 91.52 |
| 其他电力生产企业 | 908 | 3.55 | 503 | -2.32 | 31 | 17.22 |

## （二）电力企业融资情况

2014 年，电力上市企业有国电电力等 7 家通过定向增发融资 139.5 亿元，共通过股权融资 139.5 亿元。2014 年，电力企业通过短期融资券和中期票据融资规模合计 1 989.4 亿元，通过企业债融资规模为 527.0 亿元。企业整体通过信用债融资规模为 3 262. 3 亿元。

2014 年全年电力企业股权和债券融资规模合计为 3 401. 8 亿元。

## （三）重大并购、资产出售等情况

据对 24 家大型电力企业统计[1]，2014 年，发生与发电业务相关的重大并购与出售活动的企业共 10 家，分别是中国南方电网有限责任公司、中国华能集团公司、中国大唐集团公司、中国华电集团公司、中国国电集团公司、中国电力投资集团公司、中国长江三峡集团公司、神华集团有限责任公司、中国广核集团有限公司、华润电力控股有限公司。其中，南方电网公司出资 115. 95 亿元港币收购香港青山电厂 30% 股权；中国华能集团公司出资 47. 1 亿元收购华能国际电力公司 15. 77% 股权；中国大唐集团公司江西大唐国际抚州发电有限责任公司增资扩股项目，大唐国际持股 51%，法国电力（EDF（中国）投资有限公司）以增资扩股方式参股抚州发电项目公司 49% 股权；中国电力投资集团公司增资 12. 615 亿元占马耳他 D3 电厂 90% 股权；中国长江三峡集团公司出资 1. 93 亿美元收购巴西卡什瑞拉・卡尔德隆（CC）水电站 50% 股权，计划 2017 年 1 月全部建成；中国广核集团有限公司通过香港子公司“中广核华美有限公司”收购三个英国风电企业 80% 股权，项目总装机 7. 29 万千瓦。2014 年，发生其他并购与资产重组活动的大型电力企业共 3 家，分别是南方电网公司、中国大唐集团公司、中国电力投资集团公司。其中，南方电网公司无偿接收泸西电力有限责任公司、惠州市潼湖华侨农场供电所、廉江市石角镇电网资产、隆林各族自治县电业公司 100% 国有产权；大唐集团公司引入青岛港国际股份有限公司对大唐青岛港务公司增资扩股 1. 79 亿元，一期码头吞吐量 300 万吨（最大 600 万吨）；中国电力投资集团公司挂牌出让 19. 9% 汇融银行参股股权。2014 年大型电力企业重大并购（出售）活动的项目统计见附件 51。

---

[1] 24 家集团（公司）分别是：国家电网公司、中国南方电网有限责任公司、中国华能集团公司、中国大唐集团公司、中国华电集团公司、中国国电集团公司、中国电力投资集团公司、中国能源建设集团有限公司、中国电力建设集团有限公司、中国核工业集团公司、中国长江三峡集团公司、神华集团有限责任公司、国家核电技术公司、中国广核集团有限公司、广东省粤电集团有限公司、华润电力控股有限公司、国投电力有限公司、内蒙古电力（集团）有限责任公司、北京能源投资（集团）有限公司、申能股份有限公司、陕西省地方电力（集团）有限公司、晋能电力集团有限公司、河北建设投资集团有限责任公司、甘肃省电力投资集团公司。

## （四）电力企业综合能源业务发展情况

在煤炭领域，中国华能集团公司2014年新增煤炭产能196万吨，2014年年底煤炭年生产能力达到8 660万吨，全年煤炭产量达到7 418万吨，同比增加3.66%。内蒙古高头窑煤矿投产，滇东白龙山煤矿一井恢复建设。中国华电集团公司位于山西省兴县的肖家洼煤矿，主要建设内容包括年产1 000万吨矿井及选煤厂、铁路专用线和铁路装车站配套建设，2×350MW煤矸石发电厂等相关项目，是山西省“两区开发”和“十一五”规划重点项目，总投资逾200多亿元。

中国电力投资集团公司2014年底煤炭产能达7 440万吨，拥有煤炭资源储量162亿吨，煤炭产能7 440万吨，生产煤矿13个，其中井工煤矿8个（年产能540万吨）、千万吨级露天煤矿5个（年产能6 900万吨），主要分布在内蒙古、新疆、贵州等地区。集团公司2014年完成煤炭产量7 379万吨，同比增幅7.9%；销量7 421万吨，同比增幅4.84%。铁路运量2 003万吨，同比增幅38.42%。煤炭产销量、铁路运量均创历史新高。2014年，煤炭新开工项目1个，为贵州林华二期，年生产规模60万吨，动态投资60 285万元。新投产项目1个，为贵州贝勒煤矿扩能项目，年生产规模30万吨。

在运输物流领域，中国华能集团公司太仓港二期、海门港一期投产。中国电力投资集团公司拥有运营铁路1条（赤大白铁路），线路全长331千米，全年运输煤炭2 003万吨；在建铁路1条（锦赤铁路），线路全长287千米，其中赤峰—朝阳北段174千米已建成并试运行，余下朝阳北—锦州段113千米施工进展顺利，计划2015年全线通车；规划中的锦白铁路扩能项目2014年获得国家发展改革委核准；在建港口2个，为锦州港煤炭专业码头（年通过能力3 500万吨）和江苏滨海港煤炭专业码头（年通过能力3 900万吨）；由赤大白铁路、锦赤铁路、锦州港和江苏滨海港煤炭专业码头构成的“蒙煤南运”通道建设步伐不断加快。申能股份有限公司主要以嘉禾航运为平台，已建成2艘5.3万吨船，目前与中海就收购2艘二手船舶初步达成一致，预计运力达到18万吨。

在煤化工领域，中国华能集团公司重庆酉阳东、黔江区块页岩气探井全面启动；重庆、云南等煤层气项目稳步推进；准东煤制气项目前期工作有序开展。中国大唐集团公司多伦煤化工项目位于内蒙古自治区锡林郭勒盟多伦县境内，2014年产聚丙烯46万吨，主要原料采用锡林浩特东胜利二号煤田生产的褐煤。

# 三、电力上市公司情况[1]

## （一）总体情况

以2014年年报业务占比分类，沪、深两市共有57家电力上市公司。其中，火电（含燃机、热电）企业36家，总市值占电力板块比重为71.6%；水电企业10家，总市值占比23.0%；其他发电企业2家，总市值占比2.4%；电网企业9家，总市值占比3.0%。以2014年12月31日收盘价计算，电力板块总市值为11 846.4亿元，比上年增长83.9%，占全市场比重约3.1%，比上年提升了0.5%；不含限售股的流通A股市值为8 667.1亿元，比上年上升了84.2%，占比限售股的流通A股总市值约2.8%，比上年上升0.4个百分点。

2014年不同类型电力上市企业总市值占电力板块总市值的比重情况见图10－2，2014年电力板块上市公司基本情况见附件52。

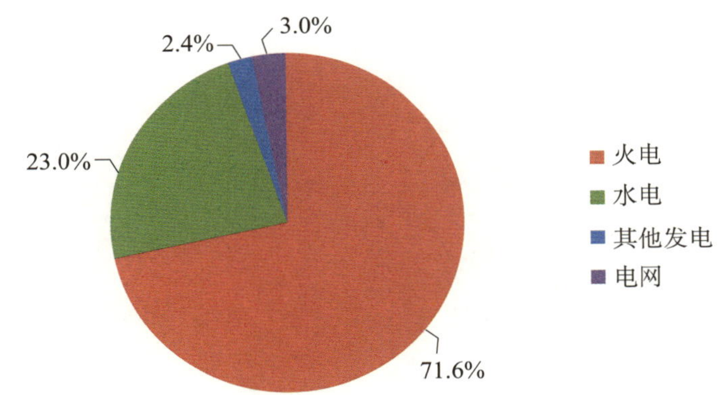


图10－2　2014年不同类型电力上市企业总市值占电力板块总市值的比重情况

## （二）走势回顾

受投资者情绪变化、市场无风险利率下降和经济结构转型的影响，2014年前六个月我国证券市场总体小幅震荡，2014年后六个月证券市场整体呈大幅上升走势，反映沪、深两市综合走势的沪深300指数全年涨幅为51.7%；电力行业指数全年涨幅为87.6%，走势强于大盘。

[1]　上市公司一节各图、表的资料来源为Wind资讯、中信证券研究部。

2014 年电力板块及大盘走势比较见图 10－3。

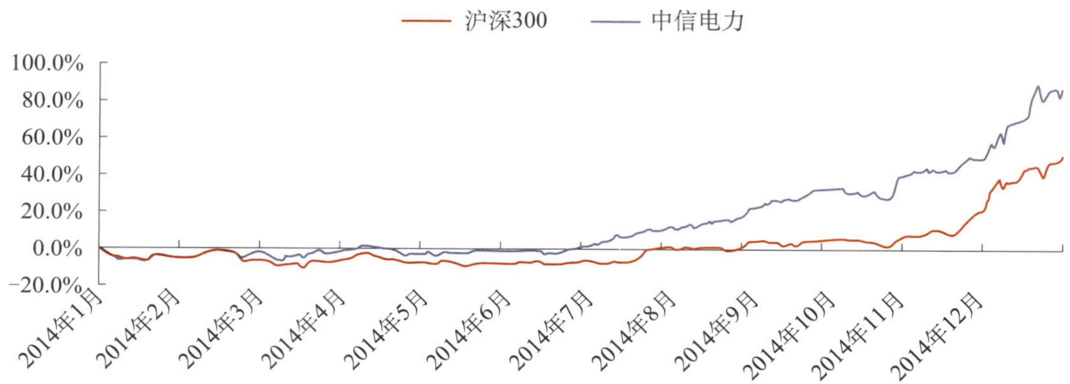


**图 10－3　2014 年电力板块及大盘走势比较**

在电力板块中，火电板块全年涨幅为 99. 1%；水电全年涨幅为 70. 1%；电网全年涨幅为 39. 8%。

2014 年电力各子板块走势比较见图 10－4。

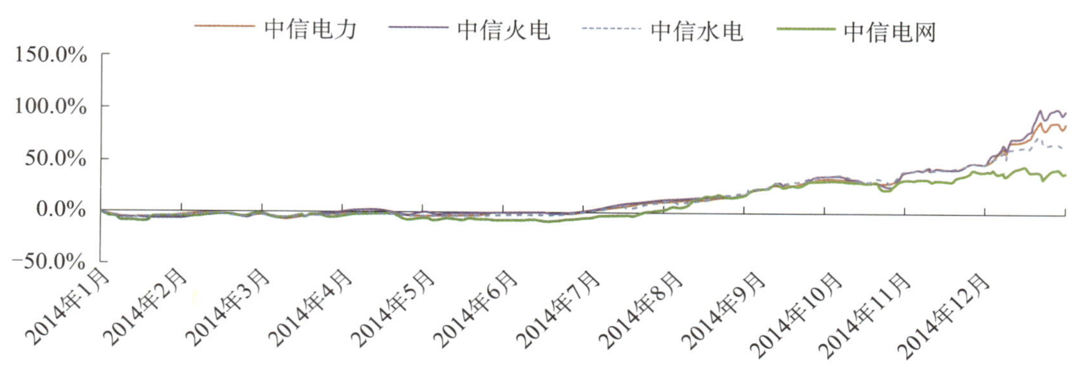


**图 10－4　2014 年电力各子板块走势比较**

## （三）估值情况

2014 年，电力板块的动态市盈率（P/E）从年初的 9. 9 倍（同期全市场为 12. 4 倍）上升至年底的 16. 4 倍（同期全市场为 17. 4 倍）。

2014 年电力板块及大盘动态市盈率（P/E）比较见图 10－5。

2014 年，电力板块的市净率（P/B）从年初的 1. 36 倍（同期全市场为 1. 60 倍）上升至年底的 2. 17 倍（同期全市场为 2. 17 倍）。

2014 年电力板块及大盘市净率（P/B）比较见图 10－6。

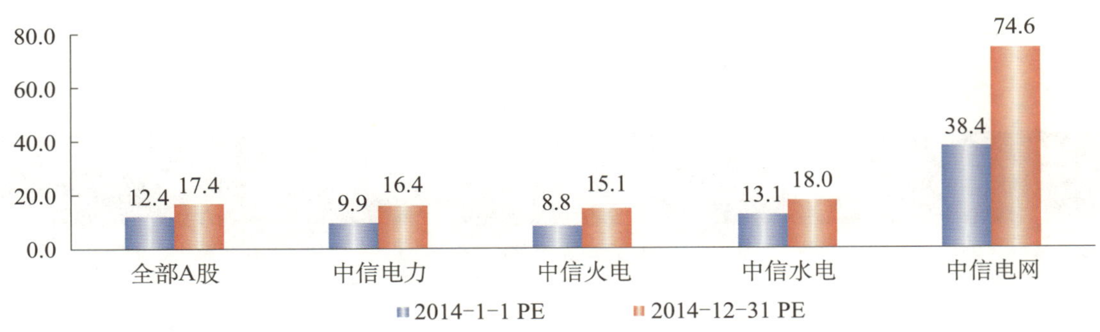


图 10－5 2014 年电力板块及大盘动态市盈率（P/E）比较

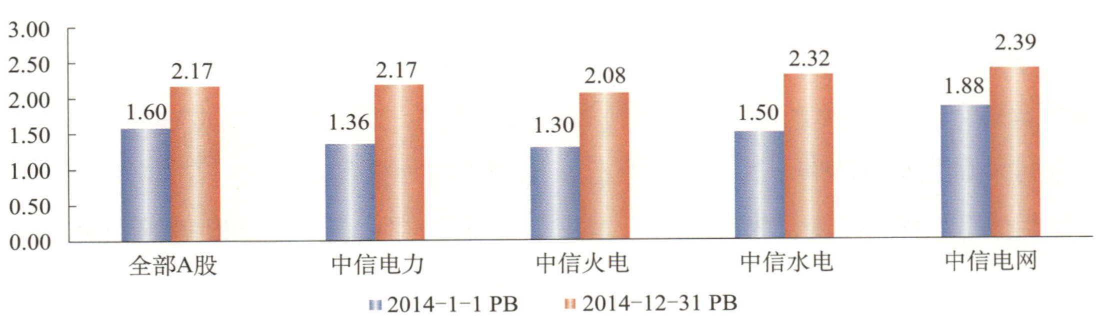


图 10－6 2014 年电力板块及大盘市净率（P/B）比较

## （四）业绩情况

2014 年电力行业上市公司主营业务收入合计 7 056. 3 亿元，比上年减少 0. 6%；受煤价下跌影响，行业总体毛利率较上年上升了 2. 9 个百分点，为 27. 9%；同时，电力板块投资收益比上年提高了 29. 4%，为 239. 9 亿元。

2014 年电力板块主营收入、毛利率及投资收益情况见表 10－4。

表 10－4 2014 年电力板块主营收入、毛利率及投资收益情况

| | | 2014 年主营收入（亿元） | 2014 年主营收入增长率（%） | 2014 年毛利率（%） | 2013 年毛利率（%） | 2014 年投资收益（亿元） | 2014 年投资收益增长率（%） |
|---|---|---|---|---|---|---|---|
| 电力合计 | | 7 056. 3 | －0. 6 | 27. 9 | 25. 0 | 239. 9 | 29. 4 |
| 其中 | 火电 | 6 445. 8 | －1. 7 | 26. 2 | 23. 7 | 176. 7 | 16. 0 |
| | 水电 | 429. 2 | 16. 6 | 54. 7 | 49. 6 | 47. 1 | 54. 3 |
| | 电网 | 140. 9 | 3. 4 | 22. 2 | 21. 5 | 16. 2 | 661. 3 |

2014 年，电力板块营业费用率为 0. 2%，与上年持平；管理费用率 3. 3%，比上年上升了 0. 2 个百分点；财务费用率则比上年上升了 0. 7 个百分点，为 8. 5%。

2013—2014 年电力板块三项费用率情况见表 10－5。

表 10－5　2013—2014 年电力板块三项费用率情况

| | | 营业费用率（%） | | 管理费用率（%） | | 财务费用率（%） | |
|---|---|---|---|---|---|---|---|
| | | 2014 年 | 2013 年 | 2014 年 | 2013 年 | 2014 年 | 2013 年 |
| 电力合计 | | 0.2 | 0.2 | 3.3 | 3.1 | 8.5 | 7.8 |
| 其中 | 火电 | 0.2 | 0.2 | 3.2 | 2.9 | 8.1 | 7.3 |
| | 水电 | 0.3 | 0.3 | 3.2 | 4.0 | 14.4 | 17.3 |
| | 电网 | 1.9 | 1.7 | 8.7 | 8.7 | 5.8 | 5.4 |

2014 年，电力板块盈利 763.4 亿元，比上年上升 15.5%。其中火电盈利上升 10.0%，达 596.0 亿元，为电力板块利润的主要来源；水电板块受 2014 年水情偏丰影响，盈利大幅上升 47.9%，为 168.8 亿元；电网公司亏损 5.3 亿元。总体净资产收益率与上年相比基本保持不变，为 13.7%，其中水电提升，而火电、电网则有所回落。

2014 年电力板块净利润及净资产收益率情况见表 10－6。

表 10－6　2013～2014 年电力板块净利润及净资产收益率情况[1]

| | | 2014 年净利润（亿元） | 2014 年净利润增长率（%） | 2014 年净资产收益率（%） | 2013 年净资产收益率（%） |
|---|---|---|---|---|---|
| 电力合计 | | 763.4 | 15.5 | 13.7 | 13.7 |
| 其中 | 火电 | 596.0 | 10.0 | 14.1 | 15.0 |
| | 水电 | 168.8 | 47.9 | 14.7 | 10.9 |
| | 电网 | −5.3 | −308.4 | −4.0 | 2.2 |

## （五）新能源上市公司情况[1]

主业为新能源的上市公司包括龙源电力、大唐新能源、中国电力新能源、华能新能源、京能清洁能源、新天绿色能源及华电福新，均为港交所上市公司。以 2014 年 12 月 31 日收盘价计算，新能源上市公司市值合计为 1 624.8 亿元，其中，龙源电力市值为 648.5 亿元，大唐新能源市值为 74.9 亿元，中电新能源市值为 58.5 亿元，华能新能源市值为 244.2 亿元，京能清洁能源市值为 231.5 亿元，新天绿色能源市值为 60.2 亿元，华电福新市值为 306.9 亿元。

2014 年反映港股综合走势的恒生指数全年涨幅为 1.3%；龙源电力、大唐新能源、中电新能源、华能新能源、京能清洁能源、新天绿色能源及华电福新全年变动

[1]　港交所上市公司货币单位为港元。

幅度分别为 –18.7%、–36.8%、–5.8%、–31.8%、–16.0%、–43.0%及20.5%。

2014年新能源类上市公司及大盘走势比较见图10–7，2014年新能源类上市公司市盈率（P/E）比较见图10–8，2014年新能源上市公司市净率（P/B）比较见图10–9。

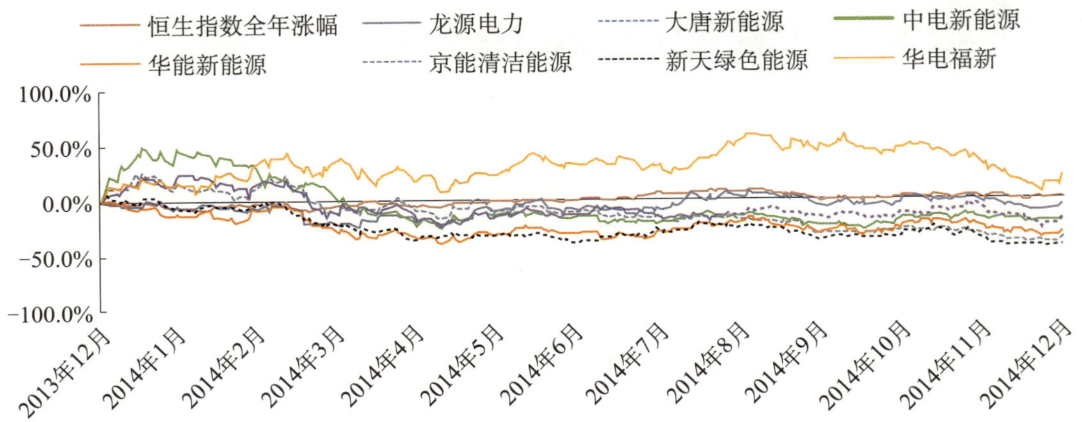


图10–7　2014年新能源类上市公司及大盘走势比较

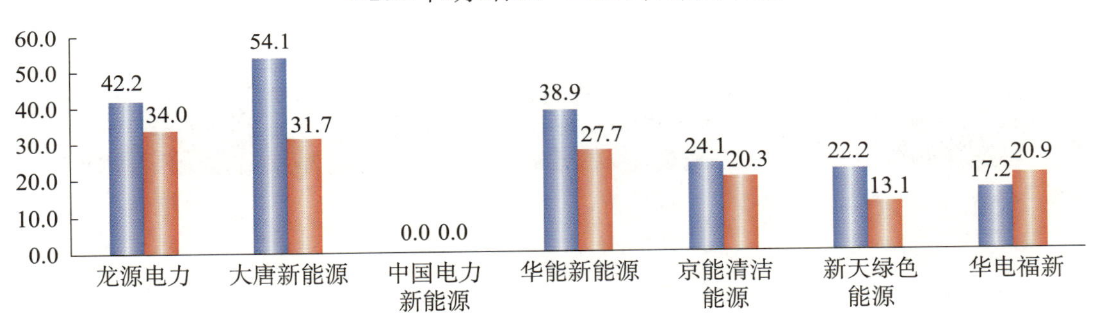


图10–8　2014年新能源类上市公司市盈率（P/E）比较

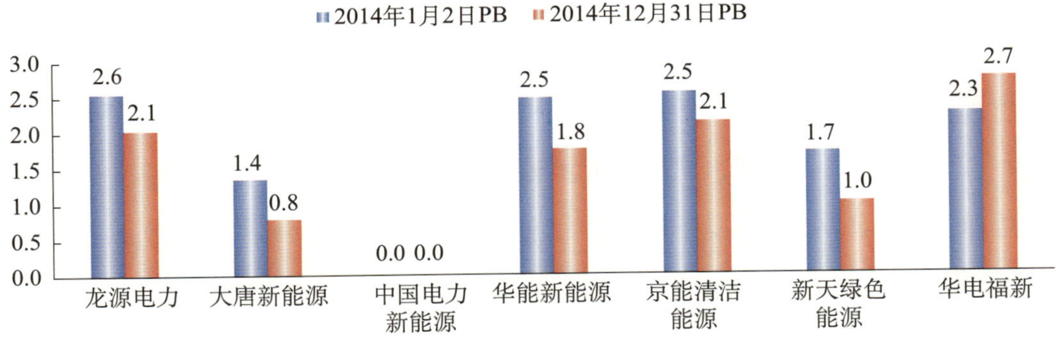


图10–9　2014年新能源上市公司市净率（P/B）比较

2014 年，新能源类上市公司主营业务收入合计581.0 亿元，较上年增长7.2%；总体毛利率较上年下降1.3 个百分点，为36.0%。

2014 年新能源类上市公司主营收入、毛利率及投资收益情况见表10－7。

**表10－7　2014 年新能源类上市公司主营收入、毛利率及投资收益情况**

| | 2014 年主营收入（亿元） | 2014 年主营收入增长率（%） | 2014 年毛利率（%） | 2013 年毛利率（%） | 2014 年投资收益（亿元） | 2014 年投资收益增长率（%） |
|---|---|---|---|---|---|---|
| 龙源电力 | 182.0 | -2.4 | 36.0 | 35.5 | 5.5 | 146.0 |
| 大唐新能源 | 51.8 | -4.9 | 45.6 | 51.1 | 0.5 | 238.3 |
| 中国电力新能源 | — | — | — | — | — | — |
| 华能新能源 | 62.1 | 6.6 | 57.0 | 54.9 | 0.1 | -96.2 |
| 京能清洁能源 | 90.1 | 42.2 | 16.4 | 14.1 | 2.8 | -24.5 |
| 新天绿色能源 | 51.7 | 10.4 | 25.5 | 31.6 | 0.8 | 51.6 |
| 华电福新 | 143.3 | 8.2 | 39.6 | 39.5 | 1.9 | 12.1 |
| 总　体 | 581.0 | 7.2 | 36.0 | 37.3 | 11.6 | 17.1 |

2014 年，新能源类上市公司其他营业费用合计费用率为3.09%，较上年下降1.67 个百分点。2013—2014 年新能源类上市公司费用率情况见表10—8。

**表10－8　2013—2014 年新能源类上市公司费用率情况**

| | 2014 年其他营业费用合计费用率（%） | 2013 年其他营业费用合计费用率（%） |
|---|---|---|
| 龙源电力 | 2.60 | 5.13 |
| 大唐新能源 | — | - |
| 中电新能源 | 10.96 | 11.53 |
| 华能新能源 | 2.21 | 7.24 |
| 京能清洁能源 | 5.60 | 6.84 |
| 新天绿色能源 | 0.07 | 0.74 |
| 华电福新 | 2.46 | 2.56 |
| 总　体 | 3.09 | 4.76 |

2014 年，新能源类上市公司净利润较上年增长了9.9%，全年盈利67.0 亿元（2013 年盈利60.9 亿元）。2014 年新能源类上市公司净利润及净资产收益率情况见表10－9。

表 10－9　2014 年新能源类上市公司净利润及净资产收益率情况

| | 2014 年净利润（亿元） | 2014 年净利润增长率（%） | 2014 年净资产收益率（%） | 2013 年净资产收益率（%） |
|---|---|---|---|---|
| 龙源电力 | 24.0 | 25.8 | 7.2 | 6.1 |
| 大唐新能源 | -1.5 | -163.5 | -1.4 | 2.5 |
| 中国电力新能源 | — | — | — | — |
| 华能新能源 | 10.7 | 21.1 | 6.7 | 6.4 |
| 京能清洁能源 | 11.8 | 3.4 | 9.4 | 10.6 |
| 新天绿色能源 | 3.4 | -27.1 | 4.6 | 7.7 |
| 华电福新 | 18.7 | 27.2 | 12.4 | 13.1 |
| 总　体 | 67.0 | 9.9 | 7.0 | 7.4 |

# 第十一章 电力国际合作

## 一、电力对外投资

2014 年，电力企业对外投资出现显著变化：一是投资规模和投资项目数量大幅增加；二是投资模式发生变化，股权并购项目数量占比明显增多；三是投资领域向清洁能源项目倾斜，核电投资成为新兴领域。

2014 年，12 家主要电力企业实际完成投资总额 117. 3 亿美元，同比增长约 7. 4 倍。电力企业对外投资区域广泛，涉及亚洲的柬埔寨、印尼、老挝和韩国，美洲的巴西和加拿大，欧洲的西班牙、意大利和俄罗斯，大洋洲的澳大利亚以及非洲的纳米比亚等国家。投资模式较 2013 年变化较大，股权投资成为主要投资类型。投资领域包括风电、水电、火电、核电和输变电等，核电投资为首次出现。2014 年重大电力对外投资项目（投资超过 3 000 万美元以上项目）共有 24 项，较 2013 年增加 15 项。

2014 年，我国电力企业积极实施“走出去”战略，充分抓住投资机遇，重点收购发达国家和地区的优质电力资产或股权。如：国家电网公司分别收购新加坡能源国际澳洲资产公司 60% 股权、新加坡能源澳网公司 19. 9% 股权、香港电灯有限公司 20% 股权和意大利存贷款能源网公司 35% 股权；南方电网国际（香港）有限公司联合中华电力有限公司成功收购香港青山发电有限公司 100% 股权；华电集团收购西班牙巴辛风电项目 100% 股权，等等。

截至 2014 年年底电力企业境外累计实际投资总额情况见图 11 – 1，2014 年电力企业实际完成投资额情况见图 11 – 2，2014 年电力企业重大对外投资项目情况见附件 53。

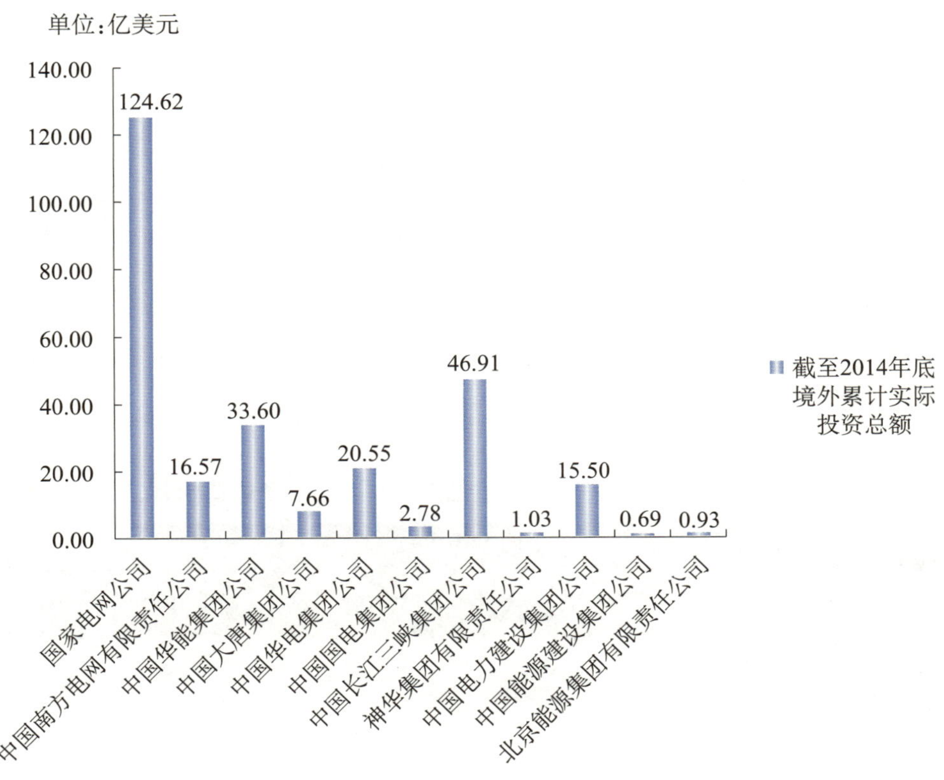


图 11－1　截至 2014 年年底中国电力企业境外累计实际投资总额情况

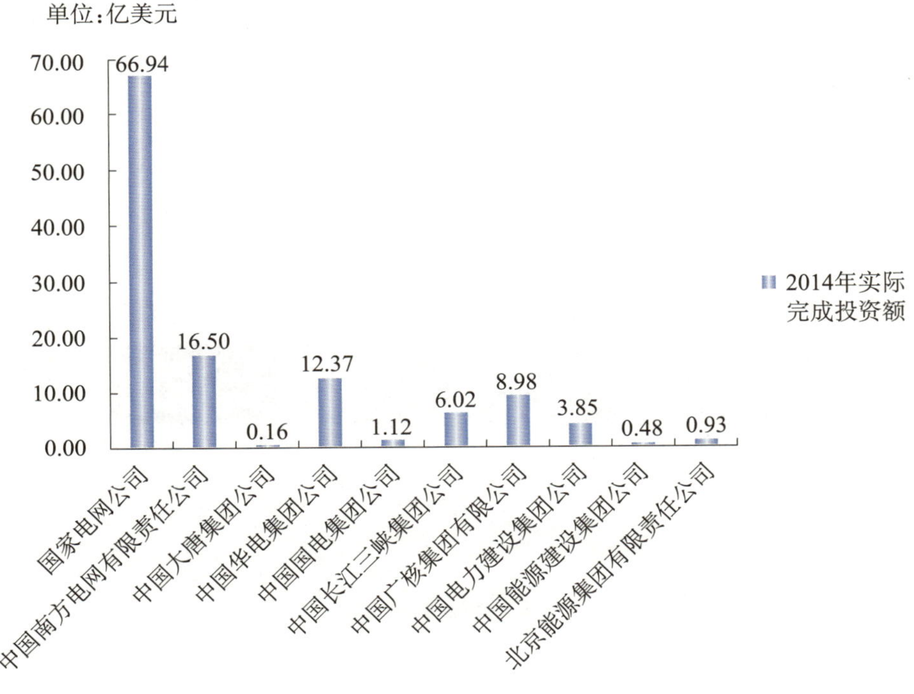


图 11－2　2014 年中国电力企业实际完成投资额情况

# 二、电力对外承包工程

2014 年，我国电力企业积极加大对外承包项目的开拓力度，行业整体效益取得较大增长。截至 2014 年年底，主要电力企业在建项目数量 2 038 项，同比增加 101 项；在建项目合同额累计 1 279. 37 亿美元，同比增长约 20%，新签合同额合计 430. 64 亿美元，同比增长约 16%。2014 年电力企业对外承包工程总体情况见表 11 – 1，2014 年电力企业重大对外承包工程项目情况见附件 54。

**表 11 – 1　2014 年电力企业对外承包工程总体情况**

| 企业名称 | 2014 年年底在建项目数量（项） | 2014 年年底在建项目合同额累计（万美元） | 新签合同额合计（万美元） | 对外承包项目年度营业额（万美元） |
|---|---|---|---|---|
| 国家电网公司 | 82 | 380 465. 00 | 306 879. 00 | 110 393. 00 |
| 中国南方电网有限责任公司 | 1 | 30 213. 89 |  | 6 485. 00 |
| 中国大唐集团公司 | 3 | 20 348. 00 | 10 000. 00 | 5 329. 00 |
| 中国华电集团公司 | 2 | 56 077. 20 | 7 777. 20 | 24 014. 50 |
| 中国长江三峡集团公司 | 84 | 109 248. 00 | 204 150. 00 | 8 167. 04 |
| 中国电力建设集团公司 | 1 220 | 9 690 000. 00 | 2 200 000. 00 | 1 027 000. 00 |
| 中国能源建设集团公司 | 645 | 2 506 387. 00 | 1 577 581. 00 | 387 097. 00 |
| 浙江省能源集团公司 | 1 | 918. 00 |  | 181. 00 |

2014 年，在美国工程新闻记录（ENR）公布的 2014 年全球最大 250 家国际承包商榜单中，中国电力企业有 6 家入围，其中，天津电力建设公司首次入围。2014 年入选国际承包商 250 强的中国电力企业见表 11 – 2。

**表 11 – 2　2014 年入选国际承包商 250 强的中国电力企业**

| 序号 | 公司名称 | 2013 年度排名 | 2014 年度排名 | 2013 在上榜中国企业中排名 | 2014 在上榜中国企业中排名 |
|---|---|---|---|---|---|
| 1 | 中国水利水电建设股份有限公司 | 20 | 23 | 2 | 3 |
| 2 | 中国葛洲坝集团公司 | 56 | 51 | 10 | 8 |
| 3 | 山东电力建设第三工程公司 | 54 | 58 | 9 | 9 |
| 4 | 中国水利电力对外公司 | 86 | 84 | 17 | 17 |
| 5 | 山东电力基本建设总公司 | 61 | 102 | 11 | 22 |
| 6 | 天津电力建设公司 | 未入选 | 229 | 未入选 | 57 |

2014 年，在商务部发布的 2014 年我国对外承包工程业务新签合同额前 50 家企业排行榜上，电力企业有 8 家上榜。2014 年入选中国对外承包工程业务新签合同额

前50名的电力企业见表11－3。

表11－3　2014年入选中国对外承包工程业务新签合同额前50名的电力企业

| 序号 | 公司名称 | 2014新签合同额排名 |
| --- | --- | --- |
| 1 | 中国水电建设集团国际工程有限公司 | 2 |
| 2 | 中国葛洲坝集团公司 | 5 |
| 3 | 山东电力基本建设总公司 | 11 |
| 4 | 中国水利电力对外公司 | 18 |
| 5 | 中国能源建设集团广东省电力设计研究院有限公司 | 23 |
| 6 | 中国电力技术装备有限公司 | 26 |
| 7 | 中国电建集团成都勘测设计研究院有限公司 | 43 |
| 8 | 上海电力建设有限公司 | 46 |

## 三、电力设备和技术出口

2014年，电力设备和技术出口仍以境外工程带动为主。其中，2014年境外工程带动出口设备总额是2013年的2倍，境外工程带动出口技术服务费是2013年的1.6倍。电力设备出口、技术服务及咨询业务主要集中在电力核心技术领域，遍布在亚洲、非洲、欧洲、美洲各国。2014年，国家电网公司新签约境外工程、装备出口、技术咨询服务项目435个，合同金额达到35.94亿美元，其中控制保护设备、调度自动化系统、高端电力电子设备等输出到菲律宾、巴西、德国、韩国等70多个国家，出口额年均增长超过100%；中国电力建设集团、中国能源建设集团、中国华电集团及中国长江三峡集团等公司积极通过国际承包业务带动国内电力设备的大幅出口，取得了较好收益。

2014年电力企业设备出口情况见表11－4，技术出口情况见表11－5。

表11－4　2014年电力企业设备出口情况

单位：万美元

| 企业名称 | 直接出口设备总额 | 境外工程带动出口设备总额 |
| --- | --- | --- |
| 国家电网公司 | 44 239.00 | 2 850.00 |
| 中国南方电网有限责任公司 | | 203.29 |
| 中国大唐集团公司 | | 7.86 |
| 中国华电集团公司 | 735.22 | 24 434.01 |
| 中国国电集团公司 | 2 996.00 | |
| 中国长江三峡集团公司 | 297.00 | 15 738.67 |
| 中国电力建设集团公司 | | 262 196.00 |
| 中国能源建设集团公司 | 3 204.50 | 61 875.40 |

表 11－5　2014 年电力企业技术出口情况

单位：万美元

| 企业名称 | 直接出口技术服务费 | 境外工程带动出口技术服务费 |
|---|---|---|
| 国家电网公司 | 4 624.00 | 783.00 |
| 中国南方电网有限责任公司 | | 898.00 |
| 中国大唐集团公司 | 1 324.00 | |
| 中国华电集团公司 | 42.90 | 3.10 |
| 中国电力建设集团公司 | | 41 707.00 |
| 中国能源建设集团公司 | 39 917.50 | 30 656.50 |

# 四、电力国际交流

2014 年，我国电力企业通过高层互访、参加国际组织活动、参与大型国际会议展览、培训国外电力同行等方式，加强与国际能源电力同行的交流及项目合作，进一步提升我国在国际能源事务中的话语权和影响力，加快了我国电力企业“走出去”步伐。

## （一）加入国际组织及参加活动

2014 年，国家电网公司、中国国电集团公司、中国长江三峡集团公司及中国核能电力股份有限公司分别加入了金砖国家工商理事会、世界能源理事会、国际水利与环境工程学会及世界核营运者协会等国际能源电力组织，并积极参与国际组织开展的有关会议及活动。

## （二）国际会议和展览

2014 年，电力行业全年参加境内外重要国际会议 119 个，参加境内外重要国际展览 22 个。我国电力企业参加的境外主要会议有国家电网公司参加联合国气候峰会、南方电网公司参加首届周边国家电力企业高峰会等，此外，中电联还组织中国电力企业代表参加了第 20 届亚太电协大会暨展览；参加的境外展览主要有第 11 届中国—东盟博览会、世界核工展、土耳其国际能源展等。

## （三）对外签署的重要交流与合作协议、备忘录

2014 年，电力行业对外签署的重要协议及备忘录共 38 项，内容涵盖了战略合

作、信息交流、科技合作、项目开发等，涉及电网、火电、水电、核电、环境保护、工程建设等领域，如在习近平主席和巴西总统罗塞夫共同见证下，国家电网公司与巴西国家电力公司签署的《巴西美丽山特高压输电项目合作协议》；在习近平主席与德国总理默克尔见证下华能国际电力股份有限公司、上海电气集团股份有限公司与西门子股份公司签署的三方战略合作备忘录；在李克强总理和意大利总理马泰奥·伦齐总理见证下，中国华能集团公司与意大利国家电力公司签署了合作框架协议等。

### （四）国外同行来华培训项目

2014 年，电力企业对国外同行的来华培训项目有 8 批次，共计 65 人次，外方参加培训单位有泰国国家发电局、苏丹麦洛维大坝电力公司、美国密歇根大学、菲律宾南吕宋热能集团、巴基斯坦原子能与能源委员会等，培训内容主要集中在高压直流输电技术，水电站机械专业检修技术，核电站的常规岛总体布置、工艺系统、电气系统和土建设计，及其他管理类岗位培训等。

## 五、电力海外分支机构或办事处

2014 年，电力企业在亚洲、欧洲、北美洲、拉丁美洲、非洲和大洋洲的多个国家和地区新设立了 440 家主要驻外机构或办事处。其中，亚洲国家和香港地区有 212 家，欧洲国家有 24 家，北美洲国家有 7 家，拉丁美洲国家有 47 家，非洲国家有 145 家，大洋洲国家有 5 家。

# 附 件

## 附件 1

### 2014 年电力行业大事记

1 月 8 日，环境保护部与全国 31 个省（自治区、直辖市）签署了《大气污染防治目标责任书》，明确各地空气质量改善目标和重点工作任务，进一步落实地方政府环境保护责任。

1 月 9 日，国家科技重大专项 CAP1400 初步设计通过国家能源局审查，这标志着 CAP1400 的总体技术方案、技术指标和主要参数固化，我国三代核电自主化工作取得重大进展。

1 月 15 日，由中国核工业集团公司、国家核电技术有限公司及中国广核集团有限公司等三家核电企业联合发起，核电技术开发、工程建设、运营管理、装备制造、工程咨询以及相关金融机构等 14 家单位参加，成立了中国核电技术装备“走出去”产业联盟。

1 月 16 日，全国单机容量最大机组——新疆农六师煤电有限公司二期 1 100MW 工程五号机组完成 168 小时试运行正式投产。

1 月 23 日，我国单产能力最大煤制氢装置在广东茂名投用，装置设备材料国产化率达到 99%，高 98 米的吸收塔是目前全国同类装置最大的设备，低温甲醇洗吸收塔塔体材料首次实现国产化。

1 月 27 日，世界输送容量最大、输电距离最远的直流工程——哈密南—郑州 ±800 千伏特高压直流输电工程正式投入运行，该线路全长约 2 191 千米，是由我国自主设计、制造和建设的“±800 千伏/800 万千瓦”直流输电的标准化示范工程，代表着世界直流输电技术的最高应用水平。

2 月 12 日，我国重大基础研究计划项目——南海天然气水合物富集规律与开采基础研究通过验收。

3 月 26 日，我国首个重大工程标准化示范项目——1 000kV 晋东南至荆门特高压交流输变电工程，在河南省南阳市通过国家标准化管理委员现场验收。

3 月 28 日，在国家主席习近平和德国总理默克尔的共同见证下，西门子股份公司与华能国际电力股份有限公司、上海电气集团股份有限公司在德国柏林签署了战略合作备忘录。

4月9日，在国务院总理李克强和纳米比亚总理根哥布的共同见证下，中国广核集团有限公司与纳米比亚国家水务公司、纳米比亚金属业工人工会在海南省三亚市签署了湖山铀矿项目供水供电协议和劳工协议。

4月23日，国务院办公厅转发国家发展改革委《关于建立保障天然气稳定供应长效机制若干意见的通知》，通知明确了总体要求、主要任务、保障措施及组织领导。

4月24日，《环境保护法》由第十二届全国人民代表大会常务委员会第八次会议修订通过，将于2015年1月1日开始实施。

4月25日，亚洲最大的单个厂区光伏电站项目——广东美的制冷顺德工厂分布式光伏电站正式投运。

5月10日，我国首个20千伏乡镇峡谷孤网在云南独龙江投运。

5月12日，国家能源局印发《能源监管行动计划（2014—2018年）》，明确了未来五年能源监管的目标、重点任务和相关措施。

5月16日，国家发展改革委、国家能源局和环境保护部三部委联合发布《能源行业加强大气污染防治工作方案》，提出加快治理重点污染源、保障清洁能源供应、加强能源消费总量控制、保障清洁能源供应等方面工作重点，对能源领域大气污染防治工作进行全面部署。

5月16日，国家能源局印发《关于加快推进大气污染防治行动计划12条重点输电通道建设的通知》，其中包括5条特高压直流工程和4条特高压交流工程，除实现“西电东送”外，12条输电通道的建设还将对解决西部新能源外送和东北地区电力富裕的问题起到积极作用，这意味着特高压电网进入大规模建设和加快发展的新阶段。

5月20日，在习近平主席和俄罗斯总统普京的共同见证下，中国华能集团公司与俄罗斯统一电力系统国际股份公司在上海签署战略合作意向书，双方将积极探索在中、俄及其地区合作开发电力项目的机会。

5月21日，中国与俄罗斯签署《中俄东线管道供气购销合同》；11月9日，中俄再签《关于沿西线管道从俄罗斯向中国供应天然气的框架协议》，未来东西两线合计每年680亿立方米的输气量，将使中国超过德国成为俄罗斯最大的天然气用户。

5月26日，国务院办公厅《关于印发2014—2015年节能减排低碳发展行动方案的通知》，明确了工作目标：2014—2015年，单位GDP能耗、化学需氧量、二氧化硫、氨氮、氮氧化物排放量分别逐年下降3.9%、2%、2%、2%、5%以上，单位GDP二氧化

碳排放量两年分别下降4%、3.5%以上。

6月5日，国家发展改革委制定《关于海上风电上网电价政策的通知》，确定2017年以前（不含2017年）投运的近海风电项目上网电价为每千瓦时0.85元（含税，下同），潮间带风电项目上网电价为每千瓦时0.75元。同时鼓励通过特许权招标等市场竞争方式确定海上风电项目开发业主和上网电价。

6月11日，在国务院总理李克强和意大利总理马泰奥·伦齐的共同见证下，中国华能集团公司与意大利国家电力公司在北京签署了《中国华能集团公司与意大利国家电力公司合作框架协议》，中国广核集团有限公司与意大利国有核电管理公司（SOGIN）也签署了合作备忘录。

6月13日，中共中央总书记、国家主席、中央军委主席、中央财经领导小组组长习近平主持召开中央财经领导小组第六次会议，研究我国能源安全战略，就推进能源生产和消费革命提出总体要求。

6月25日，世界最大容量、输电距离最长的±500千伏同塔双回直流输电工程——溪洛渡右岸电站送电广东±500千伏同塔双回直流输电工程双回四极全面建成并投入运行。

6月25日，全国首台“近零排放”煤电机组——神华集团国华舟山发电公司4号35万千瓦国产超临界机组完成168小时试运行正式投产。

7月3日，溪洛渡左岸—浙江金华特高压直流工程正式投运。溪浙工程在世界上首次实现单回路800万千瓦满负荷、840万千瓦过负荷试运行，创造了超大容量直流输电的新纪录。

7月4日，世界首个五端柔性直流输电工程、国家电网公司重大科技示范项目——浙江舟山多端柔性直流输电工程在圆满完成168小时试运行后，正式投入运行。

7月17日，在国家主席习近平和巴西总统罗塞夫·迪尔玛的共同见证下，国家电网公司与巴西国家电力公司在巴西签署了巴西美丽山特高压输电项目合作协议，我国特高压技术首次走出国门；三峡集团与巴西国电集团、巴西国电Furnas公司签署了《中国三峡集团/中水电国际巴西公司与巴西国电集团/巴西国电Furnas公司战略合作协议》。

7月18日，在国家主席习近平和阿根廷总统克里斯蒂娜·费尔南德斯的共同见证下，阿根廷经济部与中方银团在总统府正式签署圣克鲁斯河奈斯托尔·基什内尔总统水电站和豪尔赫·赛佩尼克省长水电站融资协议，这标志着阿根廷历史上最大工程项目正式进入实施阶段。

8 月 25 日，国务院办公厅《关于进一步推进排污权有偿使用和交易试点工作的指导意见》，提出总体要求、建立排污权有偿使用制度、加快推进排污权交易及强化试点组织领导和服务保障等，为全面推行排污权有偿使用和交易制度奠定基础。

8 月 25 至 27 日，国家科技重大专项 CAP1400 核电示范工程两台机组的最大口径爆破阀工程样机先后成功通过首次功能性开阀试验，标志着 CAP1400 核电站非能动安全系统这一关键设备自主化研制取得重大进展。

9 月 2 日，2014 年亚太经合组织（APEC）第 11 届能源部长会议在北京闭幕，会议达成一系列重要共识，并发表《北京宣言》。

9 月 12 日，国家发展改革委、环境保护部、国家能源局联合印发《煤电节能减排升级与改造行动计划》，对煤电行业全面落实“节约、清洁、安全”的能源战略方针、加快升级与改造、提升高效清洁发展水平等工作做出具体部署。

9 月 19 日，国家发展改革委印发《国家应对气候变化规划（2014—2020 年）》，提出了我国应对气候变化工作的指导思想、目标要求、政策导向、重点任务及保障措施，将减缓和适应气候变化要求融入经济社会发展各方面和全过程，加快构建中国特色的绿色低碳发展模式。

9 月 25 日，在国务院总理李克强和西班牙首相马里亚诺·拉霍伊的共同见证下，中国广核集团与西班牙 ENUSA 公司在北京签署了核电站燃料组件破损燃料棒超声波检验系统设备采购合同，开启双方在核电厂燃料组件的在役测试、修复及完整性评估等领域的全面技术合作。

10 月 13 日，在国务院总理李克强与俄罗斯总理梅德韦杰夫的共同见证下，国家电网公司与俄罗斯电网公司签署了《关于开展电网设施改造和新建项目的合作协议》。

10 月 20 日，国家能源局副局长刘琦在哥本哈根召开的 2014 年全球绿色增长论坛上宣布，截至 2014 年上半年，中国水电装机容量 2.9 亿千瓦，风电装机容量 8 300 万千瓦，太阳能发电装机容量 2 200 万千瓦，全部可再生能源发电装机在发电总装机占比超过 30%，可再生能源发电量超过 20%。中国成为全球可再生能源利用规模最大的国家。

10 月 23 日，国家发展改革委决定在深圳市开展新一轮输配电价改革试点，探索建立独立输配电价体系，促进电力市场化改革。

11 月 8 日，在国务院总理李克强与巴基斯坦总理谢里夫的共同见证下，葛洲坝集团股份有限公司与巴基斯坦风力发电有限公司在北京正式签署巴基斯坦联合能源吉姆普尔风电场一期项目 EPC 合同。

11 月 12 日，《中美气候变化联合声明》在北京发布，两国宣布了各自 2020 年后应对气候变化行动，中国计划 2030 年左右二氧化碳排放达到峰值且将努力早日达峰，并计划到 2030 年非化石能源占一次能源消费比重提高到 20% 左右。

11 月 17 日，中国国电集团公司在加拿大安大略省投资的德芙琳风电项目并网发电，这是中国发电企业在海外投资的第一个风电项目，并首次实现了自主开发、自主建设、自主运营。

11 月 19 日，国务院办公厅印发《能源发展战略行动计划（2014—2020 年）》，明确了 2020 年我国能源发展的总体目标、战略方针和重点任务，部署推动能源创新发展、安全发展、科学发展。

12 月 9 日，在国家电网公司特高压交流试验基地内，世界首次特高压线路直升机带电检修作业试验取得圆满成功，这是世界上首次成功实施的特高压线路直升机带电检修作业，标志着我国带电检修技术再上一个新台阶。

12 月 12 日，国家能源局发布《全国海上风电开发建设方案（2014—2016）》，44 个海上风电项目列入开发建设方案，总容量达 1 053 万千瓦。

12 月 14 日，在国务院总理李克强和哈萨克斯坦总理马西莫夫的共同见证下，中国广东核电集团有限公司与哈萨克斯坦国家原子能工业公司签署了《关于扩大和深化核能领域互利合作的协议》。

12 月 20 日，VVER-1000 型核电机组首次实施穹顶整体吊装，这是我国首次整体吊装世界最重的核电站薄壳穹顶。

# 附件 2

## 2014 年国务院发布的涉及电力及其相关领域的文件

| 序号 | 发布单位 | 文件名称 | 文　号 |
|---|---|---|---|
| 1 | 国务院 | 关于印发社会信用体系建设规划纲要（2014—2020 年）的通知 | 国发〔2014〕21 号 |
| 2 | 国务院 | 关于近期支持东北振兴若干重大政策举措的意见 | 国发〔2014〕28 号 |
| 3 | 国务院 | 关于取消和调整一批行政审批项目等事项的决定 | 国发〔2014〕50 号 |
| 4 | 国务院 | 关于发布政府核准的投资项目目录（2014 年本）的通知 | 国发〔2014〕53 号 |
| 5 | 国务院 | 关于印发鲁甸地震灾后恢复重建总体规划的通知 | 国发〔2014〕56 号 |
| 6 | 国务院 | 关于创新重点领域投融资机制鼓励社会投资的指导意见 | 国发〔2014〕60 号 |
| 7 | 国务院办公厅 | 关于印发贯彻实施质量发展纲要 2014 年行动计划的通知 | 国办发〔2014〕18 号 |
| 8 | 国务院办公厅 | 转发发展改革委关于建立保障天然气稳定供应长效机制若干意见的通知 | 国办发〔2014〕16 号 |
| 9 | 国务院办公厅 | 关于印发大气污染防治行动计划实施情况考核办法（试行）的通知 | 国办发〔2014〕21 号 |
| 10 | 国务院办公厅 | 关于印发 2014—2015 年节能减排低碳发展行动方案的通知 | 国办发〔2014〕23 号 |
| 11 | 国务院办公厅 | 关于改善农村人居环境的指导意见 | 国办发〔2014〕25 号 |
| 12 | 国务院办公厅 | 关于印发能源发展战略行动计划（2014—2020 年）的通知 | 国办发〔2014〕31 号 |
| 13 | 国务院办公厅 | 关于加快新能源汽车推广应用的指导意见 | 国办发〔2014〕35 号 |
| 14 | 国务院办公厅 | 关于进一步推进排污权有偿使用和交易试点工作的指导意见 | 国办发〔2014〕38 号 |
| 15 | 国务院办公厅 | 关于加强环境监管执法的通知 | 国办发〔2014〕56 号 |
| 16 | 国务院办公厅 | 关于印发精简审批事项规范中介服务实行企业投资项目网上并联核准制度工作方案的通知 | 国办发〔2014〕59 号 |
| 17 | 国务院办公厅 | 关于推行环境污染第三方治理的意见 | 国办发〔2014〕69 号 |

# 附件 3

## 2014 年国家发展改革委和国家能源局发布的涉及电力及其相关领域的文件

| 序号 | 发布单位 | 文件名称 | 文　号 |
|---|---|---|---|
| 1 | 国家发展改革委 | 关于转变职能改进和加强煤炭生产运行管理工作的通知 | 发改运行〔2014〕36 号 |
| 2 | 国家发展改革委 | 关于印发《节能低碳技术推广管理暂行办法》的通知 | 发改环资〔2014〕19 号 |
| 3 | 国家发展改革委、工业和信息化部 | 关于电解铝企业用电实行阶梯电价政策的通知 | 发改价格〔2013〕2530 号 |
| 4 | 国家发展改革委 | 关于组织开展重点企（事）业单位温室气体排放报告工作的通知 | 发改气候〔2014〕63 号 |
| 5 | 国家发展改革委 | 关于做好 2013 年度电网企业实施电力需求侧管理目标责任考核工作的通知 | 发改办运行〔2014〕78 号 |
| 6 | 国家发展改革委 | 关于福建省与浙江省开展年度跨省送受电的复函 | 发改办运行〔2014〕414 号 |
| 7 | 国家发展改革委 | 关于做好国家电力需求侧管理平台建设和应用工作的通知 | 发改办运行〔2014〕734 号 |
| 8 | 国家发展改革委 | 关于 2014 年全国节能宣传周和全国低碳日活动安排的通知 | 发改环资〔2014〕926 号 |
| 9 | 国家发展改革委 | 关于实施《境外投资项目核准和备案管理办法》有关事项的通知 | 发改外资〔2014〕947 号 |
| 10 | 国家发展改革委 | 关于印发能源行业加强大气污染防治工作方案的通知 | 发改能源〔2014〕506 号 |
| 11 | 国家发展改革委 | 关于发布首批基础设施等领域鼓励社会投资项目的通知 | 发改基础〔2014〕981 号 |
| 12 | 国家发展改革委 | 关于加强和改进发电运行调节管理的指导意见 | 发改运行〔2014〕985 号 |
| 13 | 国家发展改革委 | 关于海上风电上网电价政策的通知 | 发改价格〔2014〕1216 号 |
| 14 | 国家发展改革委 | 关于做好 2014 年电力迎峰度夏工作意见的通知 | 发改运行〔2014〕1217 号 |
| 15 | 国家发展改革委 | 关于开展国家重点节能技术征集及前六批国家重点节能技术推广目录更新工作的通知 | 发改办环资〔2014〕1818 号 |
| 16 | 国家发展改革委 | 关于进一步疏导环保电价矛盾的通知 | 发改价格〔2014〕1908 号 |
| 17 | 国家发展改革委 | 关于调整中央直属和跨省水力发电用水水资源费征收标准的通知 | 发改价格〔2014〕1959 号 |

续表

| 序号 | 发布单位 | 文件名称 | 文　号 |
|---|---|---|---|
| 18 | 国家发展改革委 | 国家应对气候变化规划（2014—2020 年） | 发改气候〔2014〕2347 号 |
| 19 | 国家发展改革委 | 关于深圳市开展输配电价改革试点的通知 | 发改价格〔2014〕2379 号 |
| 20 | 国家发展改革委 | 关于调整排污费征收标准等有关问题的通知 | 发改价格〔2014〕2008 号 |
| 21 | 国家发发展改革委 | 关于印发《煤电节能减排升级与改造行动计划(2014—2020 年)》的通知 | 发改能源〔2014〕2093 号 |
| 22 | 国家发展改革委 | 国家发展改革委　国家能源局关于做好 2014 年天然气迎峰度冬工作的通知 | 发改运行〔2014〕2337 号 |
| 23 | 国家发展改革委 | 关于促进抽水蓄能电站健康有序发展有关问题的意见 | 发改能源〔2014〕2482 号 |
| 24 | 国家发展改革委 | 关于做好 2015 年电力供需平衡预测的通知 | 发改办运行〔2014〕2941 号 |
| 25 | 国家发展改革委 | 关于印发 2014 年资源综合利用发电机组认定名单的通知 | 发改办环资〔2014〕3097 号 |
| 26 | 国家发展改革委 | 关于规范天然气发电上网电价管理有关问题的通知 | 发改价格〔2014〕3009 号 |
| 27 | 国家能源局 | 关于下达 2013 年第二批能源领域行业标准制（修）订计划的通知 | 国能科技〔2013〕526 号 |
| 28 | 国家能源局 | 关于电网企业回购电源项目自建配套送出工程有关事项的通知 | 国能综监管〔2014〕84 号 |
| 29 | 国家能源局 | 关于公布创建新能源示范城市（产业园区）名单（第一批）的通知 | 国能新能〔2014〕14 号 |
| 30 | 国家能源局 | 关于下达 2014 年光伏发电年度新增建设规模的通知 | 国能新能〔2014〕33 号 |
| 31 | 国家能源局 | 关于印发火力发电、输变电工程质量监督检查大纲的通知 | 国能综安全［2014］45 号 |
| 32 | 国家能源局 | 关于印发《发电机组并网安全性评价管理办法》的通知 | 国能安全〔2014〕62 号 |
| 33 | 国家能源局 | 关于加强风电项目核准计划管理有关工作的通知 | 国能新能〔2014〕24 号 |
| 34 | 国家能源局 | 关于印发“十二五”第四批风电项目核准计划的通知 | 国能新能〔2014〕83 号 |
| 35 | 国家能源局 | 关于印发《小型发电企业安全生产标准化达标管理办法》的通知 | 国能安全〔2014〕103 号 |
| 36 | 国家能源局 | 关于印发《新建电源接入电网监管暂行办法》的通知 | 国能监管〔2014〕107 号 |
| 37 | 国家能源局 | 关于印发《电网安全风险管控办法（试行)》的通知 | 国能安全〔2014〕123 号 |
| 38 | 国家能源局 | 关于做好 2014 年风电并网消纳工作的通知 | 国能新能〔2014〕136 号 |
| 39 | 国家能源局 | 关于加强水电工程建设质量管理的通知 | 国能新能〔2014〕145 号 |
| 40 | 国家能源局、国家安全监管总局 | 关于印发《电力勘测设计企业、电力建设施工企业安全生产标准化规范及达标评级标准》的通知 | 国能安全〔2014〕148 号 |
| 41 | 国家能源局 | 关于印发《供电企业信息公开实施办法》的通知 | 国能监管〔2014〕149 号 |

续表

| 序号 | 发布单位 | 文件名称 | 文 号 |
| --- | --- | --- | --- |
| 42 | 国家能源局 | 关于加强电力工程质量监督工作的通知 | 国能安全〔2014〕206 号 |
| 43 | 国家能源局 | 关于开展 2014 年典型电网工程投资成效监管工作的通知 | 国能综监管〔2014〕359 号 |
| 44 | 国家能源局 | 关于开展“两率”监测工作的通知 | 国能综监管〔2014〕307 号 |
| 45 | 国家能源局 | 关于深化落实水电开发生态环境保护措施的通知 | 环发〔2014〕65 号 |
| 46 | 国家能源局 | 关于加强光伏发电项目信息统计及报送工作的通知 | 国能综新能〔2014〕389 号 |
| 47 | 国家能源局 | 关于改进加强核电重大专项立项管理工作的通知 | 国能综核电〔2014〕475 号 |
| 48 | 国家能源局 | 关于下达 2014 年第一批能源领域行业标准制（修）订计划的通知 | 国能科技〔2014〕298 号 |
| 49 | 国家能源局、国家工商行政管理总局 | 关于印发风力发电场、光伏电站并网调度协议示范文本的通知 | 国能监管〔2014〕330 号 |
| 50 | 国家能源局、国家工商行政管理总局 | 关于印发风力发电场、光伏电站购售电合同示范文本的通知 | 国能监管〔2014〕331 号 |
| 51 | 国家能源局、国家安全监管总局 | 关于印发《电网企业安全生产标准化规范及达标评级标准》的通知 | 国能安全〔2014〕254 号 |
| 52 | 国家能源局 | 关于印发《农村电网改造升级项目可行性研究报告编制和审查指南》的通知 | 国能综新能〔2014〕617 号 |
| 53 | 国家能源局 | 关于进一步落实分布式光伏发电有关政策的通知 | 国能新能〔2014〕406 号 |
| 54 | 国家能源局 | 关于开展新建电源项目投资开发秩序专项监管工作的通知 | 国能监管〔2014〕450 号 |
| 55 | 国家能源局 | 关于进一步加强光伏电站建设与运行管理工作的通知 | 国能新能〔2014〕445 号 |
| 56 | 国家能源局 | 关于规范光伏电站投资开发秩序的通知 | 国能新能〔2014〕477 号 |
| 57 | 国家能源局、国务院扶贫办公室 | 关于印发实施光伏扶贫工程工作方案的通知 | 国能新能〔2014〕447 号 |
| 58 | 国家能源局 | 关于增加新疆自治区和新疆生产建设兵团 2014 年光伏发电年度建设规模的通知 | 国能新能〔2014〕457 号 |
| 59 | 国家能源局 | 关于印发全国海上风电开发建设方案（2014—2016）的通知 | 国能新能〔2014〕530 号 |
| 60 | 国家能源局 | 关于推进分布式光伏发电应用示范区建设的通知 | 国能新能〔2014〕512 号 |
| 61 | 国家能源局 | 关于做好太阳能发展“十三五”规划编制工作的通知 | 国能综新能〔2014〕991 号 |
| 62 | 国家能源局 | 关于做好 2014 年光伏发电项目接网工作的通知 | 国能综新能〔2014〕998 号 |
| 63 | 国家能源局 | 关于印发《电力行业网络与信息安全管理加法》的通知 | 国能安全〔2014〕317 号 |

# 附件 4

## 2014 年财政部和国家税务总局发布的涉及电力及其相关领域的文件

| 序号 | 发布单位 | 文件名称 | 文　号 |
|---|---|---|---|
| 1 | 财政部 | 关于进一步做好新能源汽车推广应用工作的通知 | 财建〔2014〕11 号 |
| 2 | 财政部 | 关于公布可再生能源电价附加资金补助目录（第五批）的通知 | 财建〔2014〕489 号 |
| 3 | 财政部 | 关于加快落后小煤矿关闭退出工作的通知 | 安监总煤〔2014〕44 号 |
| 4 | 财政部、国家税务总局 | 关于大型水电企业增值税政策的通知 | 财税〔2014〕10 号 |
| 5 | 国家税务总局 | 关于国家电网公司购买分布式光伏发电项目电力产品发票开具等有关问题的公告 | 国家税务总局公告 2014 年第 32 号 |

# 附件 5

## 2014 年环境保护部发布的涉及电力及其相关领域的文件

| 序号 | 发布单位 | 文件名称 | 文　号 |
|---|---|---|---|
| 1 | 环境保护部 | 关于认可能源行业核电标准《压水堆核电厂工况分类》（NB/T 20035—2011）的复函 | 国核安函〔2014〕28 号 |
| 2 | 国家发展改革委、环境保护部 | 关于印发《燃煤发电机组环保电价及环保设施运行监管办法》的通知 | 发改价格〔2014〕536 号 |
| 3 | 环境保护部 | 关于印发《企业突发环境事件风险评估指南（试行）》的通知 | 环办〔2014〕34 号 |
| 4 | 环境保护部 | 关于征求《输变电工程建设项目重大变动界定及处理原则》意见的函 | 环办函〔2014〕479 号 |
| 5 | 环境保护部 | 关于推荐先进工业烟气治理技术的通知 | 环办函〔2014〕483 号 |
| 6 | 环境保护部 | 关于进一步做好重点行业环境统计工作的通知 | 环办函〔2014〕560 号 |
| 7 | 环境保护部、国家能源局 | 关于深化落实水电开发生态环境保护措施的通知 | 环发〔2014〕65 号 |
| 8 | 环境保护部 | 关于发布《锅炉大气污染物排放标准》等三项国家污染物排放（控制）标准的公告 | 公告 2014 年 第 35 号 |
| 9 | 环境保护部 | 关于做好燃煤发电机组脱硫、脱硝、除尘设施先期验收有关工作的通知 | 环办〔2014〕50 号 |
| 10 | 环境保护部 | 大型先进压水堆核电站重大专项 CAP1400 示范工程厂址选择审查意见书 | 国核安发〔2014〕132 号 |
| 11 | 国家发展改革委、国家能源局、环境保护部 | 关于印发能源行业加强大气污染防治工作方案的通知 | 发改能源〔2014〕506 号 |
| 12 | 环境保护部 | 关于做好煤电基地规划环境影响评价工作的通知 | 环办〔2014〕60 号 |
| 13 | 环境保护部、国家发展改革委、工业和信息化部、财政部、住房和城乡建设部、国家能源局 | 关于印发《大气污染防治行动计划实施情况考核办法（试行）实施细则》的通知 | 环发〔2014〕107 号 |
| 14 | 环境保护部 | 关于加强废烟气脱硝催化剂监管工作的通知 | 环办函〔2014〕990 号 |
| 15 | 环境保护部 | 关于部分供热及发电锅炉执行大气污染物排放标准有关问题的复函 | 环函〔2014〕179 号 |
| 16 | 环境保护部 | 关于征求《企业事业单位突发环境事件应急预案备案管理办法（征求意见稿）》意见的函 | 环办函〔2014〕1090 号 |
| 17 | 国家发展改革委、财政部、环境保护部 | 关于调整排污费征收标准等有关问题的通知 | 发改价格〔2014〕2008 号 |

续表

| 序号 | 发布单位 | 文件名称 | 文号 |
| --- | --- | --- | --- |
| 18 | 国家发展改革委、环境保护部、国家能源局 | 关于印发《煤电节能减排升级与改造行动计划(2014—2020 年)》的通知 | 发改能源〔2014〕2093 号 |
| 19 | 环境保护部 | 关于发布《环境影响评价技术导则　输变电工程》等两项国家环境保护标准的公告 | 公告 2014 年 第 66 号 |
| 20 | 环境保护部 | 关于发布《大气可吸入颗粒物一次源排放清单编制技术指南（试行)》等 5 项技术指南的公告 | 公告 2014 年 第 92 号 |

# 附件 6

## 2014 年发布的涉及电力及其相关领域的其他规范性文件

| 序号 | 发布单位 | 文件名称 | 文　号 |
|---|---|---|---|
| 1 | 工业和信息化部 | 工业和信息化部办公厅　国家开发银行办公厅关于组织推荐 2014 年光伏产业重点项目的通知 | 工信厅联电子函〔2014〕116 号 |
| 2 | 工业和信息化部 | 关于印发《京津冀及周边地区重点工业企业清洁水平提升计划》的通知 | 工信部节〔2014〕4 号 |
| 3 | 工业和信息化部 | 关于加强工业节能监察工作的意见 | 工信部节〔2014〕30 号 |
| 4 | 工业和信息化部 | 关于做好 2014 年工业领域电力需求侧管理工作的通知 | 工信厅运行函【2014】270 号 |
| 5 | 工业和信息化部 | 工业和信息化部印发《大气污染防治重点工业行业清洁生产技术推行方案》 | 工信部节〔2014〕273 号 |
| 6 | 国家发展改革委、环境保护部、财政部、国家质检总局、工业和信息化部、国管局、国家能源局 | 关于印发燃煤锅炉节能环保综合提升工程实施方案的通知 | 发改环资〔2014〕2451 号 |
| 7 | 工业和信息化部 | 关于进一步优化光伏企业兼并重组市场环境的意见 | 工信部电子〔2014〕591 号 |
| 8 | 国资委 | 关于以经济增加值为核心加强中央企业价值管理的指导意见 | 国资发综合〔2014〕8 号 |
| 9 | 国资委 | 关于认真做好中央企业 2014—2016 年滚动规划编制工作的通知 | 国资厅规划〔2014〕39 号 |
| 10 | 国资委 | 关于报送 2013 年并购项目情况的通知 | 国资厅改革〔2014〕88 号 |
| 11 | 国务院关税税则委员会 | 关于调整煤炭进口关税的通知 | 税委会〔2014〕27 号 |
| 12 | 国家安全监管总局、国家煤矿安监局、国家发展改革委、公安部、财政部、人力资源和社会保障部、国土资源部、环境保护部、国务院国资委、国家工商总局、国家能源局、全国总工会 | 关于加快落后小煤矿关闭退出工作的通知 | 安监总煤监〔2014〕44 号 |
| 13 | 国土资源部 | 关于印发《国土资源违法行为查处工作规程》的通知 | 国土资发〔2014〕117 号 |
| 14 | 国土资源部 | 关于推进土地节约集约利用的指导意见 | 国土资发〔2014〕119 号 |
| 15 | 国土资源部 | 关于发布《地质灾害灾情统计》等 3 项行业标准的公告 | 2014 年第 28 号 |

# 附件 7

## 2014 年国家发展改革委决定废止的涉及电力及其相关领域的规章和规范性文件

| 序号 | 文件名称 | 发布单位及日期 | 决定废止的文号及日期 |
| --- | --- | --- | --- |
| 1 | 境外投资项目核准暂行管理办法 | 国家发展改革委<br>2004 年 10 月 9 日 | 国家发展改革委令第 9 号<br>2014 年 4 月 8 日 |
| 2 | 企业投资项目核准暂行办法 | 国家发展改革委<br>2004 年 9 月 15 日 | 国家发展改革委令第 11 号<br>2014 年 5 月 14 日 |
| 3 | 电力二次系统安全防护规定 | 国家电力监管委员会<br>2004 年 12 月 20 日 | 国家发展改革委令第 14 号<br>2014 年 8 月 1 日 |
| 4 | 煤矸石综合利用管理办法 | 国家经贸委等八部门<br>1998 年 2 月 12 日 | 国家发改委令第 18 号<br>2014 年 12 月 22 日 |

# 附件 8

## 2014 年电力国家标准计划项目

| 序号 | 项目名称 | 制修订 | 起草单位 | 修订标准 |
|---|---|---|---|---|
| 1 | 输电线路分布式故障诊断系统 | 制定 | 广东电网公司电力科学研究院、中国电力科学研究院、武汉三相电力科技有限公司 | |
| 2 | 抽水蓄能电站名词术语 | 制定 | 国网新源控股有限公司 | |
| 3 | 海上风电场风机基础技术要求 | 制定 | 华能新能源股份有限公司、天津大学 | |
| 4 | 基于 IEC61850 标准的智能变电站继电保护配置工具技术规范 | 制定 | 国网浙江省电力公司调控中心、南方电网调度通信中心、南京南瑞继保电气有限公司等 | |
| 5 | 路灯控制管理系统标准—总则 | 制定 | 中国电力科学研究院 | |
| 6 | 水电站黑启动技术规范 | 制定 | 龙滩水力发电厂、陈村水力发电厂、国网新源控股有限公司 | |
| 7 | 电网与用户侧智能设备信息交换接口　第 1 部分：总体描述和要求 | 制定 | 中国电力科学研究院、上海电器科学研究院、清华大学、华北电力大学等 | |
| 8 | 变电站数据通信网关机技术规范 | 制定 | 国网电力科学研究院 | |
| 9 | 电力系统管理及其信息交换　长期互操作性　第 2 部分：监控系统终端至终端的质量码 | 制定 | 国网电力科学研究院 | |
| 10 | 变压器油、涡轮机油中 T501 抗氧化剂含量测定法：气相色谱法 | 制定 | 广东电网公司电力科学研究院、西安热工研究院有限公司、中国石油兰州润滑油研发中心 | |
| 11 | 运行涡轮机油中不溶有色物质的测定方法—膜片比色法 | 制定 | 广东电网公司电力科学研究院、浙江电力科学研究院 | |
| 12 | 电网冰区分布图绘制技术导则 | 制定 | 国网湖南省电力公司电力科学研究院 | |
| 13 | 智能电网居民用户自动需求响应终端系列标准——家用空调 | 制定 | 中国电力科学研究院、华北电力大学等 | |
| 14 | 1 000kV 电力系统继电保护技术导则 | 修订 | 国家电网公司、南瑞集团有限公司、南京南瑞继保电气有限公司、中国南方电网电力调度通信中心、北京四方继保自动化有限公司、国电南京自动化设备股份有限公司、华中电力调度控制分中心、华北电力调度控制分中心、华东电力调度控制分中心、中国电力科学研究院 | GB/Z 25841—2010 |

续表

| 序号 | 项目名称 | 制修订 | 起草单位 | 修订标准 |
| --- | --- | --- | --- | --- |
| 15 | 1 000kV 交流输变电工程过电压和绝缘配合 | 修订 | 国家电网公司、中国电力科学研究院、国网北京经济技术研究院 | GB/Z 24842—2009 |
| 16 | 路灯控制管理系统　安全防护技术规范 | 制定 | 中国电力科学研究院 | |
| 17 | 路灯控制管理系统　路灯控制管理终端技术规范 | 制定 | 中国电力科学研究院 | |
| 18 | 路灯控制管理系统　路灯控制器技术规范 | 制定 | 中国电力科学研究院 | |
| 19 | 路灯控制管理系统　通信协议 | 制定 | 中国电力科学研究院 | |
| 20 | 路灯控制管理系统　主站技术规范 | 制定 | 中国电力科学研究院 | |
| 21 | 铝合金电力电缆　第 2 部分：额定电压 6kV（Um =7. 2kV）到 30kV（Um =36）电缆 | 制定 | 中国电力科学研究院、安徽欣意电缆有限公司、安徽太平洋电缆集团有限公司、河北德昊电缆有限公司 | |
| 22 | 铝合金电力电缆　第 3 部分　额定电压 35kV（Um =40kV） | 制定 | 中国电力科学研究院、安徽欣意电缆有限公司、安徽太平洋电缆集团有限公司、河北德昊电缆有限公司 | |
| 23 | 智能水电厂公共信息模型技术规范 | 制定 | 国网电力科学研究院、国网新源控股有限公司 | |
| 24 | 220kV ~500kV 电网继电保护配置技术规范 | 制定 | 华中电力调控分中心、国家电力调度控制中心、南方电网电力调度控制中心、华北电力调控分中心、华东电力调控分中心、四川电力调度控制中心、冀北电力调度控制中心、南京南瑞继保电气有限公司、北京四方继保自动化股份有限公司、国电南京自动化股份有限公司、许继电气股份有限公司等 | |
| 25 | 电动汽车充换电设施接入电网技术规范 | 制定 | 国家电网公司 | |
| 26 | 电力调度消息邮件传输规范 | 制定 | 国家电网华中电力调控分中心、北京科东电力控制系统有限责任公司、中国电力科学研究院 | |
| 27 | 电力系统动态消息编码规范 | 制定 | 国家电网公司、北京科东电力控制系统有限责任公司、中国电力科学研究院、南瑞集团公司 | |
| 28 | 电力系统简单服务接口规范 | 制定 | 河北省电力调度控制中心、四川省电力调度控制中心、科东电力控制系统有限责任公司 | |

续表

| 序号 | 项目名称 | 制修订 | 起草单位 | 修订标准 |
|---|---|---|---|---|
| 29 | 电力系统通用服务协议 | 制定 | 中国电力科学研究院 | |
| 30 | 电网设备通用数据模型命名规范 | 制定 | 国家电网华中电力调控分中心、北京科东电力控制系统有限责任公司、河北电力调度控制中心、中国电力科学研究院 | |
| 31 | 电网调度控制系统　总体架构 | 制定 | 国家电网公司、中国南方电网公司 | |
| 32 | 电网运行与控制系统信息安全测评规范 | 制定 | 中国电力科学研究院 | |
| 33 | 分布式电源并网运行控制规范 | 制定 | 国家电网公司、中国电力科学研究院 | |
| 34 | 分布式能源并网技术要求 | 制定 | 中国电力企业联合会 | |
| 35 | 光伏发电站逆变器并网技术要求 | 制定 | 中国电力科学研究院 | |
| 36 | 光伏逆变器并网检测技术规范 | 制定 | 许继电气股份有限公司等 | |
| 37 | 客户停电时间评价导则 | 制定 | 南方电网有限责任公司、南方电网科学研究院 | |
| 38 | 输电线路保护装置通用技术条件 | 修订 | 国电南京自动化股份有限公司、北京四方继保自动化股份有限公司、南京南瑞继保电气有限公司、国家电力调度控制中心、南方电网电力调度控制中心、许继电气股份有限公司等 | GB/T 15145—2008 |
| 39 | 微电网监控系统技术规范 | 制定 | 中国电力科学研究院 | |
| 40 | 微电网能量管理系统技术规范 | 制定 | 中国电力科学研究院 | |
| 41 | 智能变电站继电保护检验测试规范 | 制定 | 中国电力科学研究院、国家电力调度控制中心、国家电网华北分部、国家电网华东分部、国家电网华中分部、国家电网东北分部、国家电网西北分部、浙江省电力公司、天津市电力公司、冀北电力公司、南京南瑞继保电气有限公司、北京四方继保自动化股份有限公司、国电南京自动化股份有限公司、许继电气股份有限公司等 | |
| 42 | 智能变电站时钟系统及设备技术规范 | 制定 | 贵州电网有限责任公司、江苏省电力公司电力科学研究院、贵州电力设计研究院 | |
| 43 | 智能电网调度控制系统　术语 | 制定 | 国家电网公司、中国电力科学研究院、中国南网电网公司、华中电网有限公司、国网四川省电力公司、国网河北省电力公司 | |

续表

| 序号 | 项目名称 | 制修订 | 起草单位 | 修订标准 |
|---|---|---|---|---|
| 44 | 智能电网运行与控制数据规范 | 制定 | 国家电网公司、中国电力科学研究院、中国南方电网公司、国网华中电网有限公司、国网四川省电力公司、国网河北省电力公司、广东电网公司 | |
| 45 | 光伏发电系统防火与电气保护技术要求 | 制定 | 江苏复迪电气科技有限公司 | |
| 46 | 光伏发电效率技术规范 | 制定 | 中国电力科学研究院 | |
| 47 | 光伏发电运行规程 | 制定 | 特变电工新疆新能源股份有限公司、龙源（北京）太阳能技术有限公司、协鑫集团控股有限公司、大唐新疆清洁能源有限公司、中铝宁夏能源集团有限公司，宁夏标准院 | |
| 48 | 光伏发电站标识系统编码导则 | 制定 | 上海电力新能源发展有限公司、黄河上游水电开发有限责任公司、广州健新自动化科技有限公司 | |
| 49 | 光伏发电站光伏方阵检修规程 | 制定 | 中国电力企业联合会 | |
| 50 | 光伏发电站逆变器检修维护规程 | 制定 | 特变电工新疆新能源股份有限公司 | |
| 51 | 电动汽车充电连接装置检验试验规范 | 制定 | 国家电网公司 | |
| 52 | 电动汽车非车载传导式充电机与电池管理系统之间的通信协议 | 修订 | 广东省电力设计研究院、国网电力科学研究院、中国汽车技术研究中心 | GB/T 27930—2011 |
| 53 | 电网与用户侧智能设备信息交换接口　第 2 部分：公共信息模型 | 制定 | 中国电力科学研究院、上海电器科学研究院、清华大学、华北电力大学等 | |
| 54 | 电网与用户侧智能设备信息交换接口　第 3 部分　信息交换服务规范 | 制定 | 中国电力科学研究院、华北电力大学、上海电器科学研究院、清华大学等 | |

# 附件 9

## 2014 年电力工程建设国家标准计划项目

| 序号 | 项目名称 | 制修订 | 主编单位 | 参编单位 |
| --- | --- | --- | --- | --- |
| 1 | 智能变电站工程调试及验收规范 | 制订 | 中国电力企业联合会、广东电网公司电力科学研究院 | 江苏省电力公司电力科学研究院、山东电力研究院、甘肃电力科学研究院、江西电力科学研究院 |
| 2 | 微电网工程设计规范 | 制订 | 中国电力企业联合会、国家电网公司 | 国网北京经济技术研究院、中国电力科学研究院、国网电力科学研究院、浙江省电力公司、青海省电力公司、江苏省电力设计院、上海电力设计院有限公司、天津大学 |
| 3 | 风光储联合发电系统调试及验收规范 | 制订 | 中国电力企业联合会、冀北电力有限公司 | 华北电力科学研究院有限责任公司、国网新源张家口风光储示范电站有限公司 |
| 4 | 火力发电厂海水淡化工程调试及验收规范 | 制订 | 中国电力企业联合会、西安热工研究院有限公司 | 神华国华（北京）电力研究院有限公司、华能国际电力股份有限公司 |
| 5 | 海上风力发电场设计规范 | 制订 | 中国能源建设集团广东省电力设计研究院、中国电力建设集团河北省电力勘测设计研究院 | 上海勘测设计研究院、华北电力设计院、中国大唐集团公司 |
| 6 | 风电储热工程技术规范 | 制订 | 中国电力企业联合会、中国电力工程顾问集团东北电力设计院 | 中国华能集团公司、中国华电集团公司、国电龙源集团公司、新疆电力设计院 |
| 7 | 混凝土坝安全监测技术规范 | 制订 | 中国电力企业联合会、国家电力监管委员会大坝安全监察中心 | 中国水电顾问集团华东勘测设计研究院、中国水电顾问集团昆明勘测设计研究院、葛洲坝集团试验检测有限公司、中国大唐集团公司 |
| 8 | 电力装置继电保护和自动装置设计规范 GB/T50062—2008 | 修订 | 中国电力企业联合会、中国电力工程顾问集团东北电力设计院 | 南京南瑞继保工程技术有限公司、新疆电力设计院 |
| 9 | 电力装置电测量仪表装置设计规范 GB/T50063—2008 | 修订 | 中国电力企业联合会、中国电力工程顾问集团西南电力设计院 | 中南电力设计院、中铁二院工程集团有限公司 |

续表

| 序号 | 项目名称 | 制修订 | 主编单位 | 参编单位 |
|---|---|---|---|---|
| 10 | 电气装置安装工程旋转电机施工及验收规范 GB50170—2006 | 修订 | 中国电力企业联合会、中国电力科学研究院 | 中国大唐集团公司、天津电力建设公司、北京电力建设公司、广东火电建设总公司、青海火电建设公司 |
| 11 | 电气装置安装工程电缆线路施工及验收规范 GB50168—2006 | 修订 | 中国电力企业联合会、中国电力科学研究院 | 国网电力科学研究院、甘肃火电工程公司、江苏电力建设一公司、吉林电力建设总公司、北京电力公司、大连供电公司、西安供电公司、兰州供电公司 |
| 12 | 并联电容器装置设计规范 GB50227—2008 | 修订 | 中国电力企业联合会、中国电力工程顾问集团西南电力设计院 | 济南迪生电子电气有限公司、电力工业无功补偿成套装置质检中心、中冶赛迪工程技术股份有限公司、北京华宇工程有限公司 |

# 附件 10

## 2014 年电力行业标准计划项目

| 序号 | 标准项目名称 | 制修订 | 主要起草单位 | 代替标准 |
|---|---|---|---|---|
| 1 | 架空输电线路工程施工组织大纲设计导则 | 制定 | 中南电力设计院、国家电网公司电力建设定额站 | |
| 2 | 输变电工程结算审核报告编制导则 | 制定 | 国家电网公司电力建设定额站、中国南方电网有限责任公司电力建设定额站 | |
| 3 | 架空输电线路采动影响区设计规范 | 制定 | 山西省电力勘测设计院、国网山西省电力公司 | |
| 4 | 变电站给水排水设计规范 | 修订 | 华北电力设计院工程有限公司 | DL/T 5143—2002 |
| 5 | 高压直流换流站接地极设计内容深度规定 | 制定 | 中南电力设计院 | |
| 6 | 换流站阀冷系统设计技术规程 | 制定 | 中南电力设计院 | |
| 7 | 直流架空输电线路对无线电台影响防护设计规范 | 制定 | 西南电力设计院、中国电力科学研究院 | |
| 8 | 架空输电线路荷载规范 | 制定 | 华东电力设计院、广东省电力设计研究院、国核电力规划设计研究院、山西省电力勘测设计院 | |
| 9 | 换流站计算机监控系统设计规范 | 制定 | 中南电力设计院 | |
| 10 | 35kV～220kV 城市地下变电站设计规范 | 修订 | 北京电力经济技术研究院 | DL/T 5216—2005 |
| 11 | 电力系统次同步谐振及振荡风险评估技术导则 | 制定 | 华北电力设计院工程有限公司、南方电网科学研究院 | |
| 12 | 分布式电源接入及微电网设计规范 | 制定 | 电力规划设计总院、西北电力设计院、西南电力设计院、江苏省电力设计院、广东省电力设计研究院 | |
| 13 | 电力系统调度自动化设计规范 | 修订 | 中南电力设计院、江苏省电力设计院、广东省电力设计研究院 | DL/T 5003—2005 |
| 14 | 配电网规划研究报告内容深度规定 | 制定 | 广东省电力设计研究院、国网北京经济技术研究院、北京电力经济技术研究院、广西电力工业勘察设计研究院、天津电力设计院 | |
| 15 | 火力发电厂循环流化床锅炉系统设计规范 | 制定 | 西南电力设计院 | |
| 16 | 电站除尘器选型设计导则 | 制定 | 华北电力设计院工程有限公司、华东电力设计院、浙江省电力设计院、安徽省电力设计院 | |

续表

| 序号 | 标准项目名称 | 制修订 | 主要起草单位 | 代替标准 |
|---|---|---|---|---|
| 17 | 火电厂供热首站设计规范 | 制定 | 西北电力设计院、华北电力设计院工程有限公司、东北电力设计院 | |
| 18 | 火力发电厂间接空冷系统设计规范 | 制定 | 西北电力设计院、东北电力设计院、华北电力设计院工程有限公司、山西省电力勘测设计院 | |
| 19 | 自然通风冷却塔防腐设计导则 | 制定 | 华北电力设计院工程有限公司、西北电力设计院、西南电力设计院、国核电力规划设计研究院、北京科技大学腐蚀与防护中心 | |
| 20 | 粉煤灰试验规程 | 制定 | 山西省电力勘测设计院、华东电力设计院、安徽省电力设计院、国核电力规划设计研究院 | |
| 21 | 燃气—蒸汽联合循环电厂设计规范 | 修订 | 华东电力设计院、西南电力设计院、华北电力设计院工程有限公司、福建省电力勘测设计院 | DL/T 5174—2003 |
| 22 | 高压配电装置设计规范 | 修订 | 西北电力设计院、电力规划设计总院 | DL/T 5352—2006 |
| 23 | 钢—混凝土组合结构设计规范 | 修订 | 华北电力设计院工程有限公司、中南电力设计院 | DL/T 5085—1999 |
| 24 | 火力发电厂总图运输设计规范 | 修订 | 西北电力设计院、东北电力设计院、华东电力设计院、华北电力设计院工程有限公司、西南电力设计院、中南电力设计院、电力规划设计总院 | DL/T 5032—2005 |
| 25 | 电力工程地基处理规程 | 修订 | 华东电力设计院、电力规划设计总院、华北电力设计院工程有限公司、西北电力设计院、山西省电力勘测设计院、新疆电力设计院、河南省电力勘测设计院、广西电力设计院 | DL/T 5024—2005 |
| 26 | 电力应急指挥通信车技术规范 | 制定 | 中国电力科学研究院、国网信息通信分公司 | |
| 27 | 差动电阻式仪器测量仪表 | 制定 | 国电南京自动化股份有限公司、葛洲坝集团试验检测有限公司 | |
| 28 | 直流接地极用锻烧石油焦炭技术条件 | 制定 | 国网电力科学研究院武汉南瑞有限责任公司 | |
| 29 | 汽轮机调节控制系统试验导则 | 修订 | 西安热工研究院有限公司 | DL/T 711—1999 |
| 30 | 凝汽器与真空系统运行维护导则 | 修订 | 西安热工研究院有限公司 | DL/T 932—2005 |
| 31 | 亚临界及超临界汽轮机运行导则 | 修订 | 天津大唐国际盘山发电有限责任公司 | DL/T 608—1996<br>DL/T 609—1996 |

续表

| 序号 | 标准项目名称 | 制修订 | 主要起草单位 | 代替标准 |
|---|---|---|---|---|
| 32 | 电力企业合同能源管理技术导则 | 制定 | 国网甘肃省电力公司、中国电力科学研究院、大唐科技产业有限公司 | |
| 33 | 火力发电厂吸收式热泵工程验收规范 | 制定 | 中国大唐科学技术研究院有限公司 | |
| 34 | 采用热泵技术的热电联产项目技术指标计算 | 制定 | 大唐国际发电股份有限公司、西安热工研究院有限公司 | |
| 35 | 架空输电线路导地线补修导则 | 修订 | 中国电力科学研究院、国网黑龙江省电力公司、国网山东省电力公司检修公司、东北电力设计院、四平线路器材厂 | DL/T 1069—2007 |
| 36 | 输电线路涉鸟故障分级及分布图绘制 | 制定 | 中国电力科学研究院、国网河南省电力公司电力科学研究院、国网江西省电力公司电力科学研究院、国网山西省电力公司、国网辽宁省电力公司 | |
| 37 | 碳纤维复合材料芯铝绞线运行维护技术导则 | 制定 | 国网冀北电力有限公司、华北电力科学研究院有限责任公司、国网山西省电力公司、中国电力科学研究院 | |
| 38 | 火力发电厂高幅筛 | 制定 | 河南威猛振动设备股份有限公司、四川白马循环流化床示范电站有限责任公司、电力工业产品质量标准研究所 | |
| 39 | 火力发电厂双齿辊碎煤机 | 制定 | 四川皇龙智能破碎技术股份有限公司、开滦协鑫发电有限公司、电力工业产品质量标准研究所 | |
| 40 | 火力发电厂圆形筒仓环式布料机通用技术条件 | 制定 | 华电郑州机械设计研究院有限公司 | |
| 41 | 堆取料机使用维护规程 | 制定 | 中国大唐科技工程有限公司机械输送分公司 | |
| 42 | 火力发电厂回转式翻车机运行维护规程 | 制定 | 大唐国际发电股份有限公司 | |
| 43 | 高压架空输电线路可听噪声测量方法 | 修订 | 中国电力科学研究院 | DL 501—1992 |
| 44 | 直流电场测量仪校准规范 | 制定 | 中国电力科学研究院 | |
| 45 | 直流换流站阀厅电磁兼容导则 | 制定 | 南方电网科学研究院有限责任公司 | |
| 46 | 变电站辅助降噪装置及材料技术条件 | 制定 | 国网智能电网研究院 | |

续表

| 序号 | 标准项目名称 | 制修订 | 主要起草单位 | 代替标准 |
| --- | --- | --- | --- | --- |
| 47 | 高压架空输电线路对短波测向台防护距离要求 | 制定 | 中国电力科学研究院 | |
| 48 | 高压架空输电线路对对空情报雷达站防护距离要求 | 制定 | 中国电力科学研究院 | |
| 49 | 高压输电线路和变电站噪声的传声器阵列测量方法 | 制定 | 国网陕西省电力公司电力科学研究院、西北工业大学 | |
| 50 | 电力信息通信设备选型测试规范 | 制定 | 中国电力科学研究院 | |
| 51 | 嵌入式电力二次系统现场测控设备的信息安全　第1部分：安全技术要求 | 制定 | 中国电力科学研究院 | |
| 52 | 电力电缆线路沿线土壤热阻系数测量方法 | 制定 | 中国电力科学研究院 | |
| 53 | 高压电缆选用导则 | 修订 | 中国电力科学研究院 | DL/T 401—2002 |
| 54 | 水平定向钻敷设电力管线技术规定 | 制定 | 广东电网公司珠海供电局、国网山西省电力公司 | |
| 55 | 水电水利施工机械安全操作规范　履带式布料机 | 制定 | 中国水利水电第八工程局有限公司 | |
| 56 | 水电水利工程导流建筑物封堵施工规范 | 制定 | 中国水利水电第八工程局有限公司、桂冠电力股份有限公司 | |
| 57 | 水工混凝土掺用硅粉技术规范 | 制定 | 长江水利委员会长江科学院 | |
| 58 | 变态混凝土施工规范 | 制定 | 中国水利水电第七工程局有限公司、大唐云南分公司 | |
| 59 | 深层搅拌法技术规范 | 修订 | 北京振冲工程股份有限公司、长江工程建设局 | DL/T 5425—2009 |
| 60 | 水工混凝土用速凝剂技术规范 | 制定 | 长江水利委员会长江科学院 | |
| 61 | 火力发电机组性能试验导则 | 制定 | 中国电力建设企业协会 | |
| 62 | 火力发电厂化学调试导则 | 修订 | 东北电力科学研究院、国网安徽省电力公司电力科学研究院 | DL/T 1076—2007 |
| 63 | 发电机内冷水处理导则 | 修订 | 武汉大学、国网安徽省电力公司电力科学研究院、大唐贵州发电有限公司、大唐贵州发耳发电有限公司、神华国华（北京）电力研究院 | DL/T 1039—2007 |
| 64 | 火力发电厂水、汽试验方法　铜、铁的测定　石墨炉原子吸收法 | 修订 | 西安热工研究院有限公司、江苏方天电力技术有限公司 | DL/T 955—2005 |
| 65 | 苯乙烯系离子交换树脂有机溶出物测定方法 | 修订 | 上海电力学院、西安热工研究院有限公司、武汉大学 | DL/T 1077—2007 |

续表

| 序号 | 标准项目名称 | 制修订 | 主要起草单位 | 代替标准 |
|---|---|---|---|---|
| 66 | 飞灰和炉渣样品的采集和制备 | 修订 | 西安热工研究院有限公司、内蒙古电力科学研究院、国网安徽省电力公司电力科学研究院、长沙友欣仪器制造有限公司、大唐陕西发电有限公司 | DL/T 567. 3—1995<br>DL/T 567. 4—1995<br>DL/T 926—2005 |
| 67 | 煤中钾、钠测定方法 | 制定 | 西安热工研究院有限公司、江苏方天电力技术有限公司、新疆电力公司电力科学研究院 | |
| 68 | 发电厂水处理用阴离子交换树脂动力学性能试验方法 | 制定 | 武汉大学、上海电力学院、西安热工研究院有限公司 | |
| 69 | 电厂水处理设备用不锈钢筛管技术要求 | 制定 | 西安热工研究院有限公司 | |
| 70 | 六氟化硫电气设备中绝缘气体湿度测量方法 | 修订 | 广东电网公司电力科学研究院、中国电力科学研究院 | DL/T 506—2007 |
| 71 | 电力用直流电源监控装置 | 修订 | 中国电力科学研究院、深圳奥特迅电力设备有限公司 | DL/T 856—2004 |
| 72 | 高压/低压预装式变电站选用导则 | 修订 | 中国电力科学研究院 | DL/T 537—2002 |
| 73 | 发电厂汽轮机控制系统验收测试规程 | 修订 | 西安热工研究院有限公司、湖北省汉新发电有限公司、大唐陕西发电有限公司 | DL/T 656—2006<br>DL/T 1012—2006 |
| 74 | 火力发电厂开关量控制系统验收测试规程 | 修订 | 华能国际电力股份有限公司、西安热工研究院有限公司 | DL/T 658—2006 |
| 75 | 火力发电厂分散控制系统验收测试规程 | 修订 | 西安热工研究院有限公司、华能国际电力股份有限公司 | DL/T 659—2006 |
| 76 | 火力发电厂厂级监控信息系统技术条件 | 修订 | 西安热工研究院有限公司、华北电力大学 | DL/T 924—2005 |
| 77 | 火力发电厂锅炉炉膛安全监控系统验收测试规程 | 修订 | 浙江省电力公司电力科学研究院、西安热工研究院有限公司 | DL/T 655—2006 |
| 78 | 电力电容器噪声测量及评价方法 | 制定 | 中国电力科学研究院、南方电网科学研究院有限责任公司 | |
| 79 | 防火电力电容器使用技术条件 | 制定 | 中国电力科学研究院、国网江苏省电力公司、中网电气有限公司、南方电网科学研究院有限责任公司 | |
| 80 | 接地装置特性参数测量导则 | 修订 | 国网辽宁省电力有限公司电力科学研究院、广东电网公司电力科学研究院、国网湖南电力科学研究院 | DL/T 475—2006 |

续表

| 序号 | 标准项目名称 | 制修订 | 主要起草单位 | 代替标准 |
|---|---|---|---|---|
| 81 | 现场绝缘试验实施导则 第1部分：绝缘电阻、吸收比和极化指数试验 | 修订 | 华北电力科学研究院有限责任公司、国网冀北电力有限公司 | DL/T 474.1—2006 |
| 82 | 现场绝缘试验实施导则 第2部分：直流高电压试验 | 修订 | 华北电力科学研究院有限责任公司、国网冀北电力有限公司 | DL/T 474.2—2006 |
| 83 | 现场绝缘试验实施导则 第3部分：介质损耗因数 tanδ 试验 | 修订 | 华北电力科学研究院有限责任公司、国网冀北电力有限公司 | DL/T 474.3—2006 |
| 84 | 现场绝缘试验实施导则 第4部分：交流耐压试验 | 修订 | 华北电力科学研究院有限责任公司、国网冀北电力有限公司 | DL/T 474.4—2006 |
| 85 | 现场绝缘试验实施导则 第5部分：避雷器试验 | 修订 | 华北电力科学研究院有限责任公司、国网冀北电力有限公司 | DL/T 474.5—2006 |
| 86 | 换流变压器现场绕组更换关键工艺控制导则 | 制定 | 中国南方电网超高压输电公司 | |
| 87 | 电力系统设备命名规范 | 修订 | 国家电力调度控制中心、中国南方电网有限责任公司、国家电网公司西北分部、国网冀北电力有限公司、国网山东省电力公司、国网四川省电力公司、国网福建省电力有限公司、广东电网公司、国网上海市电力公司等 | SD 240—1987 |
| 88 | 发电厂、变电站辅机变频器高、低电压穿越技术规范 | 制定 | 中国电力科学研究院、国家电力调度控制中心、中国南方电网有限责任公司、国华电力公司等 | |
| 89 | 电网自动电压控制系统运行技术导则 | 制定 | 国网华东电力调控分中心、国家电力调度控制中心 | |
| 90 | 配电网调度控制系统技术规范 | 制定 | 国网电力科学研究院、国家电力调度控制中心、江苏省电力公司、浙江省电力公司 | |
| 91 | 小水电站并网接入系统运行技术规范 | 制定 | 云南电网公司、贵州电网公司、国网四川省电力公司、国网湖南电力公司、武汉大学 | |
| 92 | 带电作业用工具、装置和设备预防性试验规程 | 修订 | 中国电力科学研究院 | DL/T 976—2005 |
| 93 | 带电作业用绝缘导线剥皮器 | 制定 | 国网北京市电力公司、中国电力科学研究院 | |
| 94 | 带电作业用工具库房 | 修订 | 中国电力科学研究院 | DL/T 974—2005 |
| 95 | 农村电网35kV配电化技术导则 | 制定 | 中国电力科学研究院 | |
| 96 | 循环流化床锅炉煤制备系统选型导则 | 制定 | 中国华能集团清洁能源技术研究院有限公司、大唐国际发电有限公司 | |

续表

| 序号 | 标准项目名称 | 制修订 | 主要起草单位 | 代替标准 |
|---|---|---|---|---|
| 97 | 除灰除渣系统调试导则 | 修订 | 华北电力科学研究院有限责任公司、北京京能电力股份有限公司石景山热电厂、大唐科技产业集团有限公司 | DL/T 894—2004 |
| 98 | 火力发电厂锅炉机组检修导则 第 2 部分：锅炉本体检修 | 修订 | 中电投河南电力有限公司技术信息中心、中电投河南电力检修工程有限公司、中电投河南电力有限公司平顶山发电分公司、大唐珲春发电有限责任公司 | DL/T 748. 2—2001 |
| 99 | 火力发电厂锅炉机组检修导则 第 4 部分：制粉系统检修 | 修订 | 天津大唐国际盘山发电有限责任公司、中电投河南电力有限公司技术信息中心、中电投河南电力检修工程有限公司 | DL/T 748. 4—2001 |
| 100 | 火力发电厂锅炉机组检修导则 第 10 部分：脱硫装置检修 | 修订 | 中电投河南电力有限公司技术信息中心、中电投河南电力检修工程有限公司、中电投河南电力有限公司平顶山发电分公司、天津大唐国际盘山发电有限责任公司、河北大唐国际张家口热电有限责任公司 | DL/T 748. 10—2001 |
| 101 | 回转式空气预热器运行维护规程 | 修订 | 天津大唐国际盘山发电有限责任公司 | DL/T 750—2001 |
| 102 | 燃煤电厂电除尘器运行维护导则 | 修订 | 西安热工研究院有限公司 | DL/T 461—2004 |
| 103 | 电除尘器 | 修订 | 兰州电力修造厂 | DL/T 514—2004 |
| 104 | 大型接地网状态评估技术导则 | 制定 | 广东电网公司电力科学研究院、国网陕西电力科学研究院、国网江苏电力科学研究院、国网辽宁电力科学研究院 | |
| 105 | 架空输电线路雷电防护导则 | 制定 | 国家电网公司、中国电力科学研究院、南瑞集团公司 | |
| 106 | 电站调节阀选用导则 | 制定 | 哈电集团哈尔滨电站阀门有限公司、天津大唐国际盘山发电有限责任公司 | |
| 107 | 电站止回阀选型及使用规程 | 制定 | 哈电集团哈尔滨电站阀门有限公司、天津大唐国际盘山发电有限责任公司 | |
| 108 | 电站高温高压截止阀闸阀技术条件 | 修订 | 哈尔滨电力设备总厂、哈尔滨电站阀门有限公司 | DL/T 531—94 |
| 109 | 变压器低压侧绝缘铜管母使用技术条件 | 制定 | 国网安徽省电力公司电力科学研究院、中国电力科学研究院 | |

续表

| 序号 | 标准项目名称 | 制修订 | 主要起草单位 | 代替标准 |
|---|---|---|---|---|
| 110 | 电力可靠性管理代码规范 | 制定 | 中电联可靠性管理中心 | |
| 111 | 电力可靠性管理信息系统数据接口规范　第3部分：发电设备可靠性管理信息系统数据接口要求 | 制定 | 中电联可靠性管理中心 | |
| 112 | 电力自动化通信网络和系统　第10部分：一致性测试 | 修订 | 中国电力科学研究院 | DL/T 860.10—2006 |
| 113 | 电力系统时间同步系统　第1部分：技术规范 | 修订 | 国网电力科学研究院、国网江苏省电力公司 | DL/T 1100.1—2009 |
| 114 | 电力自动化通信网络和系统　第4部分：系统和项目管理 | 修订 | 许继集团有限公司 | DL/T 860.4—2004 |
| 115 | 变电站视频及辅助监控系统技术规范 | 制定 | 国网电力科学研究院 | |
| 116 | 电力系统时间同步系统　第4部分：测试仪技术规范 | 制定 | 国网电力科学研究院等 | |
| 117 | 电力光纤传感器　第1部分：通用规范 | 制定 | 中国电力科学研究院 | |
| 118 | 配电通信网安全防护技术规范　第1部分：无线公网 | 制定 | 中国电力科学研究院 | |
| 119 | 带电设备红外诊断应用规范 | 修订 | 中国电力科学研究院、国家电网公司华东分部 | DL/T 664—2008 |
| 120 | 电力试验/检测车　第2部分：互感器校验车 | 制定 | 中国电力科学研究院、国网安徽省电力公司、苏州华电电气有限责任公司 | |
| 121 | 高压电气设备放电监测用紫外电晕监测仪技术条件 | 制定 | 中国电力科学研究院、国网湖北省电力公司、江苏南大五维科技有限公司 | |
| 122 | 特高频局部放电在线监测装置校准规范 | 制定 | 国网浙江省电力公司电力科学研究院、广东电网公司电力科学研究院、中国电力科学研究院 | |
| 123 | 电力变压器分接开关测试仪检定方法 | 制定 | 中国电力科学研究院、国网安徽省电力公司 | |
| 124 | 高压开关动作特性测试仪检定规程 | 制定 | 中国电力科学研究院、国网浙江省电力公司 | |
| 125 | 高压试验仪器设备选配导则 | 制定 | 中国电力科学研究院、国网山东省电力公司 | |
| 126 | 绝缘油耐压测试仪检定方法 | 制定 | 中国电力科学研究院、国网湖南省电力公司 | |
| 127 | 氧化锌避雷器阻性电流测试仪检定方法 | 制定 | 中国电力科学研究院、国网浙江省电力公司 | |

续表

| 序号 | 标准项目名称 | 制修订 | 主要起草单位 | 代替标准 |
|---|---|---|---|---|
| 128 | 比率差动保护技术规范 | 修订 | 南京南瑞继保电气有限公司、国电南京自动化股份有限公司、北京四方继保自动化股份有限公司、许继电气股份有限公司等 | SD 276—1988 |
| 129 | 反时限电流保护技术规范 | 修订 | 南京南瑞继保电气有限公司、北京四方继保自动化股份有限公司、国电南京自动化股份有限公司、许继电气股份有限公司等 | DL/T 823—2002 |
| 130 | 功率方向保护技术规范 | 修订 | 国电南京自动化股份有限公司、南京南瑞继保电气有限公司、许继电气股份有限公司、北京四方继保自动化股份有限公司等 | SD 277—1988 |
| 131 | 过激磁保护技术规范 | 修订 | 国电南京自动化股份有限公司、南京南瑞继保电气有限公司、北京四方继保自动化股份有限公司、许继电气股份有限公司等 | SD 278—1988 |
| 132 | 距离保护技术规范 | 修订 | 南京南瑞继保电气有限公司、国电南京自动化股份有限公司、许继电气股份有限公司、北京四方继保自动化股份有限公司等 | DL/T 479—1992 |
| 133 | 继电保护和安全自动装置运行管理规程 | 修订 | 东北电力调控分中心、国家电力调度通信中心、南方电网电力调控中心等 | DL/T 587—2007 |
| 134 | 继电保护和安全自动装置检验规程 | 修订 | 华北电力调控分中心、国家电力调度通信中心、南方电网电力调控中心等 | DL/T 995—2006 |
| 135 | 继电保护光纤通道检验规程 | 制定 | 国网河南省电力公司电力科学研究院等 | |
| 136 | 超（特）高压直流输电控制保护系统检验规范 | 制定 | 国家电力调度控制中心、中国南方电网超高压输电公司、国家电网公司运检部、国网运行分公司、南京南瑞继保电气有限公司 | |
| 137 | 电力金具制造质量　第 5 部分：铝制件 | 修订 | 中国电力科学研究院、四平线路器材厂 | DL/T 768. 5—2002 |
| 138 | 电力金具制造质量　第 3 部分：冲压件 | 修订 | 中国电力科学研究院、辽宁锦兴电力金具科技股份有限公司、永固集团股份有限公司 | DL/T 768. 3—2002 |
| 139 | 电力金具制造质量　第 2 部分：锻制件 | 修订 | 中国电力科学研究院、成都电力金具总厂 | DL/T 768. 2—2002 |
| 140 | 电力金具制造质量　第 1 部分：可锻铸铁件 | 修订 | 中国电力科学研究院、中国能源建设集团南京线路器材厂 | DL/T 768. 1—2002 |

续表

| 序号 | 标准项目名称 | 制修订 | 主要起草单位 | 代替标准 |
|---|---|---|---|---|
| 141 | 电力金具制造质量　第 4 部分：球墨铸铁件 | 修订 | 中国电力科学研究院、江苏捷凯电力器材有限公司 | DL/T 768. 4—2002 |
| 142 | 变电设备在线监测装置检验规范　第 5 部分：变压器铁心接地电流在线监测装置 | 制定 | 中国电力科学研究院 | |
| 143 | 变压器铁心接地电流在线监测装置技术规范 | 制定 | 中国电力科学研究院 | |
| 144 | 电容型设备及金属氧化物避雷器绝缘在线监测装置技术规范 | 制定 | 中国电力科学研究院 | |
| 145 | 电能计量设备用超级电容器技术规范 | 制定 | 中国电力科学研究院、广州电子五所 | |
| 146 | 低压计量箱技术条件 | 制定 | 中国电力科学研究院 | |
| 147 | 变电站互感器端子箱配置技术导则 | 制定 | 国网江苏省电力公司 | |
| 148 | 电网间歇性电源与电动汽车充电协同调度技术导则 | 制定 | 国网山东省电力公司 | |
| 149 | 超高压气体绝缘金属封闭输电线路工程施工及验收规范 | 制定 | 中国葛洲坝集团股份有限公司、葛洲坝集团机电建设有限公司 | |
| 150 | 气体绝缘金属封闭开关设备运行及维护规程 | 修订 | 华东电网有限公司、中国电力科学研究院 | DL/T 603—2006 |
| 151 | 电力用油颜色测定法 | 修订 | 福建省电力有限公司电力科学研究院、西安热工研究院有限公司 | DL/T 429. 2—1991 |
| 152 | 变压器油腐蚀性硫处理设备技术条件 | 制定 | 国网湖南电力公司电力科学研究院 | |
| 153 | 磷酸酯抗燃油氯含量的测定（能量色散 X 射线能谱法） | 制定 | 国网浙江省电力公司电力科学研究院 | |
| 154 | 变压器油储存管理导则 | 制定 | 国网福建省电力公司电力科学研究院、国网南平供电公司 | |
| 155 | 磷酸酯抗燃油　闭口杯老化测定法 | 制定 | 西安热工研究院有限公司 | |
| 156 | 磷酸酯抗燃油　氧化安定性试验方法 | 制定 | 西安热工研究院有限公司 | |
| 157 | 超高压直流输电换流变运行油质量 | 制定 | 广东电网公司电力科学研究院、南方电网超高压输电公司检修试验中心、中国石油克拉玛依润滑油研究所 | |
| 158 | 湿法烟气脱硫工艺性能检测技术规范 | 修订 | 国电环境保护研究院 | DL/T 986—2005 |
| 159 | 火力发电厂环保设施运行状况评价技术规范 | 修订 | 国电科学技术研究院 | DL/T 362—2010 |

续表

| 序号 | 标准项目名称 | 制修订 | 主要起草单位 | 代替标准 |
|---|---|---|---|---|
| 160 | 火力发电厂烟气中 $SO_3$ 采样方法 | 制定 | 国电环境保护研究院 | |
| 161 | 火电厂烟气脱硝装置技术监督导则 | 制定 | 国网山东省电力公司电力科学研究院 | |
| 162 | 火电厂粉煤灰及炉渣中汞含量的测定 | 制定 | 广东电网公司电力科学研究院、广东省环境监测中心 | |
| 163 | 火力发电厂烟气中铅测试技术规范 | 制定 | 广东电网公司电力科学研究院、广东省环境监测中心 | |
| 164 | 燃煤电厂用电袋复合除尘器 | 制定 | 福建龙净环保股份有限公司、南京龙源环保有限公司 | |
| 165 | 袋式除尘器滤袋离线移动清灰技术规范 | 制定 | 厦门三维丝环保股份有限公司、华侨大学化工学院 | |
| 166 | 火力发电厂袋式除尘器用滤料技术要求 | 制定 | 厦门三维丝环保股份有限公司、南京龙源环保有限公司 | |
| 167 | 火力发电厂烟气脱硝调试导则 | 制定 | 国网河北省电力公司电力科学研究院、华能国际电力股份有限公司、国电环境保护研究院、北京龙源环保工程有限公司 | |
| 168 | 石灰石—石膏法烟气脱硫调试导则 | 制定 | 国网河北省电力公司电力科学研究院 | |
| 169 | 活性焦干法脱硫技术规范 | 制定 | 中电投远达环保工程有限公司 | |
| 170 | 火力发电厂烟气脱硝用催化剂技术条件 | 制定 | 神华国华（北京）电力研究院有限公司、重庆远达催化剂制造有限公司、江苏龙源催化剂有限公司 | |
| 171 | 湿式电除尘技术规范 | 制定 | 中电投远达环保工程有限公司 | |
| 172 | 火力发电厂金属技术监督规程 | 修订 | 西安热工研究院有限公司、阳城国际发电有限责任公司 | DL/T 438—2009 |
| 173 | 火力发电厂锅炉受热面管监督检验技术导则 | 修订 | 西安热工研究院有限公司、阳城国际发电有限责任公司 | DL/T 939—2005 |
| 174 | 汽轮机主轴焊缝超声波探伤规程 | 修订 | 国网山东省电力公司电力科学研究院、徐州电力试验中心 | DL/T 505—2005 |
| 175 | 电站弯管 | 修订 | 电力工业产品质量标准研究所 | DL/T 515—2004 |
| 176 | 铝及铝合金制电力设备对接接头超声检测方法与质量分级 | 制定 | 国网湖南省电力公司电力科学研究院 | |
| 177 | 城市中低压配电网改造技术导则 | 修订 | 国网北京市电力公司 | DL/T 599—2005 |
| 178 | 电力营销现场移动作业终端技术规范 | 制定 | 中国电力科学研究院、南瑞集团公司 | |
| 179 | 电能质量技术监督规程 | 修订 | 华北电力科学研究院有限责任公司、国网福建电力科学研究院 | DL/T 1053—2007 |

续表

| 序号 | 标准项目名称 | 制修订 | 主要起草单位 | 代替标准 |
|---|---|---|---|---|
| 180 | 电能质量评估技术导则　电压波动和闪变 | 制定 | 国网智能电网研究院 | |
| 181 | 超高压磁控式可控并联电抗器技术规范 | 制定 | 国网智能电网研究院、特变电工集团沈变集团有限公司 | |
| 182 | 柔性直流配电系统用户侧电压源换流器技术规范 | 制定 | 深圳供电局有限公司、浙江大学、清华大学、荣信电力电子股份有限公司 | |
| 183 | 电力建设工程监理规范 | 修订 | 中国电力建设企业协会 | DL/T 5434—2009 |
| 184 | 火力发电企业设备点检定修管理导则 | 修订 | 中国电力国际有限公司、中电电力检修工程有限公司、天津大唐国际盘山发电有限责任公司 | DL/Z 870—2004 |
| 185 | 火力发电厂机组检修监理规范 | 制定 | 中国电力国际有限公司、中电电力检修工程有限公司、中电投河南电力有限公司 | |
| 186 | 电力行业统计编码规范 | 制定 | 中国电力企业联合会、北京中电普华信息技术有限公司、国家电网公司、中国南方电网有限公司、中国华电集团公司、中国大唐集团公司、中国电力投资集团公司 | |
| 187 | 电力行业统计数据接口规范 | 制定 | 中国电力企业联合会、北京中电普华信息技术有限公司、国家电网公司、中国南方电网有限公司、中国华电集团公司、中国大唐集团公司、中国电力投资集团公司 | |
| 188 | 分布式光伏发电系统接入低压配电网安全保护装置技术条件 | 制定 | 内蒙古电力科学研究院、中国电力科学研究院、南京南瑞继保电气有限公司、国电南瑞科技股份有限公司、许继集团公司、国网浙江省电力公司、北京群菱能源科技有限公司 | |
| 189 | 垃圾发电厂运行指标评价规范 | 制定 | 中国电力发展促进会、中国环境保护公司、深圳市能源环保有限公司 | |
| 190 | 光伏发电工程建设监理规范 | 制定 | 中国三峡新能源公司、长江三峡技术经济发展有限公司、北京国电德胜工程项目管理有限公司 | |
| 191 | 发电厂燃气系统安全规范 | 制定 | 中海福建燃气发电有限公司、中海石油气电集团、惠州天然气发电有限公司、中海油天津化工研究设计院 | |

续表

| 序号 | 标准项目名称 | 制修订 | 主要起草单位 | 代替标准 |
|---|---|---|---|---|
| 192 | 电力器材质量监督检验技术规程 | 制定 | 国家电力器材产品安全性能质量监督检验中心 | |
| 193 | 干式绝缘管型母线 | 制定 | 河南省电力勘测设计院 | |
| 194 | 电力作业用软梯技术要求 | 制定 | 国家电力器材产品安全性能质量监督检验中心 | |
| 195 | 输变电工程接地装置选材导则 | 制定 | 国网陕西电力科学研究院、中国电力科学研究院、国网山东电力科学研究院、西北电力设计院、陕西省电力设计院、国网西藏电力科学研究院 | |
| 196 | 水力发电厂设备防结露技术规范 | 制定 | 大唐岩滩水力发电有限责任公司、国网新源控股有限公司 | |
| 197 | 垃圾发电厂危险源辨识和评价规范 | 制定 | 中国电力发展促进会、中国环境保护公司、光大环保（中国）有限公司、深圳市能源环保有限公司 | |
| 198 | 智能变电站工程调试质量评定规程 | 制定 | 广东电网公司电力科学研究院 | |
| 199 | 输变电设备物联网监测装置通用技术规范 | 制定 | 云南电网公司、南瑞集团公司、重庆大学、华南理工大学、湖南大唐先一科技公司 | |
| 200 | 输变电设备物联网监测装置及系统测试通用技术规范 | 制定 | 云南电网公司、南瑞集团公司、重庆大学、华南理工大学 | |
| 201 | 基于电力物联网业务的信息安全规范 | 制定 | 云南电网公司、中国电力科学研究院、重庆大学、华南理工大学、南瑞集团公司 | |
| 202 | 电力物联网体系架构规范 | 制定 | 云南电网公司、南瑞集团公司、湖南大学、长沙湖大电气科技有限公司、国网宁夏电力公司、湖南大唐先一科技公司 | |
| 203 | 燃机余热锅炉设备启动试验规程 | 制定 | 大唐苏州热电有限责任公司 | |
| 204 | 燃机余热锅炉监造导则 | 制定 | 大唐苏州热电有限责任公司 | |
| 205 | 燃机卧式自然循环余热锅炉检修与维护规程 | 制定 | 大唐国际发电股份有限公司北京高井热电厂 | |
| 206 | 燃机余热锅炉安装验收规范 | 制定 | 大唐苏州热电有限责任公司 | |
| 207 | 燃机卧式自然循环余热锅炉运行规程 | 制定 | 大唐国际发电股份有限公司北京高井热电厂 | |
| 208 | 电力建设工程　工程量清单计价规范—输电线路工程 | 修订 | 电力工程造价与定额管理总站 | DL/T 5205—2011 |

续表

| 序号 | 标准项目名称 | 制修订 | 主要起草单位 | 代替标准 |
| --- | --- | --- | --- | --- |
| 209 | 电力建设工程　工程量清单计价规范—变电工程 | 修订 | 电力工程造价与定额管理总站 | DL/T 5341—2011 |
| 210 | 电力建设工程　工程量清单计价规范—火力发电工程 | 修订 | 电力工程造价与定额管理总站 | DL/T 5369—2011 |
| 211 | 水力发电工程水库地震监测总体规划设计专题报告编制规程 | 制定 | 水电工程技术中心、中国水电工程顾问集团有限公司 | |
| 212 | 可再生能源工程水库塌岸及滑坡治理技术规程 | 制定 | 中国水电顾问集团西北勘测设计研究院有限公司 | |
| 213 | 可再生能源工程水库影响区界定专题报告编制规程 | 制定 | 中国水电顾问集团成都勘测设计研究院有限公司 | |
| 214 | 可再生能源工程勘察基本术语标准 | 制定 | 水电水利规划设计总院、中国水电工程顾问集团有限公司、中国水电顾问集团成都勘测设计研究院有限公司 | |
| 215 | 可再生能源工程三维激光扫描测量技术规程 | 制定 | 中国水电顾问集团成都勘测设计研究院有限公司、中国水电顾问集团华东勘测设计研究院有限公司、中国水电顾问集团西北勘测设计研究院有限公司 | |
| 216 | 地下埋藏式月牙肋岔管设计规范 | 制定 | 中国水电顾问集团北京勘测设计研究院有限公司 | |
| 217 | 水电工程弃渣场设计规范 | 制定 | 中国水电顾问集团华东勘测设计研究院有限公司 | |
| 218 | 堆石混凝土筑坝技术导则 | 制定 | 中国水电顾问集团华东勘测设计研究院有限公司、清华大学 | |
| 219 | 水电工程施工机械选择设计导则 | 制定 | 中国水电顾问集团华东勘测设计研究院有限公司 | |
| 220 | 潮汐发电工程勘察规范 | 制定 | 中国水电顾问集团华东勘测设计研究院有限公司、浙江华东建设工程有限公司 | |
| 221 | 可再生能源工程软土地基加固处理技术规程 | 制定 | 中国水电顾问集团华东勘测设计研究院有限公司 | |
| 222 | 水电工程层析成像技术规程 | 制定 | 中国水电顾问集团华东勘测设计研究院有限公司、浙江华东工程安全技术有限公司 | |
| 223 | 碾压混凝土拱坝设计规范 | 制定 | 中国水电顾问集团贵阳勘测设计研究院有限公司 | |
| 224 | 水电水利工程钻孔土工试验规程 | 修订 | 中国水电顾问集团贵阳勘测设计研究院有限公司 | DL/T 5354—2006 |
| 225 | 水电水利工程水力机械制图标准 | 修订 | 中国水电顾问集团北京勘测设计研究院有限公司 | DL/T 5349—2006 |

续表

| 序号 | 标准项目名称 | 制修订 | 主要起草单位 | 代替标准 |
|---|---|---|---|---|
| 226 | 水轮机筒形阀选型设计导则 | 制定 | 中国水电顾问集团昆明勘测设计研究院有限公司、中国水电顾问集团成都勘测设计研究院有限公司、华能澜沧江水电有限公司、国电大渡河流域水电开发有限公司 | |
| 227 | 水力发电厂机电设计规范 | 修订 | 水电水利规划设计总院、中国水电顾问集团北京勘测设计研究院有限公司 | DL/T 5186—2004 |
| 228 | 水力发电厂门禁系统设计导则 | 制定 | 中国水电顾问集团北京勘测设计研究院有限公司 | |
| 229 | 水电水利工程电气制图标准 | 修订 | 水电水利规划设计总院、中国水电顾问集团北京勘测设计研究院有限公司 | DL/T 5350—2006 |
| 230 | 水电工程水土保持验收规程 | 制定 | 水电水利规划设计总院、中国水电顾问集团华东勘测设计研究院有限公司、中国水电顾问集团成都勘测设计研究院有限公司 | |
| 231 | 水电工程环境保护设计规范 | 修订 | 水电水利规划设计总院、中国水电顾问集团成都勘测设计研究院有限公司、中国水电顾问集团华东勘测设计研究院有限公司 | DL/T 5402—2007 |
| 232 | 水电工程环境保护设施竣工验收调查技术规范 | 制定 | 水电水利规划设计总院、中国水电顾问集团华东勘测设计研究院有限公司、中国水电顾问集团北京勘测设计研究院有限公司 | |
| 233 | 水电工程环境影响后评价技术规范 | 制定 | 水电水利规划设计总院、中国水电顾问集团中南勘测设计研究院有限公司、中国水电顾问集团贵阳勘测设计研究院有限公司 | |
| 234 | 水电工程水土保持设计规范 | 制定 | 水电水利规划设计总院、中国水电顾问集团西北勘测设计研究院有限公司、中国水电顾问集团成都勘测设计研究院有限公司 | |
| 235 | 水电工程水温计算规范 | 制定 | 水电水利规划设计总院、中国水电顾问集团中南勘测设计研究院有限公司、中国水电顾问集团华东勘测设计研究院有限公司、中国水电顾问集团昆明勘测设计研究院有限公司、中国水电顾问集团贵阳勘测设计研究院有限公司 | |

续表

| 序号 | 标准项目名称 | 制修订 | 主要起草单位 | 代替标准 |
|---|---|---|---|---|
| 236 | 水电工程蓄水验收环保调查技术规范 | 制定 | 水电水利规划设计总院、中国水电顾问集团北京勘测设计研究院有限公司、中国水电顾问集团中南勘测设计研究院有限公司 | |
| 237 | 水生生物栖息地保护设计规范 | 制定 | 水电水利规划设计总院、中国水电顾问集团贵阳勘测设计研究院有限公司、中国水电顾问集团华东勘测设计研究院有限公司 | |
| 238 | 喷混植生生态护坡技术规范 | 制定 | 三峡大学 | |
| 239 | 风电机组地基基础设计规定 | 制定 | 水电水利规划设计总院、中国水电顾问集团西北勘测设计研究院有限公司 | |
| 240 | 风电场工程风能资源测量与评估技术规程 | 制定 | 水电水利规划设计总院、中国水电顾问集团西北勘测设计研究院有限公司、中国水电顾问集团华东勘测设计研究院有限公司 | |
| 241 | 海上风电场升压变电站设计技术导则 | 制定 | 水电水利规划设计总院、中国水电顾问集团华东勘测设计研究院有限公司 | |
| 242 | 风电场工程预可行性研究报告编制规程 | 制定 | 水电水利规划设计总院、中国水电顾问集团北京勘测设计研究院有限公司、吉林省电力勘测设计院、中国水电顾问集团华东勘测设计研究院有限公司 | |
| 243 | 风电场建设项目社会稳定风险分析技术规范 | 制定 | 水电水利规划设计总院、中国水电顾问集团华东勘测设计研究院有限公司、中国水电顾问集团西北勘测设计研究院有限公司 | |
| 244 | 风电场工程施工安装技术规程 | 制定 | 水电水利规划设计总院、中国水电顾问集团西北勘测设计研究院有限公司、西北水利水电工程有限责任公司 | |
| 245 | 海上风电场交流海底电缆选型敷设技术导则 | 制定 | 水电水利规划设计总院、中国水电顾问集团华东勘测设计研究院有限公司 | |
| 246 | 风电建设项目档案专项验收规程 | 制定 | 中国水电工程顾问集团有限公司、中国水电顾问集团中南勘测设计研究院有限公司 | |
| 247 | 风力发电机组设备监造导则 | 制定 | 中国大唐集团技术经济研究院、华能新能源股份公司、中唐电工程咨询有限公司、华创风能有限公司、北京国电德胜工程项目管理有限公司 | |

续表

| 序号 | 标准项目名称 | 制修订 | 主要起草单位 | 代替标准 |
|---|---|---|---|---|
| 248 | 海上风电场风电机组混凝土基础运行防腐技术规范 | 制定 | 华能新能源股份有限公司、北京鉴衡认证中心有限公司、中国大唐集团新能源股份有限公司 | |
| 249 | 风力发电场监控自动化技术监督规程 | 制定 | 中国华能集团公司、西安热工研究院有限公司、华能新能源股份公司、中国大唐集团新能源股份有限公司 | |
| 250 | 风力发电机组主控系统测试规程 | 制定 | 中国电力科学研究院 | |
| 251 | 海上风电场风机基础维护技术规范 | 制定 | 中广核风电有限公司 | |
| 252 | 风力发电场风力机技术监督规程 | 制定 | 中国华能集团公司、西安热工研究院有限公司、华能新能源股份公司、中国大唐集团新能源股份有限公司 | |
| 253 | 风力发电机叶片检修规范 | 制定 | 华能新能源股份有限公司、中复连众复合材料集团有限公司、中国大唐集团新能源股份有限公司 | |
| 254 | 风力发电场塔筒监造导则 | 制定 | 中国大唐集团技术经济研究院、中唐电工程咨询有限公司、华创风能有限公司、北京国电德胜工程项目管理有限公司 | |
| 255 | 风电功率预测系统设计规范 | 制定 | 东北电力设计院、福建省电力勘测设计院 | |
| 256 | 风力发电场化学技术监督规程 | 制定 | 中国华能集团公司、西安热工研究院有限公司、华能新能源股份公司、中国大唐集团新能源股份有限公司 | |
| 257 | 风力发电场继电保护技术监督规程 | 制定 | 中国华能集团公司、西安热工研究院有限公司、华能新能源股份公司、中国大唐集团新能源股份有限公司 | |
| 258 | 风力发电场金属技术监督规程 | 制定 | 中国华能集团公司、西安热工研究院有限公司、华能新能源股份公司、内蒙古电力科学研究院 | |
| 259 | 风力发电场绝缘技术监督规程 | 制定 | 中国华能集团公司、西安热工研究院有限公司、华能新能源股份公司、中国大唐集团新能源股份有限公司 | |
| 260 | 海上风力发电机组钢制基桩及承台技术规范 | 制定 | 中能电力科技开发有限公司、江苏海上龙源风力发电有限公司、江苏龙源振华海洋工程有限公司 | |

续表

| 序号 | 标准项目名称 | 制修订 | 主要起草单位 | 代替标准 |
|---|---|---|---|---|
| 261 | 配电网初步设计文件内容深度规定 | 制定 | 上海电力设计院有限公司、沈阳电力设计院、天津电力设计院、广州市电力工程设计院 | |
| 262 | 配电网施工图设计文件内容深度规定 | 制定 | 上海电力设计院有限公司、沈阳电力设计院、天津电力设计院、广州市电力工程设计院 | |
| 263 | 电力工程电缆勘测技术规程 | 制定 | 华东电力设计院、江苏省电力设计院 | |
| 264 | 核电厂常规岛仪表与控制系统设计规程 | 修订 | 中科华核电技术研究院有限公司、国核电力规划设计研究院 | DL/T 5423—2009 |
| 265 | 交流变电站接地安全导则 | 制定 | 中国电力科学研究院　四川中光防雷科技股份有限公司　中国电力工程顾问集团中南电力设计院 | |
| 266 | 电力应急单兵通信装备技术要求 | 制定 | 中国电力科学研究院 | |
| 267 | 高压直流工程外绝缘海拔校正导则 | 制定 | 中国电力科学研究院 | |
| 268 | 高压直流架空送电线路技术导则 | 修订 | 中国电力科学研究院 | DL/T436—2005 |
| 269 | 标称电压高于1 000V架空线路绝缘子使用导则　第4部分：直流系统用复合绝缘子 | 制定 | 中国南方电网有限责任公司超高压输电公司贵阳局、中国电力科学研究院 | |
| 270 | 交、直流架空线路用长棒形瓷绝缘子串元件使用导则 | 制定 | 中国电力科学研究院、江苏省电力科学研究院、南方电网有限责任公司、比彼西（无锡）绝缘子有限公司 | |
| 271 | 湿式冷却塔塔芯塑料部件质量标准 | 修订 | 西安热工研究院有限公司、金坛市塑料厂 | DL/T742—2001 |
| 272 | 热电联产机组能效指标计算方法 | 制定 | 中国国际工程咨询公司、中国电力企业联合会 | |
| 273 | 架空输电线路山火预报系统 | 制定 | 国网湖南省电力公司电力科学研究院 | |
| 274 | 电力建设施工质量验收规程　第2部分：锅炉机组 | 修订 | 中国电力建设企业协会 | DL/T5210. 2—2009<br>DL/T5210. 8—2009 |
| 275 | 电力建设施工质量验收规程　第3部分：汽轮发电机组 | 修订 | 中国电力建设企业协会 | DL/T5210. 3—2009<br>DL/T5210. 5—2009<br>DL/T5210. 6—2009 |
| 276 | 电力建设施工质量验收规程　第4部分：热工仪表及控制装置 | 修订 | 中国电力建设企业协会 | DL/T5210. 4—2009 |

续表

| 序号 | 标准项目名称 | 制修订 | 主要起草单位 | 代替标准 |
|---|---|---|---|---|
| 277 | 火力发电厂凝汽器化学清洗及成膜导则 | 修订 | 西安热工研究院有限公司 | DL/T957—2005 |
| 278 | 电力设备局部放电现场设备测量导则 | 修订 | 国网四川省电力公司电力科学研究院 | DL/T417—2006 |
| 279 | 电力系统序列控制接口技术规范 | 制定 | 南瑞集团公司、南方电网调度控制中心、浙江省电力调度控制中心 | |
| 280 | 智能电网调度控制系统技术规范　调度管理 | 制定 | 国家电网公司、南瑞集团公司、南方电网公司 | |
| 281 | 电力调度自动化系统运行管理规程 | 修订 | 国家电网公司、南方电网公司、华中电网公司、华北电网公司、广东电网公司、四川省电力公司 | DL/T516—2006 |
| 282 | 电力系统消息总线接口规范 | 制定 | 河北电力调度控制中心 | |
| 283 | 智能电网调度控制系统软件测试及验收规范 | 制定 | 中国电力科学研究院 | |
| 284 | 智能电网调度控制系统硬件设备测试规范 | 制定 | 中国电力科学研究院 | |
| 285 | 智能电网调度控制系统实用化标准 | 制定 | 国家电网公司、南方电网公司、华中电网公司、华东电网公司、广东电网公司、四川省电力公司 | |
| 286 | 智能电网调度控制系统技术规范　基础平台 | 制定 | 国家电网华中电力调控分中心、南方电力调度控制中心、北京科东电力系统公司、四川电力调度控制中心、中国电力科学研究院 | |
| 287 | 电力系统数字调度交换机 | 修订 | 国网河北省电力公司 | DL/T795—2001 |
| 288 | 智能电网调度控制系统技术规范　电网运行驾驶舱 | 制定 | 南方电网公司、华中电网公司 | |
| 289 | 智能变电站监控数据（信息）与接口技术规范 | 制定 | 国家电力调度控制中心、南方电网调度控制中心、国网电力科学研究院、浙江电力公司、天津电力公司、福建电力公司、甘肃电力公司、广东电力公司、贵州电力公司、许继集团、平高电气、南瑞继保、北京四方、华东电力设计院 | |
| 290 | 电力系统告警直传技术规范 | 制定 | 四川省电力公司、北京科东电力控制系统有限责任公司、南方电网电力调度控制中心 | |
| 291 | 电力系统远程浏览技术规范 | 制定 | 四川省电力公司、国电南瑞科技股份有限公司、南方电网电力调度控制中心 | |

续表

| 序号 | 标准项目名称 | 制修订 | 主要起草单位 | 代替标准 |
|---|---|---|---|---|
| 292 | 智能电网调度控制系统技术规范　实时监控与预警 | 制定 | 华北电力调度控制分中心、广东电力调度控制中心、南瑞集团、华中电力调度控制分中心 | |
| 293 | 带电作业用绝缘斗臂车使用导则 | 修订 | 中国电力科学研究院、国网江苏省电力公司 | DL/T854—2004 |
| 294 | 220kV ~500kV 输电线路带电作业用导线飞车 | 修订 | 中国电力科学研究院、国网江苏省电力公司 | DL/T636—2006 |
| 295 | 同塔多回输电线路带电作业技术导则 | 修订 | 中国电力科学研究院、国网江苏省电力公司 | DL/T1126—2009 |
| 296 | 电力变压器绕组变形的电抗法监测判断导则 | 修订 | 中国电力科学研究院 | DL/T1093—2008 |
| 297 | 电力变压器用绝缘油选用指南 | 修订 | 中国电力科学研究院 | DL/T1094—2008 |
| 298 | 变压器油带电度现场测试导则 | 修订 | 国网湖北省电力公司电力科学研究院 | DL/T1095—2008 |
| 299 | 变压器油中颗粒度限值 | 修订 | 广东电网公司电力科学研究院 | DL/T1096—2008 |
| 300 | 发电设备可靠性评价规程　第2部分：燃煤机组 | 制定 | 中电联可靠性管理中心 | |
| 301 | 智能变电站监控系统测试规范 | 制定 | 国网河南省电力公司电力科学研究院 | |
| 302 | 电力大屏幕显示系统技术规范 | 修订 | 国网电力科学研究院 | DL/T411—1991、DL/T631—1997、DL/T632—1997 |
| 303 | 电力企业应用集成　配电管理的系统接口　第2部分：术语 | 修订 | 上海交通大学、国网电力科学研究院 | DL/Z1080. 2—2007 |
| 304 | 智能变电站监控系统建设规范 | 制定 | 国网河南省电力公司电力科学研究院 | |
| 305 | 电力架空光缆接头盒　第1部分：光纤复合架空地线接头盒 | 制定 | 中国电力科学研究院、江苏中天科技股份有限公司、江东金具设备有限公司、国网信息通信有限公司 | |
| 306 | 电力架空光缆接头盒　第2部分：全介质自承式架空光缆接头盒 | 制定 | 中国电力科学研究院、江苏中天科技股份有限公司、江东金具设备有限公司、国网信息通信有限公司 | |
| 307 | 电力架空光缆接头盒　第3部分：光纤复合架空相线接头盒 | 制定 | 中国电力科学研究院、江苏中天科技股份有限公司、江东金具设备有限公司、国网信息通信有限公司 | |
| 308 | 电力系统继电保护整定计算数据交换格式规范 | 修订 | 国家电网华中电力调控分中心等 | DL/T1011—2006 |

续表

| 序号 | 标准项目名称 | 制修订 | 主要起草单位 | 代替标准 |
|---|---|---|---|---|
| 309 | 智能变电站继电保护信息规范 | 制定 | 国网浙江电力调度控制中心、国家电力调度控制中心、南京南瑞继保电气有限公司等 | |
| 310 | 智能变电站继电保护在线监视和智能诊断技术导则 | 制定 | 国网浙江电力调度控制中心、国家电力调度控制中心、南京南瑞继保电气有限公司等 | |
| 311 | 沙漠地区输电线路杆塔基础工程技术规范 | 制定 | 中国电力科学研究院 | |
| 312 | 电力工业焊接操作技能教师资格考核规则 | 修订 | 中国能源建设集团天津电力建设公司 | DL/T816—2003 |
| 313 | 发电厂轴瓦补焊技术条件 | 制定 | 中国电力科学研究院 | |
| 314 | 隔离开关及接地开关状态检修导则 | 制定 | 中国电力科学研究院、国网浙江电力公司 | |
| 315 | 隔离开关及接地开关状态评价导则 | 制定 | 中国电力科学研究院、国网浙江电力公司 | |
| 316 | 配网设备状态检修试验规程 | 制定 | 国网浙江电力金华供电公司 | |
| 317 | 变电设备在线监测装置技术规范　第1部分：通则 | 制定 | 中国电力科学研究院、国网浙江省电力公司、广东电网公司电力科学研究院等 | |
| 318 | 电能计量装置检验规程 | 修订 | 中国电力科学研究院 | SD109—1983 |
| 319 | 电力用油透明度测定法 | 修订 | 西安热工研究院有限公司 | DL/T429. 1—1991 |
| 320 | 电厂用抗燃油自燃点测定方法 | 修订 | 西安热工研究院有限公司 | DL/T706—1999 |
| 321 | 电力用油油泥析出测定方法 | 修订 | 国网陕西省电力公司电力科学研究院 | DL/T429. 7—1991 |
| 322 | 火电厂烟气脱硫工程施工及验收评价规程 | 修订 | 中国华电工程（集团）公司 | DL/T5417—2009 |
| 323 | 电力设备监造技术导则 | 修订 | 西安热工研究院有限公司 | DL/T586—2008 |
| 324 | 智能变电站施工技术规范 | 制定 | 国网河南省电力公司 | |
| 325 | 智能变电站预制光缆技术规范 | 制定 | 国网河南省经济技术研究院 | |
| 326 | 输电线路张力架线用防扭钢丝绳 | 修订 | 中国电力科学研究院 | DL/T1079—2007 |
| 327 | 光伏发电单元工程质量评定标准　土建 | 制定 | 中国水利水电第四工程局有限公司 | |
| 328 | 生物质发电厂固体燃料中氯、氟含量测定方法 | 制定 | 广东电网公司电力科学研究院、华北电力大学、西安热工研究院有限公司、武汉大学 | |
| 329 | 垃圾发电站监控系统技术规范 | 制定 | 中国电力发展促进会、北京恒泰实达科技股份有限公司 | |

续表

| 序号 | 标准项目名称 | 制修订 | 主要起草单位 | 代替标准 |
|---|---|---|---|---|
| 330 | 垃圾发电站焚烧飞灰二噁英降解技术规程 | 制定 | 中国电力发展促进会、中国恩菲工程技术有限公司、中国环境保护公司 | |
| 331 | 垃圾发电站灰渣处理技术规范 | 制定 | 中国电力发展促进会、光大环保（中国）有限公司 | |
| 332 | 垃圾发电站渗滤液处理设施技术规范 | 制定 | 中国电力发展促进会、光大环保（中国）有限公司、中国环境保护公司 | |
| 333 | 垃圾发电站干法烟气净化系统技术规范 | 制定 | 中国电力发展促进会、中国恩菲工程技术有限公司 | |
| 334 | 风光储联合发电站运行导则 | 制定 | 国网新源张家口风光储示范电站有限公司 | |
| 335 | 核电厂汽轮发电机的检测与控制技术条件 | 制定 | 华北电力设计院工程有限公司、中广核工程有限公司、苏州热工研究院有限公司、国核电力规划设计研究院 | |
| 336 | 核电厂氢油水控制系统技术要求 | 制定 | 中广核工程有限公司、上海电气电站设备有限公司汽轮机厂、东方汽轮机有限公司、哈尔滨汽轮机厂有限公司 | |
| 337 | 压水堆核电厂常规岛用直流/交流逆变器技术要求 | 制定 | 中广核工程有限公司、苏州热工研究院有限公司、国核电力规划设计研究院、厦门科华恒盛股份有限公司、厦门普罗太克科技有限公司、宝星（佛山）科技发展有限公司 | |
| 338 | 核电厂汽轮机叶片用钢技术要求 | 制定 | 中电投核电技术中心（北京）有限公司 | |
| 339 | 核电厂常规岛金属材料选用导则 | 制定 | 苏州热工研究院有限公司、中广核工程有限公司、中电投核电技术中心（北京）有限公司、中国能源建设集团安徽省电力建设第一工程公司、国核电力规划设计研究院 | |
| 340 | 核电厂常规岛及BOP机械设备工程建设阶段腐蚀管理导则 | 制定 | 中广核工程有限公司、苏州热工研究院有限公司、国核电力规划设计研究院 | |
| 341 | 核电厂海港工程混凝土结构防腐蚀技术规范 | 制定 | 国核电力规划设计研究院、苏州热工研究院有限公司 | |
| 342 | 核电厂海工构筑物防腐蚀施工及验收规范 | 制定 | 苏州热工研究院有限公司、国核电力规划设计研究院、中广核工程有限公司 | |

续表

| 序号 | 标准项目名称 | 制修订 | 主要起草单位 | 代替标准 |
| --- | --- | --- | --- | --- |
| 343 | 核电厂常规岛焊接工艺评定规程 | 修订 | 苏州热工研究院有限公司、中国能源建设集团江苏省电力建设第三工程公司、中国能源建设集团安徽省电力建设第一工程公司 | DL/T1117—2009 |
| 344 | 核电厂常规岛焊接技术规程 | 修订 | 苏州热工研究院有限公司、中国能源建设集团江苏省电力建设第三工程公司、中国能源建设集团安徽省电力建设第一工程公司 | DL/T1118—2009 |
| 345 | 核电厂常规岛建设施工焊接检验及评级 | 制定 | 苏州热工研究院有限公司、中国能源建设集团安徽省电力建设第一工程公司 | |
| 346 | 核电厂常规岛设备、管道防腐蚀工程质量验收规范 | 制定 | 苏州热工研究院有限公司、国核电力规划设计研究院 | |
| 347 | 核电厂常规岛和 BOP 涂装技术规范 | 制定 | 中国核工业二四建设有限公司、苏州热工研究院有限公司、中广核工程有限公司、中电投核电技术中心（北京）有限公司 | |
| 348 | 氢冷发电机供氢系统防爆安全验收导则 | 制定 | 中广核工程有限公司、国核电力规划设计研究院、中国东方电气集团有限公司、上海电气集团上海电机厂有限公司 | |
| 349 | 核电厂非核级设备维修质量保证 | 修订 | 苏州热工研究院有限公司 | DL/T1026—2006 |
| 350 | 核电厂水处理用离子交换树脂动力学性能试验方法 | 制定 | 中广核工程有限公司、苏州热工研究院有限公司、武汉大学、国核电力规划设计研究院 | |
| 351 | 核电厂水处理用离子交换树脂有机溶出物的测定方法 | 制定 | 苏州热工研究院有限公司、中广核工程有限公司、武汉大学 | |
| 352 | 核电厂水处理用离子交换树脂中金属含量的测定方法 | 制定 | 苏州热工研究院有限公司、武汉大学 | |
| 353 | 核电厂汽水管道与支吊架维修调整导则 | 修订 | 苏州热工研究院有限公司、中电投核电技术中心（北京）有限公司、国核电力规划设计研究院 | DL/T982—2005 |
| 354 | 核电厂常规岛水泵定期试验规范 | 修订 | 苏州热工研究院有限公司、国核电力规划设计研究院 | DL/T1072—2007 |
| 355 | 核电厂管道振动测量与评估 | 修订 | 苏州热工研究院有限公司、中电投核电技术中心（北京）有限公司、国核电力规划设计研究院 | DL/T 1103—2009 |
| 356 | 核电厂混凝土蜗壳循环水泵叶轮技术要求 | 制定 | 中广核工程有限公司、国核电力规划设计研究院 | |

续表

| 序号 | 标准项目名称 | 制修订 | 主要起草单位 | 代替标准 |
|---|---|---|---|---|
| 357 | 核电厂电力变压器、油浸电抗器、互感器施工及验收规范 | 制定 | 中广核工程有限公司、特变电工沈阳变压器集团有限公司、广东火电工程总公司、东北电力第一工程公司 | |
| 358 | 压水堆核电厂常规岛用全绝缘中压浇注母线技术要求 | 制定 | 中广核工程有限公司、上海梵地电气科技有限公司、江苏威腾母线有限公司 | |
| 359 | 核电厂真空泵选型技术要求 | 制定 | 中广核工程有限公司 | |
| 360 | 核电厂超音速火焰喷涂修复技术规范 | 制定 | 苏州热工研究院有限公司 | |
| 361 | 核电厂汽轮发电机组隔振基础测试技术导则 | 制定 | 苏州热工研究院有限公司、中广核工程有限公司、国核电力规划设计研究院 | |
| 362 | IEC61850 工程电能计量模型 | 制定 | 贵州电网有限责任公司 | |
| 363 | 数字化变电站时间同步系统检测规范 | 制定 | 贵州电网有限责任公司 | |
| 364 | 数字化电能计量装置现场检测规范 | 制定 | 贵州电网有限责任公司 | |
| 365 | 智能变电站录波及网络分析一体化装置技术规范 | 制定 | 贵州电网有限责任公司 | |
| 366 | 智能变电站网络交换机测试规范 | 制定 | 贵州电网有限责任公司 | |
| 367 | 水电枢纽工程等级划分及设计安全标准 | 修订 | 水电水利规划设计总院、中国电建集团成都勘测设计研究院有限公司 | DL 5180—2003 |
| 368 | 水电水利工程水库区工程地质勘察技术规程 | 修订 | 水电水利规划设计总院、长江水利委员会长江规划勘测设计研究院、中国电建集团昆明勘测设计研究院有限公司 | DL/T 5336—2006 |
| 369 | 水电水利工程地质测绘规程 | 修订 | 水电水利规划设计总院、中国电建集团昆明勘测设计研究院有限公司、中国电建集团贵阳勘测设计研究院有限公司 | DL/T 5185—2004 |
| 370 | 水电水利工程边坡工程地质勘察技术规程 | 修订 | 水电水利规划设计总院、中国电建集团中南勘测设计研究院有限公司、三峡大学 | DL/T 5337—2006 |
| 371 | 水电工程钻孔压水试验规程 | 修订 | 水电水利规划设计总院、中国电建集团华东勘测设计研究院有限公司、中国电建集团贵阳勘测设计研究院有限公司 | DL/T 5331—2005 |

续表

| 序号 | 标准项目名称 | 制修订 | 主要起草单位 | 代替标准 |
|---|---|---|---|---|
| 372 | 水电工程岩溶工程地质勘察技术规程 | 修订 | 水电水利规划设计总院、中国电建集团昆明勘测设计研究院有限公司、中国电建集团贵阳勘测设计研究院有限公司 | DL/T 5338—2006 |
| 373 | 水电工程预应力锚固设计规范 | 修订 | 水电水利规划设计总院、中国电建集团西北勘测设计研究院有限公司、中国电建集团成都勘测设计研究院有限公司、中国电建集团北京勘测设计研究院有限公司、东北勘测设计研究院 | DL/T 5176—2003 |
| 374 | 水电工程岩土工程施工及岩体测试造孔规程 | 修订 | 水电水利规划设计总院、中国电建集团西北勘测设计研究院有限公司、中国科学院武汉岩土力学研究所 | DL/T 5125—2009 |
| 375 | 水电工程项目档案专项验收规程 | 制定 | 水电水利规划设计总院、中国水电工程顾问集团有限公司 | |
| 376 | 水电工程地球物理测井技术规程 | 修订 | 中国电建集团中南勘测设计研究院有限公司、中国电建集团昆明勘测设计研究院有限公司、中国电建集团北京勘测设计研究院有限公司 | |
| 377 | 水电工程钻孔抽水试验规程 | 修订 | 中国电建集团成都勘测设计研究院有限公司、中国电建集团贵阳勘测设计研究院有限公司 | DL/T 5213—2005 |
| 378 | 水电工程钻探规程 | 修订 | 中国电建集团成都勘测设计研究院有限公司、中国电建集团贵阳勘测设计研究院有限公司 | DL/T 5013—2005 |
| 379 | 水工隧洞设计规范 | 修订 | 中国电建集团成都勘测设计研究院有限公司、中国电建集团华东勘测设计研究院有限公司、中国电建集团中南勘测设计研究院有限公司、中国电建集团北京勘测设计研究院有限公司、中国电建集团西北勘测设计研究院有限公司 | DL/T 5195—2004 |
| 380 | 水电工程沟水处理设计规范 | 制定 | 中国电建集团成都勘测设计研究院有限公司、中国电建集团贵阳勘测设计研究院有限公司 | |
| 381 | 水电工程环境边坡危岩体工程地质勘察技术规程 | 制定 | 中国电建集团成都勘测设计研究院有限公司 | |
| 382 | 水电工程注水试验规程 | 制定 | 中国电建集团成都勘测设计研究院有限公司 | |

续表

| 序号 | 标准项目名称 | 制修订 | 主要起草单位 | 代替标准 |
|---|---|---|---|---|
| 383 | 水电工程水库库岸防护工程勘察技术规程 | 制定 | 中国电建集团成都勘测设计研究院有限公司 | |
| 384 | 水电工程 GNSS 测量技术规程 | 制定 | 中国电建集团成都勘测设计研究院有限公司 | |
| 385 | 水电工程水库专项复建勘察技术规定 | 制定 | 中国电建集团成都勘测设计研究院有限公司 | |
| 386 | 水电工程钻孔振荡式渗透试验规程 | 制定 | 中国电建集团成都勘测设计研究院有限公司、河海大学 | |
| 387 | 水电水利工程天然建筑材料勘察规程 | 修订 | 中国电建集团昆明勘测设计研究院有限公司、中国电建集团中南勘测设计研究院有限公司、中国电建集团西北勘测设计研究院有限公司、中国电建集团成都勘测设计研究院有限公司 | DL/T 5388—2007 |
| 388 | 山区风电场风机布置及微观选址设计导则 | 制定 | 中国电建集团昆明勘测设计研究院有限公司、中国水电顾问集团投资有限公司 | |
| 389 | 光热发电工程规划报告编制规程 | 制定 | 水电水利规划设计总院、中国电建集团西北勘测设计研究院有限公司、河北省电力勘测设计研究院 | |
| 390 | 太阳能发电工程光资源评估办法 | 制定 | 水电水利规划设计总院、中国电建集团西北勘测设计院有限公司、上海电力设计院有限公司 | |
| 391 | 光伏发电站直流发电系统设计标准 | 制定 | 水电水利规划设计总院、上海电力设计院有限公司、中国电建集团西北勘测设计院有限公司 | |
| 392 | 生物质能发电工程勘察规范 | 制定 | 中国电建集团华东勘测设计研究院有限公司 | |
| 393 | 生物质燃料锅炉房设计规范 | 制定 | 水电水利规划设计总院、吉林省电力勘测设计院 | |
| 394 | 生物质能集中供热工程可行性研究报告编制规程 | 制定 | 水电水利规划设计总院、吉林省电力勘测设计院、中国电建集团西北勘测设计研究院有限公司 | |
| 395 | 生物质锅炉供热燃料产品贮运技术规范 | 制定 | 农业部规划设计研究院 | |
| 396 | 生物质成型燃料工程设计规范 | 制定 | 农业部规划设计研究院 | |
| 397 | 生物质成型燃料工程运行管理规范 | 制定 | 农业部规划设计研究院 | |
| 398 | 生物质锅炉供热燃料术语 | 制定 | 农业部规划设计研究院 | |

续表

| 序号 | 标准项目名称 | 制修订 | 主要起草单位 | 代替标准 |
|---|---|---|---|---|
| 399 | 生物质锅炉供热燃料试验方法通则 | 制定 | 农业部规划设计研究院 | |
| 400 | 水电工程勘察资料内业整理技术规程 | 修订 | 水电水利规划设计总院、中国电建集团北京勘测设计研究院有限公司 | DL/T 5351—2006 |
| 401 | 水电工程物探规范 | 修订 | 中国电建集团贵阳勘测设计研究院有限公司 | DL/T 5010—2005 |
| 402 | 水电工程水文地质勘察规程 | 制定 | 中国电建集团昆明勘测设计研究院有限公司、中国电建集团华东勘测设计研究院有限公司、中国电建集团贵阳勘测设计研究院有限公司、中国电建集团中南勘测设计研究院有限公司、河海大学 | |
| 403 | 水电工程电磁法勘探技术规程 | 制定 | 中国电建集团贵阳勘测设计研究院有限公司 | |
| 404 | 光伏发电工程勘察设计收费标准 | 制定 | 水电水利规划设计总院、中国电建集团西北勘测设计研究院有限公司 | |
| 405 | 水力发电厂水力机械辅助系统流量监视测量技术工程 | 制定 | 中国电建集团北京勘测设计研究院有限公司、北京万瑞达监控技术有限公司、三峡集团公司工程局 | |
| 406 | 多声路超声波流量计基本技术条件 | 制定 | 中国电建集团西北勘测设计研究院有限公司、南京南瑞集团公司 | |
| 407 | 水轮机进水球阀选用、试验及验收导则 | 制定 | 中国电建集团中南勘测设计研究院有限公司、哈尔滨电机厂有限责任公司 | |
| 408 | 水电站油系统设备选用、试验及验收规范 | 制定 | 中国电建集团贵阳勘测设计研究院有限公司 | |
| 409 | 流域梯级水电站通信设计技术规范 | 制定 | 水电水利规划设计总院、中国电建集团成都勘测设计研究院有限公司、中国电建集团北京勘测设计研究院有限公司 | |
| 410 | 水电工程通信设计内容和深度规定 | 修订 | 中国电建集团西北勘测设计研究院有限公司 | DL/T 5184—2004 |
| 411 | QP 型卷扬式启闭机系列参数 | 修订 | 中国电建集团中南勘测设计研究院有限公司 | DL/T 898—2004 |
| 412 | 水电工程水生生态调查与影响评价技术规范 | 制定 | 水电水利规划设计总院、中国电建集团北京勘测设计研究院有限公司、中国电建集团昆明勘测设计研究院有限公司 | |

续表

| 序号 | 标准项目名称 | 制修订 | 主要起草单位 | 代替标准 |
| --- | --- | --- | --- | --- |
| 413 | 河流水电梯级开发流域环境监测实施方案编制规程 | 制定 | 水电水利规划设计总院、中国电建集团昆明勘测设计研究院有限公司、中国电建集团贵阳勘测设计研究院有限公司 | |
| 414 | 水电工程环境保护总体设计规范 | 制定 | 水电水利规划设计总院、中国电建集团昆明勘测设计研究院有限公司、中国电建集团贵阳勘测设计研究院有限公司 | |
| 415 | 水电工程陆生生态调查与影响评价技术规范 | 制定 | 水电水利规划设计总院、中国电建集团昆明勘测设计研究院有限公司、中国电建集团贵阳勘测设计研究院有限公司 | |
| 416 | 水电工程升鱼机设计规范 | 制定 | 水电水利规划设计总院、中国电建集团昆明勘测设计研究院有限公司、中国电建集团贵阳勘测设计研究院有限公司、中国电建集团成都勘测设计研究院有限公司 | |
| 417 | 水电工程集运鱼系统过鱼技术规范 | 制定 | 水电水利规划设计总院、中国电建集团昆明勘测设计研究院有限公司、中国电建集团贵阳勘测设计研究院有限公司、中国电建集团成都勘测设计研究院有限公司 | |
| 418 | 水电工程水文预报规范 | 制定 | 水电水利规划设计总院、中国电建集团中南勘测设计研究院有限公司 | |
| 419 | 梯级水库群风险防控设计导则 | 制定 | 水电水利规划设计总院、中国水电工程顾问集团有限公司、中国电建集团西北勘测设计研究院有限公司、中国电建集团华东勘测设计研究院有限公司 | |
| 420 | 潮汐电站水能规划设计规范 | 制定 | 中国电建集团华东勘测设计研究院有限公司 | |
| 421 | 潮汐电站资源调查规范 | 制定 | 中国电建集团华东勘测设计研究院有限公司 | |
| 422 | 水电工程水土保持监测技术规程 | 制定 | 中国电建集团华东勘测设计研究院有限公司、中国电建集团成都勘测设计研究院有限公司、中国电建集团昆明勘测设计研究院有限公司 | |

续表

| 序号 | 标准项目名称 | 制修订 | 主要起草单位 | 代替标准 |
|---|---|---|---|---|
| 423 | 水电工程水利计算规范 | 修订 | 中国电建集团西北勘测设计研究院有限公司、中国电建集团北京勘测设计研究院有限公司、中国电建集团华东勘测设计研究院有限公司、中国电建集团中南勘测设计研究院有限公司 | DL/T 5105—1999 |
| 424 | 海上风电场测量规程 | 制定 | 中国电建集团华东勘测设计研究院有限公司、浙江华东测绘地理信息有限公司、浙江华东建设工程有限公司 | |
| 425 | 海上风电场钻探规程 | 制定 | 中国电建集团华东勘测设计研究院有限公司、浙江华东建设工程有限公司 | |
| 426 | 海上风电场岩土试验与测试规程 | 制定 | 中国电建集团华东勘测设计研究院有限公司、浙江华东建设岩土测试有限公司、浙江华东建设工程有限公司 | |
| 427 | 风电场工程等级划分及设计安全标准 | 制定 | 水电水利规划设计总院、中国电建集团北京勘测设计研究院有限公司 | |
| 428 | 风电机组招标文件编制导则 | 制定 | 吉林省电力勘测设计院 | |
| 429 | 风电场工程竣工图文件编制规程 | 制定 | 中国水电工程顾问集团有限公司 | |
| 430 | 风能资源评价技术规定 | 制定 | 中国气象局公共气象服务中心（中国气象局风能太阳能资源中心） | |
| 431 | 风电场润滑油运行检测规程 | 制定 | 广东电网公司电力科学研究院、广州机械科学研究院有限公司设备状态检测所 | |
| 432 | 风电场调度运行信息交换规范 | 制定 | 国家电力调度控制中心、中国电力科学研究院 | |
| 433 | 风电场有功功率调节与控制技术规定 | 制定 | 中国电力科学研究院 | |
| 434 | 风电机组高电压穿越测试规程 | 制定 | 中国电力科学研究院 | |

# 附件 11

## 2014 年国家标准化管理委员会发布的电力国家标准

| 序号 | 标准号 | 标准名称 | 代替标准 | 实施日期 |
|---|---|---|---|---|
| 1 | GB/T 7600—2014 | 运行中变压器油和汽轮机油水分含量测定法（库仑法） | GB/T 7600—1987 | 2015 -4 -1 |
| 2 | GB/T 31235—2014 | ±800kV 直流输电线路金具技术规范 | | 2015 -4 -1 |
| 3 | GB/T 31236—2014 | 1 000kV 线路保护装置技术要求 | | 2015 -4 -1 |
| 4 | GB/T 31237—2014 | 1 000kV 系统继电保护装置及安全自动装置检测技术规范 | | 2015 -4 -1 |
| 5 | GB/T 31238—2014 | 1 000KV 交流电流互感器技术规范 | | 2015 -4 -1 |
| 6 | GB/T 31239—2014 | 1 000kV 变电站金具技术规范 | | 2015 -4 -1 |

# 附件 12

## 2014 年住房和城乡建设部发布的电力工程建设国家标准

| 序号 | 标准号 | 标准名称 | 代替标准 | 发布日期 |
|---|---|---|---|---|
| 1 | GB 50872—2014 | 水电工程设计防火规范 | | 2014－1－9 |
| 2 | GB 50973—2014 | 联合循环机组燃气轮机施工及质量验收规范 | | 2014－1－29 |
| 3 | GB 50972—2014 | 循环流化床锅炉施工质量验收规范 | | 2014－1－29 |
| 4 | GB 50255—2014 | 电气装置安装工程 电力变流设备施工及验收规范 | | 2014－1－29 |
| 5 | GB 50966—2014 | 电动汽车充电站设计规范 | | 2014－1－29 |
| 6 | GB/T 50980—2014 | 电力调度通信中心工程设计规范 | | 2014－3－31 |
| 7 | GB/T 50064—2014 | 交流电气装置的过电压保护和绝缘配合设计规范 | GBJ 64—83 | 2014－3－31 |
| 8 | GB 50254—2014 | 电气装置安装工程 低压电器施工及验收规范 | | 2014－3－31 |
| 9 | GB/T 50976—2014 | 继电保护及二次回路安装及验收规范 | | 2014－3－31 |
| 10 | GB 50194—2014 | 建设工程施工现场供用电安全规范 | GB 50194—93 | 2014－4－15 |
| 11 | GB 50173—2014 | 电气装置安装工程 66kV 及以下架空电力线路施工及验收规范 | GB 50173—92 | 2014－4－15 |
| 12 | GB 50993—2014 | 1 000kV 输变电工程竣工验收规范 | | 2014－5－29 |
| 13 | GB/T 51031—2014 | 火力发电厂岩土工程勘察规范 | | 2014－8－27 |
| 14 | GB 50233—2014 | 110kV～750kV 架空输电线路施工及验收规范 | GB 50233—2005.<br>GB 50389—2006 | 2014－10－9 |
| 15 | GB 50257—2014 | 电气装置安装工程 爆炸和火灾危险环境电气装置施工及验收规范 | GB 50257—96 | 2014－12－2 |
| 16 | GB/T 50102—2014 | 工业循环水冷却设计规范 | GB/T 50102—2003 | 2014－12－2 |
| 17 | GB 51049—2014 | 电气装置安装工程 串联电容器补偿装置施工及验收规范 | | 2014－12－2 |
| 18 | GB 51048—2014 | 电化学储能电站设计规范 | | 2014－12－2 |
| 19 | GB 50256—2014 | 电气装置安装工程 起重机电气装置施工及验收规范 | GB 50256—96 | 2014－12－2 |
| 20 | GB/T 51071—2014 | 330kV～750kV 智能变电站设计规范 | | 2014－12－2 |
| 21 | GB/T 51072—2014 | 110（66）kV～220kV 智能变电站设计规范 | | 2014－12－2 |
| 22 | GB/T 51061—2014 | 电网工程标识系统编码规范 | | 2014－12－11 |

# 附件 13

## 2014 年国家能源局发布的电力行业标准

| 序号 | 标准编号 | 标准名称 | 代替标准 | 实施日期 |
|---|---|---|---|---|
| 1 | NB/T25018—2014 | 核电厂常规岛与辅助配套设施可靠性数据管理导则 | | 2014－8－1 |
| 2 | NB/T25019—2014 | 核电厂汽轮机仪表和控制技术条件 | | 2014－8－1 |
| 3 | NB/T25020—2014 | 核电厂混凝土蜗壳式循环水泵设计制造规范 | | 2014－8－1 |
| 4 | NB/T25021—2014 | 核电厂凝结水精处理设备技术条件 | | 2014－8－1 |
| 5 | NB/T25022—2014 | 核电厂全厂电气设备机械联锁技术规范 | | 2014－8－1 |
| 6 | NB/T25023—2014 | 核电厂常规岛焊接材料评定与验收规程 | | 2014－8－1 |
| 7 | NB/T25024—2014 | 核电厂常规岛及辅助配套设施承压设备安全性能检验规程 | | 2014－8－1 |
| 8 | NB/T25025—2014 | 核电厂汽轮发电机漏水、漏氢的检验导则 | | 2014－8－1 |
| 9 | NB/T25026—2014 | 核电厂在线化学仪表调试导则 | | 2014－8－1 |
| 10 | NB/T25027—2014 | 核电厂常规岛非能动机械设备老化状态和寿命评估技术导则 | | 2014－8－1 |
| 11 | NB/T25028—2014 | 核电厂汽轮机转子焊接修复技术导则 | | 2014－8－1 |
| 12 | NB/T25029—2014 | 核电厂汽轮机运行维护导则 | | 2014－8－1 |
| 13 | NB/T25030—2014 | 核电厂汽轮机转子寿命评估导则 | | 2014－8－1 |
| 14 | NB/T25031—2014 | 核电厂汽水分离再热器运行及维护指南 | | 2014－8－1 |
| 15 | NB/T25032—2014 | 核电厂二回路压力容器停用保养导则 | | 2014－8－1 |
| 16 | NB/T25033—2014 | 压水堆核电厂常规岛流体加速腐蚀敏感管线筛选导则 | | 2014－8－1 |
| 17 | NB/T25034—2014 | 核电厂除氧器运行及维护导则 | | 2014－8－1 |
| 18 | DL/T 507—2014 | 水轮发电机组启动试验规程 | DL/T 507—2002 | 2014－8－1 |
| 19 | DL/T 519—2014 | 发电厂水处理用离子交换树脂验收标准 | DL/T 519—2004 | |
| 20 | DL/T 541—2014 | 钢熔化焊 T 形接头和角接接头焊缝射线照相和质量分级 | DL/T 541—1994 | 2014－8－1 |
| 21 | DL/T 542—2014 | 钢熔化焊 T 形接头超声波检测方法和质量评定 | DL/T 542—1994 | 2014－8－1 |
| 22 | DL/T 606. 3—2014 | 火力发电厂能量平衡导则　第 3 部分：热平衡 | DL/T 606. 3—2006 | 2014－8－1 |
| 23 | DL/T 695—2014 | 电站钢制对焊管件 | DL/T 695—1999 | 2014－8－1 |
| 24 | DL/T 718—2014 | 火力发电厂三通及弯头超声波检测 | DL/T 718—1999 | 2014－8－1 |
| 25 | DL/T 733—2014 | 输变电工程用绞磨 | DL/T 733—2000 | 2014－8－1 |
| 26 | DL/T 740—2014 | 电容型验电器 | DL/T 740—2000 | 2014－8－1 |
| 27 | DL/T 751—2014 | 水轮发电机运行规程 | DL/T 751—2001 | 2014－8－1 |

续表

| 序号 | 标准编号 | 标准名称 | 代替标准 | 实施日期 |
|---|---|---|---|---|
| 28 | DL/T 771—2014 | 发电厂水处理用离子交换树脂选用导则 | DL/T 771—2001 | 2014－8－1 |
| 29 | DL/T 778—2014 | 带电作业用绝缘袖套 | DL/T 778—2001 | 2014－8－1 |
| 30 | DL/T 817—2014 | 立式水轮发电机检修技术规程 | DL/T 817—2002 | 2014－8－1 |
| 31 | DL/T 827—2014 | 灯泡贯流式水轮发电机组启动试验规程 | DL/T 827—2002 | 2014－8－1 |
| 32 | DL/T 868—2014 | 焊接工艺评定规程 | DL/T 868—2004 | 2014－8－1 |
| 33 | DL/T 958—2014 | 名词术语　电力燃料 | DL/T 958—2005 | 2014－8－1 |
| 34 | DL/T 1071—2014 | 电力大件运输规范 | DL/T 1071—2007 | 2014－8－1 |
| 35 | DL/T 1209. 2—2014 | 变电站登高作业及防护器材技术要求　第 2 部分：拆卸型检修平台 | | 2014－8－1 |
| 36 | DL/T 1209. 3—2014 | 变电站登高作业及防护器材技术要求　第 3 部分：升降型检修平台 | | 2014－8－1 |
| 37 | DL/T 1209. 4—2014 | 变电站登高作业及防护器材技术要求　第 4 部分：复合材料快装脚手架 | | 2014－8－1 |
| 38 | DL/T 1316—2014 | 火力发电厂煤粉锅炉少油点火系统设计与运行导则 | | 2014－8－1 |
| 39 | DL/T 1317—2014 | 火力发电厂焊接接头超声衍射时差检测技术规程 | | 2014－8－1 |
| 40 | DL/T 1318—2014 | 水电厂金属技术监督规程 | | 2014－8－1 |
| 41 | DL/T 1319—2014 | 循环流化床锅炉测点布置导则 | | 2014－8－1 |
| 42 | DL/T 1320—2014 | 电力企业能源管理体系　实施指南 | | 2014－8－1 |
| 43 | DL/T 1321—2014 | 大坝安全监测数据库表结构及标识符标准 | | 2014－8－1 |
| 44 | DL/T 1322—2014 | 循环流化床锅炉冷态与燃烧调整试验技术导则 | | 2014－8－1 |
| 45 | DL/T 1323—2014 | 现场宽频率交流耐压试验电压测量导则 | | 2014－8－1 |
| 46 | DL/T 1324—2014 | 锅炉奥氏体不锈钢管内壁氧化物堆积磁性检测技术导则 | | 2014－8－1 |
| 47 | DL/T 1325—2014 | 汽轮机通流部件冲蚀损伤修复与防护技术导则 | | 2014－8－1 |
| 48 | DL/T 1326—2014 | 300MW 循环流化床锅炉运行导则 | | 2014－8－1 |
| 49 | DL/T 1327—2014 | 高压交流变电站可听噪声测量方法 | | 2014－8－1 |
| 50 | DL/T 1328—2014 | 燃煤电厂二氧化碳排放统计指标体系 | | 2014－8－1 |
| 51 | DL/T 1329—2014 | 火力发电厂经济性实时在线监测技术导则 | | 2014－8－1 |
| 52 | DL/T 1330—2014 | 电力需求侧管理项目效果评估导则 | | 2014－8－1 |
| 53 | DL/T 1331—2014 | 交流变电设备不拆高压引线试验导则 | | 2014－8－1 |
| 54 | DL/T 1332—2014 | 电流互感器励磁特性现场低频试验方法测量导则 | | 2014－8－1 |
| 55 | DL/T 1333—2014 | 火力发电企业标准体系实施与评价指南 | | 2014－8－1 |
| 56 | DL/T 1334—2014 | 压阻式仪器测量仪表 | | 2014－8－1 |
| 57 | DL/T 1335—2014 | 压阻式渗压计 | | 2014－8－1 |

续表

| 序号 | 标准编号 | 标准名称 | 代替标准 | 实施日期 |
|---|---|---|---|---|
| 58 | DL/T 1336—2014 | 电力通信站光伏电源系统技术要求 | | 2014－8－1 |
| 59 | DL/T 1337—2014 | 火力发电厂水务管理导则 | | 2014－8－1 |
| 60 | DL/T 1338—2014 | 发电企业生产实时监管信息系统技术条件 | | 2014－8－1 |
| 61 | DL/T 1339—2014 | 火电厂煤炭破碎缩分联合制样设备性能试验规程 | | 2014－8－1 |
| 62 | DL/T 1340—2014 | 火力发电厂分散控制系统故障应急处理导则 | | 2014－8－1 |
| 63 | DL/T 1341—2014 | ±660kV 直流输电线路带电作业技术导则 | | 2014－8－1 |
| 64 | DL/T 1342—2014 | 电气接地工程用材料及连接件 | | 2014－8－1 |
| 65 | DL/T 5100—2014 | 水工混凝土外加剂技术规程 | DL/T 5100—1999 | 2014－8－1 |
| 66 | DL/T 5151—2014 | 水工混凝土砂石骨料试验规程 | DL/T 5151—2001 | 2014－8－1 |
| 67 | DL/T 5313—2014 | 水电站大坝运行安全评价导则 | | 2014－8－1 |
| 68 | DL/T 5314—2014 | 水电水利工程施工安全生产应急能力评估导则 | | 2014－8－1 |
| 69 | DL/T 5315—2014 | 水工混凝土建筑物修补加固技术规程 | | 2014－8－1 |
| 70 | DL/T 5316—2014 | 水电水利工程软土地基施工监测技术规范 | | 2014－8－1 |
| 71 | DL/T 5317—2014 | 水电水利工程聚脲涂层施工技术规程 | | 2014－8－1 |
| 72 | DL/T 5318—2014 | 架空输电线路扩径导线架线施工工艺导则 | | 2014－8－1 |
| 73 | DL 5319—2014 | 架空输电线路大跨越工程施工及验收规范 | | 2014－8－1 |
| 74 | DL/T 5320—2014 | 架空输电线路大跨越工程架线施工工艺导则 | | 2014－8－1 |
| 75 | NB/T 25035—2014 | 发电厂共箱封闭母线技术要求 | | 2014－11－1 |
| 76 | NB/T 25036—2014 | 发电厂离相封闭母线技术要求 | | 2014－11－1 |
| 77 | NB/T 25037—2014 | 压水堆核电厂主给水系统调试导则 | | 2014－11－1 |
| 78 | NB/T 25038—2014 | 压水堆核电厂循环水系统调试导则 | | 2014－11－1 |
| 79 | NB/T 25039—2014 | 核电厂汽轮机防进水导则 | | 2014－11－1 |
| 80 | NB/T 25040—2014 | 核电厂非安全级数字化控制系统出厂验收测试（FAT）、现场验收测试（SAT）、现场综合测试（SIT）规范 | | 2014－11－1 |
| 81 | NB/T 25041—2014 | 核电厂常规岛火灾自动报警系统功能安全技术要求 | | 2014－11－1 |
| 82 | NB/T 25042—2014 | 核电厂常规岛焊接安全管理技术规程 | | 2014－11－1 |
| 83 | NB/T 25043. 1—2014 | 核电厂常规岛及辅助配套设施建设施工技术规范　第 1 部分：土建 | | 2014－11－1 |
| 84 | NB/T 25043. 3—2014 | 核电厂常规岛及辅助配套设施建设施工技术规范　第 3 部分：循环水系统设备 | | 2014－11－1 |
| 85 | NB/T 25044. 1—2014 | 核电厂常规岛及辅助配套设施建设施工质量验收规程　第 1 部分：土建 | | 2014－11－1 |
| 86 | NB/T 25044. 3—2014 | 核电厂常规岛及辅助配套设施建设施工质量验收规程　第 3 部分：循环水系统设备 | | 2014－11－1 |

续表

| 序号 | 标准编号 | 标准名称 | 代替标准 | 实施日期 |
|---|---|---|---|---|
| 87 | NB/T 35021—2014 | 水电站调压室设计规范 | DL/T 5058—1996 | 2014－11－1 |
| 88 | NB/T 35022—2014 | 水电工程节能降耗分析设计导则 | | 2014－11－1 |
| 89 | NB/T 35023—2014 | 水闸设计规范 | SD 133—1984 | 2014－11－1 |
| 90 | NB/T 35024—2014 | 水工建筑物抗冰冻设计规范 | DL/T 5082—1998 | 2014－11－1 |
| 91 | NB/T 35025—2014 | 水电工程劳动安全与工业卫生验收规程 | | 2014－11－1 |
| 92 | NB/T 35026—2014 | 混凝土重力坝设计规范 | DL 5108—1999 | 2014－11－1 |
| 93 | NB/T 35027—2014 | 水电工程土工膜防渗技术规范 | | 2014－11－1 |
| 94 | NB/T 35028—2014 | 水电工程勘探验收规程 | | 2014－11－1 |
| 95 | NB/T 35029—2014 | 水电工程测量规范 | | 2014－11－1 |
| 96 | NB/T 35030—2014 | 水电工程投资匡算编制规定 | | 2014－11－1 |
| 97 | NB/T 35031—2014 | 水电工程安全监测系统专项投资编制细则 | | 2014－11－1 |
| 98 | NB/T 35032—2014 | 水电工程调整概算编制规定 | | 2014－11－1 |
| 99 | NB/T 35033—2014 | 水电工程环境保护专项投资编制细则 | | 2014－11－1 |
| 100 | NB/T 35034—2014 | 水电工程投资估算编制规定 | | 2014－11－1 |
| 101 | NB/T 35035—2014 | 水力发电厂水力机械辅助设备系统设计技术规定 | | 2014－11－1 |
| 102 | NB/T 35036—2014 | 水电工程固定卷扬式启闭机通用技术条件 | | 2014－11－1 |
| 103 | NB/T 35037—2014 | 水电工程鱼类增殖放流站设计规范 | | 2014－11－1 |
| 104 | NB/T 35038—2014 | 水电工程建设征地移民安置综合监理规范 | | 2014－11－1 |
| 105 | DL/T 5224—2014 | 高压直流输电大地返回系统设计技术规范 | | 2014－11－1 |
| 106 | DL/T 5366—2014 | 发电厂汽水管道应力计算技术规程 | | 2014－11－1 |
| 107 | DL/T 5487—2014 | IGCC 发电工程估算编制及项目划分导则 | | 2014－11－1 |
| 108 | DL/T 5488—2014 | 火力发电厂干式贮灰场设计规程 | | 2014－11－1 |
| 109 | DL/T 5489—2014 | 火力发电厂循环水泵房进水流道设计规范 | | 2014－11－1 |
| 110 | DL/T 5490—2014 | 500kV 交流海底电缆线路设计技术规程 | | 2014－11－1 |
| 111 | NB/T 31051—2014 | 风电机组低电压穿越能力测试规程 | | 2015－3－1 |
| 112 | NB/T 31052—2014 | 风力发电场高处作业安全规程 | | 2015－3－1 |
| 113 | NB/T 31053—2014 | 风电机组低电压穿越建模及验证方法 | | 2015－3－1 |
| 114 | NB/T 31054—2014 | 风电机组电网适应性测试规程 | | 2015－3－1 |
| 115 | NB/T 31055—2014 | 风电场理论可发电量与弃风电量评估导则 | | 2015－3－1 |
| 116 | NB/T 31056—2014 | 风力发电机组接地技术规范 | | 2015－3－1 |
| 117 | NB/T 31057—2014 | 风力发电场集电系统过电压保护技术规范 | | 2015－3－1 |
| 118 | NB/T 33010—2014 | 分布式电源接入电网运行控制规范 | DL/T 507—2003 | 2015－3－1 |
| 119 | NB/T 33011—2014 | 分布式电源接入电网测试技术规范 | DL/T 519—2005 | 2015－3－1 |
| 120 | NB/T 33012—2014 | 分布式电源接入电网监控系统功能规范 | DL/T 541—1995 | 2015－3－1 |
| 121 | NB/T 33013—2014 | 分布式电源孤岛运行控制规范 | DL/T 542—1995 | 2015－3－1 |
| 122 | NB/T 33014—2014 | 电化学储能系统接入配电网运行控制规范 | DL/T 606. 3—2007 | 2015－3－1 |
| 123 | NB/T 33015—2014 | 电化学储能系统接入配电网技术规定 | DL/T 695—2000 | 2015－3－1 |
| 124 | NB/T 33016—2014 | 电化学储能系统接入配电网测试规程 | DL/T 718—2000 | 2015－3－1 |

续表

| 序号 | 标准编号 | 标准名称 | 代替标准 | 实施日期 |
|---|---|---|---|---|
| 125 | NB/T 35039—2014 | 水电工程地质观测规程 | DL/T 733—2001 | 2015－3－1 |
| 126 | NB/T 35040—2014 | 水力发电厂供暖通风与空气调节设计规范 | DL/T 740—2001 | 2015－3－1 |
| 127 | NB/T 35041—2014 | 水电工程施工导流设计规范 | DL/T 751—2002 | 2015－3－1 |
| 128 | NB/T 35042—2014 | 水力发电厂通信设计规范 | DL/T 771—2002 | 2015－3－1 |
| 129 | NB/T 35043—2014 | 水电工程三相交流系统短路电流计算导则 | DL/T 778—2002 | 2015－3－1 |
| 130 | NB/T 35044—2014 | 水力发电厂厂用电设计规程 | DL/T 817—2003 | 2015－3－1 |
| 131 | NB/T 35045—2014 | 水电工程钢闸门制造安装及验收规范 | DL/T 827—2003 | 2015－3－1 |
| 132 | NB/T 35046—2014 | 水电工程设计洪水计算规范 | DL/T 868—2005 | 2015－3－1 |
| 133 | DL/T 303—2014 | 电网在役支柱绝缘子及瓷套超声波检验技术导则 | DL/T 958—2006 | 2015－3－1 |
| 134 | DL/T 512—2014 | KRC 系列环锤式破碎机 | DL/T 1071—2008 | 2015－3－1 |
| 135 | DL/T 550—2014 | 地区电网调度控制系统技术规范 | | 2015－3－1 |
| 136 | DL/T 571—2014 | 电厂用磷酸酯抗燃油运行与维护导则 | | 2015－3－1 |
| 137 | DL/T606. 1—2014 | 火力发电厂能量平衡导则　第 1 部分：总则 | | 2015－3－1 |
| 138 | DL/T606. 2—2014 | 火力发电厂能量平衡导则　第 2 部分：燃料平衡 | | 2015－3－1 |
| 139 | DL/T 648—2014 | 叶轮给粉机 | | 2015－3－1 |
| 140 | DL/T 649—2014 | 叶轮给煤机 | | 2015－3－1 |
| 141 | DL/T 675—2014 | 电力行业无损检测人员资格考核规则 | | 2015－3－1 |
| 142 | DL/T 707—2014 | HS 系列环锤式破碎机 | | 2015－3－1 |
| 143 | DL/T 708—2014 | 埋刮板给煤机 | | 2015－3－1 |
| 144 | DL/T 722—2014 | 变压器油中溶解气体分析和判断导则 | | 2015－3－1 |
| 145 | DL/T 764—2014 | 电力金具用杆部带销孔六角头螺栓 | | 2015－3－1 |
| 146 | DL/T 802. 8—2014 | 电力电缆用导管技术条件　第 8 部分：埋地用改性聚丙烯塑料单壁波纹电缆导管 | | 2015－3－1 |
| 147 | DL/T 804—2014 | 交流电力系统金属氧化物避雷器使用导则 | | 2015－3－1 |
| 148 | DL/T 860. 71—2014 | 电力自动化通信网络和系统　第 7—1 部分：基本通信结构　原理和模型 | | 2015－3－1 |
| 149 | DL/T 860. 74—2014 | 电力自动化通信网络和系统　第 7—4 部分：基本通信结构兼容逻辑节点类和数据类 | | 2015－3－1 |
| 150 | DL/T 860. 901—2014 | 电力自动化通信网络和系统　第 901 部分：DL/T 860 在变电站间通信中的应用 | | 2015－3－1 |
| 151 | DL/T 890. 552—2014 | 能量管理系统应用程序接口　第 552 部分：CIMXML 模型交换格式 | | 2015－3－1 |
| 152 | DL/T 959—2014 | 电站锅炉安全阀技术规程 | | 2015－3－1 |
| 153 | DL/T 1033. 3—2014 | 电力行业词汇　第 3 部分：发电厂、水力发电 | | 2015－3－1 |

续表

| 序号 | 标准编号 | 标准名称 | 代替标准 | 实施日期 |
|---|---|---|---|---|
| 154 | DL/T 1033.5—2014 | 电力行业词汇　第5部分：核能发电 | | 2015-3-1 |
| 155 | DL/T 1033.6—2014 | 电力行业词汇　第6部分：新能源发电 | | 2015-3-1 |
| 156 | DL/T 1033.11—2014 | 电力行业词汇　第11部分：事故、保护、安全和可靠性 | | 2015-3-1 |
| 157 | DL/T 1343—2014 | 电力金具用闭口销 | | 2015-3-1 |
| 158 | DL/T 1344—2014 | 干扰性用户接入电力系统技术规范 | | 2015-3-1 |
| 159 | DL/T 1345—2014 | 直升机电力作业安全工作规程 | | 2015-3-1 |
| 160 | DL/T 1346—2014 | 直升机激光扫描输电线路作业技术规程 | | 2015-3-1 |
| 161 | DL/T 1347—2014 | 交流滤波器保护装置通用技术条件 | | 2015-3-1 |
| 162 | DL/T 1348—2014 | 自动准同期装置通用技术条件 | | 2015-3-1 |
| 163 | DL/T 1349—2014 | 断路器保护装置通用技术条件 | | 2015-3-1 |
| 164 | DL/T 1350—2014 | 变电站故障解列装置通用技术条件 | | 2015-3-1 |
| 165 | DL/T 1351—2014 | 电力系统暂态过电压在线测量及记录系统技术导则 | DL/T 5100—2000 | 2015-3-1 |
| 166 | DL/T 1352—2014 | 电力应急指挥中心技术导则 | DL/T 5151—2002 | 2015-3-1 |
| 167 | DL/T 1353—2014 | 六氟化硫处理系统技术规范 | | 2015-3-1 |
| 168 | DL/T 1354—2014 | 电力用油闭口闪点测定　微量常闭法 | | 2015-3-1 |
| 169 | DL/T 1355—2014 | 变压器油中糠醛含量的测定　液相色谱法 | | 2015-3-1 |
| 170 | DL/T 1356—2014 | 炉水除磷氢电导率在线测定方法 | | 2015-3-1 |
| 171 | DL/T 1357—2014 | 发电厂凝结水精处理用绕线式滤元验收导则 | | 2015-3-1 |
| 172 | DL/T 1358—2014 | 火力发电厂水汽分析方法　总有机碳的测定 | | 2015-3-1 |
| 173 | DL/T 1359—2014 | 六氟化硫电气设备故障气体分析和判断方法 | | 2015-3-1 |
| 174 | DL/T 1360—2014 | 大豆植物变压器油质量标准 | | 2015-3-1 |
| 175 | DL/T 1361—2014 | 火力发电厂冷却塔竹制淋水填料技术条件 | | 2015-3-1 |
| 176 | DL/T 1362—2014 | 输变电工程项目质量管理规程 | | 2015-3-1 |
| 177 | DL/T 1363—2014 | 电网建设项目文件归档与档案整理规范 | | 2015-3-1 |
| 178 | DL/T 1364—2014 | 光伏发电站防雷技术规程 | | 2015-3-1 |
| 179 | DL/T 1365—2014 | 名词术语　电力节能 | | 2015-3-1 |
| 180 | DL/T 1366—2014 | 电力设备用六氟化硫气体 | | 2015-3-1 |
| 181 | DL/T 1367—2014 | 输电线路检测技术导则 | | 2015-3-1 |
| 182 | DL/T 1368—2014 | 电能质量标准源校准规范 | | 2015-3-1 |
| 183 | DL/T 1369—2014 | 标准谐波有功电能表 | | 2015-3-1 |
| 184 | DL/T 1370—2014 | 石灰石元素的测定　微波消解—等离子体发射光谱法 | | 2015-3-1 |
| 185 | DL/T 1371—2014 | 火电厂袋式除尘器运行维护导则 | | 2015-3-1 |
| 186 | DL/T 1372—2014 | 架空输电线路跳线技术条件 | | 2015-3-1 |

续表

| 序号 | 标准编号 | 标准名称 | 代替标准 | 实施日期 |
| --- | --- | --- | --- | --- |
| 187 | DL/T 1373—2014 | 可逆锤击式破碎机 | DL/T 5058—1997 | 2015 -3 -1 |
| 188 | DL/T 1374—2014 | 滚轴筛 | | 2015 -3 -1 |
| 189 | DL/T 1375—2014 | 电能质量评估技术导则　三相电压不平衡 | SD 133—1985 | 2015 -3 -1 |
| 190 | DL/T 1376—2014 | 超高压分级式可控并联电抗器技术规范 | DL/T 5082—1999 | 2015 -3 -1 |
| 191 | DL/T 1377—2014 | 电力调度员培训仿真技术规范 | | 2015 -3 -1 |
| 192 | DL/T 1378—2014 | 光纤复合架空地线（OPGW）防雷接地技术导则 | DL 5108—2000 | 2015 -3 -1 |
| 193 | DL/T 1379—2014 | 电力调度数据网设备测试规范 | | 2015 -3 -1 |
| 194 | DL/T 1380—2014 | 电网运行模型数据交换规范 | | 2015 -3 -1 |
| 195 | DL/T 1381—2014 | 电力企业信用评价规范 | | 2015 -3 -1 |
| 196 | DL/T 1382—2014 | 电力企业信用评价指标体系分类及代码 | | 2015 -3 -1 |
| 197 | DL/T 1383—2014 | 电力行业供应商信用评价规范 | | 2015 -3 -1 |
| 198 | DL/T 1384—2014 | 电力行业供应商信用评价指标体系分类及代码 | | 2015 -3 -1 |
| 199 | DL/T 1385—2014 | 履带式布料机 | | 2015 -3 -1 |
| 200 | DL/T 1386—2014 | 电力变压器用吸湿器选用导则 | | 2015 -3 -1 |
| 201 | DL/T 1387—2014 | 电力变压器用绕组线选用导则 | | 2015 -3 -1 |
| 202 | DL/T 1388—2014 | 电力变压器用电工钢带选用导则 | | 2015 -3 -1 |
| 203 | DL/T 1389—2014 | 500kV 变压器中性点接地电抗器选用导则 | | 2015 -3 -1 |
| 204 | DL/T 1390—2014 | 12kV 高压交流自动用户分界开关设备 | | 2015 -3 -1 |
| 205 | DL/T 1391—2014 | 数字式自动电压调节器涉网性能检测导则 | | 2015 -3 -1 |
| 206 | DL/T 1392—2014 | 直流电源系统绝缘监测装置技术条件 | | 2015 -3 -1 |
| 207 | DL/T 1393—2014 | 火力发电厂锅炉汽包水位测量系统技术规程 | | 2015 -3 -1 |
| 208 | DL/T 1394—2014 | 电子式电流、电压互感器校验仪技术条件 | | 2015 -3 -1 |
| 209 | DL/T 1395—2014 | 水电工程设备铸锻件检验验收规范 | | 2015 -3 -1 |
| 210 | DL/T 1396—2014 | 水电建设项目文件收集与档案整理规范 | | 2015 -3 -1 |
| 211 | DL/T 1397. 1—2014 | 电力直流电源系统用测试设备通用技术条件　第 1 部分：蓄电池电压巡检仪 | | 2015 -3 -1 |
| 212 | DL/T 1397. 2—2014 | 电力直流电源系统用测试设备通用技术条件　第 2 部分：蓄电池容量放电测试仪 | | 2015 -3 -1 |
| 213 | DL/T 1397. 3—2014 | 电力直流电源系统用测试设备通用技术条件　第 3 部分：充电装置特性测试系统 | | 2015 -3 -1 |
| 214 | DL/T 1397. 4—2014 | 电力直流电源系统用测试设备通用技术条件　第 4 部分：直流断路器动作特性测试系统 | | 2015 -3 -1 |
| 215 | DL/T 1397. 5—2014 | 电力直流电源系统用测试设备通用技术条件　第 5 部分：蓄电池内阻测试仪 | | 2015 -3 -1 |

续表

| 序号 | 标准编号 | 标准名称 | 代替标准 | 实施日期 |
|---|---|---|---|---|
| 216 | DL/T 1397. 6—2014 | 电力直流电源系统用测试设备通用技术条件　第6部分：便携式接地巡测仪 | | 2015－3－1 |
| 217 | DL/T 1397. 7—2014 | 电力直流电源系统用测试设备通用技术条件　第7部分：蓄电池单体活化仪 | | 2015－3－1 |
| 218 | DL/T 1398. 1—2014 | 智能家居系统　第1部分：总则 | DL/T 507—2004 | 2015－3－1 |
| 219 | DL/T 1398. 2—2014 | 智能家居系统　第2部分：功能规范 | DL/T 519—2006 | 2015－3－1 |
| 220 | DL/T 1398. 31—2014 | 智能家居系统　第3—1部分：家庭能源网关技术规范 | DL/T 541—1996 | 2015－3－1 |
| 221 | DL/T 1398. 32—2014 | 智能家居系统　第3—2部分：智能交互终端技术规范 | DL/T 542—1996 | 2015－3－1 |
| 222 | DL/T 1398. 33—2014 | 智能家居系统　第3—3部分：智能插座技术规范 | DL/T 606. 3—2008 | 2015－3－1 |
| 223 | DL/T 1398. 34—2014 | 智能家居系统　第3—4部分：家电监控模块技术规范 | DL/T 695—2001 | 2015－3－1 |
| 224 | DL/T 1398. 41—2014 | 智能家居系统　第4—1部分：通信协议—服务中心主站与家庭能源网关通信 | DL/T 718—2001 | 2015－3－1 |
| 225 | DL/T 1398. 42—2014 | 智能家居系统　第4—2部分：通信协议—家庭能源网关下行通信 | DL/T 733—2002 | 2015－3－1 |
| 226 | DL/T 1399. 1—2014 | 电力试验/检测车　第1部分：通用技术条件 | DL/T 740—2002 | 2015－3－1 |
| 227 | DL 5009. 1—2014 | 电力建设安全工作规程　第1部分：火力发电 | DL/T 751—2003 | 2015－3－1 |
| 228 | DL/T 5700—2014 | 城市居住区供配电设施建设规范 | DL/T 771—2003 | 2015－3－1 |
| 229 | DL/T 5701—2014 | 水电水利工程施工机械安全操作规程　反井钻机 | DL/T 778—2003 | 2015－3－1 |
| 230 | DL/T 5702—2014 | 水电水利工程沉井施工技术规程 | DL/T 817—2004 | 2015－3－1 |
| 231 | DL/T 5703—2014 | 水电水利工程预应力锚杆用水泥锚固剂技术规程 | DL/T 827—2004 | 2015－3－1 |
| 232 | DL/T 5704—2014 | 火力发电厂热力设备及管道保温防腐施工质量验收规程 | DL/T 868—2006 | 2015－3－1 |
| 233 | DL/T 5705—2014 | 循环流化床锅炉砌筑工艺导则 | DL/T 958—2007 | 2015－3－1 |
| 234 | DL/T 5706—2014 | 火力发电工程施工组织设计导则 | DL/T 1071—2009 | 2015－3－1 |
| 235 | DL/T 5707—2014 | 电力工程电缆防火封堵施工工艺导则 | | 2015－3－1 |
| 236 | DL/T 5708—2014 | 架空输电线路戈壁碎石土地基掏挖基础设计与施工技术导则 | | 2015－3－1 |
| 237 | DL/T 5709—2014 | 配电自动化规划设计导则 | | 2015－3－1 |
| 238 | DL/T 5710—2014 | 电力建设土建工程施工技术检验规范 | | 2015－3－1 |
| 239 | DL/T 5711—2014 | 水电水利工程施工机械安全操作规程　带式输送机 | | 2015－3－1 |

续表

| 序号 | 标准编号 | 标准名称 | 代替标准 | 实施日期 |
| --- | --- | --- | --- | --- |
| 240 | DL/T 5712—2014 | 水电水利工程接缝灌浆施工技术规范 | | 2015 -3 -1 |
| 241 | DL 5713—2014 | 火力发电厂热力设备及管道保温施工工艺导则 | | 2015 -3 -1 |
| 242 | DL 5714—2014 | 火力发电厂热力设备及管道保温防腐施工技术规范 | | 2015 -3 -1 |
| 243 | DL/T 5001—2014 | 火力发电厂工程测量技术规程 | | 2015 -3 -1 |
| 244 | DL/T 5044—2014 | 电力工程直流电源系统设计技术规程 | | 2015 -3 -1 |
| 245 | DL 5068—2014 | 发电厂化学设计规范 | | 2015 -3 -1 |
| 246 | DL/T 5097—2014 | 火力发电厂贮灰场岩土工程勘测技术规程 | | 2015 -3 -1 |
| 247 | DL/T 5138—2014 | 电力工程数字摄影测量规程 | | 2015 -3 -1 |
| 248 | DL/T 5153—2014 | 火力发电厂厂用电设计技术规程 | | 2015 -3 -1 |
| 249 | DL/T 5219—2014 | 架空输电线路基础设计技术规程 | | 2015 -3 -1 |
| 250 | DL/T 5390—2014 | 发电厂和变电站照明设计技术规定 | | 2015 -3 -1 |
| 251 | DL/T 5491—2014 | 电力工程交流不间断电源系统设计技术规程 | | 2015 -3 -1 |
| 252 | DL/T 5492—2014 | 电力工程遥感调查技术规程 | | 2015 -3 -1 |
| 253 | DL/T 5493—2014 | 电力工程基桩检测技术规程 | | 2015 -3 -1 |
| 254 | DL/T 5494—2014 | 电力工程场地地震安全性评价规程 | | 2015 -3 -1 |

# 附件 14

## 2014 年国家能源局废止的电力行业标准

| 序号 | 标准编号 | 标准名称 |
|---|---|---|
| 1 | DL/T 405—1996 | 进口 252（245）—550kV 交流高压断路器和隔离开关技术规范 |
| 3 | DL/T 420—1991 | 电气绝缘液体的折射率和比色散试验方法 |
| 2 | DL 427—1991 | 户内型发电机断路器订货技术条件 |
| 4 | DL/T 429. 3—1991 | 电力系统油质试验方法—水溶性酸测定法（酸度计法） |
| 5 | DL/T 429. 4—1991 | 电力系统油质试验方法—水溶性酸定量测定法 |
| 6 | DL/T 429. 5—1991 | 电力系统油质试验方法—挥发性水溶性酸测定法 |
| 7 | DL/T 429. 9—1991 | 电力系统油质试验方法—绝缘油介电强度测定法 |
| 8 | DL/T 450—1991 | 绝缘油中含气量的测试方法—二氧化碳洗脱法 |
| 9 | DL 451—1991 | 循环式远动规约 |
| 10 | DL/T 480—1992 | 静态电流相位比较式纵联保护装置技术条件（继电部分） |
| 11 | DL/T 481—1992 | 静态方向比较式纵联保护装置技术条件 |
| 12 | DL/T 482—1992 | 静态零序电流方向保护装置技术条件 |
| 13 | DL/T 511—1993 | 电站设备备品配件分类与编码导则 |
| 14 | DL/T 525—1993 | 数字型频率继电器及低频自动减负荷装置技术条件 |
| 15 | DL/T 600—2001 | 电力行业标准编写基本规定 |
| 16 | DL/T 605—1996 | 高压直流换流站绝缘配合导则 |
| 17 | DL/T 613—1997 | 进口交流无间隙金属氧化物避雷器技术规范 |
| 18 | DL/T 621—1997 | 交流电气装置的接地 |
| 19 | DL/T 643—1997 | PDC 型盘式电磁除铁器 |
| 20 | DL/T 644—1997 | IPQ 型移动式耙斗清污机 |
| 21 | DL/T 652—1998 | 金相复型技术工艺导则 |
| 22 | DL/T 704—1999 | 变压器油、汽轮机油中 T501 抗氧化剂含量测定法（液相色谱法） |
| 23 | DL/T 769—2001 | 电力系统微机继电保护技术导则 |
| 24 | DL/T 791—2001 | 户内交流充气式开关柜选用导则 |
| 25 | DL/T 808—2002 | 副产硫酸铵 |
| 26 | DL/T 833—2003 | 民用核承压设备焊工资格考核规则 |
| 27 | DL/T 860. 91—2006 | 变电站通信网络和系统　第 9—1 部分：特定通信服务映射（SCSM）单向多路点对点串行通信链路上的采样值 |
| 28 | DL/T 871—2004 | 电力系统继电保护产品动模试验 |
| 29 | DL/T 873—2004 | 微机型发电机变压器组动态记录装置技术条件 |
| 30 | DL/T 912—2005 | 超临界火力发电机组水汽质量标准 |
| 31 | DL/T 926—2005 | 自抽式飞灰取样方法 |
| 32 | DL/T 927—2005 | 弹筒硫的测定方法 |
| 33 | DL/T 928—2005 | 微机氧弹热量计使用性能检验规程 |
| 34 | DL/T 937—2005 | 热交换器管声脉冲检测技术导则 |

续表

| 序号 | 标准编号 | 标准名称 |
| --- | --- | --- |
| 35 | DL/T 942—2005 | 直吹式制粉系统的煤粉取样方法 |
| 36 | DL/T 950—2005 | 电厂标识系统设计导则 |
| 37 | DL/T 960—2005 | 燃煤电厂烟气排放连续监测系统技术条件 |
| 38 | DL/T 968—2005 | 高压直流输电工程启动及竣工验收规程 |
| 39 | DL 5000—2000 | 火力发电厂设计技术规程 |
| 40 | SD 118—1984 | 125MW 机组锅炉运行规程 |
| 41 | SD 180—1986 | 斗轮堆取料机型式和基本参数 |
| 42 | SD 234—2987 | 电力计量器 |
| 43 | SD 235—2987 | 电力时控开关 |
| 44 | SD 236—2987 | 电力定量器检验规程 |
| 45 | SD 279—1988 | 静态阻抗继电器技术条件 |
| 46 | SD 281—1988 | 静态型发电机转子接地继电器技术条件 |
| 47 | SD 282—1988 | 静态型发电机定子接地继电器技术条件 |
| 48 | SD 283—1988 | 静态电流继电器技术条件 |
| 49 | SD 284—1988 | 静态电压继电器技术条件 |
| 50 | SD 285—1988 | 静态时间继电器技术条件 |
| 51 | SD 318—1989 | 高压开关柜闭锁装置技术条件 |

# 附件 15

## 2014 年度电力行业信用企业名单（初评）

| 序号 | 企业名称 | 信用等级 |
|---|---|---|
| 1 | 上海电力股份有限公司 | AAA |
| 2 | 中国华能集团清洁能源技术研究院有限公司 | AAA |
| 3 | 中国水利水电第八工程局有限公司 | AAA |
| 4 | 中国水利水电第十二工程局有限公司 | AAA |
| 5 | 中国水利电力物资有限公司 | AAA |
| 6 | 中国能源建设集团安徽省电力设计院 | AAA |
| 7 | 湖南省电力公司东江水力发电厂 | AAA |
| 8 | 大唐南京环保科技有限责任公司 | AAA |
| 9 | 上海久隆电力（集团）有限公司 | AAA |
| 10 | 上海申欣环保实业有限公司 | AAA |
| 11 | 湖南省电网工程公司 | AAA |
| 12 | 湖南创业电力高科技股份有限公司 | AAA |
| 13 | 湖南德力电力建设集团有限公司 | AAA |
| 14 | 南京南瑞继保工程技术有限公司 | AAA |
| 15 | 山西平朔煤矸石发电有限责任公司 | AAA |
| 16 | 大唐鲁北发电有限责任公司 | AAA |
| 17 | 国电湖南宝庆煤电有限公司 | AAA |
| 18 | 山西漳电国电王坪发电有限公司 | AAA |
| 19 | 益阳电力勘测设计院有限公司 | AAA |
| 20 | 佛山电力设计院有限公司 | AAA |
| 21 | 湖南宝源电力实业有限公司 | AAA |
| 22 | 江苏赛德电气有限公司 | AAA |
| 23 | 江苏翔宇电力装备制造有限公司 | AAA |
| 24 | 郴州郴能电力有限公司 | AAA |
| 25 | 广东南海电力设计院工程有限公司 | AAA |
| 26 | 广东汇安恒达管理顾问有限公司 | AAA |
| 27 | 广东立胜电力工程有限公司 | AAA |
| 28 | 大唐（北京）能源管理有限公司 | AAA |
| 29 | 郴州市东塘电气设备有限公司 | AAA – |
| 30 | 山西晋缘电力化学清洗中心有限公司 | AAA – |
| 31 | 山西元工电力工程设计有限公司 | AAA – |
| 32 | 北京联路道路照明安装有限公司 | AAA – |
| 33 | 湖南雁能建设集团有限公司 | AA + |
| 34 | 郴州郴能电力勘察设计有限公司 | AA + |
| 35 | 林州电业万源企业有限公司 | AA + |

续表

| 序号 | 企业名称 | 信用等级 |
|---|---|---|
| 36 | 益阳欣达天马电器设备制造有限公司 | AA + |
| 37 | 佛山市中安电力消防科技工程有限公司 | AA + |
| 38 | 中国能源建设集团山西省电力建设一公司 | AA |
| 39 | 桂东县电力实业有限责任公司 | AA |
| 40 | 资兴市东电实业开发有限责任公司 | AA |
| 41 | 中美国际电力集团有限公司顺德分公司 | AA |
| 42 | 广东粤明电力工程有限公司 | AA |
| 43 | 广东辰誉电力设计咨询有限公司 | AA |
| 44 | 永州恒通电力（集团）有限责任公司 | AA – |
| 45 | 佛山市南方消防电力工程有限公司 | A |

## 2014 年度电力行业信用企业名单（复评）

| 序号 | 企业名称 | 信用等级 |
|---|---|---|
| 1 | 江苏省电力公司 | AAA |
| 2 | 国网上海市电力公司 | AAA |
| 3 | 国网山东省电力公司 | AAA |
| 4 | 国网浙江省电力公司 | AAA |
| 5 | 福建省电力有限公司 | AAA |
| 6 | 内蒙古电力（集团）有限责任公司 | AAA |
| 7 | 国电电力发展股份有限公司 | AAA |
| 8 | 龙源电力集团股份有限公司 | AAA |
| 9 | 华电国际电力股份有限公司 | AAA |
| 10 | 中国长江电力股份有限公司 | AAA |
| 11 | 中国电力工程顾问集团公司 | AAA |
| 12 | 华能呼伦贝尔能源开发有限公司 | AAA |
| 13 | 华能澜沧江水电有限公司 | AAA |
| 14 | 国电联合动力技术有限公司 | AAA |
| 15 | 山东电力工程咨询院有限公司 | AAA |
| 16 | 上海核工程研究设计院 | AAA |
| 17 | 大亚湾核电运营管理有限责任公司 | AAA |
| 18 | 中广核工程有限公司 | AAA |
| 19 | 中国电力工程顾问集团东北电力设计院 | AAA |
| 20 | 中国电力工程顾问集团华东电力设计院 | AAA |
| 21 | 中国电力工程顾问集团西北电力设计院有限公司 | AAA |
| 22 | 中国电力工程顾问集团西南电力设计院 | AAA |
| 23 | 中国电力工程顾问集团中南电力设计院 | AAA |
| 24 | 中国电力工程顾问集团华北电力设计院工程有限公司 | AAA |

续表

| 序号 | 企业名称 | 信用等级 |
|---|---|---|
| 25 | 中国电力建设工程咨询公司 | AAA |
| 26 | 上海电力建设有限责任公司 | AAA |
| 27 | 广东电网公司河源供电局 | AAA |
| 28 | 葛洲坝集团第二工程有限公司 | AAA |
| 29 | 华北电力科学研究院有限责任公司 | AAA |
| 30 | 云南省电力设计院 | AAA |
| 31 | 中能电力科技开发有限公司 | AAA |
| 32 | 中电电力检修工程有限公司 | AAA |
| 33 | 中电投电力工程有限公司 | AAA |
| 34 | 中电投远达环保工程有限公司 | AAA |
| 35 | 南京南瑞继保电气有限公司 | AAA |
| 36 | 国电和风风电开发有限公司 | AAA |
| 37 | 山西漳泽电力股份有限公司河津发电分公司 | AAA |
| 38 | 山西漳泽电力工程有限公司 | AAA |
| 39 | 天津华能杨柳青热电有限责任公司 | AAA |
| 40 | 广州珠江天然气发电有限公司 | AAA |
| 41 | 贵州送变电工程公司 | AAA |
| 42 | 山东电力建设第三工程公司 | AAA |
| 43 | 内蒙古能源发电投资集团有限公司电力工程技术研究院 | AAA |
| 44 | 内蒙古第三电力建设工程有限责任公司 | AAA |
| 45 | 中国能源建设集团南京线路器材厂 | AAA |
| 46 | 河南电力器材公司 | AAA |
| 47 | 深圳市金宏威技术股份有限公司 | AAA |
| 48 | 江苏智方建设工程有限公司 | AAA |
| 49 | 江西科晨高新技术发展有限公司 | AAA |
| 50 | 天津市电力科技发展公司 | AAA |
| 51 | 乌海市海金送变电工程有限责任公司 | AAA |
| 52 | 锡林郭勒电力建设有限责任公司 | AAA |
| 53 | 巴彦淖尔市康立电力安装有限责任公司 | AAA |
| 54 | 准格尔旗大正电业有限责任公司 | AAA |
| 55 | 北京北开电气股份有限公司 | AAA |
| 56 | 江苏上上电缆集团有限公司 | AAA |
| 57 | 杭州电缆股份有限公司 | AAA |
| 58 | 浙江盛达铁塔有限公司 | AAA |
| 59 | 常熟风范电力设备股份有限公司 | AAA |
| 60 | 广东运峰电力安装有限公司 | AAA |
| 61 | 郑州赛金电气有限公司 | AAA－ |
| 62 | 哈尔滨通能电气股份有限公司 | AAA－ |

# 附件 16

## 2014 年度电力建设信用企业（初评）

| 序号 | 受评企业 | 信用等级 |
|---|---|---|
| 1 | 陕西中试电力科技有限公司 | AAA |
| 2 | 上海明华电力技术工程有限公司 | AAA |
| 3 | 华电电力科学研究院 | AAA |
| 4 | 甘肃送变电工程公司 | AAA |
| 5 | 国网青海省电力公司电力科学研究院 | AAA |
| 6 | 宁夏电力能源科技有限公司 | AA |
| 7 | 重庆渝电工程监理咨询有限公司 | AAA |
| 8 | 福建和盛工程管理有限责任公司 | AAA |
| 9 | 中国水利水电第十二工程局有限公司 | AAA |
| 10 | 云南省送变电工程公司 | AAA |
| 11 | 山东鲁电调试运行技术有限公司 | A |
| 12 | 河南第二火电建设公司 | AAA |
| 13 | 北京华电海外技术有限公司 | A |
| 14 | 宜昌宜电工程建设监理有限责任公司 | AA |
| 15 | 青岛华丰伟业电力科技工程有限公司 | AAA |
| 16 | 内蒙古康沃工程建设监理有限责任公司 | AAA |
| 17 | 国网内蒙古东部电力有限公司电力科学研究院 | AA |
| 18 | 广西博阳电力工程建设有限责任公司 | AA |
| 19 | 中国南方电网有限公司超高压输电公司检修试验中心 | AA |
| 20 | 孝感市光源电力集团有限责任公司 | AAA |
| 21 | 南京泰润电力工程有限公司 | A |
| 22 | 孝感市蓝天监理有限责任公司 | AA |
| 23 | 广州市黄埔穗申电力技术工程有限公司 | AA |
| 24 | 中国能源建设集团湖南火电建设有限公司 | AAA |
| 25 | 河北省送变电公司 | AAA |
| 26 | 宁夏送变电工程公司 | AAA |

# 2014 年度电力建设信用企业（复评）

| 序号 | 受评企业 | 信用等级 |
|---|---|---|
| 1 | 四川省电力工业调整试验所 | AAA |
| 2 | 黑龙江省火电第一工程公司 | AAA |
| 3 | 国网山西送变电工程公司 | AAA |
| 4 | 广东诚誉工程咨询监理有限公司 | AAA |
| 5 | 江西省火电建设公司 | AAA |
| 6 | 广州粤能电力科技开发有限公司 | AAA |
| 7 | 河南送变电工程公司 | AAA |
| 8 | 山东联诚工程建设监理有限公司 | AAA |
| 9 | 晋城市巨能电网工程有限公司 | AA |
| 10 | 国网新疆电力公司电力科学研究院 | AAA |
| 11 | 四川电力工程建设监理有限责任公司 | AAA |
| 12 | 黑龙江惠泽电力科技有限公司 | AAA |
| 13 | 安徽新力电业科技咨询有限责任公司 | AAA |
| 14 | 吉林省送变电工程公司 | AAA |
| 15 | 青海省迪康咨询监理有限公司 | AAA |
| 16 | 徐州电力试验中心 | AA |
| 17 | 河北兴源工程建设监理有限公司 | AAA |
| 18 | 山西和祥建通工程项目管理有限公司 | AAA |
| 19 | 中国能源建设集团山西电力建设有限公司 | AAA |
| 20 | 江苏省宏源电力建设监理有限公司 | AAA |
| 21 | 广西正远电力工程建设监理有限责任公司 | AAA |

# 附件 17

## 2014 年水电、火电、核电重点投产项目

| 序号 | 项目名称 | 建设地址 | 建设单位 | 能源类型 | 台数 | 容量 | 投产时间 |
|---|---|---|---|---|---|---|---|
| 1 | 内蒙古呼和浩特抽水蓄能电站 | 内蒙古自治区呼和浩特武川县 | 中国长江三峡集团公司 | 水电 | 2 | 60 | 1#2014－1－10<br>2#2014－12－26 |
| 2 | 岩滩水电站扩建工程 | 广西壮族自治区河池市大化瑶族自治县 | 中国大唐集团公司 | 水电 | 1 | 30 | 2014－6 |
| 3 | 金沙江向家坝工程项目 | 四川省宜宾市 | 中国长江三峡集团公司 | 水电 | 2 | 160 | 3#2014－4－29<br>4#2014－7－7 |
| 4 | 锦屏一级 | 四川省凉山彝族自治州盐源县 | 国投电力控股股份有限公司 | 水电 | 2 | 120 | 2014－5－30<br>2014－7－12 |
| 5 | 锦屏二级 | 四川省凉山彝族自治州盐源县、木里藏族自治县、冕宁县三县交界 | 国投电力控股股份有限公司 | 水电 | 4 | 240 | 2014－5－18<br>2014－6－3<br>2014－10－31<br>2014－11－26 |
| 6 | 金沙江溪洛渡工程项目 | 云南省昭通市永善县 | 中国长江三峡集团公司 | 水电 | 6 | 462 | 3#2014－3－30<br>16#2014－3－16<br>2#2014－5－19<br>17#2014－5－26<br>1#2014－6－30<br>18#2014－6－29 |
| 7 | 云南金沙江中游阿海 | 云南省丽江市玉龙纳西族自治县与宁蒗彝族自治县交界 | 中国华电集团公司 | 水电 | 1 | 40 | 2014－6－1 |
| 8 | 云南鲁地拉水电站 | 云南省丽江市 | 中国华电集团公司 | 水电 | 3 | 108 | 2014－6－1<br>2014－8－2<br>2014－10－31 |
| 9 | 云南金沙江梨园水电 | 云南省丽江市 | 中国华电集团公司 | 水电 | 1 | 60 | 2014－12－28 |
| 10 | 观音岩水电项目 | 云南省　丽江市　华坪县 | 中国大唐集团公司 | 水电 | 1 | 60 | 2014－12 |
| 11 | 金沙江龙开口水电站 | 云南省大理白族自治州鹤庆县 | 中国华能集团公司 | 水电 | 1 | 36 | 3#2014－1－26 |
| 12 | 糯扎渡水电站 | 云南省普洱市澜沧拉祜族自治县 | 中国华能集团公司 | 水电 | 2 | 130 | 2#2014－3－30<br>1#2014－6－26 |
| 13 | 北京京能高安屯燃气热电有限公司东北热电中心 | 北京市朝阳区 | 北京能源投资公司 | 火电 | 1 | 85 | 2014－12－16 |
| 14 | 西北热电中心—京能燃气热电项目 | 北京市石景山区 | 北京能源投资公司 | 火电 | 2 | 131 | 2014－8－22<br>2014－10－27 |

续表

| 序号 | 项目名称 | 建设地址 | 建设单位 | 能源类型 | 台数 | 容量 | 投产时间 |
|---|---|---|---|---|---|---|---|
| 15 | 北京高井燃气热电联产项目 | 北京市石景山区 | 中国大唐集团公司 | 火电 | 3 | 138 | 2014－11 |
| 16 | 天津北塘热电 | 天津市滨海新区 | 中国国电集团公司 | 火电 | 2 | 70 | 2014－8<br>2014－12 |
| 17 | 唐山丰润 | 河北省唐山市 | 华润电力控股有限公司 | 火电 | 2 | 70 | #1 2014－10－17<br>#2 2014－12－6 |
| 18 | 国锦煤电 2×300MW 项目 | 山西省吕梁市交城县 | 山西国际电力集团有限公司 | 火电 | 1 | 30 | 2014－12 |
| 19 | 大同煤矿集团同达热电有限公司 | 山西省 | | 火电 | 2 | 66 | 2014－1－1 |
| 20 | 漳泽侯马热电公司 | 山西省 | | 火电 | 2 | 60 | 2014－11－1 |
| 21 | 山西大唐太原第二热电厂七期扩建工程 | 山西省太原市尖草坪区 | 中国大唐集团公司 | 火电 | 2 | 66 | 2014－12 |
| 22 | 内蒙古京能康巴什热电厂 2＊350MW 空冷机组工程 | 内蒙古自治区鄂尔多斯市康巴什新区 | 北京能源投资公司 | 火电 | 1 | 35 | 2014－1－27 |
| 23 | 包铝自备电厂 | 内蒙古自治区包头市 | | 火电 | 1 | 33 | 2014－5－1 |
| 24 | 盘锦项目 | 辽宁省盘锦市 | 华润电力控股有限公司 | 火电 | 2 | 70 | #1 2014－4－13<br>#2 2014－7－1 |
| 25 | 吉林双辽二期扩建 | 吉林省四平市双辽市 | 中国国电集团公司 | 火电 | 1 | 66 | 2014－12－1 |
| 26 | 黑龙江哈尔滨平南热电 | 黑龙江省哈尔滨市平房区 | 中国国电集团公司 | 火电 | 2 | 70 | 2014－1<br>2014－5 |
| 27 | 江苏南通“上大压小”新建 | 江苏省南通市港闸区 | 中国国电集团公司 | 火电 | 1 | 100 | 2014－2－1 |
| 28 | 南通电厂三期 1#机组 | 江苏省南通市港闸区 | 中国华能集团公司 | 火电 | 1 | 105 | #1 2014－1－10 |
| 29 | 苍南项目 | 浙江省温州市苍南县 | 华润电力控股有限公司 | 火电 | 2 | 200 | #1 2014－4－14<br>#2 2014－5－31 |
| 30 | 浙江浙能舟山六横电厂 | 浙江省舟山市普陀区 | 浙江省能源集团有限公司 | 火电 | 2 | 203 | #1 2014－7－10<br>#2 2014－9－17 |
| 31 | 宁波镇海动力中心一期工程 | 浙江省宁波市镇海区 | 浙江省能源集团有限公司 | 火电 | 2 | 78 | #1 2014－5－25<br>#2 2014－9－30 |
| 32 | 常山天然气热电联产工程 | 浙江省衢州市常山县 | 浙江省能源集团有限公司 | 火电 | 1 | 46 | 2014－7－22 |
| 33 | 国华舟山电厂二期 4 号机“上大压小”扩建工程 | 浙江省舟山市 | 神华集团公司 | 火电 | 1 | 35 | 2014－6－1 |
| 34 | 长兴电厂 2×600MW | 浙江省湖州市长兴县 | 中国华能集团公司 | 火电 | 2 | 132 | 1#2014－12－17<br>2#2014－12－29 |
| 35 | 田集发电厂#3 机组 | 安徽省 | | 火电 | 1 | 66 | 2014－2－1 |

续表

| 序号 | 项目名称 | 建设地址 | 建设单位 | 能源类型 | 台数 | 容量 | 投产时间 |
|---|---|---|---|---|---|---|---|
| 36 | 安徽田集二期扩建项目 | 安徽省淮南市潘集区 | 中国电力投资集团公司 | 火电 | 1 | 66 | 2014－4－28 |
| 37 | 安徽六安二期 | 安徽省六安市裕安区 | 中国华电集团公司 | 火电 | 2 | 132 | 2014－5－17<br>2014－7－31 |
| 38 | 日照新源热力有限公司 | 山东省 | | 火电 | 2 | 60 | 2014－11－1 |
| 39 | 临港热电 | 山东省 | | 火电 | 1 | 35 | 2014－9－1 |
| 40 | 赵楼电厂 | 山东省 | | 火电 | 1 | 30 | 2014－11－12 |
| 41 | 焦作项目 | 河南省焦作市 | 华润电力控股有限公司 | 火电 | 1 | 60 | #1 2014－12－23 |
| 42 | 宜昌项目 | 湖北省宜昌市 | 华润电力控股有限公司 | 火电 | 2 | 70 | #1 2014－3－5;<br>#2 2014－5－25 |
| 43 | 湖北西塞山二期#4机组 | 湖北省黄石市西塞山区 | 中国华电集团公司 | 火电 | 1 | 68 | 2014－4－15 |
| 44 | 荆门热电 | 湖北省荆门市东宝区 | 中国华能集团公司 | 火电 | 2 | 70 | 1#2014－11－15<br>2#2014－10－31 |
| 45 | 广东珠海横琴岛燃气热电项目 | 广东省珠海市香洲区 | 中国电力投资集团公司 | 火电 | 2 | 78 | 2014－11－23 |
| 46 | 重庆合川电厂二期扩建项目#4机 | 重庆市 | 中国电力投资集团公司 | 火电 | 1 | 66 | 2014－8－29 |
| 47 | 石柱电厂工程 | 重庆市石柱土家族自治县西沱镇 | 中国大唐集团公司 | 火电 | 2 | 70 | 2014－7 |
| 48 | 重庆两江新区天然气冷热电三联供项目 | 重庆市北碚区 | 中国华能集团公司 | 火电 | 2 | 93 | 1#2014－10－30<br>2#2014－12－28 |
| 49 | 盘北电厂二期 | 贵州省六盘水市盘县 | 国投电力控股股份有限公司 | 火电 | 1 | 30 | 2014－12－17 |
| 50 | 盘县电厂#2 | 贵州省 | | 火电 | 1 | 66 | 2014－11－10 |
| 51 | 贵州桐梓电厂 | 贵州省遵义市桐梓县 | 中国华电集团公司 | 火电 | 1 | 60 | 2014－5－27 |
| 52 | 陕西榆横煤电 | 陕西省榆林市横山县 | 中国华电集团公司 | 火电 | 1 | 66 | 2014－7－7 |
| 53 | 金昌热电联产工程 | 甘肃省金昌市金川区 | 甘肃省电力投资集团公司 | 火电 | 1 | 33 | 2014－3 |
| 54 | 酒钢四厂 | 甘肃省 | | 火电 | 4 | 140 | 2014－6－30 |
| 55 | 酒钢四厂A | 甘肃省 | | 火电 | 2 | 70 | 2014－11－30 |
| 56 | 哈密电厂一期 | 新疆维吾尔自治区哈密地区哈密市 | 神华集团公司 | 火电 | 1 | 66 | 2014－12－1 |
| 57 | 大南湖电厂 | 新疆维吾尔自治区哈密地区哈密市 | 国投电力控股股份有限公司 | 火电 | 2 | 132 | 2014－11－10<br>2014－12－10 |
| 58 | 东方希望电厂3号机组 | 新疆维吾尔自治区 | | 火电 | 1 | 35 | 2014－1－14 |

续表

| 序号 | 项目名称 | 建设地址 | 建设单位 | 能源类型 | 台数 | 容量 | 投产时间 |
|---|---|---|---|---|---|---|---|
| 59 | 盛源热电厂2号机组 | 新疆维吾尔自治区 | | 火电 | 1 | 35 | 2014－1－23 |
| 60 | 神火电厂2号机组 | 新疆维吾尔自治区 | | 火电 | 1 | 35 | 2014－1－3 |
| 61 | 东方希望一电厂4号机组 | 新疆维吾尔自治区 | | 火电 | 1 | 35 | 2014－3－1 |
| 62 | 神火电厂3号机组 | 新疆维吾尔自治区 | | 火电 | 1 | 35 | 2014－9－19 |
| 63 | 神火电厂4号机组 | 新疆维吾尔自治区 | | 火电 | 1 | 35 | 2014－10－29 |
| 64 | 其亚电厂3号机组 | 新疆维吾尔自治区 | | 火电 | 1 | 35 | 2014－11－16 |
| 65 | 天伟电厂1号机组 | 新疆维吾尔自治区 | | 火电 | 1 | 33 | 2014－10－5 |
| 66 | 新疆克拉玛依热电 | 新疆维吾尔自治区克拉玛依市克拉玛依区 | 中国国电集团公司 | 火电 | 1 | 35 | 2014－12－1 |
| 67 | 新疆喀什扩建项目 | 新疆维吾尔自治区喀什市 | 中国华电集团公司 | 火电 | 2 | 70 | 2014－1－24<br>2014－12－25 |
| 68 | 辽宁红沿河核电厂一期工程 | 辽宁省大连市瓦房店市 | 中国广核集团有限公司 | 核电 | 1 | 112 | 2014－5－13 |
| 69 | 秦山一期扩建工程 | 浙江省嘉兴市海盐县 | 中国核工业（集团）总公司 | 核电 | 1 | 109 | 2014－12－15 |
| 70 | 宁德核电一期工程 | 福建省宁德市福鼎市 | 中国广核集团有限公司 | 核电 | 1 | 109 | 2014－5－4 |
| 71 | 福清核电一期工程 | 福建省福州市福清市 | 中国核工业（集团）总公司 | 核电 | 1 | 109 | 2014－11－22 |
| 72 | 阳江核电站项目 | 广东省阳江市阳东县 | 中国广核集团有限公司 | 核电 | 1 | 109 | 2014－3－25 |

# 附件 18

## 2014 年水电、火电、核电在建重点项目

| 序号 | 项目名称 | 建设地址 | 建设单位 | 能源类型 | 台数 | 容量（万千瓦） |
|---|---|---|---|---|---|---|
| 1 | 河北丰宁抽水蓄能电站 | 河北省承德市丰宁满族自治县 | 国网新源控股有限公司 | 水电 | 6 | 180 |
| 2 | 内蒙古呼和浩特抽水蓄能电站 | 内蒙古自治区呼和浩特市武川县 | 中国长江三峡集团公司 | 水电 | 2 | 60 |
| 3 | 吉林敦化抽水蓄能电站 | 吉林省延边朝鲜族自治州敦化市 | 国网新源控股有限公司 | 水电 | 4 | 140 |
| 4 | 丰满大坝全面治理工程 | 吉林省吉林市丰满区 | 国网新源控股有限公司 | 水电 | 6 | 120 |
| 5 | 黑龙江牡丹江抽水蓄能电站 | 黑龙江省牡丹江市三道河子镇 | 国网新源控股有限公司 | 水电 | 4 | 120 |
| 6 | 溧阳抽水蓄能电站 | 江苏省常州市溧阳市 | 江苏省国信资产管理集团有限公司 | 水电 | 6 | 150 |
| 7 | 浙江仙居抽水蓄能电站 | 浙江省台州市仙居县 | 国网新源控股有限公司 | 水电 | 4 | 150 |
| 8 | 安徽绩溪抽水蓄能电站 | 安徽省宣城市绩溪县 | 国网新源控股有限公司 | 水电 | 4 | 180 |
| 9 | 江西洪屏抽水蓄能电站 | 江西省宜春市靖安县 | 国网新源控股有限公司 | 水电 | 4 | 120 |
| 10 | 清蓄电站 | 广东省清远市清新区 | 中国南方电网有限责任公司 | 水电 | 4 | 128 |
| 11 | 深蓄电站 | 广东省深圳市龙岗区 | 中国南方电网有限责任公司 | 水电 | 4 | 120 |
| 12 | 海蓄电站 | 海南省琼中黎族苗族自治县 | 中国南方电网有限责任公司 | 水电 | 3 | 60 |
| 13 | 桐子林 | 四川省攀枝花市盐边县 | 国投电力控股股份有限公司 | 水电 | 4 | 60 |
| 14 | 两河口 | 四川省甘孜藏族自治州雅江县 | 国投电力控股股份有限公司 | 水电 | 6 | 300 |
| 15 | 四川大渡河猴子岩水电站 | 四川省甘孜藏族自治州康定县 | 中国国电集团公司 | 水电 | 4 | 170 |
| 16 | 四川大渡河枕头坝一级水电站 | 四川省乐山市金口河区 | 中国国电集团公司 | 水电 | 4 | 72 |
| 17 | 四川大渡河沙坪二级水电站 | 四川省乐山市峨边彝族自治县 | 中国国电集团公司 | 水电 | 6 | 35 |
| 18 | 四川大渡河大岗山水电站 | 四川省雅安市石棉县 | 中国国电集团公司 | 水电 | 4 | 260 |
| 19 | 四川木里河卡基娃水电 | 四川省西昌市木里县 | 中国华电集团公司 | 水电 | 6 | 45 |
| 20 | 四川木里河立州水电 | 四川省西昌市木里县 | 中国华电集团公司 | 水电 | 5 | 36 |

续表

| 序号 | 项目名称 | 建设地址 | 建设单位 | 能源类型 | 台数 | 容量（万千瓦） |
|---|---|---|---|---|---|---|
| 21 | 长河坝水电站 | 四川省甘孜藏族自治州康定县 | 中国大唐集团公司 | 水电 | 4 | 260 |
| 22 | 黄金坪水电站 | 四川省甘孜藏族自治州康定县 | 中国大唐集团公司 | 水电 | 6 | 85 |
| 23 | 贵州黔源马马崖水电站 | 贵州省兴义市 | 中国华电集团公司 | 水电 | 4 | 56 |
| 24 | 云南金沙江梨园水电 | 云南省丽江市 | 中国华电集团公司 | 水电 | 3 | 180 |
| 25 | 观音岩水电项目 | 云南省丽江市华坪县 | 中国大唐集团公司 | 水电 | 4 | 240 |
| 26 | 大华桥水电站 | 云南省怒江傈僳族自治州兰坪白族普米族自治县 | 中国华能集团公司 | 水电 | 4 | 90 |
| 27 | 黄登水电站 | 云南省怒江傈僳族自治州兰坪白族普米族自治县 | 中国华能集团公司 | 水电 | 4 | 190 |
| 28 | 里底水电站 | 云南省迪庆藏族自治州维西傈僳族自治县 | 中国华能集团公司 | 水电 | 3 | 42 |
| 29 | 苗尾水电站 | 云南省大理白族自治州云龙县 | 中国华能集团公司 | 水电 | 4 | 140 |
| 30 | 乌弄龙水电站 | 云南省迪庆藏族自治州维西傈僳族自治县 | 中国华能集团公司 | 水电 | 4 | 99 |
| 31 | 藏木水电站 | 西藏自治区山南地区加查县 | 中国华能集团公司 | 水电 | 4 | 34 |
| 32 | 国华（北京）燃气热电工程 | 北京市朝阳区 | 神华集团公司 | 火电 | 1 | 95 |
| 33 | 渤海新区 | 河北沧州渤海新区 | 华润电力控股有限公司 | 火电 | 2 | 70 |
| 34 | 河北廊坊热电 | 河北省廊坊市广阳区 | 中国国电集团公司 | 火电 | 2 | 70 |
| 35 | 国电电力河北邯郸东郊热电项目 | 河北省邯郸市肥乡县 | 中国国电集团公司 | 火电 | 2 | 70 |
| 36 | 山西朔州热电 | 山西省朔州市经济开发区 | 中国华电集团公司 | 火电 | 2 | 70 |
| 37 | 山西忻州广宇二期 | 山西省忻州市 | 中国华电集团公司 | 火电 | 2 | 70 |
| 38 | 太原东山燃机 | 山西省太原市杏花岭区 | 中国华能集团公司 | 火电 | 2 | 90 |
| 39 | 内蒙古土右一期 | 内蒙古自治区包头市 | 中国华电集团公司 | 火电 | 2 | 132 |
| 40 | 和林发电厂 | 内蒙古自治区呼和浩特市和林格尔县 | 中国华能集团公司 | 火电 | 2 | 132 |
| 41 | 魏家峁电厂 | 内蒙古自治区鄂尔多斯市准格尔旗 | 中国华能集团公司 | 火电 | 2 | 132 |
| 42 | 国电电力辽宁朝阳热电厂2×350MW“上大压小”项目 | 辽宁省朝阳市龙城区 | 中国国电集团公司 | 火电 | 2 | 70 |
| 43 | 黑龙江富拉尔基扩建 | 黑龙江省齐齐哈尔市富拉尔基区 | 中国华电集团公司 | 火电 | 1 | 35 |

续表

| 序号 | 项目名称 | 建设地址 | 建设单位 | 能源类型 | 台数 | 容量（万千瓦） |
|---|---|---|---|---|---|---|
| 44 | 伊春热电 | 黑龙江省伊春市乌马河区 | 中国华能集团公司 | 火电 | 2 | 70 |
| 45 | 崇明燃气电厂一期工程 | 上海崇明县 | 申能（集团）有限公司 | 火电 | 2 | 80 |
| 46 | 上海奉贤南桥燃机 | 上海市奉贤区金汇镇 | 中国华电集团公司 | 火电 | 2 | 86 |
| 47 | 新海电厂 1 000MW“上大压小”工程 | 江苏省连云港市海州区 | 江苏省国信资产管理集团有限公司 | 火电 | 1 | 100 |
| 48 | 协联燃气热电有限公司 | 江苏省无锡市宜兴市 | 江苏省国信资产管理集团有限公司 | 火电 | 2 | 80 |
| 49 | 江苏泰州上大压小火电二期 | 江苏省泰州市高港区 | 中国国电集团公司 | 火电 | 2 | 200 |
| 50 | 江苏戚墅堰 F 级燃机 | 江苏省常州市市辖区 | 中国华电集团公司 | 火电 | 2 | 95 |
| 51 | 苏州燃机热电联产项目 | 江苏省苏州市虎丘区 | 中国华能集团公司 | 火电 | 2 | 40 |
| 52 | 台州第二发电厂 | 浙江省台州市三门县 | 浙江省能源集团有限公司 | 火电 | 2 | 200 |
| 53 | 温州电厂四期 | 浙江省温州市乐清市 | 浙江省能源集团有限公司 | 火电 | 2 | 124 |
| 54 | 宁波镇海动力中心一期工程 | 浙江省宁波市镇海区 | 浙江省能源集团有限公司 | 火电 | 1 | 39 |
| 55 | 浙江龙游燃机 | 浙江省衢州市龙游县 | 中国华电集团公司 | 火电 | 2 | 40 |
| 56 | 浙江江东燃机 | 浙江省杭州市杭州经济技术开发区 | 中国华电集团公司 | 火电 | 2 | 96 |
| 57 | 安庆电厂二期扩建项目 | 安徽省安庆市迎江区 | 神华集团公司 | 火电 | 2 | 200 |
| 58 | 石狮鸿山电厂二期项目 | 福建省泉州市石狮市 | 神华集团公司 | 火电 | 2 | 200 |
| 59 | 江西大唐抚州电厂工程 | 江西省抚州市青泥镇 | 中国大唐集团公司 | 火电 | 2 | 200 |
| 60 | 安源“上大压小”工程 | 江西省萍乡市芦溪县 | 中国华能集团公司 | 火电 | 2 | 132 |
| 61 | 国华寿光电厂 | 山东省潍坊市宁东镇 | 神华集团公司 | 火电 | 2 | 100 |
| 62 | 山东泰安热电联产项目 | 山东省泰安市岱岳区 | 中国国电集团公司 | 火电 | 2 | 70 |
| 63 | 山东十里泉煤电 | 山东省枣庄市 | 中国华电集团公司 | 火电 | 1 | 66 |
| 64 | 大唐滨州热电联产工程 | 山东省滨州市 | 中国大唐集团公司 | 火电 | 2 | 70 |
| 65 | 莱芜电厂 2 × 1 000MW 工程 | 山东省莱芜市莱城区 | 中国华能集团公司 | 火电 | 2 | 200 |
| 66 | 焦作项目 | 河南省焦作市 | 华润电力控股有限公司 | 火电 | 1 | 60 |
| 67 | 河南三门峡火电厂三期 | 河南省三门峡市陕县 | 中国大唐集团公司 | 火电 | 1 | 100 |
| 68 | 河南渑池热电工程 | 河南省三门峡市渑池县 | 中国华能集团公司 | 火电 | 2 | 70 |
| 69 | 洛阳阳光热电 | 河南省洛阳市洛龙区 | 中国华能集团公司 | 火电 | 2 | 70 |
| 70 | 湖北能源东湖燃机热电有限公司燃机热电联产项目 | 湖北省武汉市 | 湖北省能源集团有限公司 | 火电 | 2 | 37 |
| 71 | 国电汉川火电第二台 | 湖北省孝感市汉川市 | 中国国电集团公司 | 火电 | 1 | 100 |

续表

| 序号 | 项目名称 | 建设地址 | 建设单位 | 能源类型 | 台数 | 容量（万千瓦） |
|---|---|---|---|---|---|---|
| 72 | 应城热电 | 湖北省孝感市应城市 | 中国华能集团公司 | 火电 | 2 | 40 |
| 73 | 湖南常德一期 | 湖南省常德市 | 中国华电集团公司 | 火电 | 2 | 132 |
| 74 | 海丰项目 | 广东省汕尾市 | 华润电力控股有限公司 | 火电 | 2 | 200 |
| 75 | 韶关电厂“上大压小”工程 | 广东省韶关市曲江区 | 广东粤电集团有限公司 | 火电 | 2 | 120 |
| 76 | 大埔电厂“上大压小”项目 | 广东省梅州市 | 广东粤电集团有限公司 | 火电 | 2 | 120 |
| 77 | 广西鹿寨“上大压小”热电联产 | 广西壮族自治区柳州市鹿寨县经济开发区 | 神华集团公司 | 火电 | 2 | 35 |
| 78 | 海南西南部火电 | 海南省乐东黎族自治县 | 中国国电集团公司 | 火电 | 2 | 70 |
| 79 | 重庆奉节一期 | 重庆市奉节县 | 中国华电集团公司 | 火电 | 2 | 120 |
| 80 | 贵州织金火电 | 贵州省毕节市织金县 | 中国国电集团公司 | 火电 | 2 | 132 |
| 81 | 陕西杨凌热电 | 陕西省咸阳市杨陵区 | 中国华电集团公司 | 火电 | 2 | 70 |
| 82 | 西宁热电 | 青海省西宁市湟中县 | 中国华能集团公司 | 火电 | 2 | 70 |
| 83 | 宁夏吴忠热电 | 宁夏回族自治区吴忠市市辖区 | 中国国电集团公司 | 火电 | 2 | 70 |
| 84 | 哈密电厂一期 | 新疆维吾尔自治区哈密地区哈密市 | 神华集团公司 | 火电 | 3 | 198 |
| 85 | 新疆哈密大南湖煤电一体化项目 | 新疆维吾尔自治区哈密地区哈密市 | 中国国电集团公司 | 火电 | 2 | 132 |
| 86 | 轮台热电工程 | 新疆维吾尔自治区巴音郭楞蒙古自治州轮台县 | 中国华能集团公司 | 火电 | 2 | 70 |
| 87 | 辽宁红沿河核电厂一期工程 | 辽宁省大连市瓦房店市 | 中国广核集团有限公司 | 核电 | 2 | 224 |
| 88 | 田湾核电站3、4号机组工程 | 江苏省连云港市连云区 | 中国核工业（集团）总公司 | 核电 | 2 | 225 |
| 89 | 秦山一期扩建工程 | 浙江省嘉兴市海盐县 | 中国核工业（集团）总公司 | 核电 | 1 | 109 |
| 90 | 三门核电一期工程 | 浙江省台州市三门县 | 中国核工业（集团）总公司 | 核电 | 2 | 250 |
| 91 | 宁德核电一期工程 | 福建省宁德市福鼎市 | 中国广核集团有限公司 | 核电 | 2 | 218 |
| 92 | 福清核电一期工程 | 福建省福州市福清市 | 中国核工业（集团）总公司 | 核电 | 1 | 109 |
| 93 | 福清核电3、4号机组 | 福建省福州市福清市 | 中国核工业（集团）总公司 | 核电 | 2 | 218 |
| 94 | 山东海阳核电项目 | 山东省烟台市海阳市 | 中国电力投资集团公司 | 核电 | 2 | 250 |
| 95 | 石岛湾高温气冷堆示范工程 | 山东省威海市荣成市 | 中国华能集团公司 | 核电 | 1 | 20 |

续表

| 序号 | 项目名称 | 建设地址 | 建设单位 | 能源类型 | 台数 | 容量（万千瓦） |
|---|---|---|---|---|---|---|
| 96 | 台山核电站一期工程 | 广东省江门市台山市 | 中国广核集团有限公司 | 核电 | 2 | 350 |
| 97 | 阳江核电站项目 | 广东省阳江市阳东县 | 中国广核集团有限公司 | 核电 | 5 | 543 |
| 98 | 广西防城港核电一期工程项目 | 广西壮族自治区防城港市光坡镇 | 中国广核集团有限公司 | 核电 | 2 | 217 |
| 99 | 海南昌江核电厂 | 海南昌江黎族自治县 | 中国核工业（集团）总公司 | 核电 | 2 | 130 |

# 附件 19

## 2014 年度国家优质工程奖电力行业工程项目名单

### 国家优质工程金质奖（6 项）

1. 山东华电莱州电厂 2×1 000MW“上大压小”新建工程
2. 北京西南供热中心燃气联合循环热电工程
3. 国电建投内蒙古能源有限公司布连电厂一期 2×660MW 超超临界燃煤空冷机组工程
4. 宝安区老虎坑垃圾焚烧发电厂二期工程
5. 皖电东送 1 000kV 特高压交流输电示范工程
6. 锦屏—苏南 ±800kV 特高压直流输电工程

### 国家优质工程奖（20 项）

1. 华能金陵 2×200MW 级燃机热电联产项目
2. 中电神头发电有限责任公司“上大压小”2 ×600MW 机组工程
3. 新疆神华五彩湾热电厂 2×350MW 新建工程
4. 国电汉川电厂三期扩建工程（5 号机组 1×1 000MW）
5. 福建华电永安电厂 2×300MW“上大压小”扩建工程
6. 江苏华电仪征 3×200MW 级燃机热电联产工程
7. 安徽响水涧 4×250MW 抽水蓄能电站
8. 国电电力宁海茶山 58.5MW 风电场工程
9. 龙源如东海上 150MW 风电场工程
10. 云南陆良县 49.5MW 马塘风电场工程
11. 华能洱源马鞍山 228MW 风电工程（一至五期）
12. 500kV 柏泉变电站工程
13. 河南洛阳西 500kV 变电站工程
14. 福建漳州五峰 500kV 变电站工程
15. 浙江市北 500kV 变电站工程
16. 牌楼—长阳铺Ⅱ回 500kV 送电线路工程

17. 新疆与西北主网联网 750kV 第二通道输变电工程

18. 河北元氏（石西）500kV 变电站工程

19. 华电莱州电厂 500kV 送出工程

20. 500kV 玉城变电站工程

## 国家优质工程境外奖（1 项）

1. 沙特拉比格独立电厂 2 × 660MW 机组工程

# 附件 20

## 2014 年度中国建设工程鲁班奖电力行业工程项目名单

1. 大唐绍兴江滨天然气热电联产工程
2. 榆次北（福瑞）500 千伏变电站
3. 江苏溧阳500 千伏变电站

## 中国建设工程鲁班奖（境外工程）

1. 阿曼萨拉拉“五拖二”445MW 燃气蒸汽联合循环机组工程

# 附件 21

## 2014 年度中国安装工程优质奖电力行业工程项目名单

1. 国电建投内蒙古能源有限公司布连电厂一期 2×660MW 超超临界燃煤空冷机组工程
2. 北京西南供热中心燃气联合循环热电工程
3. 安徽合肥发电厂#6 机 1×600MW 扩建工程主体安装工程
4. 大唐平阴风电一期 49.5MW 工程
5. 220kV 柳沟输变电工程—变电站电气安装工程
6. 500kV 建塘变电站工程
7. 220kV 孟家变电站工程
8. 枣庄夏庄 220kV 变电站整体改造工程
9. 220kV 科城变电站工程
10. 菏泽党集 220kV 变电站工程
11. 水泊 220kV 变电站工程
12. 孙祖 220kV 变电站工程
13. 山东滨州鑫岳 220kV 变电站工程

# 附件 22

## 2014 年度中国电力优质工程奖项目名单

1. 大唐绍兴江滨 2×452.07MW 天然气热电联产工程
2. 大唐吴江 2×200MW 级（E 级）燃机热电联产工程
3. 江苏华电仪征 3×200MW 级燃机热电联产工程
4. 华能金陵燃机热电联产 2×200MW 级工程
5. 华电莱州发电有限公司一期 2×1 000MW 工程
6. 新疆神华五彩湾热电厂 2×350MW 新建工程
7. 中电神头发电有限责任公司“上大压小”2×600MW 机组工程
8. 国电建投内蒙古能源有限公司布连电厂一期 2×660MW 超超临界燃煤空冷机组工程
9. 北京西南供热中心燃气联合循环热电工程
10. 宝安区老虎坑垃圾焚烧发电厂二期工程
11. 福建华电永安电厂 2×300MW“上大压小”扩建工程
12. 国电汉川电厂三期 5 号机组 1×1 000MW 扩建工程
13. 云南澜沧江功果桥水电站 4×225MW 工程
14. 安徽响水涧 4×250MW 抽水蓄能电站
15. 大唐黑龙江齐齐哈尔碾子山 49.5MW 风电场工程
16. 大唐招远金岭风电场一期 49.5MW 工程
17. 国电电力宁海茶山 58.5MW 风电场工程
18. 陆良县马塘 49.5MW 风电场工程
19. 华能洱源马鞍山风电场 228MW 工程（一至五期）
20. 龙源如东海上 30MW +150MW 风电工程
21. 锦屏—苏南 ±800kV 直流输电工程
22. 河南开封西 500kV 变电站工程
23. 河南洛阳西 500kV 变电站工程
24. 湖北 500kV 蒲圻电厂二期上网线路工程
25. 柏泉 500kV 变电站工程
26. 牌楼—长阳铺 II 回 500kV 送电线路工程

27. 福建漳州五峰500kV变电站工程
28. 500kV市北变电所工程
29. 皖电东送1 000kV特高压交流输电示范工程
30. 新疆与西北主网联网750kV第二通道输变电工程
31. 元氏（石西）500kV变电站工程
32. 榆次北（福瑞）500kV变电站工程
33. 神头电厂送出500kV输电线路工程
34. 华电莱州电厂500kV送出工程
35. 江苏溧阳500kV变电站
36. 500kV玉城变电站工程

## 中小型工程（9项）

1. 云南龙江水电站枢纽3×80MW工程
2. 天润莱西南墅风电场36MW工程
3. 玉树与青海主网330kV联网工程
4. 110kV先锋变电所工程
5. 高新园110kV变电站工程
6. 220kV梨花变电站工程
7. 220kV良庆变电站工程
8. 220kV角布变电站工程
9. 110kV东华变电站工程

## 中国电力优质工程境外奖（2项）

1. 沙特拉比格独立电厂2×660MW机组工程
2. 阿曼萨拉拉“五拖二”445MW燃气蒸汽联合循环机组工程

# 附件 23

## 2014 年主要发电生产企业发电装机容量及发电量

单位：万千瓦，亿千瓦时

| 企业名称 | 发电装机容量 | | | | | | | | | | 发电量 | | | | | | | | | |
|---|---|---|---|---|---|---|---|---|---|---|---|---|---|---|---|---|---|---|---|---|
| | 合计 | | 水电 | | 火电 | | 核电 | | 风电 | | 合计 | | 水电 | | 火电 | | 核电 | | 风电 | |
| | 2014年 | 2013年 | 2014年 | 2013年 | 2014年 | 2013年 | 2014年 | 2013年 | 2014年 | 2013年 | 2014年 | 2013年 | 2014年 | 2013年 | 2014年 | 2013年 | 2014年 | 2013年 | 2014年 | 2013年 |
| 中国华能集团公司 | 15 149 | 14 224 | 2 045 | 1 835 | 11 867 | 11 356 | | | 1 150. 8 | 973. 1 | 6 355 | 6 397 | 799 | 699 | 5 369 | 5 527 | | | 178. 5 | 169. 0 |
| 中国大唐集团公司 | 12 048 | 11 535 | 1 979 | 1 778 | 9 001 | 8 767 | | | 1 006. 2 | 937. 4 | 4 968 | 4 940 | 637 | 475 | 4 146 | 4 289 | | | 176. 7 | 172. 3 |
| 中国华电集团公司 | 12 254 | 11 276 | 2 329 | 2 084 | 8 959 | 8 563 | | | 842. 1 | 538. 0 | 4 893 | 4 612 | 727 | 523 | 4 048 | 3 992 | | | 104. 9 | 92. 7 |
| 中国国电集团公司 | 12 518 | 12 279 | 1 296 | 1 258 | 9 177 | 9 227 | | | 1 975. 6 | 1 732. 5 | 5 013 | 5 333 | 423 | 404 | 4 247 | 4 614 | | | 332. 9 | 306. 5 |
| 中国电力投资集团公司 | 9 667 | 8 968 | 2 071 | 1 925 | 6 333 | 6 209 | 224 | 112 | 667. 2 | 471. 4 | 3 805 | 3 678 | 729 | 692 | 2 820 | 2 846 | 120 | 64 | 97. 5 | 63. 0 |
| 国投电力控股股份有限公司 | 3 205 | 2 721 | 1 612 | 1 252 | 1 533 | 1 409 | | | 49. 4 | 49. 5 | 1 349 | 1 167 | 699 | 484 | 639 | 672 | | | 9. 3 | 9. 0 |
| 中国神华集团有限责任公司 | 6 685 | 6 562 | 13 | 13 | 6 122 | 6 029 | | | 537. 5 | 509. 9 | 3 229 | 3 358 | 7 | 6 | 3 122 | 3 270 | | | 98. 2 | 80. 7 |
| 湖北能源集团股份有限公司 | 583 | 577 | 367 | 365 | 200 | 200 | | | 16. 2 | 11. 2 | 153 | 147 | 70 | 54 | 81 | 91 | | | 2. 0 | 1. 4 |
| 山西国际电力集团有限公司 | 403 | 183 | 13 | 13 | 347 | 161 | | | 28. 5 | 7. 5 | 124 | 86 | 7 | 7 | 114 | 77 | | | 2. 3 | 1. 0 |
| 安徽省能源集团公司 | 555 | 552 | | | 555 | 552 | | | | | 273 | 290 | | | 273 | 290 | | | | |
| 广州发展集团有限公司 | 317 | 311 | | | 317 | 311 | | | | | 137 | 141 | | | 137 | 141 | | | | |
| 江苏省国信资产管理集团有限公司 | 771 | 730 | 10 | 10 | 739 | 704 | | | 16. 8 | 11. 9 | 380 | 377 | 2 | 2 | 375 | 373 | | | 3. 1 | 2. 6 |

续表

| 企业名称 | 发电装机容量 | | | | | | | | | | 发电量 | | | | | | | | | |
|---|---|---|---|---|---|---|---|---|---|---|---|---|---|---|---|---|---|---|---|---|
| | 合计 | | 水电 | | 火电 | | 核电 | | 风电 | | 合计 | | 水电 | | 火电 | | 核电 | | 风电 | |
| | 2014年 | 2013年 | 2014年 | 2013年 | 2014年 | 2013年 | 2014年 | 2013年 | 2014年 | 2013年 | 2014年 | 2013年 | 2014年 | 2013年 | 2014年 | 2013年 | 2014年 | 2013年 | 2014年 | 2013年 |
| 北京能源投资（集团）有限公司 | 1 732 | 1 470 | 56 | 50 | 1 480 | 1 228 | | | 165.0 | 165.0 | 731 | 682 | 16 | 15 | 676 | 629 | | | 34.2 | 36.0 |
| 中国长江三峡集团公司 | 5 003 | 4 226 | 4 632 | 3 949 | | | | | 257.9 | 203.0 | 2 005 | 1 323 | 1 958 | 1 292 | | | | | 36.9 | 28.5 |
| 中国核工业（集团）总公司 | 919 | 652 | | | | | 869 | 652 | 49.5 | | 544 | 513 | | | | | 538 | 513 | 6.5 | |
| 中国广核集团有限公司 | 2 128 | 1 534 | 148 | 147 | 68 | 68 | 1 162 | 833 | 693.1 | 433.5 | 991 | 766 | 55 | 59 | 25 | 26 | 801 | 602 | 102.5 | 74.6 |
| 广东省粤电集团有限公司 | 2 695 | 2 685 | 215 | 215 | 2 452 | 2 446 | | | 21.2 | 19.9 | 1 210 | 1 276 | 76 | 61 | 1 126 | 1 212 | | | 7.0 | 3.6 |
| 浙江省能源集团有限公司 | 2 727 | 2 452 | 85 | 85 | 2 641 | 2 366 | | | 1.4 | 1.4 | 1 148 | 1 179 | 20 | 17 | 1 128 | 1 162 | | | 0.1 | 0.1 |
| 申能（集团）有限公司 | 676 | 671 | | | 667 | 667 | | | 8.8 | 4.0 | 233 | 297 | | | 232 | 296 | | | 1.6 | 1.0 |
| 深圳能源集团股份有限公司 | 583 | 571 | | | 541 | 540 | | | 36.8 | 31.2 | 242 | 247 | | | 235 | 241 | | | 5.6 | 5.8 |
| 华润电力控股有限公司 | 3 652 | 3 084 | 47 | 47 | 3 234 | 2 743 | | | 371.0 | 294.0 | 1 625 | 1 600 | 18 | 16 | 1 544 | 1 530 | | | 63.8 | 54.4 |
| 河北省建设投资集团有限公司 | 877 | 861 | | | 735 | 726 | | | 139.9 | 135.0 | 399 | 399 | | | 371 | 370 | | | 27.2 | 29.4 |
| 中铝宁夏能源集团公司 | 264 | 258 | | | 132 | 132 | | | 114.8 | 113.0 | 106 | 104 | | | 84 | 84 | | | 19.8 | 19.0 |
| 江西省投资集团公司 | 150 | 150 | 10 | 10 | 140 | 140 | | | | | 70 | 67 | 3 | 2 | 68 | 64 | | | | |
| 甘肃省电力投资集团公司 | 462 | 397 | 174 | 162 | 197 | 164 | | | 80.4 | 60.3 | 151 | 137 | 67 | 66 | 73 | 58 | | | 9.5 | 10.9 |
| 黄河万家寨水利枢纽有限公司 | 150 | 150 | 150 | 150 | | | | | | | 38 | 46 | 38 | 46 | | | | | | |
| 新力能源开发有限公司 | 270 | 270 | | | 270 | 270 | | | | | 207 | 215 | | | 207 | 215 | | | | |

# 附件 24

## 2014 年全国水电、火电装机容量前十位电厂

| 电厂名称 | 省份 | 期末装机容量（万千瓦） |
|---|---|---|
| | 水　电 | |
| 三峡水电厂 | 湖北 | 2 240 |
| 溪洛渡电厂 | 云南、四川 | 1 323 |
| 向家坝水电站 | 四川 | 600 |
| 华能澜沧江水电有限公司糯扎渡水电厂 | 云南 | 585 |
| 龙滩水电开发有限公司 | 广西 | 490 |
| 锦东水电站 | 四川 | 480 |
| 云南华能澜沧江水电有限公司小湾电站 | 云南 | 420 |
| 锦西电厂 | 四川 | 360 |
| 汉源瀑布沟水电站 | 四川 | 360 |
| 拉西瓦水电厂 | 青海 | 350 |
| | 火　电 | |
| 大唐托克托发电公司 | 内蒙古 | 480 |
| 浙江嘉华发电有限公司 | 浙江 | 440 |
| 华能沁北电厂 | 河南 | 440 |
| 华阳后石电厂 | 福建 | 420 |
| 华能海门电厂 | 广东 | 407 |
| 华能玉环电厂 | 浙江 | 400 |
| 正蓝旗上都发电公司（北方公司） | 内蒙古 | 372 |
| 绥中发电有限责任公司 | 辽宁 | 360 |
| 江苏常熟发电有限公司 | 江苏 | 332 |
| 华电宁夏灵武发电有限公司 | 宁夏区 | 332 |

# 附件 25

## 2014 年各省级电力公司城市、农村供电可靠性指标

| 单位名称 | 用户供电可靠率（%） | | | 用户平均停电时间（小时/户） | | |
| --- | --- | --- | --- | --- | --- | --- |
| | 全口径 | 城市 | 农村 | 全口径 | 城市 | 农村 |
| 冀北电力有限公司 | 99.961 | 99.967 | 99.960 | 3.46 | 2.88 | 3.54 |
| 北京市电力公司 | 99.971 | 99.989 | 99.958 | 2.58 | 1.00 | 3.72 |
| 河北省电力公司 | 99.969 | 99.970 | 99.968 | 2.75 | 2.60 | 2.80 |
| 山西省电力公司 | 99.962 | 99.982 | 99.960 | 3.31 | 1.57 | 3.48 |
| 天津市电力公司 | 99.952 | 99.982 | 99.933 | 4.19 | 1.54 | 5.87 |
| 山东电力集团公司 | 99.977 | 99.986 | 99.975 | 2.01 | 1.20 | 2.21 |
| 内蒙古电力集团公司 | 99.672 | 99.812 | 99.577 | 28.74 | 16.50 | 37.08 |
| 辽宁省电力有限公司 | 99.943 | 99.971 | 99.935 | 4.98 | 2.56 | 5.68 |
| 吉林省电力有限公司 | 99.923 | 99.965 | 99.913 | 6.73 | 3.05 | 7.60 |
| 黑龙江省电力公司 | — | 99.970 | — | — | 2.64 | — |
| 蒙东电力公司 | 99.743 | 99.915 | 99.734 | 22.48 | 7.48 | 23.30 |
| 江苏省电力公司 | 99.961 | 99.984 | 99.957 | 3.44 | 1.40 | 3.78 |
| 浙江省电力公司 | 99.950 | 99.984 | 99.945 | 4.37 | 1.41 | 4.81 |
| 安徽省电力公司 | 99.923 | 99.965 | 99.912 | 6.72 | 3.07 | 7.74 |
| 上海市电力公司 | 99.969 | 99.988 | 99.960 | 2.71 | 1.07 | 3.54 |
| 福建省电力有限公司 | 99.931 | 99.972 | 99.925 | 6.01 | 2.44 | 6.54 |
| 河南省电力公司 | 99.931 | 99.963 | 99.925 | 6.09 | 3.25 | 6.57 |
| 湖北省电力公司 | 99.935 | 99.966 | 99.925 | 5.72 | 2.98 | 6.61 |
| 湖南省电力公司 | 99.933 | 99.974 | 99.923 | 5.90 | 2.29 | 6.77 |
| 江西省电力公司 | 99.894 | 99.955 | 99.885 | 9.29 | 3.91 | 10.04 |
| 四川省电力公司 | — | 99.981 | — | — | 1.69 | — |
| 重庆市电力公司 | 99.934 | 99.965 | 99.926 | 5.80 | 3.04 | 6.47 |
| 陕西省电力公司 | 99.950 | 99.952 | 99.948 | 4.43 | 4.20 | 4.60 |
| 甘肃省电力公司 | 99.902 | 99.955 | 99.896 | 8.63 | 3.95 | 9.12 |
| 青海省电力公司 | 99.751 | 99.930 | 99.706 | 21.79 | 6.15 | 25.74 |
| 宁夏电力公司 | 99.946 | 99.963 | 99.940 | 4.70 | 3.27 | 5.25 |
| 新疆电力公司 | 99.859 | 99.943 | 99.854 | 12.33 | 5.00 | 12.76 |
| 西藏电力有限公司 | 99.229 | 99.971 | 99.936 | 67.56 | 66.46 | 5.61 |
| 广东电网公司 | 99.946 | 99.985 | 99.942 | 4.73 | 1.33 | 5.13 |
| 广西电网公司 | 99.946 | 99.984 | 99.938 | 4.75 | 1.40 | 5.46 |
| 云南电网公司 | 99.952 | 99.978 | 99.951 | 4.18 | 1.89 | 4.33 |
| 贵州电网公司 | 99.945 | 99.975 | 99.942 | 4.81 | 2.23 | 5.06 |
| 海南电网公司 | 99.813 | 99.949 | 99.789 | 16.35 | 4.49 | 18.47 |
| 广州供电局有限公司 | 99.981 | 99.987 | 99.978 | 1.67 | 1.18 | 1.93 |
| 深圳供电局有限公司 | 99.984 | 99.991 | 99.981 | 1.37 | 0.82 | 1.63 |
| 陕西省地方电力（集团）有限公司 | 99.821 | — | — | 15.72 | — | — |
| 山西国际电力集团公司 | 99.858 | 99.862 | 99.619 | 12.38 | 12.05 | 33.41 |
| 广西水利电业集团公司 | 98.997 | — | — | 87.86 | — | — |

注：“城市”统计范围为市中心＋市区＋城镇；“农村”统计范围为城镇＋农村。

# 附件 26

## 2014 年年底累计投运的袋式除尘器机组容量情况

（按 2014 年年底累计投运的袋式除尘器机组容量大小排序）

| 序号 | 除尘产业公司名称 | 累计投运机组容量（MW） |
|---|---|---|
| 1 | 江苏新中环保股份有限公司 | 30 531 |
| 2 | 北京国电龙源环保工程有限公司 | 10 800 |
| 3 | 中钢集团天澄环保科技股份有限公司 | 4 978 |
| 4 | 福建龙净环保股份有限公司 | 3 890 |
| 5 | 同方环境股份有限公司 | 3 600 |
| 6 | 大唐科技产业集团有限公司 | 2 600 |
| 7 | 北京龙电宏泰环保科技有限公司 | 1 466 |
| 8 | 中电投远达环保工程有限公司 | 1 350 |
| 9 | 山川秀美生态环境工程股份有限公司 | 600 |
| 10 | 浙江菲达环保科技股份有限公司 | 425 |
| 11 | 北京赫宸环境工程股份有限公司 | 300 |
| 12 | 北京国能中电节能环保技术有限责任公司 | 45 |

# 附件 27

## 2014 年年底累计投运的电袋复合式除尘器机组容量情况

（按 2014 年年底累计投运的电袋复合式除尘机组容量大小排序）

| 序号 | 除尘产业公司名称 | 累计投运机组容量（MW） |
|---|---|---|
| 1 | 福建龙净环保股份有限公司 | 88 025 |
| 2 | 浙江菲达环保科技股份有限公司 | 8 710 |
| 3 | 同方环境股份有限公司 | 8 130 |
| 4 | 北京国电龙源环保工程有限公司 | 6 320 |
| 5 | 北京龙电宏泰环保科技有限公司 | 6 200 |
| 6 | 中国华电工程（集团）有限公司 | 5 555 |
| 7 | 大唐科技产业集团有限公司 | 4 610 |
| 8 | 中钢集团天澄环保科技股份有限公司 | 4 450 |
| 9 | 西安西热锅炉环保工程有限公司 | 3 850 |
| 10 | 江苏新中环保股份有限公司 | 3 280 |
| 11 | 中电投远达环保工程有限公司 | 1 255 |
| 12 | 江苏峰业科技环保集团股份有限公司 | 660 |
| 13 | 武汉凯迪电力环保有限公司 | 430 |

# 附件 28

## 2014 年投运的新建烟气脱硫工程机组容量情况

（按 2014 年投运的新建烟气脱硫工程机组容量大小排序）

| 序号 | 脱硫公司名称 | 2014 年当年投运容量（MW） | 采用的脱硫方法及所占比例（%） |
|---|---|---|---|
| 1 | 浙江浙大网新机电工程有限公司 | 6 660 | 石灰石—石膏湿法 100 |
| 2 | 山东三融环保工程有限公司 | 4 020 | 石灰石—石膏湿法 100 |
| 3 | 江苏新世纪江南环保股份有限公司 | 3 855 | 氨法 100 |
| 4 | 北京博奇电力科技有限公司 | 3 790 | 石灰石—石膏湿法 100 |
| 5 | 中国华电工程（集团）有限公司 | 2 230 | 石灰石—石膏湿法 100 |
| 6 | 浙江菲达环保科技股份有限公司 | 2 120 | 石灰石—石膏湿法 92. 45<br>半干法 7. 55 |
| 7 | 浙江天地环保工程有限公司 | 2 060 | 石灰石—石膏湿法 100 |
| 8 | 中电投远达环保工程有限公司 | 1 450 | 石灰石—石膏湿法 100 |
| 9 | 福建龙净环保股份有限公司 | 1 250 | 石灰石—石膏湿法 52<br>循环半干法 48 |
| 10 | 浙江蓝天求是环保股份有限公司 | 1 000 | 石灰石—石膏湿法 100 |
| 11 | 大唐科技产业集团有限公司 | 660 | 石灰石—石膏湿法 100 |
| 12 | 江苏科行环保科技有限公司 | 605 | 石灰石—石膏湿法 90. 08<br>半干法 8. 26<br>干法 1. 66 |
| 13 | 北京国能中电节能环保技术有限责任公司 | 430 | 石灰石—石膏湿法 100 |
| 14 | 湖南麓南脱硫脱硝科技有限公司 | 285 | 石灰石—石膏湿法 100 |
| 15 | 浙江德创环保科技股份有限公司 | 135 | 石灰石—石膏湿法 100 |
| 16 | 永清环保股份有限公司 | 100 | 石灰石—石膏湿法 100 |
| 17 | 中钢集团天澄环保科技股份有限公司 | 15 | 石灰石—石膏湿法 100 |

注：统计范围为参加中电联 2014 年度火电厂环保产业登记的公司，下同。

# 附件 29

## 2014 年年底累计投运的烟气脱硫工程机组容量情况

（按 2014 年年底累计投运的烟气脱硫工程机组容量大小排序）

| 序号 | 脱硫公司名称 | 2014 年年底前累计投运容量（MW） | 采用的脱硫方法及所占比例（%） |
|---|---|---|---|
| 1 | 北京国电龙源环保工程有限公司 | 99 930 | 石灰石—石膏湿法 88. 32<br>海水法 10. 69<br>有机胺法 0. 60<br>氨法 0. 27<br>烟气循环流化床 0. 12 |
| 2 | 北京博奇电力科技有限公司 | 56 236 | 石灰石—石膏湿法 100 |
| 3 | 福建龙净环保股份有限公司 | 52 034 | 石灰石—石膏湿法 81. 18<br>烟气循环流化床 18. 82 |
| 4 | 中电投远达环保工程有限公司 | 47 838 | 石灰石—石膏湿法 97. 70<br>烟气循环流化床 0. 96<br>干法 1. 34 |
| 5 | 浙江浙大网新机电工程有限公司 | 47 005 | 石灰石—石膏湿法 100 |
| 6 | 武汉凯迪电力环保有限公司 | 43 970 | 石灰石—石膏湿法 90. 36<br>氨法 0. 94<br>半干法 0. 94<br>循环流化床法 7. 76 |
| 7 | 中国华电工程（集团）有限公司 | 38 382 | 石灰石—石膏湿法 100 |
| 8 | 山东三融环保工程有限公司 | 31 470 | 石灰石—石膏湿法 97. 00<br>烟气循环流化床 3. 00 |
| 9 | 浙江天地环保工程有限公司 | 27 070 | 石灰石—石膏湿法 99. 40<br>海水法 0. 60 |
| 10 | 同方环境股份有限公司 | 26 512 | 石灰石—石膏湿法 100 |
| 11 | 大唐科技产业集团有限公司 | 17 720 | 石灰石—石膏湿法 100 |
| 12 | 北京清新环境技术股份有限公司<br>（原北京国电清新环保技术股份有限公司） | 13 330 | 石灰石—石膏湿法 100 |
| 13 | 浙江菲达环保科技股份有限公司 | 11 618 | 石灰石—石膏湿法 75. 43<br>半干法 24. 57 |
| 14 | 浙江蓝天求是环保股份有限公司 | 8 905 | 石灰石—石膏湿法 87. 42<br>烟气循环流化床 12. 58 |
| 15 | 永清环保股份有限公司 | 7 585 | 石灰石—石膏湿法 100 |
| 16 | 江苏新世纪江南环保股份有限公司 | 6 631 | 氨法 100 |

续表

| 序号 | 脱硫公司名称 | 2014 年年底前累计投运容量（MW） | 采用的脱硫方法及所占比例（%） |
|---|---|---|---|
| 17 | 广州市天赐三和环保工程有限公司 | 5 228 | 石灰石—石膏湿法 47. 93<br>双碱法 26. 40<br>喷雾干燥法 22. 36<br>氧化镁法 3. 31 |
| 18 | 湖南麓南脱硫脱硝科技有限公司 | 2 251 | 石灰石—石膏湿法 94. 31<br>双碱法 5. 69 |
| 19 | 中钢集团天澄环保科技股份有限公司 | 1 285 | 石灰石—石膏湿法 100 |
| 20 | 江苏新中环保股份有限公司 | 1 012 | 石灰石—石膏湿法 76. 29<br>烟气循环流化床 12. 25<br>氧化镁法 11. 46 |
| 21 | 江苏科行环保科技有限公司 | 605 | 石灰石—石膏湿法 90. 08<br>烟气循环流化床 9. 92 |
| 22 | 浙江德创环保科技股份有限公司 | 135 | 石灰石—石膏湿法 100 |

# 附件 30

## 2014 年年底累计签订合同的火电厂烟气脱硫特许经营机组容量情况

（按 2014 年年底累计签订烟气脱硫特许经营合同的机组容量大小排序）

| 序号 | 环保公司名称 | 签订的特许经营合同容量（MW） | 采用的脱硫方法及所占比例（%） |
|---|---|---|---|
| 1 | 北京国电龙源环保工程有限公司 | 30 060 | 石灰石—石膏湿法 92. 95<br>有机胺法 3. 99<br>海水法 2. 16<br>氨法 0. 89 |
| 2 | 大唐科技产业集团有限公司 | 21 000 | 石灰石—石膏湿法 93. 62<br>海水法 6. 38 |
| 3 | 北京清新环境技术股份有限公司<br>（原北京国电清新环保技术股份有限公司） | 18 360 | 石灰石—石膏湿法 100 |
| 4 | 重庆远达烟气治理特许经营有限公司 | 9 540 | 石灰石—石膏湿法 100 |
| 5 | 江苏峰业科技环保集团股份有限公司 | 7 380 | 石灰石—石膏法 91. 87<br>海水法 8. 13 |
| 6 | 浙江天地环保工程有限公司 | 6 920 | 石灰石—石膏湿法 100 |
| 7 | 山东三融环保工程有限公司 | 5 130 | 石灰石—石膏湿法 100 |
| 8 | 浙江浙大网新机电工程有限公司 | 3 245 | 石灰石—石膏湿法 100 |
| 9 | 北京博奇电力科技有限公司 | 3 120 | 石灰石—石膏湿法 100 |
| 10 | 中国华电工程（集团）有限公司 | 2 660 | 石灰石—石膏湿法 100 |
| 11 | 福建龙净环保股份有限公司 | 2 060 | 石灰石—石膏湿法 100 |

# 附件 31

## 2014 年签订合同的火电厂烟气脱硝机组容量情况

（按 2014 年签订合同的烟气脱硝工程机组容量大小排序）

| 序号 | 脱硝公司名称 | 合同容量（MW） | 采用的脱硝方法及所占比例（%） |
|---|---|---|---|
| 1 | 上海锅炉厂有限公司/上海电气电站环保工程有限公司 | 27 750 | SCR 91. 71<br>SNCR 8. 29 |
| 2 | 东方电气集团东方锅炉股份有限公司 | 23 750 | SCR 82. 69<br>SNCR 17. 10<br>SNCR +SCR 0. 21 |
| 3 | 北京国电龙源环保工程有限公司 | 14 285 | SCR 87. 82<br>SNCR 12. 18 |
| 4 | 中电投远达环保工程有限公司 | 11 320 | SCR 90. 10<br>SNCR 9. 90 |
| 5 | 江苏科行环保科技有限公司 | 10 835 | SCR 90. 22<br>SNCR 6. 46<br>SNCR +SCR 3. 32 |
| 6 | 大唐科技产业集团有限公司 | 10 590 | SCR 92. 63<br>SNCR 7. 37 |
| 7 | 中国华电工程（集团）有限公司 | 9 940 | SCR 95. 98<br>SNCR 4. 02 |
| 8 | 浙江天地环保工程有限公司 | 9 840 | SCR 100 |
| 9 | 西安西热锅炉环保工程有限公司 | 4 680 | SCR 67. 95<br>SNCR 6. 41<br>SNCR +SCR 25. 64 |
| 10 | 无锡华光锅炉股份有限公司 | 3 830 | SCR 80. 24<br>SNCR 14. 02<br>SNCR +SCR 5. 74 |
| 11 | 同方环境股份有限公司 | 3 303. 5 | SCR 76. 54<br>SNCR 23. 46 |
| 12 | 福建龙净环保股份有限公司 | 3 156 | SCR 100 |
| 13 | 湖南麓南脱硫脱硝科技有限公司 | 2 025 | SCR 28. 40<br>SNCR 71. 60 |
| 14 | 北京博奇电力科技有限公司 | 1 990 | SCR 100 |
| 15 | 浙江菲达环保科技股份有限公司 | 1 912 | SCR 82. 12<br>SNCR 17. 88 |
| 16 | 山东三融环保工程有限公司 | 1 770 | SCR 77. 4<br>SNCR 22. 6 |
| 17 | 永清环保股份有限公司 | 1 755 | SCR 100 |

续表

| 序号 | 脱硝公司名称 | 合同容量（MW） | 采用的脱硝方法及所占比例（%） |
|---|---|---|---|
| 18 | 江苏峰业科技环保集团股份有限公司 | 1 500 | SCR 100 |
| 19 | 江苏新世纪江南环保股份有限公司 | 870 | SCR 68. 97<br>SNCR 31. 03 |
| 20 | 广州市天赐三和环保工程有限公司 | 505 | SCR 80. 20<br>SNCR 19. 80 |
| 21 | 北京龙电宏泰环保科技有限公司 | 450 | SNCR 88. 89<br>SNCR +SCR 11. 11 |
| 22 | 武汉凯迪电力环保有限公司 | 270 | SNCR 100 |
| 23 | 浙江浙大网新机电工程有限公司 | 250 | SCR 100 |
| 24 | 江苏新中环保股份有限公司 | 224 | SNCR 22. 32<br>SNCR +SCR 77. 68 |
| 25 | 浙江德创环保科技有限公司 | 210 | SCR 100 |
| 26 | 浙江蓝天求是环保股份有限公司 | 135 | SCR 100 |
| 27 | 中钢集团天澄环保科技股份有限公司 | 100 | SCR 100 |
| 28 | 北京国能中电节能环保技术有限责任公司 | 75 | SCR 40<br>SNCR 60 |

注：SCR 指选择性催化还原法；SNCR 指选择性非催化还原法，SNCR +SCR 指选择性催化还原法与选择性非催化还原法联合，下同。

# 附件 32

## 2014 年投运的火电厂烟气脱硝机组容量情况

（按 2014 年投运的烟气脱硝工程机组容量大小排序）

| 序号 | 脱硝公司名称 | 投运容量（MW） | 采用的脱硝方法及所占比例（%） |
|---|---|---|---|
| 1 | 中国华电工程（集团）有限公司 | 23 720 | SCR 94. 22<br>SNCR 2. 95<br>SNCR +SCR 2. 83 |
| 2 | 大唐科技产业集团有限公司 | 18 265 | SCR 97. 66<br>SNCR 2. 34 |
| 3 | 中电投远达环保工程有限公司 | 17 130 | SCR 95. 91<br>SNCR 4. 09 |
| 4 | 西安西热锅炉环保工程有限公司 | 12 260 | SCR 97. 55<br>SNCR 2. 45 |
| 5 | 江苏科行环保科技有限公司 | 8 715 | SCR 77. 62<br>SNCR +SCR 22. 38 |
| 6 | 浙江天地环保工程有限公司 | 8 240 | SCR 100 |
| 7 | 同方环境股份有限公司 | 5 588. 5 | SCR 92. 40<br>SNCR 7. 60 |
| 8 | 北京国电龙源环保工程有限公司 | 5 130 | SCR 99. 25<br>SNCR 0. 75 |
| 9 | 山东三融环保工程有限公司 | 3 900 | SCR 100 |
| 10 | 北京博奇电力科技有限公司 | 3 690 | SCR 100 |
| 11 | 北京国能中电节能环保技术有限责任公司 | 3 655 | SCR 98. 50<br>SNCR 0. 82<br>SNCR +SCR 0. 68 |
| 12 | 浙江菲达环保科技股份有限公司 | 2 704 | SCR 90. 08<br>SNCR 9. 92 |
| 13 | 福建龙净环保股份有限公司 | 2 440 | SCR 96. 47<br>SNCR 1. 36<br>COA 0. 09<br>SNCR +COA 2. 08 |
| 14 | 永清环保股份有限公司 | 2 350 | SCR 100 |
| 15 | 浙江蓝天求是环保股份有限公司 | 2 290 | SCR 100 |
| 16 | 浙江浙大网新机电工程有限公司 | 1 250 | SCR 100 |
| 17 | 江苏峰业科技环保集团股份有限公司 | 700 | SCR 100 |
| 18 | 东方电气集团东方锅炉股份有限公司 | 650 | SCR 100 |

续表

| 序号 | 脱硝公司名称 | 投运容量（MW） | 采用的脱硝方法及所占比例（%） |
|---|---|---|---|
| 19 | 江苏新世纪江南环保股份有限公司 | 345 | SCR 14. 36<br>SNCR 79. 90<br>SNCR +SCR 5. 74 |
| 20 | 浙江德创环保科技股份有限公司 | 330 | SCR 100 |
| 21 | 北京龙电宏泰环保科技有限公司 | 250 | SNCR 80<br>SNCR +SCR 20 |
| 22 | 江苏新中环保股份有限公司 | 150 | SNCR 66. 67<br>SNCR +SCR 33. 33 |
| 23 | 中钢集团天澄环保科技股份有限公司 | 100 | SCR 100 |
| 23 | 广州市天赐三和环保工程有限公司 | 100 | SNCR +SCR 100 |

# 附件 33

## 2014 年年底累计投运的火电厂烟气脱硝机组容量情况

（按 2014 年年底累计投运的烟气脱硝机组容量大小排序）

| 序号 | 脱硝公司名称 | 2014 年年底前累计投运容量（MW） | 采用的脱硝方法及所占比例（%） |
|---|---|---|---|
| 1 | 北京国电龙源环保工程有限公司 | 94 102. 5 | SCR 96. 26<br>SNCR 3. 42<br>SNCR +SCR 0. 32 |
| 2 | 中国华电工程（集团）有限公司 | 59 800 | SCR 97. 04<br>SNCR 1. 84<br>SNCR +SCR 1. 12 |
| 3 | 大唐科技产业集团有限公司 | 48 415 | SCR 96. 21<br>SNCR 3. 79 |
| 4 | 中电投远达环保工程有限公司 | 37 180 | SCR 97. 12<br>SNCR 2. 88 |
| 5 | 浙江天地环保工程有限公司 | 29 545 | SCR 100 |
| 6 | 东方电气集团东方锅炉股份有限公司 | 26 258 | SCR 97. 71<br>SNCR 2. 29 |
| 7 | 江苏科行环保科技有限公司 | 22 135 | SCR 86. 17<br>SNCR 3. 05<br>SNCR +SCR 10. 78 |
| 8 | 福建龙净环保股份有限公司 | 20 670 | SCR 100 |
| 9 | 同方环境股份有限公司 | 20 294. 5 | SCR 95. 72<br>SNCR 4. 16<br>SNCR +SCR 0. 12 |
| 10 | 西安西热锅炉环保工程有限公司 | 12 260 | SCR 97. 55<br>SNCR 2. 45 |
| 11 | 北京博奇电力科技有限公司 | 11 520 | SCR 100 |
| 12 | 山东三融环保工程有限公司 | 9 330 | SCR 100 |
| 13 | 浙江浙大网新机电工程有限公司 | 7 725 | SCR 100 |
| 14 | 浙江蓝天求是环保股份有限公司 | 6 590 | SCR 100 |
| 15 | 浙江菲达环保科技股份有限公司 | 3 837 | SCR 90. 83<br>SNCR 9. 17 |
| 16 | 北京国能中电节能环保技术有限责任公司 | 3 655 | SCR 98. 50<br>SNCR 0. 82<br>SNCR +SCR 0. 68 |
| 17 | 北京清新环境技术股份有限公司<br>（原北京国电清新环保技术股份有限公司） | 3 300 | SCR 69. 70<br>SNCR 30. 30 |

续表

| 序号 | 脱硝公司名称 | 2014 年年底前累计投运容量（MW） | 采用的脱硝方法及所占比例（%） |
|---|---|---|---|
| 18 | 北京龙电宏泰环保科技有限公司 | 1 280 | SCR 49. 22<br>SNCR 46. 88<br>SNCR +SCR 3. 90 |
| 19 | 江苏峰业科技环保集团股份有限公司 | 700 | SCR 100 |
| 19 | 广州市天赐三和环保工程有限公司 | 700 | SCR 85. 71<br>SNCR +SCR 14. 29 |
| 21 | 武汉凯迪电力环保有限公司 | 600 | SCR 100 |
| 22 | 中钢集团天澄环保科技股份有限公司 | 540 | SCR 100 |
| 23 | 江苏新世纪江南环保股份有限公司 | 345 | SCR 52. 17<br>SNCR 47. 83 |
| 24 | 浙江德创环保科技股份有限公司 | 330 | SCR 100 |
| 25 | 湖南麓南脱硫脱硝科技有限公司 | 250 | SNCR 100 |
| 26 | 江苏新中环保股份有限公司 | 200 | SNCR 100 |

# 附件 34

## 2014 年年底累计签订合同的火电厂烟气脱硝特许经营机组容量情况

（按 2014 年年底累计签订烟气脱硝特许经营合同的机组容量大小排序）

| 序号 | 环保公司名称 | 签订的特许经营合同容量（MW） | 采用的脱硝方法及所占比例（%） |
|---|---|---|---|
| 1 | 重庆远达烟气治理特许经营有限公司 | 12 990 | SCR 100 |
| 2 | 北京清新环境技术股份有限公司<br>（原北京国电清新环保技术股份有限公司） | 7 940 | SCR 69. 78<br>SNCR 30. 22 |
| 3 | 中国华电工程（集团）有限公司 | 4 500 | SCR 100 |
| 4 | 北京国电龙源环保工程有限公司 | 2 800 | SCR 100 |
| 5 | 大唐科技产业集团有限公司 | 2 660 | SCR 100 |
| 6 | 北京博奇电力科技有限公司 | 1 200 | SCR 100 |
| 7 | 永清环保股份有限公司 | 600 | SCR 100 |

# 附件 35

## 2014 年度全国火电 100 万千瓦级超超临界机组能效指标

| 序号 | 电厂简称 | 机组编号 | 容量（万千瓦） | 投产日期（年—月—日） | 供电煤耗（克/千瓦时） | 厂用电率（%） | 耗水率（千克/千瓦时） | 油耗（吨/年） | 备注 |
|---|---|---|---|---|---|---|---|---|---|
| 上海汽轮机厂 | | | | | | | | | |
| 1 | 国电湖北汉川 | #5 | 100 | 2012 -12 -21 | 285. 30 | 3. 49 | 1. 37 | 232. 00 | |
| 2 | 国电江苏谏壁 | #14 | 100 | 2012 -6 -24 | 284. 55 | 2. 93 | 0. 15 | 69. 72 | |
| 3 | 国电江苏谏壁 | #13 | 100 | 2011 -5 -22 | 285. 38 | 3. 26 | 0. 15 | 31. 78 | |
| 4 | 国电浙江北仑 | #6 | 100 | 2008 -12 -20 | 280. 51 | 2. 75 | 0. 28 | 133. 00 | |
| 5 | 国电浙江北仑 | #7 | 100 | 2009 -6 -2 | 285. 46 | 3. 10 | 0. 28 | 221. 00 | |
| 6 | 国投天津津能 | #2 | 100 | 2009 -11 -30 | 283. 42 | 4. 72 | 0. 19 | 103. 60 | |
| 7 | 国投天津津能 | #1 | 100 | 2009 -9 -24 | 288. 11 | 4. 99 | 0. 19 | 214. 60 | |
| 8 | 国信江苏新海 | #1 | 100 | 2012 -11 -21 | 288. 57 | 4. 49 | 2. 02 | 276. 12 | |
| 9 | 华能南京金陵 | #1 | 100 | 2009 -12 -23 | 278. 56 | 3. 71 | 0. 21 | 5. 30 | |
| 10 | 华能南京金陵 | #2 | 100 | 2012 -8 -21 | 283. 12 | 3. 83 | 0. 21 | 6. 10 | |
| 11 | 华能浙江玉环 | #4 | 100 | 2007 -11 -25 | 282. 46 | 2. 72 | 0. 24 | 1. 26 | |
| 12 | 华能浙江玉环 | #2 | 100 | 2006 -12 -30 | 286. 38 | 4. 14 | 0. 24 | 19. 53 | |
| 13 | 华能浙江玉环 | #1 | 100 | 2006 -11 -28 | 286. 55 | 4. 19 | 0. 24 | 9. 40 | |
| 14 | 华能浙江玉环 | #3 | 100 | 2007 -11 -11 | 287. 34 | 4. 64 | 0. 24 | 14. 76 | |
| 15 | 华润徐州彭城 | #6 | 100 | 2010 -7 -7 | 290. 70 | 4. 22 | 2. 71 | 205. 63 | |
| 16 | 华润徐州彭城 | #5 | 100 | 2010 -6 -23 | 291. 50 | 4. 49 | 2. 71 | 450. 93 | |
| 17 | 神华广东台山 | #7 | 100 | 2011 -11 -30 | 291. 98 | 4. 84 | 0. 23 | 92. 45 | |

续表

| 序号 | 电厂简称 | 机组编号 | 容量（万千瓦） | 投产日期（年—月—日） | 供电煤耗（克/千瓦时） | 厂用电率（%） | 耗水率（千克/千瓦时） | 油耗（吨/年） | 备注 |
|---|---|---|---|---|---|---|---|---|---|
| 18 | 神华广东台山 | #6 | 100 | 2011-3-31 | 297.68 | 4.78 | 0.23 | 155.49 | |
| 19 | 神华江苏徐州 | #2 | 100 | 2011-12-31 | 286.82 | 4.68 | 1.87 | 302.80 | |
| 20 | 神华江苏徐州 | #1 | 100 | 2011-12-20 | 287.43 | 4.66 | 1.86 | 472.70 | |
| 21 | 神华浙江宁海 | #6 | 100 | 2009-9-21 | 287.24 | 4.63 | 0.18 | 116.50 | |
| 22 | 神华浙江宁海 | #5 | 100 | 2009-10-14 | 289.83 | 5.18 | 0.18 | 81.17 | |
| 23 | 皖能安徽铜陵 | #5 | 105 | 2011-5-6 | 286.09 | 3.87 | 1.60 | 18.70 | |
| 24 | 浙能浙江嘉兴二 | #8 | 100 | 2011-10-18 | 286.34 | 4.73 | 0.37 | 256.52 | |
| 25 | 浙能浙江嘉兴二 | #7 | 100 | 2011-6-23 | 286.41 | 4.63 | 0.37 | 248.48 | |
| 26 | 中电投江苏常熟 | #5 | 100 | 2013-1-3 | 287.99 | 4.64 | 0.37 | 231.00 | |
| 27 | 中电投江苏常熟 | #6 | 100 | 2013-12-14 | 292.27 | 4.55 | 0.36 | 511.00 | |
| 28 | 中电投上海漕泾 | #1 | 100 | 2010-1-20 | 281.05 | 4.48 | 0.43 | 195.80 | |
| 29 | 中电投上海漕泾 | #2 | 100 | 2010-4-6 | 282.39 | 4.32 | 0.38 | 234.87 | |
| 平均值 | | | | | 286.60 | 4.20 | 0.68 | 169.39 | |
| 哈尔滨汽轮机厂 | | | | | | | | | |
| 30 | 大唐广东三百门 | #4 | 100 | 2010-7-22 | 284.63 | 4.51 | 0.06 | 0.00 | |
| 31 | 大唐广东三百门 | #3 | 100 | 2010-7-22 | 287.01 | 4.54 | 0.06 | 0.00 | |
| 32 | 国电江苏泰州 | #1 | 100 | 2007-12-4 | 286.30 | 2.93 | 0.42 | 80.00 | |
| 33 | 国电江苏泰州 | #2 | 100 | 2008-3-31 | 288.78 | 3.67 | 0.41 | 53.61 | |
| 34 | 华能河南沁北 | #5 | 100 | 2012-3-6 | 285.80 | 3.14 | 1.91 | 171.10 | |
| 35 | 华能河南沁北 | #6 | 100 | 2013-3-6 | 287.59 | 3.31 | 1.91 | 164.15 | |
| 36 | 中电投河南鲁阳 | #1 | 100 | 2011-11-23 | 285.49 | 3.96 | 1.63 | 55.51 | |

续表

| 序号 | 电厂简称 | 机组编号 | 容量（万千瓦） | 投产日期（年—月—日） | 供电煤耗（克/千瓦时） | 厂用电率（%） | 耗水率（千克/千瓦时） | 油耗（吨/年） | 备注 |
|---|---|---|---|---|---|---|---|---|---|
| 37 | 中电投河南鲁阳 | #2 | 100 | 2010 –12 –8 | 290. 43 | 3. 94 | 1. 63 | 212. 85 | |
| 平均值 | | | | | 287. 00 | 3. 75 | 1. 00 | 92. 15 | |
| 东方汽轮机厂 | | | | | | | | | |
| 38 | 华电山东莱州 | #2 | 105 | 2012 –12 –6 | 279. 90 | 3. 40 | 0. 13 | 32. 20 | |
| 39 | 华电山东莱州 | #1 | 105 | 2012 –11 –4 | 280. 10 | 3. 42 | 0. 13 | 115. 81 | |
| 40 | 华电山东邹县 | #8 | 100 | 2007 –7 –5 | 283. 16 | 4. 15 | 0. 97 | 111. 00 | |
| 41 | 华电山东邹县 | #7 | 100 | 2006 –12 –4 | 285. 23 | 4. 26 | 0. 97 | 123. 00 | |
| 42 | 华能广东海门 | #3 | 100 | 2013 –3 –19 | 284. 23 | 3. 03 | 0. 10 | 24. 86 | |
| 43 | 华能广东海门 | #4 | 100 | 2013 –3 –19 | 285. 62 | 2. 73 | 0. 10 | 40. 42 | |
| 44 | 华能广东海门 | #1 | 100 | 2009 –6 –30 | 286. 24 | 3. 82 | 0. 10 | 66. 86 | |
| 45 | 华能广东海门 | #2 | 100 | 2009 –9 –27 | 286. 35 | 3. 96 | 0. 10 | 4. 68 | |
| 46 | 华润浙江温州 | #1 | 100 | 2014 –1 –24 | 296. 54 | 4. 09 | 0. 34 | 0 | |
| 47 | 华润浙江温州 | #2 | 100 | 2014 –5 –31 | 297. 07 | 4. 20 | 0. 34 | 0 | |
| 48 | 神华辽宁绥中 | #4 | 100 | 2010 –5 –18 | 295. 40 | 5. 01 | 0. 27 | 86. 24 | |
| 49 | 神华辽宁绥中 | #3 | 100 | 2010 –2 –12 | 298. 19 | 5. 01 | 0. 28 | 52. 64 | |
| 50 | 粤电广东靖海 | #3 | 100 | 2013 –1 –10 | 299. 44 | 4. 95 | 0. 20 | 0 | |
| 51 | 粤电广东靖海 | #4 | 100 | 2013 –1 –9 | 301. 15 | 5. 03 | 0. 20 | 0 | |
| 52 | 华电宁夏灵武 | #3 | 100 | 2011 –1 –1 | 298. 10 | 5. 43 | 0. 39 | 14. 00 | 空冷机组 |
| 53 | 华电宁夏灵武 | #4 | 100 | 2011 –5 –1 | 298. 23 | 5. 33 | 0. 39 | 15. 00 | 空冷机组 |
| 湿冷机组平均值 | | | | | 289. 90 | 4. 08 | 0. 30 | 46. 98 | |

# 附件 36

## 2014 年度全国火电 60 万千瓦级超超临界机组能效指标

| 序号 | 电厂简称 | 机组编号 | 容量（万千瓦） | 投产日期（年—月—日） | 供电煤耗（克/千瓦时） | 厂用电率（%） | 耗水率（千克/千瓦时） | 油耗（吨/年） | 备注 |
|---|---|---|---|---|---|---|---|---|---|
| 上海汽轮机厂 | | | | | | | | | |
| 1 | 大唐江苏南京 | #1 | 66 | 2010－8－5 | 289.91 | 3.27 | 0.12 | 0.00 | |
| 2 | 大唐江苏南京 | #2 | 66 | 2010－12－15 | 291.10 | 3.23 | 0.12 | 0.00 | |
| 3 | 国电江西九江 | #7 | 66 | 2013－1－1 | 291.96 | 3.69 | 1.46 | 30.00 | |
| 4 | 华电江苏望亭 | #3 | 66 | 2009－6－27 | 285.44 | 4.83 | 1.92 | 0.08 | |
| 5 | 华电江苏望亭 | #4 | 66 | 2011－7－12 | 289.04 | 5.14 | 2.07 | 0.07 | |
| 6 | 华能福建福州 | #5 | 66 | 2010－7－22 | 287.34 | 4.05 | 0.39 | 217.20 | |
| 7 | 华能福建福州 | #6 | 66 | 2010－11－15 | 285.76 | 4.11 | 0.39 | 209.90 | |
| 8 | 华能山东威海 | #5 | 68 | 2010－12－1 | 284.16 | 3.60 | 0.11 | 44.95 | |
| 9 | 华能山东威海 | #6 | 68 | 2011－1－1 | 288.68 | 4.02 | 0.11 | 15.07 | |
| 10 | 华能上海石洞口二 | #3 | 66 | 2009－11－16 | 288.98 | 4.59 | 0.39 | 75.14 | |
| 11 | 华能上海石洞口二 | #4 | 66 | 2009－12－15 | 284.87 | 4.18 | 0.39 | 34.50 | |
| 12 | 华能浙江长兴 | #1 | 66 | 2014－12－17 | 283.99 | 4.37 | 0.00 | 0.00 | |
| 13 | 华能浙江长兴 | #2 | 66 | 2014－12－29 | 283.99 | 3.82 | 0.00 | 0.00 | |
| 14 | 神华江苏陈家港 | #1 | 66 | 2012－8－20 | 289.22 | 4.41 | 0.30 | 202.14 | |
| 15 | 神华江苏陈家港 | #2 | 66 | 2012－8－20 | 289.11 | 4.13 | 0.30 | 110.86 | |
| 16 | 浙能安徽凤台 | #3 | 66 | 2013－12－9 | 281.11 | 3.02 | 2.14 | 102.90 | |
| 17 | 浙能安徽凤台 | #4 | 66 | 2013－12－23 | 282.44 | 3.00 | 2.14 | 50.00 | |
| 18 | 浙能浙江乐清 | #3 | 66 | 2010－3－30 | 284.05 | 4.13 | 0.24 | 105.25 | |
| 19 | 浙能浙江乐清 | #4 | 66 | 2010－7－25 | 285.84 | 4.42 | 0.24 | 108.88 | |
| 20 | 中电投安徽田集二 | #3 | 66 | 2013－12－22 | 283.79 | 3.74 | 1.21 | 0.00 | |

续表

| 序号 | 电厂简称 | 机组编号 | 容量（万千瓦） | 投产日期（年—月—日） | 供电煤耗（克/千瓦时） | 厂用电率（%） | 耗水率（千克/千瓦时） | 油耗（吨/年） | 备注 |
|---|---|---|---|---|---|---|---|---|---|
| 21 | 中电投安徽田集二 | #4 | 66 | 2014－4－29 | 284.61 | 3.97 | 1.21 | 0.00 | |
| 22 | 国电内蒙古布连 | #1 | 66 | 2013－3－9 | 304.78 | 4.69 | 0.23 | 0.00 | 空冷机组 |
| 23 | 国电内蒙古布连 | #2 | 66 | 2013－6－27 | 298.38 | 4.67 | 0.24 | 0.00 | 空冷机组 |
| 湿冷机组平均值 | | | | | 286.45 | 3.99 | 0.73 | 62.24 | |
| 哈尔滨汽轮机厂 | | | | | | | | | |
| 24 | 大唐河南华豫 | #3 | 66 | 2009－3－23 | 296.04 | 4.27 | 1.34 | 150.58 | |
| 25 | 大唐河南华豫 | #4 | 66 | 2010－10－15 | 292.95 | 4.46 | 1.33 | 121.68 | |
| 26 | 大唐河南禹州 | #3 | 66 | 2009－6－30 | 292.07 | 4.40 | 1.90 | 143.43 | |
| 27 | 大唐河南禹州 | #4 | 66 | 2009－12－29 | 291.24 | 4.33 | 1.90 | 203.78 | |
| 28 | 大唐江苏吕四港 | #1 | 66 | 2010－3－14 | 288.50 | 4.08 | 0.18 | 26.00 | |
| 29 | 大唐江苏吕四港 | #2 | 66 | 2010－3－6 | 293.48 | 4.42 | 0.18 | 58.00 | |
| 30 | 大唐江苏吕四港 | #3 | 66 | 2010－3－31 | 290.92 | 4.48 | 0.18 | 38.00 | |
| 31 | 大唐江苏吕四港 | #4 | 66 | 2010－6－6 | 293.46 | 4.41 | 0.18 | 91.00 | |
| 32 | 华电辽宁铁岭 | #5 | 60 | 2008－7－4 | 297.28 | 5.96 | 2.18 | 0.00 | |
| 33 | 华电辽宁铁岭 | #6 | 60 | 2008－12－22 | 298.69 | 6.15 | 2.18 | 0.00 | |
| 34 | 华能湖南岳阳 | #5 | 60 | 2011－1－6 | 293.45 | 3.90 | 0.35 | 236.80 | |
| 35 | 华能湖南岳阳 | #6 | 60 | 2012－8－20 | 293.45 | 3.90 | 0.35 | 229.40 | |
| 36 | 华能辽宁营口 | #3 | 60 | 2007－8－31 | 299.27 | 4.00 | 0.41 | 37.05 | |
| 37 | 华能辽宁营口 | #4 | 60 | 2007－10－14 | 297.15 | 4.00 | 0.41 | 5.70 | |
| 38 | 中电投江苏阚山 | #1 | 60 | 2007－10－22 | 304.76 | 4.38 | 0.94 | 28.35 | |
| 39 | 中电投江苏阚山 | #2 | 60 | 2008－1－23 | 304.90 | 4.32 | 0.94 | 19.39 | |
| 平均值 | | | | | 295.48 | 4.47 | 0.93 | 86.82 | |

续表

| 序号 | 电厂简称 | 机组编号 | 容量（万千瓦） | 投产日期（年—月—日） | 供电煤耗（克/千瓦时） | 厂用电率（%） | 耗水率（千克/千瓦时） | 油耗（吨/年） | 备注 |
|---|---|---|---|---|---|---|---|---|---|
| 东方汽轮机厂 | | | | | | | | | |
| 40 | 大唐福建宁德 | #1 | 66 | 2009-6-27 | 290.48 | 4.19 | 0.21 | 0.00 | |
| 41 | 大唐福建宁德 | #2 | 66 | 2008-12-31 | 288.66 | 4.24 | 0.21 | 0.00 | |
| 42 | 华电安徽芜湖 | #1 | 66 | 2008-6-24 | 284.73 | 4.16 | 0.42 | 78.00 | |
| 43 | 华电安徽芜湖 | #2 | 66 | 2008-12-20 | 289.72 | 4.34 | 0.42 | 104.00 | |
| 44 | 华电湖北西塞山 | #3 | 68 | 2010-12-23 | 289.34 | 4.43 | 0.39 | 0.00 | |
| 45 | 华能江西井冈山 | #3 | 66 | 2009-11-19 | 293.96 | 3.58 | 1.97 | 4.16 | |
| 46 | 华能江西井冈山 | #4 | 66 | 2009-12-25 | 293.92 | 3.58 | 1.97 | 3.06 | |
| 47 | 华润山东菏泽 | #1 | 64.5 | 2011-3-17 | 293.16 | 4.61 | 1.60 | 8.65 | |
| 48 | 华润山东菏泽 | #2 | 64.5 | 2011-10-1 | 298.09 | 4.78 | 1.60 | 20.74 | |
| 49 | 中电投重庆双槐 | #3 | 66 | 2013-6-23 | 300.80 | 3.95 | 1.55 | 475.52 | |
| 50 | 中电投重庆双槐 | #4 | 66 | 2014-8-29 | 301.43 | 3.73 | 1.45 | 54.52 | |
| 51 | 粤电广东红海湾 | #3 | 66 | 2011-10-1 | 313.48 | 5.40 | 0.27 | 62.41 | |
| 52 | 粤电广东红海湾 | #4 | 66 | 2011-10-1 | 314.79 | 5.46 | 0.27 | 83.49 | |
| 53 | 中电投安徽芜湖 | #1 | 66 | 2010-12-24 | 295.35 | 4.93 | 0.37 | 95.20 | |
| 54 | 中电投安徽芜湖 | #2 | 66 | 2011-12-12 | 290.59 | 5.04 | 0.37 | 160.80 | |
| 55 | 中电投江西景德镇 | #1 | 66 | 2010-12-31 | 302.67 | 4.39 | 1.65 | 14.58 | |
| 56 | 中电投江西景德镇 | #2 | 66 | 2011-5-18 | 303.63 | 4.47 | 1.65 | 0.54 | |
| 57 | 中电投江西新昌 | #1 | 66 | 2009-12-14 | 297.91 | 3.52 | 1.67 | 0.00 | |
| 58 | 中电投江西新昌 | #2 | 66 | 2010-2-14 | 301.76 | 3.67 | 1.65 | 0.00 | |
| 平均值 | | | | | 297.08 | 4.34 | 1.04 | 61.35 | |

## 附件 37

# 2014 年度全国火电 60 万千瓦级超临界湿冷机组能效指标

| 序号 | 电厂简称 | 机组编号 | 容量（万千瓦） | 投产日期（年一月一日） | 供电煤耗（克/千瓦时） | 厂用电率（%） | 耗水率（千克/千瓦时） | 油耗（吨/年） | 备注 |
|---|---|---|---|---|---|---|---|---|---|
| 上海汽轮机厂 | | | | | | | | | |
| 1 | 安徽皖能马鞍山 | #1 | 66 | 2012 -3 -27 | 303. 96 | 4. 10 | 0. 37 | 0. 00 | |
| 2 | 安徽皖能马鞍山 | #2 | 66 | 2012 -6 -3 | 303. 88 | 4. 02 | 0. 37 | 0. 00 | |
| 3 | 大唐湖南湘潭 | #3 | 60 | 2006 -3 -30 | 305. 84 | 5. 60 | 0. 19 | 29. 88 | |
| 4 | 大唐湖南湘潭 | #4 | 60 | 2006 -11 -13 | 305. 08 | 5. 67 | 0. 19 | 27. 06 | |
| 5 | 大唐山东黄岛 | #5 | 67 | 2006 -11 -8 | 302. 94 | 4. 10 | 0. 18 | 27. 00 | |
| 6 | 大唐山东黄岛 | #6 | 67 | 2007 -11 -14 | 300. 91 | 3. 97 | 0. 18 | 69. 00 | |
| 7 | 广东佛山恒益 | #1 | 60 | 2011 -6 -27 | 317. 60 | 5. 91 | 2. 23 | 160. 96 | |
| 8 | 广东佛山恒益 | #2 | 60 | 2011 -10 -7 | 315. 95 | 5. 78 | 2. 23 | 100. 50 | |
| 9 | 国电安徽蚌埠 | #1 | 63 | 2008 -12 -30 | 298. 59 | 3. 75 | 1. 59 | 0. 00 | |
| 10 | 国电安徽蚌埠 | #2 | 63 | 2009 -4 -20 | 298. 50 | 3. 78 | 1. 56 | 0. 00 | |
| 11 | 国电安徽铜陵 | #1 | 63 | 2008 -7 -28 | 303. 66 | 4. 04 | 0. 39 | 0. 00 | |
| 12 | 国电安徽铜陵 | #2 | 63 | 2008 -9 -28 | 298. 74 | 4. 09 | 0. 39 | 0. 00 | |
| 13 | 国电福建江阴 | #1 | 60 | 2007 -7 -26 | 299. 54 | 4. 27 | 0. 28 | 0. 00 | |
| 14 | 国电福建江阴 | #2 | 60 | 2007 -10 -14 | 298. 13 | 4. 23 | 0. 28 | 0. 00 | |
| 15 | 国电江苏常州 | #1 | 63 | 2006 -5 -23 | 299. 96 | 4. 62 | 0. 40 | 0. 00 | |
| 16 | 国电江苏常州 | #2 | 63 | 2006 -11 -30 | 298. 25 | 4. 40 | 0. 41 | 0. 00 | |
| 17 | 国电山东费县 | #1 | 65 | 2007 -2 -2 | 298. 21 | 4. 07 | 1. 45 | 0. 00 | |

续表

| 序号 | 电厂简称 | 机组编号 | 容量（万千瓦） | 投产日期（年—月—日） | 供电煤耗（克/千瓦时） | 厂用电率（%） | 耗水率（千克/千瓦时） | 油耗（吨/年） | 备注 |
|---|---|---|---|---|---|---|---|---|---|
| 18 | 国电山东费县 | #2 | 65 | 2007-8-5 | 298.43 | 4.26 | 1.45 | 0.00 | |
| 19 | 国电山东聊城 | #3 | 60 | 2009-2-27 | 298.51 | 4.71 | 1.85 | 93.80 | |
| 20 | 国电山东聊城 | #4 | 60 | 2009-8-31 | 298.30 | 4.72 | 1.87 | 112.30 | |
| 21 | 华电安徽宿州 | #1 | 63 | 2007-9-2 | 296.74 | 4.92 | 1.95 | 74.00 | |
| 22 | 华电安徽宿州 | #2 | 63 | 2007-11-10 | 301.49 | 4.89 | 2.02 | 89.70 | |
| 23 | 华电福建可门 | #1 | 60 | 2006-8-3 | 298.82 | 4.68 | 0.08 | 36.98 | |
| 24 | 华电福建可门 | #2 | 60 | 2006-12-8 | 304.06 | 4.63 | 0.08 | 147.98 | |
| 25 | 华电福建可门 | #3 | 60 | 2008-8-23 | 306.20 | 4.72 | 0.08 | 215.86 | |
| 26 | 华电福建可门 | #4 | 60 | 2008-12-18 | 306.66 | 4.53 | 0.08 | 138.74 | |
| 27 | 华电河南新乡 | #1 | 66 | 2007-4-19 | 303.16 | 5.26 | 1.37 | 141.43 | |
| 28 | 华电河南新乡 | #2 | 66 | 2007-8-22 | 307.54 | 5.43 | 1.37 | 351.34 | |
| 29 | 华电湖北襄阳 | #5 | 60 | 2007-1-25 | 300.79 | 4.69 | 0.27 | 43.60 | |
| 30 | 华电湖北襄阳 | #6 | 60 | 2007-5-23 | 298.87 | 4.48 | 0.27 | 40.00 | |
| 31 | 华电山东潍坊 | #3 | 67 | 2006-10-24 | 298.17 | 5.16 | 1.95 | 219.00 | |
| 32 | 华电山东潍坊 | #4 | 67 | 2007-6-9 | 297.18 | 5.08 | 1.95 | 228.00 | |
| 33 | 华能山东日照 | #3 | 68 | 2008-12-7 | 294.22 | 4.40 | 0.18 | 10.24 | |
| 34 | 华能山东日照 | #4 | 68 | 2008-12-19 | 300.99 | 4.42 | 0.18 | 81.99 | |
| 35 | 江西省投丰城 | #5 | 70 | 2007-1-16 | 308.07 | 4.61 | 0.51 | 1.37 | |
| 36 | 江西省投丰城 | #6 | 70 | 2007-5-13 | 305.95 | 4.61 | 0.51 | 1.51 | |
| 37 | 神华江苏太仓 | #7 | 63 | 2006-1-20 | 305.47 | 4.70 | 0.13 | 25.14 | |
| 38 | 神华江苏太仓 | #8 | 63 | 2005-11-8 | 300.82 | 4.69 | 0.16 | 43.87 | |
| 39 | 皖能安徽合肥 | #6 | 60 | 2013-6-30 | 308.24 | 3.86 | 1.46 | 0.00 | |
| 40 | 新力江苏利港 | #5 | 63 | 2006-12-9 | 294.07 | 4.27 | 0.35 | 26.15 | |

续表

| 序号 | 电厂简称 | 机组编号 | 容量（万千瓦） | 投产日期（年—月—日） | 供电煤耗（克/千瓦时） | 厂用电率（%） | 耗水率（千克/千瓦时） | 油耗（吨/年） | 备注 |
|---|---|---|---|---|---|---|---|---|---|
| 41 | 新力江苏利港 | #6 | 63 | 2006 -12 -22 | 299. 34 | 4. 44 | 0. 35 | 9. 43 | |
| 42 | 粤电广东金湾 | #3 | 60 | 2007 -2 -17 | 309. 95 | 5. 56 | 0. 25 | 151. 44 | |
| 43 | 粤电广东金湾 | #4 | 60 | 2007 -2 -10 | 308. 29 | 5. 26 | 0. 25 | 72. 92 | |
| 44 | 浙能浙江乐清 | #1 | 60 | 2008 -9 -9 | 301. 29 | 5. 03 | 0. 24 | 185. 01 | |
| 45 | 浙能浙江乐清 | #2 | 60 | 2008 -9 -10 | 298. 65 | 4. 86 | 0. 24 | 116. 66 | |
| 46 | 中电投安徽田集 | #1 | 63 | 2007 -7 -26 | 300. 83 | 4. 31 | 1. 21 | 66. 00 | |
| 47 | 中电投安徽田集 | #2 | 63 | 2007 -10 -15 | 296. 79 | 4. 21 | 1. 21 | 0. 00 | |
| 平均值 | | | | | 302. 08 | 4. 63 | 0. 78 | 66. 78 | |
| 哈尔滨汽轮机厂 | | | | | | | | | |
| 48 | 大唐安徽马鞍山 | #1 | 66 | 2008 -12 -15 | 305. 15 | 4. 49 | 0. 18 | 2. 49 | |
| 49 | 大唐安徽马鞍山 | #2 | 66 | 2008 -12 -30 | 300. 46 | 4. 35 | 0. 18 | 15. 00 | |
| 50 | 大唐福建宁德 | #3 | 60 | 2006 -6 -6 | 303. 85 | 4. 28 | 0. 21 | 0. 00 | |
| 51 | 大唐福建宁德 | #4 | 60 | 2006 -9 -8 | 298. 94 | 4. 38 | 0. 21 | 0. 00 | |
| 52 | 大唐广东三百门 | #1 | 60 | 2006 -5 -22 | 308. 05 | 4. 63 | 0. 06 | 12. 49 | |
| 53 | 大唐广东三百门 | #2 | 60 | 2006 -7 -25 | 310. 61 | 4. 89 | 0. 06 | 10. 40 | |
| 54 | 大唐河南三门峡 | #3 | 60 | 2006 -6 -29 | 301. 28 | 5. 01 | 1. 69 | 148. 05 | |
| 55 | 大唐河南三门峡 | #4 | 60 | 2006 -8 -27 | 302. 37 | 5. 52 | 1. 69 | 119. 00 | |
| 56 | 大唐浙江乌沙山 | #1 | 60 | 2006 -4 -1 | 301. 47 | 3. 82 | 0. 20 | 0. 00 | |
| 57 | 大唐浙江乌沙山 | #2 | 60 | 2006 -7 -9 | 301. 48 | 3. 90 | 0. 20 | 0. 00 | |
| 58 | 大唐浙江乌沙山 | #3 | 60 | 2006 -9 -30 | 296. 54 | 3. 97 | 0. 20 | 0. 00 | |
| 59 | 大唐浙江乌沙山 | #4 | 60 | 2006 -11 -8 | 299. 87 | 4. 54 | 0. 20 | 0. 00 | |
| 60 | 国电福建泉州 | #3 | 67 | 2011 -12 -22 | 295. 19 | 3. 94 | 0. 22 | 0. 00 | |
| 61 | 国电福建泉州 | #4 | 67 | 2012 -4 -25 | 296. 25 | 3. 65 | 0. 22 | 0. 00 | |

续表

| 序号 | 电厂简称 | 机组编号 | 容量（万千瓦） | 投产日期（年—月—日） | 供电煤耗（克/千瓦时） | 厂用电率（%） | 耗水率（千克/千瓦时） | 油耗（吨/年） | 备注 |
|---|---|---|---|---|---|---|---|---|---|
| 62 | 国电辽宁康平 | #2 | 60 | 2009-8-15 | 306.43 | 4.84 | 2.19 | 0.00 | |
| 63 | 国电辽宁康平 | #1 | 60 | 2008-12-8 | 306.56 | 5.07 | 2.19 | 0.00 | |
| 64 | 国电辽宁庄河 | #1 | 60 | 2007-8-6 | 300.36 | 3.64 | 0.33 | 87.45 | |
| 65 | 国电辽宁庄河 | #2 | 60 | 2007-11-5 | 303.14 | 4.62 | 0.33 | 79.84 | |
| 66 | 国电龙江双鸭山 | #5 | 60 | 2007-12-24 | 309.40 | 4.98 | 27.00 | 113.00 | |
| 67 | 国电龙江双鸭山 | #6 | 60 | 2008-1-27 | 307.84 | 4.98 | 27.00 | 147.00 | |
| 68 | 国投安徽宣城 | #1 | 63 | 2008-8-22 | 303.13 | 4.18 | 1.89 | 0.00 | |
| 69 | 华能安徽巢湖 | #1 | 60 | 2008-8-9 | 302.73 | 4.47 | 1.95 | 7.50 | |
| 70 | 华能安徽巢湖 | #2 | 60 | 2008-11-24 | 297.75 | 3.71 | 1.71 | 11.50 | |
| 71 | 华能广东汕头 | #3 | 60 | 2005-10-20 | 305.62 | 4.17 | / | 55.00 | |
| 72 | 华能河南沁北 | #1 | 60 | 2004-11-23 | 305.87 | 4.27 | 1.91 | 241.13 | |
| 73 | 华能河南沁北 | #2 | 60 | 2004-12-13 | 307.65 | 4.46 | 1.91 | 256.17 | |
| 74 | 华能河南沁北 | #3 | 60 | 2007-11-20 | 307.14 | 5.03 | 1.91 | 107.96 | |
| 75 | 华能河南沁北 | #4 | 60 | 2007-12-12 | 307.58 | 4.96 | 1.91 | 111.27 | |
| 76 | 华能湖北阳逻 | #5 | 60 | 2006-10-23 | 300.89 | 4.59 | / | 279.10 | |
| 77 | 华能湖北阳逻 | #6 | 60 | 2006-12-12 | 301.25 | 4.64 | / | 206.50 | |
| 78 | 华能吉林九台 | #1 | 67 | 2009-10-26 | 311.68 | 4.97 | 2.01 | 198.74 | |
| 79 | 华能吉林九台 | #2 | 67 | 2009-12-6 | 306.17 | 4.66 | 2.03 | 148.28 | |
| 80 | 华能江苏太仓 | #3 | 63 | 2006-1-19 | 302.96 | 4.19 | 0.37 | 32.00 | |
| 81 | 华能江苏太仓 | #4 | 63 | 2006-2-22 | 298.56 | 4.18 | 0.37 | 13.00 | |
| 82 | 华能内蒙古伊敏 | #5 | 60 | 2011-1-13 | 301.66 | 4.51 | 1.99 | 30.90 | |
| 83 | 华能内蒙古伊敏 | #6 | 60 | 2010-12-3 | 301.30 | 4.40 | 1.99 | 320.38 | |
| 84 | 神华河北沧东 | #3 | 66 | 2009-3-27 | 307.22 | 4.35 | 0.19 | 29.00 | |

续表

| 序号 | 电厂简称 | 机组编号 | 容量（万千瓦） | 投产日期（年—月—日） | 供电煤耗（克/千瓦时） | 厂用电率（%） | 耗水率（千克/千瓦时） | 油耗（吨/年） | 备注 |
|---|---|---|---|---|---|---|---|---|---|
| 85 | 神华河北沧东 | #4 | 66 | 2009－11－27 | 307.86 | 4.48 | 0.20 | 44.00 | |
| 86 | 省投河北西柏坡 | #5 | 60 | 2006－8－19 | 312.00 | 5.08 | 2.11 | 24.80 | |
| 87 | 省投河北西柏坡 | #6 | 60 | 2006－11－24 | 312.20 | 5.24 | 2.11 | 20.00 | |
| 88 | 中电投河南姚孟 | #5 | 63 | 2007－10－26 | 300.62 | 4.30 | 2.18 | 83.00 | |
| 89 | 中电投河南姚孟 | #6 | 63 | 2007－12－29 | 306.29 | 4.58 | 2.18 | 261.00 | |
| 90 | 中电投辽宁清河 | #1 | 60 | 2011－11－15 | 316.39 | 6.56 | 1.65 | 106.00 | |
| 91 | 中电投辽宁清河 | #9 | 60 | 2010－3－16 | 316.11 | 6.51 | 1.65 | 222.00 | |
| 平均值 | | | | | 304.45 | 4.59 | 2.41 | 80.54 | |
| 东方汽轮机厂 | | | | | | | | | |
| 92 | 福能福建鸿山 | #1 | 60 | 2011－1－10 | 287.02 | 4.91 | 0.42 | 0.00 | |
| 93 | 福能福建鸿山 | #2 | 60 | 2011－1－31 | 269.23 | 4.07 | 0.41 | 0.00 | |
| 94 | 国电河南民权 | #1 | 63 | 2008－8－23 | 302.95 | 4.72 | 1.93 | 128.00 | |
| 95 | 国电河南民权 | #2 | 63 | 2008－11－6 | 301.89 | 4.68 | 1.93 | 77.00 | |
| 96 | 国电河南荥阳 | #2 | 63 | 2010－11－29 | 301.60 | 3.65 | 1.51 | 99.18 | |
| 97 | 国电河南荥阳 | #1 | 63 | 2010－11－13 | 303.20 | 3.73 | 1.51 | 225.13 | |
| 98 | 国电湖北荆门 | #6 | 60 | 2006－12－29 | 299.57 | 4.47 | 1.93 | 10.00 | |
| 99 | 国电湖北荆门 | #7 | 60 | 2007－6－6 | 300.83 | 4.75 | 1.93 | 10.00 | |
| 100 | 国投广西钦州 | #1 | 63 | 2007－7－5 | 310.09 | 5.44 | 0.28 | 0.00 | |
| 101 | 国投广西钦州 | #2 | 63 | 2007－11－2 | 311.07 | 5.52 | 0.28 | 0.00 | |
| 102 | 国信江苏扬州 | #3 | 63 | 2006－10－27 | 304.11 | 4.85 | 0.36 | 123.00 | |
| 103 | 国信江苏扬州 | #4 | 63 | 2007－1－26 | 303.87 | 4.91 | 0.35 | 169.00 | |
| 104 | 华润安徽阜阳 | #1 | 64 | 2006－3－30 | 303.88 | 4.24 | 2.29 | 126.00 | |
| 105 | 华润安徽阜阳 | #2 | 64 | 2006－6－20 | 302.49 | 4.29 | 2.29 | 57.23 | |

续表

| 序号 | 电厂简称 | 机组编号 | 容量（万千瓦） | 投产日期（年—月—日） | 供电煤耗（克/千瓦时） | 厂用电率（%） | 耗水率（千克/千瓦时） | 油耗（吨/年） | 备注 |
|---|---|---|---|---|---|---|---|---|---|
| 106 | 华润河南登封 | #3 | 60 | 2011 -11 -12 | 299. 59 | 5. 21 | 1. 80 | 80. 00 | |
| 107 | 华润河南登封 | #4 | 60 | 2012 -9 -10 | 299. 39 | 5. 25 | 1. 80 | 20. 20 | |
| 108 | 华润河南首阳山 | #1 | 60 | 2006 -5 -5 | 301. 57 | 4. 81 | 1. 85 | 134. 32 | |
| 109 | 华润河南首阳山 | #2 | 60 | 2006 -10 -6 | 301. 10 | 4. 81 | 1. 85 | 68. 32 | |
| 110 | 华润江苏常熟 | #1 | 65 | 2005 -3 -3 | 308. 60 | 4. 33 | 0. 30 | 134. 42 | |
| 111 | 华润江苏常熟 | #2 | 65 | 2005 -6 -16 | 314. 20 | 4. 76 | 0. 31 | 93. 32 | |
| 112 | 华润江苏常熟 | #3 | 65 | 2006 -12 -4 | 305. 50 | 4. 17 | 0. 28 | 137. 20 | |
| 113 | 华润江苏南热 | #1 | 60 | 2010 -1 -21 | 301. 08 | 4. 67 | 0. 74 | 110. 07 | |
| 114 | 华润江苏南热 | #2 | 60 | 2010 -8 -18 | 298. 79 | 4. 46 | 0. 74 | 45. 42 | |
| 115 | 省投河南鸭河口 | #3 | 60 | 2007 -12 -18 | 301. 50 | 5. 30 | 1. 94 | 341. 08 | |
| 116 | 省投河南鸭河口 | #4 | 60 | 2008 -4 -24 | 305. 94 | 5. 50 | 1. 82 | 415. 75 | |
| 117 | 皖能安徽合肥 | #5 | 63 | 2009 -1 -8 | 299. 43 | 3. 26 | 1. 46 | 0. 00 | |
| 118 | 粤电广东红海湾 | #1 | 60 | 2008 -1 -27 | 309. 91 | 4. 86 | 0. 27 | 33. 50 | |
| 119 | 粤电广东红海湾 | #2 | 60 | 2008 -2 -11 | 310. 46 | 5. 24 | 0. 27 | 111. 20 | |
| 120 | 粤电广东靖海 | #1 | 60 | 2007 -2 -18 | 311. 08 | 5. 73 | 0. 20 | 0. 00 | |
| 121 | 粤电广东靖海 | #2 | 60 | 2007 -6 -28 | 307. 30 | 5. 20 | 0. 20 | 0. 00 | |
| 122 | 浙能安徽凤台 | #1 | 63 | 2008 -8 -6 | 302. 18 | 4. 80 | 2. 14 | 15. 00 | |
| 123 | 浙能安徽凤台 | #2 | 63 | 2008 -9 -29 | 302. 57 | 4. 94 | 2. 14 | 75. 60 | |
| 124 | 浙能浙江兰溪 | #1 | 60 | 2006 -4 -19 | 302. 45 | 5. 05 | 2. 32 | 4. 00 | |
| 125 | 浙能浙江兰溪 | #2 | 60 | 2006 -8 -23 | 306. 21 | 5. 46 | 2. 32 | 31. 00 | |
| 126 | 浙能浙江兰溪 | #3 | 60 | 2006 -12 -28 | 301. 67 | 4. 70 | 2. 32 | 0. 00 | |
| 127 | 浙能浙江兰溪 | #4 | 60 | 2007 -5 -22 | 306. 12 | 5. 00 | 2. 32 | 102. 00 | |
| 128 | 中电投河南开封 | #1 | 60 | 2008 -12 -18 | 308. 70 | 4. 04 | 1. 91 | 312. 92 | |

续表

| 序号 | 电厂简称 | 机组编号 | 容量（万千瓦） | 投产日期（年—月—日） | 供电煤耗（克/千瓦时） | 厂用电率（%） | 耗水率（千克/千瓦时） | 油耗（吨/年） | 备注 |
|---|---|---|---|---|---|---|---|---|---|
| 129 | 中电投河南开封 | #2 | 60 | 2009 -2 -27 | 311. 21 | 3. 87 | 1. 91 | 244. 68 | |
| 130 | 中电投四川福溪 | #1 | 60 | 2011 -11 -1 | 302. 21 | 6. 69 | 2. 33 | 525. 80 | |
| 131 | 中电投四川福溪 | #2 | 60 | 2012 -5 -15 | 303. 64 | 6. 46 | 1. 72 | 549. 53 | |
| 平均值 | | | | | 303. 11 | 4. 82 | 1. 37 | 115. 25 | |
| 北重汽轮机厂 | | | | | | | | | |
| 132 | 中电投安徽平圩 | #3 | 64 | 2007 -3 -19 | 298. 19 | 5. 00 | 1. 87 | 55. 00 | |
| 133 | 中电投安徽平圩 | #4 | 64 | 2007 -12 -24 | 298. 37 | 5. 11 | 1. 94 | 49. 00 | |
| 134 | 中电投湖北黄冈 | #1 | 64 | 2008 -5 -24 | 296. 72 | 4. 11 | 1. 53 | 194. 10 | |
| 135 | 中电投湖北黄冈 | #2 | 64 | 2008 -9 -27 | 298. 66 | 3. 90 | 1. 53 | 189. 09 | |
| 平均值 | | | | | 297. 99 | 4. 53 | 1. 72 | 121. 80 | |
| 其他汽轮机厂 | | | | | | | | | |
| 136 | 华能上海石洞口二 | #1 | 60 | 1992 -6 -12 | 302. 60 | 3. 95 | 0. 41 | 126. 97 | |
| 137 | 华能上海石洞口二 | #2 | 60 | 1992 -12 -26 | 305. 28 | 3. 32 | 0. 41 | 38. 23 | |
| 138 | 申能上海外二 | #5 | 90 | 2004 -4 -20 | 296. 66 | 4. 10 | 0. 43 | 382. 04 | |
| 139 | 申能上海外二 | #6 | 90 | 2004 -9 -22 | 297. 84 | 4. 19 | 0. 43 | 237. 93 | |
| 140 | 神华山西王曲 | #1 | 60 | 2006 -8 -9 | 308. 26 | 5. 08 | 2. 41 | 162. 12 | |
| 141 | 神华山西王曲 | #2 | 60 | 2006 -8 -31 | 308. 65 | 5. 08 | 2. 41 | 339. 12 | |
| 142 | 中电投江西贵溪 | #1 | 64 | 2012 -12 -11 | 301. 38 | 3. 52 | 1. 69 | 6. 30 | |
| 143 | 中电投江西贵溪 | #2 | 64 | 2011 -7 -15 | 300. 15 | 3. 45 | 1. 69 | 8. 30 | |
| 平均值 | | | | | 302. 60 | 4. 09 | 1. 24 | 162. 63 | |

# 附件 38

## 2014 年度全国火电 60 万千瓦级超临界空冷机组能效指标

| 序号 | 电厂简称 | 机组编号 | 容量（万千瓦） | 投产日期（年—月—日） | 供电煤耗（克/千瓦时） | 厂用电率（%） | 耗水率（千克/千瓦时） | 油耗（吨/年） | 备注 |
|---|---|---|---|---|---|---|---|---|---|
| 上海汽轮机厂 | | | | | | | | | |
| 1 | 国电陕西宝鸡二 | #5 | 66 | 2011－1－12 | 319.79 | 4.76 | 0.48 | 13.89 | |
| 2 | 神华内蒙古呼伦贝尔 | #1 | 60 | 2010－11－20 | 329.30 | 9.60 | 0.33 | 351.00 | |
| 3 | 神华内蒙古呼伦贝尔 | #2 | 60 | 2010－12－1 | 326.90 | 9.26 | 0.32 | 211.00 | |
| 4 | 山西国际兆光 | #3 | 60 | 2009－9－16 | 325.41 | 6.17 | 0.78 | 193.06 | |
| 5 | 山西国际兆光 | #4 | 60 | 2009－9－23 | 325.20 | 5.95 | 0.78 | 208.74 | |
| 平均值 | | | | | 325.32 | 7.15 | 0.54 | 195.54 | |
| 哈尔滨汽轮机厂 | | | | | | | | | |
| 6 | 国电山西大同 | #10 | 66 | 2009－10－22 | 298.57 | 5.39 | 0.38 | 27.25 | |
| 7 | 国电山西大同 | #9 | 66 | 2009－5－27 | 300.36 | 5.37 | 0.38 | 27.25 | |
| 8 | 神华河北定州 | #3 | 66 | 2009－9－3 | 321.80 | 8.25 | 0.29 | 0.00 | |
| 9 | 神华河北定州 | #4 | 66 | 2009－12－22 | 321.20 | 8.26 | 0.28 | 0.00 | |
| 10 | 同煤山西同华 | #1 | 66 | 2010－6－19 | 325.80 | 8.82 | 0.24 | 0.00 | |
| 11 | 同煤山西同华 | #2 | 66 | 2010－7－3 | 322.70 | 8.40 | 0.24 | 0.00 | |
| 12 | 中电建甘肃崇信 | #1 | 66 | 2011－1－8 | 317.37 | 8.70 | 0.29 | 0.00 | |
| 13 | 中电建甘肃崇信 | #2 | 66 | 2010－12－23 | 318.43 | 8.59 | 0.29 | 0.00 | |
| 14 | 中电投吉林白城 | #1 | 66 | 2010－9－24 | 324.17 | 9.08 | 0.34 | 0.00 | |
| 15 | 中电投吉林白城 | #2 | 66 | 2010－11－1 | 324.06 | 8.79 | 0.33 | 117.13 | |

续表

| 序号 | 电厂简称 | 机组编号 | 容量（万千瓦） | 投产日期（年—月—日） | 供电煤耗（克/千瓦时） | 厂用电率（%） | 耗水率（千克/千瓦时） | 油耗（吨/年） | 备注 |
|---|---|---|---|---|---|---|---|---|---|
| 16 | 中电投辽宁燕山湖 | #1 | 60 | 2012-3-21 | 305.99 | 8.81 | 0.32 | 112.00 | |
| 17 | 中电投辽宁燕山湖 | #2 | 60 | 2012-1-1 | 310.92 | 9.70 | 0.32 | 277.67 | |
| 平均值 | | | | | 315.95 | 8.18 | 0.31 | 46.78 | |
| 东方汽轮机厂 | | | | | | | | | |
| 18 | 大唐陕西彬长 | #1 | 63 | 2009-9-10 | 318.12 | 4.94 | 0.43 | 2.20 | |
| 19 | 大唐陕西彬长 | #2 | 63 | 2009-8-24 | 318.84 | 4.93 | 0.43 | 2.66 | |
| 20 | 国电山西霍州 | #1 | 60 | 2012-4-29 | 329.91 | 6.20 | 0.54 | 0.00 | |
| 21 | 国电山西霍州 | #2 | 60 | 2012-9-5 | 328.95 | 5.88 | 0.54 | 0.00 | |
| 22 | 华电陕西蒲城 | #5 | 66 | 2008-12-5 | 322.97 | 9.00 | 0.36 | 55.29 | |
| 23 | 华电陕西蒲城 | #6 | 66 | 2008-12-29 | 322.69 | 9.00 | 0.36 | 49.47 | |
| 24 | 华能河北上安 | #5 | 60 | 2008-6-1 | 318.18 | 5.89 | 0.61 | 80.63 | |
| 25 | 华能河北上安 | #6 | 60 | 2008-7-16 | 313.81 | 5.25 | 0.59 | 36.27 | |
| 26 | 华能内蒙古上都 | #5 | 66 | 2011-9-20 | 317.13 | 5.30 | 0.32 | 424.31 | |
| 27 | 华能内蒙古上都 | #6 | 66 | 2011-11-20 | 317.63 | 5.33 | 0.32 | 175.62 | |
| 28 | 华能山西左权 | #1 | 67.3 | 2012-12-15 | 314.80 | 5.24 | 0.30 | 182.09 | |
| 29 | 华能山西左权 | #2 | 67.3 | 2012-1-21 | 317.21 | 5.40 | 0.30 | 296.52 | |
| 30 | 华能陕西秦岭 | #7 | 66 | 2011-12-26 | 315.20 | 4.58 | 0.30 | 167.38 | |
| 31 | 华能陕西秦岭 | #8 | 66 | 2014-7-7 | 316.70 | 4.86 | 0.31 | 72.68 | |
| 32 | 神华宁夏鸳鸯湖 | #1 | 66 | 2010-12-30 | 317.50 | 8.97 | 0.25 | 0.00 | |
| 33 | 神华宁夏鸳鸯湖 | #2 | 66 | 2011-6-23 | 317.10 | 8.97 | 0.25 | 0.00 | |
| 34 | 神华山西河曲 | #3 | 60 | 2012-12-18 | 322.41 | 5.12 | 0.42 | 0.00 | |

续表

| 序号 | 电厂简称 | 机组编号 | 容量（万千瓦） | 投产日期（年—月—日） | 供电煤耗（克/千瓦时） | 厂用电率（%） | 耗水率（千克/千瓦时） | 油耗（吨/年） | 备注 |
|---|---|---|---|---|---|---|---|---|---|
| 35 | 神华山西河曲 | #4 | 60 | 2012－12－18 | 320.45 | 4.96 | 0.42 | 0.00 | |
| 36 | 省投河北沙河 | #1 | 60 | 2013－3－30 | 324.11 | 5.91 | 0.46 | 145.00 | |
| 37 | 省投河北沙河 | #2 | 60 | 2013－4－29 | 325.81 | 5.93 | 0.46 | 310.70 | |
| 平均值 | | | | | 319.98 | 6.08 | 0.40 | 100.04 | |
| 北重汽轮机厂 | | | | | | | | | |
| 38 | 华能甘肃平凉 | #5 | 60 | 2010－2－7 | 313.39 | 4.84 | 0.40 | 21.31 | |
| 39 | 华能甘肃平凉 | #6 | 60 | 2010－3－21 | 310.14 | 4.52 | 0.40 | 24.58 | |
| 平均值 | | | | | 311.77 | 4.68 | 0.40 | 22.95 | |
| 其他汽轮机厂 | | | | | | | | | |
| 40 | 中电投山西神头一 | #1 | 60 | 2013－6－18 | 319.65 | 4.77 | 0.30 | 74.00 | |
| 41 | 中电投山西神头一 | #2 | 60 | 2013－9－21 | 319.71 | 4.65 | 0.28 | 126.70 | |
| 平均值 | | | | | 319.68 | 4.71 | 0.29 | 100.35 | |

# 附件 39

## 2014 年度国家科学技术进步奖名单（电力部分）

| 序号 | 奖项级别 | 项目名称 |
|---|---|---|
| 1 | 一等奖 | 600℃超超临界火电机组钢管创新研制 |
| 2 | 一等奖 | 国家电网智能电网创新工程 |
| 3 | 二等奖 | ±660kV 直流架空输电线路带电作业技术和工器具创新及应用 |
| 4 | 二等奖 | 超大电流短路发电机自主研制与工程应用 |
| 5 | 二等奖 | 混流式水轮机水力优化设计的关键技术及应用 |
| 6 | 二等奖 | 大型电站锅炉混煤燃烧理论方法及全过程优化技术 |
| 7 | 二等奖 | 大型超超临界机组自动化成套控制系统关键技术及应用 |

# 附件 40

## 2014 年度中国电力科学技术进步奖名单（一、二等奖）

| 序号 | 奖项级别 | 项目名称 |
|---|---|---|
| 1 | 一等奖 | 电网雷击防护关键技术与工程应用 |
| 2 | 一等奖 | 大型抽水蓄能电站机组关键技术、成套设备及工程应用 |
| 3 | 一等奖 | 基于电压源变流器的 ±200Mvar 静止同步补偿技术开发及应用 |
| 4 | 一等奖 | 特高压串补关键技术研究、装置研制及工程应用 |
| 5 | 一等奖 | 大容量风光储联合发电关键技术研究及示范应用 |
| 6 | 一等奖 | 青藏电力联网工程 |
| 7 | 一等奖 | 超深埋高外压水工隧洞建设关键技术 |
| 8 | 一等奖 | 基于热能梯级利用原理的热电联产供热技术优化研究与应用 |
| 9 | 一等奖 | 发电厂用痕量 TOC 分析仪的研发及应用 |
| 10 | 一等奖 | 智能配用电示范工程研究与实践 |
| 11 | 一等奖 | 大型燃煤电厂设计技术研究与应用 |
| 12 | 二等奖 | 海南与南方主网 500kV 交流海底电缆联网关键技术研究及工程应用 |
| 13 | 二等奖 | 高海拔特高压直流线路电磁环境特性及抑制措施研究 |
| 14 | 二等奖 | 750kV 可控并联电抗器关键技术研究、成套设备集成及工程示范 |
| 15 | 二等奖 | 1 000kV/500kV 电网间安全稳定控制措施协调研究 |
| 16 | 二等奖 | 提高大荷载杆塔可靠性与承载性的关键技术研究 |
| 17 | 二等奖 | 500kV GIS 职能变电站电子式互感器关键技术研究及装置开发与应用 |
| 18 | 二等奖 | 电气设备六氟化硫循环利用与化学诊断关键技术研究及应用 |
| 19 | 二等奖 | 电力智能无线传感器网络及应用平台研发与应用 |
| 20 | 二等奖 | 特大地洞室群优质高效安全环保施工关键技术与应用 |
| 21 | 二等奖 | 国产多冷却方式巨型水轮发电机组安装调试技术 |
| 22 | 二等奖 | 高混凝土坝防裂动态智能温控关键技术研究及工程应用 |
| 23 | 二等奖 | 超高粉煤灰掺量的水工混凝土关键技术研究 |
| 24 | 二等奖 | 锅炉受热面内壁氧化皮生长和剥落机理及运行控制措施研究 |
| 25 | 二等奖 | 利用低热值煤气加热一次风提高磨煤机干燥出力 |
| 26 | 二等奖 | 基于托汞的燃煤电站烟气污染物联合脱除技术研究与应用 |
| 27 | 二等奖 | 超超临界机组管系应力在线监测系统研发 |
| 28 | 二等奖 | 百万千瓦级超超临界燃煤组空冷温度场在线监测诊断系统的开发及应用 |
| 29 | 二等奖 | IGCC 电站控制系统设计与工程应用 |
| 30 | 二等奖 | 燃用神华煤电站锅炉安全高效超低 NOx 燃烧技术研究及应用 |
| 31 | 二等奖 | 百万千瓦级压水堆核电厂严重事故缓解若干关键技术研究 |
| 32 | 二等奖 | 电网友好型大型风电基地关键技术研究与示范 |

# 附件 41

## 2014 年度电力行业信息化优秀成果奖名单（一等奖）

| 序号 | 奖项级别 | 项目名称 |
|---|---|---|
| 1 | 一等奖 | 面向智能电网的信息安全边界接入技术研究与应用 |
| 2 | 一等奖 | 基于云计算技术的智能电网在线分析系统研发与应用 |
| 3 | 一等奖 | “智慧电厂”全业务流程智能生产管理系统的研发与应用 |
| 4 | 一等奖 | 量子技术提升电力系统信息通信安全可行性及实用化研究 |
| 5 | 一等奖 | 数据资源管理平台研究与建设 |
| 6 | 一等奖 | 面向智能配用电的异构融合通信关键技术研究与应用 |
| 7 | 一等奖 | 继电保护设备运行分析平台关键技术及应用 |
| 8 | 一等奖 | 国家电网公司用电信息密钥管理系统安全性设计 |
| 9 | 一等奖 | 企业信息系统统一权限管控平台的技术研究与应用 |
| 10 | 一等奖 | 信息安全督察及保密检查技术的研究与应用 |
| 11 | 一等奖 | ERP 系统两票移动智能化科技项目 |
| 12 | 一等奖 | 基于供电可靠性的配电网规划计算分析软件研发及应用 |
| 13 | 一等奖 | 国家电网公司云终端系统的部署及应用 |
| 14 | 一等奖 | 燃气机组“两化融合”关键技术研究及燃机电厂能效监测与分析系统研究 |
| 15 | 一等奖 | 营配调一体化关键信息技术研究 |
| 16 | 一等奖 | 基于国密密钥技术的核电一卡通安全解决方案实现与创新 |
| 17 | 一等奖 | 中国南方电网公司审计系统 |
| 18 | 一等奖 | 中国核电电子采购平台建设 |
| 19 | 一等奖 | 基于云平台的安全移动应用研究与实践 |
| 20 | 一等奖 | 基于计算模型的大中型建设项目集团化投资管控平台 |
| 21 | 一等奖 | 票据集中管理 |
| 22 | 一等奖 | 大型水电企业基于战略运营一体化的全面预算管理信息系统 |
| 23 | 一等奖 | 基于数字技术的面板堆石坝施工管理 |
| 24 | 一等奖 | BIM 在水电工程施工组织设计中的应用 |
| 25 | 一等奖 | 国电集团电子招投标系统 |
| 26 | 一等奖 | 基于风险和计划的实时动态安全生产管理信息系统 |
| 27 | 一等奖 | 基于智能分析的视频会议音视频质量评价研究与应用 |
| 28 | 一等奖 | 电网运营监测（控）信息支撑系统的建设与应用 |
| 29 | 一等奖 | 电网生产全过程管理系统研究和实践 |
| 30 | 一等奖 | 信息安全保障体系支撑平台 |
| 31 | 一等奖 | 提高系统故障事前监测能力管理创新 |
| 32 | 一等奖 | 大型火电机组基于环保经济的全供应链主动配煤掺烧动态优化技术 |
| 33 | 一等奖 | 基于 PMBOK 知识体系的中国大唐集团公司应用系统项目管理研究与应用 |
| 34 | 一等奖 | 燃料全过程数字化动态管理系统建设 |
| 35 | 一等奖 | 面向电力监测（控）业务的多载体可视化展现平台技术研究与应用 |

# 附件 42

## 2014 年年底全国各省份电力企业单位数

| 地区 | 合计 | 其中 | | | | | | | |
|---|---|---|---|---|---|---|---|---|---|
| | | 电网企业 | 发电企业 | 其中 | | | | | |
| | | | | 火电 | 水电 | 核电 | 风电 | 太阳能 | 其他 |
| | （家） | （家） | （家） | （家） | （家） | （家） | （家） | （家） | （家） |
| 总　计 | 5 111 | 1 535 | 3 576 | 1 221 | 1 317 | 11 | 630 | 154 | 243 |
| 北　京 | 18 | 6 | 12 | 8 | 3 | | 1 | | |
| 天　津 | 32 | 9 | 23 | 17 | 3 | | 3 | | |
| 河　北 | 248 | 116 | 132 | 63 | 2 | | 52 | 4 | 11 |
| 山　西 | 101 | 5 | 96 | 64 | 3 | | 25 | 4 | |
| 内蒙古 | 323 | 88 | 235 | 76 | 3 | | 140 | 8 | 8 |
| 辽　宁 | 115 | 3 | 112 | 44 | 8 | 1 | 44 | 1 | 14 |
| 吉　林 | 122 | 38 | 84 | 26 | 17 | | 20 | | 21 |
| 黑龙江 | 166 | 70 | 96 | 38 | 6 | | 43 | | 9 |
| 上　海 | 25 | 3 | 22 | 18 | | | 3 | | 1 |
| 江　苏 | 200 | 5 | 195 | 138 | 2 | 1 | 16 | 17 | 21 |
| 浙　江 | 258 | 70 | 188 | 104 | 56 | 3 | 10 | | 15 |
| 安　徽 | 159 | 80 | 79 | 47 | 16 | | 7 | 1 | 8 |
| 福　建 | 241 | 83 | 158 | 21 | 107 | 2 | 16 | 2 | 10 |
| 江　西 | 148 | 97 | 51 | 13 | 32 | | 1 | | 5 |
| 山　东 | 352 | 121 | 231 | 139 | 1 | | 52 | 6 | 33 |
| 河　南 | 217 | 130 | 87 | 59 | 8 | | 5 | 1 | 14 |
| 湖　北 | 141 | 12 | 129 | 28 | 75 | | 5 | 1 | 20 |
| 湖　南 | 268 | 56 | 212 | 19 | 171 | | 8 | 1 | 13 |
| 广　东 | 279 | 59 | 220 | 79 | 102 | 4 | 19 | | 16 |
| 广　西 | 187 | 87 | 100 | 17 | 79 | | 2 | | 2 |
| 海　南 | 32 | 18 | 14 | 4 | 4 | | 5 | | 1 |
| 重　庆 | 79 | 31 | 48 | 14 | 31 | | 2 | | 1 |
| 四　川 | 390 | 95 | 295 | 20 | 269 | | 1 | | 5 |
| 贵　州 | 164 | 85 | 79 | 20 | 54 | | 5 | | |
| 云　南 | 298 | 120 | 178 | 12 | 132 | | 26 | 6 | 2 |
| 西　藏 | 5 | | 5 | | 4 | | | 1 | |
| 陕　西 | 101 | 4 | 97 | 59 | 29 | | 4 | 3 | 2 |
| 甘　肃 | 174 | 23 | 151 | 17 | 61 | | 44 | 29 | |
| 青　海 | 59 | 1 | 58 | 3 | 14 | | 1 | 39 | 1 |
| 宁　夏 | 56 | 1 | 55 | 16 | 2 | | 17 | 19 | 1 |
| 新　疆 | 153 | 19 | 134 | 38 | 26 | | 53 | 15 | 2 |

备注：1. 数据来源于国家统计局；
2. 统计口径为规模以上（年产值 2 000 万元以上）电力企业。

## 附件 43

# 2014 年 16 家电力企业职工人员分类结构情况

| 序号 | 单位名称 | 职工总数（人） | 企业各类人员占公司职工总数的比重（%） | | | |
|---|---|---|---|---|---|---|
| | | | 管理人员 | 专业技术人员 | 技能人员 | 其他人员 |
| 1 | 国家电网公司 | 784 988 | 17.95 | 10.20 | 57.99 | 13.86 |
| 2 | 中国南方电网有限责任公司 | 282 339 | 9.11 | 16.57 | 57.78 | 16.53 |
| 3 | 中国华能集团公司 | 139 875 | 12.26 | 15.83 | 68.16 | 3.75 |
| 4 | 中国大唐集团公司 | 103 850 | 16.39 | 16.58 | 56.27 | 10.75 |
| 5 | 中国华电集团公司 | 104 629 | 22.76 | 10.04 | 57.26 | 9.94 |
| 6 | 中国国电集团公司 | 128 299 | 18.25 | 8.97 | 45.85 | 26.92 |
| 7 | 中国电力投资集团公司 | 113 208 | 21.65 | 14.67 | 63.67 | 0.00 |
| 8 | 国家核电技术公司 | 8 944 | 14.24 | 76.36 | 9.39 | 0.00 |
| 9 | 中国广核集团有限公司 | 29 783 | 7.69 | 57.95 | 18.50 | 15.87 |
| 10 | 广东省粤电集团有限公司 | 13 733 | 27.49 | 29.63 | 38.52 | 4.36 |
| 11 | 中国电力建设集团有限公司 | 188 536 | 25.30 | 32.19 | 31.49 | 11.02 |
| 12 | 中国能源建设集团有限公司 | 143 541 | 22.74 | 31.48 | 35.29 | 10.49 |
| 13 | 内蒙古电力（集团）有限责任公司 | 17 562 | 11.37 | 15.38 | 61.22 | 12.04 |
| 14 | 北京能源投资（集团）有限公司 | 11 400 | 36.96 | 17.58 | 36.20 | 9.26 |
| 15 | 申能（集团）有限公司 | 1 348 | 27.52 | 20.77 | 51.41 | 0.30 |
| 16 | 陕西省地方电力（集团）有限公司 | 12 364 | 26.80 | 21.83 | 51.37 | 0.00 |
| | 合　计 | 2 084 399 | 17.76 | 16.62 | 53.09 | 12.53 |

# 附件 44

## 2014 年 16 家电力企业管理人员年龄结构和职称结构情况

| 序号 | 单位名称 | 管理人员人数（人） | 管理人员中各年龄段人数比重（%） | | | | 管理人员中各职称等级人数比重（%） | | | | |
|---|---|---|---|---|---|---|---|---|---|---|---|
| | | | 35 岁及以下 | 36 ~45 岁 | 46 ~55 岁 | 56 岁及以上 | 教授级 | 高级 | 中级 | 初级 | 其他级别 |
| 1 | 国家电网公司 | 140 891 | 20. 09 | 40. 49 | 33. 28 | 6. 15 | 0. 34 | 23. 35 | 33. 04 | 28. 60 | 14. 66 |
| 2 | 中国南方电网有限责任公司 | 25 727 | 19. 10 | 50. 40 | 25. 93 | 4. 57 | 0. 62 | 17. 65 | 29. 24 | 35. 61 | 16. 88 |
| 3 | 中国华能集团公司 | 17 147 | 25. 12 | 38. 74 | 31. 69 | 4. 46 | 1. 57 | 20. 28 | 23. 63 | 12. 10 | 42. 42 |
| 4 | 中国大唐集团公司 | 17 025 | 25. 79 | 39. 25 | 30. 90 | 4. 05 | 0. 23 | 25. 06 | 31. 48 | 24. 36 | 18. 87 |
| 5 | 中国华电集团公司 | 23 813 | 21. 82 | 40. 58 | 28. 19 | 9. 41 | 0. 95 | 13. 06 | 20. 18 | 20. 46 | 45. 36 |
| 6 | 中国国电集团公司 | 23 414 | 31. 06 | 36. 22 | 28. 34 | 4. 38 | 0. 19 | 15. 24 | 26. 08 | 22. 20 | 36. 29 |
| 7 | 中国电力投资集团公司 | 24 515 | 24. 79 | 40. 67 | 29. 11 | 5. 43 | 0. 15 | 15. 24 | 28. 62 | 19. 78 | 36. 20 |
| 8 | 国家核电技术公司 | 1 274 | 39. 25 | 32. 65 | 22. 53 | 5. 57 | 9. 73 | 31. 55 | 25. 04 | 7. 54 | 26. 14 |
| 9 | 中国广核集团有限公司 | 2 289 | 22. 46 | 44. 91 | 25. 03 | 7. 60 | 3. 49 | 35. 30 | 32. 24 | 7. 21 | 21. 76 |
| 10 | 广东省粤电集团有限公司 | 3 775 | 21. 35 | 46. 54 | 27. 21 | 4. 90 | 0. 48 | 22. 25 | 36. 53 | 19. 68 | 21. 06 |
| 11 | 中国电力建设集团有限公司 | 47 706 | 36. 89 | 31. 31 | 27. 63 | 4. 17 | 2. 24 | 13. 69 | 21. 32 | 26. 32 | 36. 43 |
| 12 | 中国能源建设集团有限公司 | 32 641 | 30. 55 | 34. 47 | 30. 32 | 4. 66 | 2. 06 | 13. 82 | 22. 37 | 25. 61 | 36. 14 |
| 13 | 内蒙古电力（集团）有限责任公司 | 1 996 | 15. 53 | 38. 83 | 40. 03 | 5. 61 | 0. 90 | 43. 19 | 31. 41 | 14. 63 | 9. 87 |
| 14 | 北京能源投资（集团）有限公司 | 4 213 | 47. 66 | 32. 85 | 17. 26 | 2. 23 | 0. 12 | 14. 03 | 20. 98 | 15. 14 | 49. 73 |
| 15 | 申能（集团）有限公司 | 371 | 21. 56 | 38. 27 | 37. 20 | 2. 96 | 0. 27 | 17. 79 | 40. 70 | 18. 60 | 22. 64 |
| 16 | 陕西省地方电力（集团）有限公司 | 3 313 | 30. 97 | 46. 30 | 20. 62 | 2. 11 | 0. 00 | 11. 68 | 2. 69 | 0. 00 | 85. 63 |
| | 合 计 | 370 110 | 25. 20 | 39. 09 | 30. 27 | 5. 43 | 0. 88 | 19. 07 | 27. 85 | 25. 27 | 26. 93 |

# 附件 45

## 2014 年 16 家电力企业专业技术人员年龄结构和职称结构情况

| 序号 | 单位名称 | 专业技术人员人数（人） | 专业技术人员中各年龄段人数比重（%） | | | | 专业技术人员中各职称级别人数比重（%） | | | | |
|---|---|---|---|---|---|---|---|---|---|---|---|
| | | | 35 岁及以下 | 36 ~45 岁 | 46 ~55 岁 | 56 岁及以上 | 教授级 | 高级 | 中级 | 初级 | 其他级别 |
| 1 | 国家电网公司 | 80 030 | 31. 76 | 36. 46 | 26. 46 | 5. 32 | 0. 17 | 14. 96 | 29. 88 | 33. 18 | 21. 81 |
| 2 | 中国南方电网有限责任公司 | 46 780 | 42. 68 | 36. 09 | 17. 52 | 3. 71 | 0. 08 | 5. 57 | 20. 12 | 38. 42 | 35. 81 |
| 3 | 中国华能集团公司 | 22 140 | 38. 51 | 36. 62 | 20. 48 | 4. 39 | 0. 27 | 10. 06 | 27. 41 | 27. 62 | 34. 63 |
| 4 | 中国大唐集团公司 | 17 222 | 37. 92 | 35. 22 | 21. 96 | 4. 90 | 0. 02 | 7. 32 | 25. 28 | 39. 54 | 27. 85 |
| 5 | 中国华电集团公司 | 10 505 | 34. 04 | 41. 68 | 19. 86 | 4. 43 | 0. 67 | 13. 86 | 33. 99 | 50. 60 | 0. 88 |
| 6 | 中国国电集团公司 | 11 512 | 32. 78 | 38. 82 | 25. 10 | 3. 29 | 0. 42 | 17. 95 | 33. 50 | 33. 76 | 14. 37 |
| 7 | 中国电力投资集团公司 | 16 609 | 41. 30 | 38. 49 | 17. 33 | 2. 88 | 0. 02 | 7. 31 | 32. 75 | 59. 00 | 0. 92 |
| 8 | 国家核电技术公司 | 6 830 | 74. 73 | 15. 99 | 7. 58 | 1. 70 | 3. 21 | 15. 58 | 45. 31 | 17. 31 | 18. 59 |
| 9 | 中国广核集团有限公司 | 17 258 | 75. 01 | 17. 27 | 5. 64 | 2. 09 | 0. 60 | 8. 92 | 30. 82 | 35. 12 | 24. 53 |
| 10 | 广东省粤电集团有限公司 | 4 069 | 45. 05 | 34. 36 | 18. 87 | 1. 72 | 0. 00 | 4. 10 | 36. 40 | 59. 50 | 0. 00 |
| 11 | 中国电力建设集团有限公司 | 60 688 | 62. 00 | 20. 99 | 14. 88 | 2. 13 | 2. 71 | 10. 78 | 24. 96 | 39. 58 | 21. 96 |
| 12 | 中国能源建设集团有限公司 | 45 187 | 50. 60 | 25. 74 | 20. 36 | 3. 30 | 1. 99 | 16. 13 | 23. 37 | 32. 30 | 26. 21 |
| 13 | 内蒙古电力（集团）有限责任公司 | 2 701 | 41. 69 | 31. 40 | 21. 33 | 5. 59 | 0. 19 | 24. 14 | 26. 92 | 22. 55 | 26. 21 |
| 14 | 北京能源投资（集团）有限公司 | 2 004 | 69. 06 | 21. 86 | 8. 08 | 1. 00 | 0. 00 | 1. 60 | 13. 02 | 24. 45 | 60. 93 |
| 15 | 申能（集团）有限公司 | 280 | 26. 79 | 45. 00 | 21. 43 | 6. 79 | 0. 36 | 11. 07 | 28. 93 | 16. 07 | 43. 57 |
| 16 | 陕西省地方电力（集团）有限公司 | 2 699 | 39. 53 | 43. 09 | 12. 52 | 4. 85 | 0. 15 | 6. 78 | 37. 90 | 24. 90 | 30. 27 |
| | 合　计 | 346 514 | 45. 79 | 31. 13 | 19. 38 | 3. 69 | 0. 94 | 11. 63 | 27. 22 | 36. 52 | 23. 70 |

# 附件 46

## 2014 年 16 家电力企业技能人员年龄结构和技能等级结构情况

| 序号 | 单位名称 | 技能人员人数（人） | 技能人员中各年龄段人数比重（%） | | | | 技能人员中各技能等级人数比重（%） | | | | | |
|---|---|---|---|---|---|---|---|---|---|---|---|---|
| | | | 35 岁及以下 | 36 ~ 45 岁 | 46 ~ 55 岁 | 56 岁及以上 | 高级技师 | 技师 | 高级工 | 中级工 | 初级工 | 其他 |
| 1 | 国家电网公司 | 455 246 | 27. 58 | 35. 46 | 28. 94 | 8. 02 | 9. 52 | 24. 05 | 33. 58 | 9. 24 | 3. 75 | 19. 86 |
| 2 | 中国南方电网有限责任公司 | 163 148 | 37. 92 | 34. 19 | 23. 02 | 4. 87 | 0. 50 | 4. 41 | 35. 99 | 24. 37 | 8. 83 | 25. 90 |
| 3 | 中国华能集团公司 | 95 340 | 38. 54 | 36. 51 | 21. 27 | 3. 68 | 0. 94 | 5. 02 | 19. 74 | 13. 48 | 5. 45 | 55. 37 |
| 4 | 中国大唐集团公司 | 58 436 | 41. 86 | 30. 98 | 22. 51 | 4. 65 | 0. 70 | 4. 63 | 36. 43 | 22. 11 | 5. 24 | 30. 88 |
| 5 | 中国华电集团公司 | 59 912 | 33. 24 | 42. 41 | 20. 03 | 4. 32 | 1. 44 | 8. 31 | 30. 68 | 14. 28 | 28. 57 | 16. 72 |
| 6 | 中国国电集团公司 | 58 829 | 29. 43 | 40. 89 | 25. 47 | 4. 21 | 1. 07 | 6. 79 | 28. 18 | 15. 82 | 39. 51 | 8. 63 |
| 7 | 中国电力投资集团公司 | 72 084 | 34. 40 | 38. 39 | 21. 60 | 5. 61 | 1. 83 | 9. 29 | 26. 67 | 13. 78 | 48. 42 | 0. 00 |
| 8 | 国家核电技术公司 | 840 | 64. 64 | 20. 95 | 11. 07 | 3. 33 | 1. 67 | 8. 33 | 8. 69 | 12. 98 | 27. 26 | 41. 07 |
| 9 | 中国广核集团有限公司 | 5 509 | 81. 97 | 13. 25 | 3. 85 | 0. 93 | 0. 71 | 3. 00 | 7. 22 | 11. 38 | 5. 66 | 72. 03 |
| 10 | 广东省粤电集团有限公司 | 5 290 | 25. 95 | 39. 02 | 31. 95 | 3. 08 | 3. 44 | 23. 04 | 42. 23 | 20. 51 | 10. 78 | 0. 00 |
| 11 | 中国电力建设集团有限公司 | 59 373 | 20. 65 | 39. 79 | 35. 76 | 3. 80 | 3. 03 | 13. 39 | 32. 66 | 18. 38 | 8. 58 | 23. 96 |
| 12 | 中国能源建设集团有限公司 | 50 653 | 26. 99 | 36. 61 | 31. 51 | 4. 90 | 2. 56 | 11. 16 | 31. 86 | 11. 95 | 4. 42 | 38. 04 |
| 13 | 内蒙古电力（集团）有限责任公司 | 10 751 | 45. 14 | 30. 37 | 21. 07 | 3. 42 | 4. 02 | 6. 79 | 25. 30 | 20. 90 | 15. 31 | 27. 68 |
| 14 | 北京能源投资（集团）有限公司 | 4 127 | 56. 58 | 26. 02 | 14. 97 | 2. 42 | 0. 07 | 1. 38 | 13. 86 | 15. 02 | 2. 57 | 67. 09 |
| 15 | 申能（集团）有限公司 | 693 | 32. 18 | 46. 18 | 17. 32 | 4. 33 | 3. 32 | 17. 17 | 26. 55 | 16. 88 | 3. 32 | 32. 76 |
| 16 | 陕西省地方电力（集团）有限公司 | 6 352 | 26. 53 | 26. 35 | 30. 98 | 16. 14 | 0. 39 | 16. 42 | 52. 53 | 28. 09 | 2. 57 | 0. 00 |
| | 合　计 | 1 106 583 | 31. 82 | 36. 03 | 26. 16 | 5. 99 | 4. 71 | 14. 17 | 31. 71 | 14. 36 | 11. 33 | 23. 71 |

# 附件 47

## 2014年16家电力企业职工分省分布情况

| 地区 | 供电（%） | 发电（%） | | | 电力建设（%） | |
|---|---|---|---|---|---|---|
| | | 火电 | 水电 | 风电 | 除水电建设外的电力建设 | 水电建设 |
| 全　国 | 100.00 | 100.00 | 100.00 | 100.00 | 100.00 | 100.00 |
| 北　京 | 0.76 | 3.24 | 1.88 | 4.76 | 2.69 | 1.78 |
| 天　津 | 1.04 | 1.29 | 0.33 | 0.30 | 3.43 | 3.31 |
| 河　北 | 7.17 | 7.12 | 1.32 | 5.51 | 3.45 | 2.06 |
| 山　西 | 2.45 | 4.60 | 0.15 | 5.28 | 7.45 | 3.70 |
| 内蒙古 | 3.09 | 11.33 | 0.14 | 21.57 | 0.03 | 0.08 |
| 辽　宁 | 4.37 | 5.53 | 3.52 | 8.34 | 7.88 | 6.29 |
| 吉　林 | 2.29 | 5.89 | 5.72 | 3.81 | 3.05 | 2.97 |
| 黑龙江 | 2.38 | 3.17 | 1.81 | 5.56 | 3.26 | 1.66 |
| 上　海 | 1.23 | 3.17 | 0.00 | 0.62 | 4.84 | 2.41 |
| 江　苏 | 3.82 | 3.97 | 0.17 | 3.28 | 5.01 | 2.58 |
| 浙　江 | 3.78 | 1.31 | 2.67 | 1.20 | 3.17 | 2.55 |
| 安　徽 | 2.93 | 3.34 | 1.60 | 1.05 | 3.95 | 1.96 |
| 福　建 | 2.79 | 0.63 | 5.45 | 1.51 | 1.85 | 2.10 |
| 江　西 | 3.35 | 2.81 | 4.65 | 0.68 | 1.91 | 1.07 |
| 山　东 | 7.05 | 8.81 | 0.25 | 6.22 | 5.61 | 4.26 |
| 河　南 | 2.37 | 5.41 | 0.31 | 0.81 | 0.16 | 3.36 |
| 湖　北 | 4.22 | 2.23 | 5.32 | 0.64 | 4.82 | 17.02 |
| 湖　南 | 2.90 | 2.86 | 8.91 | 1.33 | 3.72 | 4.92 |
| 广　东 | 9.79 | 4.42 | 5.93 | 3.48 | 9.82 | 4.97 |
| 广　西 | 4.59 | 1.15 | 4.80 | 0.77 | 0.38 | 1.61 |
| 海　南 | 0.68 | 0.64 | 0.71 | 0.31 | 0.10 | 0.07 |
| 重　庆 | 2.40 | 0.85 | 2.52 | 0.27 | 1.40 | 0.79 |
| 四　川 | 5.78 | 1.25 | 13.73 | 0.81 | 2.01 | 8.58 |
| 贵　州 | 4.10 | 3.01 | 6.40 | 2.03 | 7.22 | 5.61 |
| 云　南 | 6.91 | 1.63 | 10.43 | 4.19 | 1.20 | 4.58 |
| 陕　西 | 3.45 | 3.86 | 1.40 | 2.19 | 5.85 | 6.33 |
| 甘　肃 | 1.57 | 2.93 | 5.46 | 4.71 | 3.42 | 1.87 |
| 青　海 | 0.44 | 0.18 | 2.48 | 0.02 | 0.36 | 0.35 |
| 宁　夏 | 0.74 | 2.05 | 0.62 | 2.54 | 1.37 | 0.68 |
| 新　疆 | 1.57 | 1.33 | 1.34 | 6.22 | 0.58 | 0.49 |

# 附件 48

## 2014 年电网企业生产经营数据

| 指标名称 | | 单位 | 国家电网公司 | | 中国南方电网有限责任公司 | | 陕西省地方电力（集团）有限公司 | |
|---|---|---|---|---|---|---|---|---|
| | | | 2013 年 | 2014 年 | 2013 年 | 2014 年 | 2013 年 | 2014 年 |
| 资产总额 | | 亿元 | | | 5 842 | 6 170 | | |
| 主营业务收入 | | 亿元 | | | 4 438 | 4 686 | | |
| 电网建设完成投资 | | 亿元 | | | 638 | 658 | | |
| 主营业务利润总额 | | 亿元 | | | 118 | 148 | | |
| 公司合并净利润 | | 亿元 | | | 85 | 109 | | |
| 上缴税金 | | 亿元 | | | 302 | 353 | | |
| 所有者权益 | | 亿元 | | | 2 020 | 2 234 | | |
| 资产负债率 | | % | | | 65. 43 | 63. 80 | | |
| 资本保值增值率 | | % | | | 103. 95 | 105. 73 | | |
| 全员劳动生产率 | | 万元/(人＊年) | | | 41. 58 | 48. 39 | | |
| 可控发电装机容量 | | 万千瓦 | | | 21 035 | 23 204 | | |
| 其中 | 1. 水电 | 万千瓦 | | | 7 898 | 9 649 | | |
| | 其中:抽水蓄能 | 万千瓦 | | | 420 | 420 | | |
| | 2. 火电 | 万千瓦 | | | 11 389 | 11 700 | | |
| | 其中:生物质能发电 | 万千瓦 | | | 39 | 39 | | |
| | 3. 风电 | 万千瓦 | | | 550 | 781 | | |
| | 4. 太阳能发电 | 万千瓦 | | | 23 | 52 | | |
| 可控发电装机的发电量 | | 亿千瓦时 | | | 7 957 | 8 357 | | |
| 年售电量 | | 亿千瓦时 | | | 7 433 | 7 859 | | |
| 综合电压合格率 | 城市 | % | | | 99. 90 | 99. 60 | | |
| | 农村 | % | | | 98. 84 | (全口径) | | |
| 供电线路损失率 | | % | | | 7. 20 | 6. 94 | | |
| 供电可靠率(RS-1) | 城市 | % | | | 99. 959 8 | 99. 981 7 | | |
| | 农村 | % | | | 99. 855 3 | 99. 936 5 | | |

# 附件 49

## 2014 年部分大型发电企业生产经营数据

| 单位名称 | 主要指标 | 总资产 | 收入 | | 利润总额 | | | 公司合并净利润 | 上缴税金 | 所有者权益 | 所有者权益收益率 | 资产负债率 | 资本保值增值率 | 全员劳动生产率 |
|---|---|---|---|---|---|---|---|---|---|---|---|---|---|---|
| | | | 综合业务收入 | 电力业务收入 | 综合利润总额 | 电力业务利润总额 | 火电业务利润总额 | | | | | | | |
| | | 亿元 | 亿元 | 亿元 | 亿元 | 亿元 | 亿元 | 亿元 | 亿元 | 亿元 | % | % | % | 万元/(人＊年) |
| 中国华能集团公司 | 2013 年 | | | | | | | | | | | | | |
| | 2014 年 | | | | | | | | | | | | | |
| 中国大唐集团公司 | 2013 年 | 7 066 | 1 911 | 1 651 | 111 | 114 | 108 | 74 | 197 | 1 061 | 7. 86 | 84. 98 | 104. 92 | 55. 32 |
| | 2014 年 | 7 358 | 1 892 | 1 631 | 140 | 197 | 167 | 75 | 221 | 1 183 | 6. 72 | 83. 92 | 104. 50 | 71. 05 |
| 中国华电集团公司 | 2013 年 | 6 534 | 2 001 | 1 627 | 151 | 122 | 103 | 114 | 200 | 1 063 | 0. 12 | 83. 71 | 113. 00 | 55. 00 |
| | 2014 年 | 7 314 | 2 157 | 1 706 | 205 | 187 | 132 | 150 | 218 | 1 231 | 0. 13 | 83. 21 | 117. 00 | 65. 00 |
| 中国国电集团公司 | 2013 年 | 7 860 | 2 328 | 1 759 | 160 | 145 | 84 | 124 | 270 | 1 292 | 10. 12 | 83. 57 | 111. 80 | 181. 50 |
| | 2014 年 | 7 834 | 2 154 | 1 617 | 195 | 177 | 117 | 128 | 282 | 1 335 | 9. 73 | 82. 95 | 104. 20 | 255. 10 |
| 中国电力投资集团公司 | 2013 年 | 6 180 | 1 910 | 1 159 | 112 | 111 | 54 | 75 | 170 | 959 | 8. 22 | 84. 48 | 107. 46 | 45. 99 |
| | 2014 年 | 6 804 | 1 823 | 1 172 | 100 | 157 | 78 | 58 | 186 | 1 075 | 5. 69 | 84. 21 | 105. 53 | 44. 62 |
| 中国核工业集团公司 | 2013 年 | | | | | | | | | | | | | |
| | 2014 年 | | | | | | | | | | | | | |
| 中国三峡集团公司 | 2013 年 | 4 334 | 426 | 315 | 216 | 131 | | 176 | 124 | 2 471 | 6. 85 | 43. 00 | 107. 03 | 204. 10 |
| | 2014 年 | | | | | | | | | | | | | |
| 神华集团有限责任公司 | 2013 年 | 8 827 | 3 678 | 1 147 | 785 | 222 | 199 | 620 | 624 | 4 929 | 13. 10 | 44. 20 | 110. 50 | 89. 00 |
| | 2014 年 | 9 286 | 3 249 | 1 094 | 640 | 241 | 218 | 484 | 581 | 5 273 | 9. 50 | 43. 2 | 108. 60 | 68. 00 |

续表

| 单位名称 | 主要指标 | 总资产 | 收入 | | 利润总额 | | | 公司合并净利润 | 上缴税金 | 所有者权益 | 所有者权益收益率 | 资产负债率 | 资本保值增值率 | 全员劳动生产率 |
|---|---|---|---|---|---|---|---|---|---|---|---|---|---|---|
| | | | 综合业务收入 | 电力业务收入 | 综合利润总额 | 电力业务利润总额 | 火电业务利润总额 | | | | | | | |
| | | 亿元 | 亿元 | 亿元 | 亿元 | 亿元 | 亿元 | 亿元 | 亿元 | 亿元 | % | % | % | 万元/(人*年) |
| 中国广核集团有限公司 | 2013 年 | 3 156 | 353 | 272 | 84 | 66 | 3 | 67 | 51 | 862 | 8. 40 | 72. 70 | 117. 30 | 78. 40 |
| | 2014 年 | 3 903 | 451 | 338 | 95 | 74 | 6 | 80 | 61 | 1 205 | 7. 90 | 69. 10 | 139. 90 | 81. 50 |
| 广东省粤电集团有限公司 | 2013 年 | 1 288 | 557 | 522 | | | | | 73 | 610 | 11. 97 | 52. 66 | 110. 17 | 442. 38 |
| | 2014 年 | 1 309 | 510 | 487 | | | | | 78 | 645 | 10. 22 | 50. 70 | 107. 84 | 385. 00 |
| 浙江省能源集团有限公司 | 2013 年 | | | | | | | | | | | | | |
| | 2014 年 | | | | | | | | | | | | | |
| 国投华靖电力控股股份有限公司 | 2013 年 | | | | | | | | | | | | | |
| | 2014 年 | | | | | | | | | | | | | |
| 华润电力控股有限公司 | 2013 年 | 1 681 | 556 | 513 | 129 | 139 | 124 | 101 | 102 | 511 | 0. 19 | 0. 60 | 1. 23 | 55. 90 |
| | 2014 年 | 1 780 | 560 | 531 | 89 | 169 | 155 | 55 | 91 | 558 | 0. 14 | 0. 62 | 1. 01 | 54. 60 |
| 北京能源投资(集团)有限公司 | 2013 年 | | | | | | | | | | | | | |
| | 2014 年 | | | | | | | | | | | | | |
| 河北省建设投资集团有限责任公司 | 2013 年 | 1 059 | 229 | 157 | 37 | 22 | 18 | 33 | 15 | 429 | 8. 60 | 80. 42 | 108. 91 | |
| | 2014 年 | 1 187 | 239 | 161 | 54 | 38 | 37 | 45 | 20 | 477 | 9. 83 | 59. 78 | 112. 88 | |
| 晋能电力集团有限公司 | 2013 年 | 159 | 40 | 37 | 5 | 5 | 2. 42 | 2 | 0 | 61 | 3. 55 | 62. 01 | 100. 21 | 88. 70 |
| | 2014 年 | 206 | 40 | 37 | 5 | 5 | 2 | 4 | 0 | 64 | 6. 18 | 68. 88 | 100. 22 | 112. 84 |
| 申能股份有限公司 | 2013 年 | | | | | | | | | | | | | |
| | 2014 年 | | | | | | | | | | | | | |
| 甘肃省电力投资集团公司 | 2013 年 | 540 | 41 | 38 | 3 | | | 2 | 4 | 225 | 1. 13 | 58. 00 | 119. 00 | 36. 00 |
| | 2014 年 | 625 | 47 | 42 | 2 | 1 | -1 | 2 | 5 | 290 | 0. 79 | 53. 50 | 129. 09 | 41. 00 |

# 附件 50

## 2014 年电力辅业集团生产经营数据

| 指标名称 | | 单位 | 中国电力建设集团有限公司 | | 中国能源建设集团有限公司 | |
|---|---|---|---|---|---|---|
| | | | 2013 年 | 2014 年 | 2013 年 | 2014 年 |
| 总资产规模 | | 亿元 | 3 508 | 4 168 | 1 872 | 2 237 |
| 总营业收入 | | 亿元 | 2 263 | 2 565 | 1 584 | 1 802 |
| 其中 | 国内业务营业收入 | 亿元 | 1 671 | 1 933 | 1 443 | 1 562 |
| | 国际业务营业收入 | 亿元 | 592 | 632 | 141 | 240 |
| 当年签订的合同额 | | 亿元 | 3 431 | 3 931 | 2 887 | 3 101 |
| 年底合同存量 | | 亿元 | 5 744 | 6 765 | 3 292 | 4 090 |
| 总利润 | | 亿元 | 91 | 110 | 43 | 60 |
| 其中 | 国内业务利润 | 亿元 | 43 | 61 | 34 | 48 |
| | 国际业务利润 | 亿元 | 48 | 49 | 9 | 13 |
| 公司合并净利润 | | 亿元 | 73 | 85 | 29 | 46 |
| 上缴税金 | | 亿元 | 110 | 144 | 78 | 93 |
| 所有者权益 | | 亿元 | 637 | 759 | 332 | 475 |
| 所有者权益收益率 | | % | 12. 33 | 13. 00 | 9. 77 | 11. 41 |
| 资产负债率 | | % | 81. 83 | 81. 8 | 82. 28 | 78. 76 |
| 资本保值增值率 | | % | 113. 5 | 114. 41 | 109. 07 | 113. 08 |
| 全员劳动生产率 | | 万元/（人＊年） | 110. 00 | 128. 00 | 20. 86 | 24. 10 |
| 控股发电装机容量 | | 万千瓦 | 725 | 835 | 94 | 116 |
| 其中 | 水电 | 万千瓦 | 404 | 481 | 67 | 82 |
| | 火电 | 万千瓦 | 161 | 161 | 27 | 30 |
| | 风电 | 万千瓦 | 147 | 174 | | 5 |
| | 太阳能发电 | 万千瓦 | 13 | 19 | | |
| 控股发电装机的发电量 | | 亿千瓦时 | 224 | 256 | 34 | 39 |
| 权益发电装机容量 | | 万千瓦 | 698 | 786 | 132 | 179 |
| 其中 | 水电 | 万千瓦 | 376 | 426 | 67 | 109 |
| | 火电 | 万千瓦 | 139 | 139 | 65 | 68 |
| | 风电 | 万千瓦 | 144 | 176 | | 2 |
| | 太阳能发电 | 万千瓦 | 12 | 18 | | 2 |
| 权益发电装机的发电量 | | 亿千瓦时 | 172（不含对外参股权益发电量） | 196（不含对外参股权益发电量） | 50 | 53 |

# 附件 51

## 2014 年部分大型电力企业发生的重大并购（出售）活动项目统计

### 一、电力产业方面的并购（出售）

| 序号 | 单　位 | 项目名称 | 项目状况 | 交易性质 | 交易金额（亿元） | 装机容量（万千瓦） | 占项目的股权比例（%） |
|---|---|---|---|---|---|---|---|
| 1 | 南方电网公司 | 香港青山电厂 | 已投产 | 收购 | 115.95（亿港元） | | 30 |
| 2 | 中国华能集团公司 | 华能国际电力公司部分股权 | 已投产 | 收购 | 47.1 | 7 867.48 | 15.77 |
| 3 | 中国华能集团公司 | 山东聊城鲁西燃料有限公司 | 已投产 | 出售 | 0.24 | | 30 |
| 4 | 中国华能集团公司 | 阿拉尔天华阳光新能源有限公司 | 已投产 | 收购 | 0.023 | 3 | 100 |
| 5 | 中国大唐集团公司 | 江西大唐国际抚州发电有限责任公司项目增资扩股项目 | 已投产 | 增资扩股 | 7.87 | 100 *2 | 49 |
| 6 | 中国华电集团公司 | 武威市天和光能有限公司 | 已投产 | 收购 | 1.8 | 5 | 100 |
| 7 | 中国华电集团公司 | 西班牙巴辛风电有限公司 | 已投产 | 收购 | 2.7 | 2.8 | 100 |
| 8 | 中国国电集团公司 | 国电中国石化宁夏能源化工有限公司 | 已投产 | 出售 | 25.9 | | 45 |
| 9 | 中国国电集团公司 | 国电益阳发电有限公司 | 已投产 | 出售 | 4.6 | | 97.41 |
| 10 | 中国国电集团公司 | 内蒙古国电能源投资有限公司 | 已投产 | 出售 | 39.3 | | 50 |
| 11 | 中国电力投资集团公司 | 马耳他能源公司 | 已投产 | 增资扩股 | 8.41 | 68.3 | 33.3 |
| 12 | 中国电力投资集团公司 | 马耳他 D3 电厂 | 已投产 | 增资扩股 | 12.615 | 14.9 | 90 |
| 13 | 中国长江三峡集团公司 | 巴西 Jari 水电站（水电） | 已投产 | 收购 | 0.82 亿美元 | 37.34 | 50 |
| 14 | 中国长江三峡集团公司 | 巴西卡什瑞拉·卡尔德隆（CC）水电站 | 在建 | 收购 | 1.93 亿美元 | | 50 |
| 15 | 中国广核集团有限公司 | 英国 CLOVER 等三个风电项目 | 已投产 | 收购 | 1.106 亿英镑 | 7.29 | 80 |
| 16 | 华润电力控股有限公司 | 火电福建泉惠项目 | 已投产 | 增资扩股 | 1.74 | | 50 |

## 二、其他方面的并购

| 序号 | 单　位 | 项目名称 | 交易性质 | 交易金额（亿元） | 占项目的股权比例（%） |
|---|---|---|---|---|---|
| 1 | 南方电网公司 | 隆林各族自治县电业公司100%国有产权 | 无偿接收 | 0.862 | 100 |
| 2 | 南方电网公司 | 惠州市潼湖华侨农场供电所100%国有产权 | 无偿接收 | 0.388 4 | 100 |
| 3 | 中国电力投资集团公司 | 挂牌出让汇融银行参股股权 | 出售 | | 19.9 |

# 附件 52

## 2014 年电力板块上市公司情况一览

| 代码 | 证券简称 | 发行日期 | 募集资金（亿元） | 利率 | 主承销商 | 期限（年） |
|---|---|---|---|---|---|---|
| 000600. SZ | 建投能源 | 2014 -8 -8 | 9. 0 | | 招商证券 | |
| 001896. SZ | 豫能控股 | 2014 -12 -31 | 20. 9 | | 银河证券等 | |
| 600027. SH | 华电国际 | 2014 -7 -18 | 33. 3 | | 中信证券 | |
| 600396. SH | 金山股份 | 2014 -1 -8 | 5. 9 | | 申银万国证券 | |
| 600483. SH | 福能股份 | 2014 -7 -23 | 46. 5 | | | |
| 600644. SH | *ST 乐电 | 2014 -10 -9 | 16. 0 | | 华西证券 | |
| 600969. SH | 郴电国际 | 2014 -10 -14 | 8. 0 | | 国信证券 | |
| | 定向增发合计 | | 139. 5 | | | |
| | 股权融资合计 | | 139. 5 | | | |
| 101451058. IB | 14 盘投 MTN001 | 2014 -12 -5 | 8. 0 | 5. 78 | 工商银行 | 3. 0 |
| 101456087. IB | 14 中广核 MTN002 | 2014 -12 -5 | 40. 0 | 5. 20 | 国家开发银行等 | 5. 0 |
| 101469027. IB | 14 国家核电 MTN003 | 2014 -12 -5 | 10. 0 | 5. 29 | 北京银行 | 5. 0 |
| 101452027. IB | 14 电网 MTN002 | 2014 -11 -18 | 100. 0 | 4. 38 | 农业银行等 | 3. 0 |
| 101452028. IB | 14 桂水电 MTN002 | 2014 -11 -18 | 7. 0 | 5. 68 | 农业银行等 | 5. 0 |
| 101452026. IB | 14 国电 MTN001 | 2014 -11 -14 | 17. 0 | 5. 45 | 农业银行等 | 5. 0 |
| 101461037. IB | 14 华能集 MTN004 | 2014 -11 -6 | 25. 0 | 4. 70 | 光大银行等 | 10. 0 |
| 101452024. IB | 14 三峡 MTN002 | 2014 -11 -5 | 50. 0 | 4. 55 | 中信证券等 | 7. 0 |
| 101459059. IB | 14 大唐集 MTN003 | 2014 -11 -4 | 50. 0 | 5. 49 | 中信银行等 | 5. 0 |
| 101456073. IB | 14 中广核 MTN001 | 2014 -11 -3 | 5. 0 | 4. 59 | 国家开发银行等 | 5. 0 |
| 101454060. IB | 14 桂投资 MTN002 | 2014 -10 -24 | 10. 0 | 5. 00 | 建设银行等 | 3. 0 |
| 101453020. IB | 14 南电 MTN002 | 2014 -9 -11 | 50. 0 | 5. 10 | 中国银行等 | 5. 0 |
| 101451037. IB | 14 华能集 MTN003 | 2014 -9 -3 | 25. 0 | 5. 70 | 工商银行等 | 15. 0 |
| 101459043. IB | 14 大唐集 MTN002 | 2014 -8 -29 | 50. 0 | 6. 25 | 中信银行等 | 5. 0 |
| 101469017. IB | 14 国家核电 MTN002 | 2014 -8 -26 | 20. 0 | 5. 34 | 北京银行 | 5. 0 |
| 101452016. IB | 14 大唐 MTN001 | 2014 -8 -21 | 35. 0 | 5. 20 | 农业银行等 | 5. 0 |
| 101461025. IB | 14 中电投 MTN002 | 2014 -8 -13 | 15. 0 | 5. 10 | 光大银行 | 3. 0 |
| 101469013. IB | 14 国家核电 MTN001 | 2014 -7 -16 | 10. 0 | 5. 50 | 北京银行 | 5. 0 |
| 101454038. IB | 14 华能 MTN001 | 2014 -7 -11 | 40. 0 | 5. 30 | 建设银行 | 5. 0 |
| 101456047. IB | 14 华电 MTN001 | 2014 -7 -11 | 40. 0 | 5. 30 | 国家开发银行等 | 5. 0 |
| 101452011. IB | 14 桂水电 MTN001 | 2014 -6 -18 | 10. 0 | 6. 55 | 农业银行等 | 5. 0 |
| 101454028. IB | 14 电网 MTN001 | 2014 -6 -10 | 100. 0 | 4. 84 | 建设银行等 | 3. 0 |
| 101454027. IB | 14 大唐集 MTN001 | 2014 -5 -27 | 50. 0 | 5. 35 | 建设银行等 | 5. 0 |
| 101460023. IB | 14 国能生物 MTN001 | 2014 -5 -21 | 4. 0 | 6. 70 | 兴业银行 | 3. 0 |
| 101454024. IB | 14 南电 MTN001 | 2014 -5 -13 | 50. 0 | 5. 00 | 建设银行等 | 5. 0 |
| 101451015. IB | 14 粤电 MTN001 | 2014 -5 -9 | 27. 0 | 5. 20 | 工商银行等 | 5. 0 |
| 101464014. IB | 14 核风电 MTN001 | 2014 -5 -8 | 10. 0 | 5. 65 | 上海浦东发展银行等 | 5. 0 |
| 101461010. IB | 14 中电投 MTN001 | 2014 -5 -5 | 50. 0 | 5. 26 | 光大银行 | 3. 0 |

续表

| 代码 | 证券简称 | 发行日期 | 募集资金（亿元） | 利率 | 主承销商 | 期限（年） |
|---|---|---|---|---|---|---|
| 101452008. IB | 14 华电股 MTN001 | 2014 -4 -11 | 26.0 | 5.90 | 农业银行 | 5.0 |
| 101454006. IB | 14 桂投资 MTN001 | 2014 -3 -18 | 5.0 | 6.40 | 建设银行等 | 3.0 |
| 101452005. IB | 14 华能集 MTN002 | 2014 -3 -13 | 23.0 | 5.75 | 农业银行等 | 5.0 |
| 101452003. IB | 14 三峡 MTN001（3 年期） | 2014 -3 -11 | 50.0 | 5.50 | 农业银行等 | 3.0 |
| 101452004. IB | 14 三峡 MTN001（5 年期） | 2014 -3 -11 | 50.0 | 5.69 | 农业银行等 | 5.0 |
| 101456006. IB | 14 华能集 MTN001 | 2014 -3 -6 | 23.0 | 5.80 | 国家开发银行等 | 7.0 |
|  | 中期票据合计 |  | 1 085.0 |  |  |  |
| 011499097. IB | 14 金元 SCP001 | 2014 -12 -30 | 5.0 | 5.43 | 光大银行等 | 0.7 |
| 041464078. IB | 14 冀能投 CP001 | 2014 -12 -25 | 10.0 | 5.20 | 上海浦东发展银行等 | 1.0 |
| 041452064. IB | 14 大渡河 CP003 | 2014 -12 -16 | 2.0 | 5.22 | 农业银行等 | 1.0 |
| 011419008. IB | 14 国电 SCP008 | 2014 -12 -5 | 18.0 | 4.40 | 北京银行 | 0.7 |
| 041454077. IB | 14 秦二核 CP001 | 2014 -12 -2 | 5.0 | 4.65 | 建设银行等 | 1.0 |
| 041451067. IB | 14 华能集 CP002 | 2014 -11 -27 | 40.0 | 4.09 | 工商银行等 | 1.0 |
| 011499068. IB | 14 澜沧江 SCP002 | 2014 -11 -26 | 20.0 | 4.15 | 工商银行等 | 0.7 |
| 011409007. IB | 14 国电集 SCP007 | 2014 -11 -25 | 30.0 | 4.10 | 中国银行等 | 0.7 |
| 041461066. IB | 14 川水电 CP002 | 2014 -11 -25 | 5.0 | 4.55 | 光大银行 | 1.0 |
| 041451065. IB | 14 三峡 CP001 | 2014 -11 -24 | 50.0 | 4.10 | 工商银行等 | 1.0 |
| 041456056. IB | 14 天富能源 CP001 | 2014 -11 -24 | 6.0 | 4.68 | 国家开发银行 | 1.0 |
| 041452061. IB | 14 平海发电 CP001 | 2014 -11 -20 | 3.0 | 4.75 | 农业银行 | 1.0 |
| 011491003. IB | 14 京能投 SCP003 | 2014 -11 -19 | 20.0 | 4.25 | 上海浦东发展银行 | 0.7 |
| 041456054. IB | 14 桂投资 CP002 | 2014 -11 -18 | 10.0 | 4.40 | 国家开发银行等 | 1.0 |
| 041453115. IB | 14 华能 CP002 | 2014 -11 -14 | 50.0 | 3.98 | 中国银行 | 1.0 |
| 041452060. IB | 14 大渡河 CP002 | 2014 -11 -13 | 2.0 | 4.15 | 农业银行等 | 1.0 |
| 011412003. IB | 14 华能 SCP003 | 2014 -11 -3 | 30.0 | 4.00 | 工商银行 | 0.7 |
| 011416004. IB | 14 华电股 SCP004 | 2014 -10 -31 | 35.0 | 4.12 | 中国银行等 | 0.7 |
| 041452056. IB | 14 核风电 CP003 | 2014 -10 -24 | 10.0 | 4.32 | 农业银行等 | 1.0 |
| 041463022. IB | 14 川能投 CP002 | 2014 -10 -24 | 4.0 | 4.64 | 华夏银行 | 1.0 |
| 011409006. IB | 14 国电集 SCP006 | 2014 -10 -23 | 30.0 | 4.20 | 招商银行等 | 0.7 |
| 041452053. IB | 14 京能 CP001 | 2014 -10 -21 | 20.0 | 4.39 | 农业银行等 | 1.0 |
| 011410009. IB | 14 中电投 SCP009 | 2014 -10 -20 | 40.0 | 4.30 | 光大银行等 | 0.7 |
| 041461054. IB | 14 协鑫 CP002 | 2014 -10 -20 | 4.0 | 5.23 | 光大银行 | 1.0 |
| 011423006. IB | 14 大唐 SCP006 | 2014 -10 -17 | 30.0 | 4.30 | 平安银行等 | 0.7 |
| 041452051. IB | 14 大渡河 CP001 | 2014 -10 -16 | 6.0 | 4.50 | 农业银行等 | 1.0 |
| 011407004. IB | 14 南电 SCP004 | 2014 -10 -15 | 50.0 | 4.30 | 工商银行等 | 0.7 |
| 011417010. IB | 14 华电 SCP010 | 2014 -10 -15 | 40.0 | 4.35 | 中信银行等 | 0.7 |
| 011469004. IB | 14 沪电力 SCP004 | 2014 -10 -13 | 15.0 | 4.58 | 交通银行等 | 0.7 |
| 011499034. IB | 14 深能源 SCP002 | 2014 -10 -13 | 20.0 | 4.60 | 工商银行等 | 0.7 |
| 041452050. IB | 14 国电集 CP004 | 2014 -10 -11 | 60.0 | 4.55 | 农业银行等 | 1.0 |
| 011411009. IB | 14 大唐集 SCP009 | 2014 -9 -25 | 20.0 | 4.65 | 农业银行等 | 0.7 |

续表

| 代码 | 证券简称 | 发行日期 | 募集资金（亿元） | 利率 | 主承销商 | 期限（年） |
|---|---|---|---|---|---|---|
| 041459063. IB | 14 赣能 CP002 | 2014 -9 -24 | 2. 0 | 5. 17 | 中信银行 | 1. 0 |
| 011410007. IB | 14 中电投 SCP007 | 2014 -9 -19 | 20. 0 | 4. 64 | 光大银行等 | 0. 7 |
| 041456044. IB | 14 西江 CP002 | 2014 -9 -18 | 3. 0 | 5. 40 | 国家开发银行等 | 1. 0 |
| 041453101. IB | 14 国电长源 CP001 | 2014 -9 -17 | 3. 4 | 5. 35 | 中国银行 | 1. 0 |
| 041453096. IB | 14 雅砻江 CP001 | 2014 -9 -15 | 20. 0 | 4. 95 | 中国银行等 | 1. 0 |
| 041461049. IB | 14 蒙东 CP002 | 2014 -9 -10 | 5. 0 | 5. 30 | 光大银行等 | 1. 0 |
| 041452042. IB | 14 桂水电 CP001 | 2014 -9 -3 | 5. 0 | 5. 20 | 农业银行等 | 1. 0 |
| 041456042. IB | 14 秦三核 CP001 | 2014 -9 -2 | 5. 0 | 4. 95 | 国家开发银行 | 1. 0 |
| 041461047. IB | 14 中电投 CP002 | 2014 -9 -2 | 50. 0 | 4. 84 | 光大银行 | 1. 0 |
| 041454050. IB | 14 粤电发 CP001 | 2014 -8 -19 | 4. 0 | 4. 80 | 建设银行 | 1. 0 |
| 041452039. IB | 14 核风电 CP002 | 2014 -8 -15 | 10. 0 | 4. 85 | 农业银行等 | 1. 0 |
| 041454049. IB | 14 长电 CP002 | 2014 -8 -13 | 30. 0 | 4. 65 | 建设银行等 | 1. 0 |
| 041456040. IB | 14 华电新疆 CP001 | 2014 -8 -12 | 3. 0 | 4. 99 | 国家开发银行 | 1. 0 |
| 041451045. IB | 14 华电股 CP003 | 2014 -8 -6 | 30. 0 | 4. 65 | 工商银行等 | 1. 0 |
| 041456035. IB | 14 新华水电 CP001 | 2014 -7 -15 | 2. 0 | 6. 40 | 国家开发银行 | 1. 0 |
| 041469035. IB | 14 国家核电 CP001 | 2014 -7 -15 | 10. 0 | 4. 90 | 北京银行 | 1. 0 |
| 041464045. IB | 14 岱海 CP001 | 2014 -6 -27 | 3. 5 | 5. 20 | 上海浦东发展银行 | 1. 0 |
| 041461040. IB | 14 协鑫 CP001 | 2014 -6 -25 | 4. 0 | 6. 05 | 光大银行 | 1. 0 |
| 041454038. IB | 14 恒运 CP001 | 2014 -6 -20 | 4. 5 | 5. 38 | 建设银行 | 1. 0 |
|  | 短期融资券合计 |  | 904. 4 |  |  |  |
| 127001. SH | 14 电投 02 | 2014 -9 -16 | 30. 0 | 5. 74 | 海通证券 | 15. 0 |
| 1480509. IB | 14 中电投债 02 | 2014 -9 -16 | 30. 0 | 5. 74 | 海通证券 | 15. 0 |
| 124950. SH | 14 登电债 | 2014 -8 -29 | 3. 5 | 6. 51 | 长江证券 | 6. 0 |
| 1480482. IB | 14 登电债 | 2014 -8 -29 | 3. 5 | 6. 51 | 长江证券 | 6. 0 |
| 1480456. IB | 14 国网债 03 | 2014 -8 -18 | 60. 0 | 5. 10 | 英大证券等 | 5. 0 |
| 1480457. IB | 14 国网债 04 | 2014 -8 -18 | 40. 0 | 5. 38 | 英大证券等 | 10. 0 |
| 124890. SH | 14 甘电投 | 2014 -8 -4 | 10. 0 | 6. 40 | 西南证券 | 10. 0 |
| 1480436. IB | 14 甘电投债 | 2014 -8 -4 | 10. 0 | 6. 40 | 西南证券 | 10. 0 |
| 124720. SH | 14 电投 01 | 2014 -4 -24 | 20. 0 | 6. 10 | 海通证券 | 15. 0 |
| 1480264. IB | 14 中电投债 01 | 2014 -4 -24 | 20. 0 | 6. 10 | 海通证券 | 15. 0 |
| 124585. SH | 14 南网债 | 2014 -3 -19 | 50. 0 | 5. 90 | 国泰君安证券等 | 10. 0 |
| 1480135. IB | 14 南网债 | 2014 -3 -19 | 50. 0 | 5. 90 | 瑞银证券等 | 10. 0 |
| 124602. SH | 14 国网 01 | 2014 -3 -13 | 50. 0 | 5. 69 | 国际金融等 | 5. 0 |
| 124603. SH | 14 国网 02 | 2014 -3 -13 | 50. 0 | 6. 00 | 国际金融等 | 15. 0 |
| 1480133. IB | 14 国网债 01 | 2014 -3 -13 | 50. 0 | 5. 69 | 英大证券等 | 5. 0 |
| 1480134. IB | 14 国网债 02 | 2014 -3 -13 | 50. 0 | 6. 00 | 国际金融等 | 15. 0 |
|  | 企业债合计 |  | 527. 0 |  |  |  |
|  | 债务融资合计 |  | 2 516. 4 |  |  |  |

资料来源：Wind 资讯、中信证券研究部。

# 附件 53

## 2014 年电力企业重大对外投资项目情况

| 序号 | 企业名称 | 项目名称 | 2014 年实际完成投资额（万美元） | 股比（%） | 2014 年项目营业收入（万美元） | 投资区域 | 投资模式 | 投资领域 | 经营起止时间 | 项目投资规模及简况 |
|---|---|---|---|---|---|---|---|---|---|---|
| 1 | 国家电网公司 | 新加坡能源公司澳大利亚资产股权投资项目（国网澳洲资产公司） | 205 497. 75 | 60 | 162 745. 74 | 澳大利亚 | 股权并购 | 输变电 | 2014. 1. 3— | 根据《国家发展改革委关于国家电网公司收购新加坡能源国际公司澳大利亚部分资产项目核准的批复》（发改外资〔2013〕1411 号），国际公司出资收购国网澳洲资产公司60%的股份 |
| 2 | 国家电网公司 | 新加坡能源公司澳大利亚资产股权投资项目（澳网公司） | 74 407. 86 | 19. 9 | 162 419. 44 | 澳大利亚 | 股权并购 | 输变电 | 2014. 1. 3— | 根据《国家发展改革委关于国家电网公司收购新加坡能源国际公司澳大利亚部分资产项目核准的批复》（发改外资〔2013〕1411 号），国际公司出资收购澳网公司 19. 9%的股份 |
| 3 | 国家电网公司 | 意大利存贷款公司能源网资产股权收购项目 | 242 384. 67 | 35 |  | 意大利 | 股权并购 | 输变电 | 2014. 11. 27— | 根据《国家电网公司 2014 年 21 次党组会决议》，国际公司出资收购意大利存贷款能源网公司 35%的股份 |
| 4 | 国家电网公司 | 香港电灯有限公司股权投资项目 | 124 900 | 20 | 135 451. 13 | 香港 | 股权并购 | 输变电 | 2014. 1. 29— | 根据《国家发展改革委关于国家电网公司增资国家电网国际发展有限公司认购香港电灯有限公司部分股权项目核准的批复》（发改外资〔2014〕4 号），国际公司出资收购香港电灯有限公司 20%的股权 |
| 5 | 国家电网公司 | 特里斯皮尔斯项目 | 16 560. 99 | 51 |  | 巴西 | “绿地”投资 | 输变电 | 2012. 3. 23— | 根据《国家发展改革委关于国家电网公司巴西特里斯皮尔斯输电特许经营权项目核准的批复》（发改外资〔1000〕号），国际公司中标巴西特斯利皮尔斯输电特许权项目，截至 2014 年年底，国际公司累计对巴西特里斯皮尔斯项目注资 5. 73 亿雷亚尔 |

续表

| 序号 | 企业名称 | 项目名称 | 2014 年实际完成投资额（万美元） | 股比（%） | 2014 年项目营业收入（万美元） | 投资区域 | 投资模式 | 投资领域 | 经营起止时间 | 项目投资规模及简况 |
|---|---|---|---|---|---|---|---|---|---|---|
| 6 | 国家电网公司 | 巴西美丽山水电配套项目（07/2012 号标 G 标段） | 3 754.86 | 51 | | 巴西 | “绿地”投资 | 输变电 | 2014.4.16— | 根据《国家发展改革委关于国家电网公司投资巴西 2012 年第 7 号输电特许经营权 G 标段项目核准的批复》（发改外资〔2013〕954 号），国际公司中标巴西美丽山水电输出配套项目 G 标段，截至 2014 年年末，国际公司累计对巴西美丽山水电输出配套项目 G 标段注资 1.35 亿美元 |
| 7 | 中国南方电网有限责任公司 | EPA 项目股权收购 | 148 420.42 | 30 | | 香港 | 股权并购 | 火电 | 2014.5.12— | 南网国际（香港）公司持有青山发电有限公司 30% 股权 |
| 8 | 中国电力建设集团公司 | 德国 TLT 公司 | 13 354 | 100 | 14 304 | 德国 | 股权并购 | 火电 | 持续经营 | |
| 9 | 中国广核集团有限公司 | 栗村二期 | 12 324 | 100 | | 韩国 | 股权并购 + 新建 | 火电 | 2012—2014 | 项目计划总投资 87237 万美元，投产容量为 94.63 万千瓦 |
| 10 | 中国华电集团公司 | 俄罗斯捷宁斯卡娅热电项目 | 28 533.29 | 51 | | 俄罗斯 | BOO | 火电 | 2015— | 项目位于俄罗斯雅罗斯拉夫尔州雅罗斯拉夫尔市。电站装机容量 483MW，2012 年 6 月开工，目前施工正在顺利进行中 |
| 11 | 中国华电集团公司 | 印尼巴厘岛燃煤电站项目 | 30 175.27 | 51 | | 印尼 | BOO | 火电 | 2015— | 项目位于印尼巴厘岛，装机 426MW，2013 年 1 月项目开工建设，目前项目建设正在顺利进行中 |
| 12 | 中国华电集团公司 | 柬埔寨额勒赛下游水电项目 | 9 627.88 | 100 | 4 632.5 | 柬埔寨 | BOT | 水电 | 2014—2044 | 项目位于柬埔寨国公省额勒赛河下游，分上、下两级开发。总装机 338MW；2010 年 4 月开工，2014 年 7 月正式进入商业运营 |
| 13 | 中国南方电网有限责任公司 | 老挝南塔河 1 号水电站项目 | 3 200 | 80 | | 老挝 | BOT | 水电 | | 建设中，项目总投资 4.47 亿美元，总装机容量 168MW |

续表

| 序号 | 企业名称 | 项目名称 | 2014年实际完成投资额（万美元） | 股比（%） | 2014年项目营业收入（万美元） | 投资区域 | 投资模式 | 投资领域 | 经营起止时间 | 项目投资规模及简况 |
|---|---|---|---|---|---|---|---|---|---|---|
| 14 | 中国电力建设集团公司 | 老挝南欧江流域梯级水电站第一期 | 3 117.5 | 85 | | 老挝 | BOT | 水电 | 目前属于在建期，未运营 | 总装机容量540MW，投资额10.35亿美元 |
| 15 | 中国长江三峡集团公司 | 巴西Jari水电站50%股权收购 | 8 185 | 50 | | 巴西 | 股权并购 | 水电 | 2015.1.1—2074.12.31 | 电站总装机规模37.34万千瓦，股权收购时项目处于建设期，电站于2014年底已经投产发电 |
| 16 | 中国长江三峡集团公司 | 巴西卡什瑞拉·卡尔德隆（CC）水电站50%股权收购 | 19 287 | 50 | | 巴西 | 股权并购 | 水电 | 2013.1.1— | 电站总装机规模21.9万千瓦，股权收购时项目处于建设期，预计电站于2016年投产发电 |
| 17 | 中国国电集团公司 | 加拿大德芙琳风电项目 | 11 200 | 100 | 280 | 加拿大 | “绿地”投资 | 风电 | 2014—2034 | 国电集团投资建设的加拿大德芙琳风电项目位于加拿大安大略省德芙琳县的梅兰克森镇，装机容量为9.91万千瓦。2013年8月正式开工建设，2014年11月建成投产。该项目是国电集团在海外自主开发、自主建设、自主运营的第一个风电项目 |
| 18 | 中国华电集团公司 | 西班牙巴辛风电项目 | 4 415.45 | 100 | 602 | 西班牙 | 股权并购 | 风电 | 2014—2032 | 项目位于西班牙昆卡省，装机容量为28MW，2014年11月完成收购 |
| 19 | 中国南方电网有限责任公司 | 中广核电力股票基石投资 | 10 103.62 | 0.61 | | 香港 | 基石投资 | 核电 | | |
| 20 | 中国长江三峡集团公司 | 参与广核电力股份有限公司在港H股IPO股份认购 | 10 104.05 | 0.63 | | 香港 | 股权并购 | 核电 | 2014.12.10— | 中广核电力在港H股IPO共募集资金约30亿美元 |
| 21 | 中国广核集团有限公司 | 湖山矿建项目 | 75 997 | 54 | | 纳米比亚 | 股权并购+新建 | 矿产资源 | 2012—2016 | 预计矿建总投资为221056万美元 |

续表

| 序号 | 企业名称 | 项目名称 | 2014年实际完成投资额（万美元） | 股比（%） | 2014年项目营业收入（万美元） | 投资区域 | 投资模式 | 投资领域 | 经营起止时间 | 项目投资规模及简况 |
|---|---|---|---|---|---|---|---|---|---|---|
| 22 | 中国华电集团公司 | 加拿大太平洋西北LNG项目5%权益项目 | 50 918.62 | 5 |  | 加拿大 | 股权并购 | 矿产资源 | 2014— | 项目上游资产位于加拿大BC省东北部，中石油和华电集团共同收购该项目15%权益，其中中石油10%、华电5%。2014年7月完成收购 |
| 23 | 中国能源建设集团公司 | 中电新能源投资项目 | 3 220.61 | 2.87 |  | 香港 | 参股 | 清洁能源 | 2014.7.1— | 该项目主要目的是通过参股，落实集团公司与中电新能源所签订的《全面战略合作协议》、《合作备忘录》中的投资条款，同时希望通过投资业务建立与中电新能源的资本纽带关系，深化集团公司与中电新能源、中电投的合作关系，设计、总包、施工等相关业务的共同发展 |
| 24 | 北京能源集团有限责任公司 | 北京京能清洁能源电力股份（香港）有限公司 | 9 337 | 68.66 | 161 | 香港 | 出资设立 | 清洁能源 | 2013.1.14— |  |

## 附件 54

# 2014 年电力企业重大对外承包工程项目情况

| 序号 | 企业名称 | 国家（地区） | 项目名称 | 合同额（万美元） | 工程领域 | 承包方式 | 项目简况 |
|---|---|---|---|---|---|---|---|
| 1 | 中国电力建设集团公司 | 阿曼 | 阿曼萨拉拉 2 期独立电站 | 33 241.97 | 火电工程 | EPC（不带融资的）总承包 | |
| 2 | 中国电力建设集团公司 | 安哥拉 | 安哥拉年产 500 万吨原油加工项目自备热电站设计、采购、施工总承包合同 | 4 262.3 | 火电工程 | 施工承包 | |
| 3 | 中国电力建设集团公司 | 安哥拉 | 安哥拉宽多－库邦戈省，奎图－夸那瓦莱 7.5MW 燃油电厂及城市中低压配电网络、照明及入户连接项目 | 4 060.56 | 火电工程 | 设计施工（DB）总承包 | |
| 4 | 中国电力建设集团公司 | 巴基斯坦 | 巴基斯坦费萨拉巴德如意马苏德纺织服装工业园配套 2 × 135MW 煤电项目合同 | 24 665.65 | 火电工程 | EPC（不带融资的）总承包 | |
| 5 | 中国能源建设集团公司 | 巴基斯坦 | 巴基斯坦 50MW 燃煤电厂项目 | 6 406 | 火电工程 | EPC 总承包 | 湖南省电力勘测设计院与 CFPP 签约 |
| 6 | 中国能源建设集团公司 | 波黑 | 波黑图兹拉火电站 7#机组建设项目 | 118 301 | 火电工程 | EPC 总承包 | 葛洲坝勘测设计院与葛洲坝集团股份有限公司签约 |
| 7 | 中国能源建设集团公司 | 波黑 | 波黑图兹拉火电站 7#机组建设项目 | 101 197 | 火电工程 | EPC 总承包 | 广东省电力设计研究院与 JP Elektroprivreda Bosne i Hercegovine d. d. -Sarajevo 签约 |
| 8 | 中国能源建设集团公司 | 多米尼加 | 多米尼加 104MW 内燃机电站项目 | 7 873 | 火电工程 | EPC 总承包 | 江苏省电力设计院与 LS ENERGIA DOMINICANA S. R. L 签约 |
| 9 | 中国电力建设集团公司 | 菲律宾 | 菲律宾考斯瓦根 4 × 135MW EPC 项目 | 69 884.81 | 火电工程 | FEPC（带融资的）总承包 | |

续表

| 序号 | 企业名称 | 国家（地区） | 项目名称 | 合同额（万美元） | 工程领域 | 承包方式 | 项目简况 |
|---|---|---|---|---|---|---|---|
| 10 | 中国能源建设集团公司 | 菲律宾 | 菲律宾 FDC Misamis 3x135 MW 项目 | 26 587 | 火电工程 | EPC 总承包 | 东电一公司与菲律宾 FDC 公司签约 |
| 11 | 中国能源建设集团公司 | 菲律宾 | MEBFDTI MATI 6 × 135MW（CFB）Power Plant EPC Project | 5 079 | 火电工程 | EPC 总承包 | 辽宁电力勘测设计院与 MINDANAO ECO BIO-FUEL DEVELOPMENT & TECHNOLOGY. INC 签约 |
| 12 | 中国能源建设集团公司 | 哥伦比亚 | 哥伦比亚 GECELCA3 －2 燃煤电站项目安装工程 | 4 253 | 火电工程 | 施工承包 | 山西电建二公司与中国联合工程公司签约 |
| 13 | 中国电力建设集团公司 | 柬埔寨 | 柬埔寨 500 万吨炼油厂 EPC 总承包项目 | 61 000 | 火电工程 | EPC（不带融资的）总承包 | |
| 14 | 中国电力建设集团公司 | 津巴布韦 | 津巴布韦旺吉电站扩机项目 | 117 379. 21 | 火电工程 | FEPC（带融资的）总承包 | |
| 15 | 中国能源建设集团公司 | 马拉维 | 马拉维卡姆万巴 6 × 50MW 燃煤电站项目 | 65 240 | 火电工程 | EPC 总承包 | 葛洲坝集团与马拉维能源局签约 |
| 16 | 中国能源建设集团公司 | 马拉维 | 马拉维卡姆万巴 6 × 50MW 燃煤电站项目 | 42 694 | 火电工程 | EPC 总承包 | 陕西电建与中国葛洲坝集团国际工程有限公司签约 |
| 17 | 中国能源建设集团公司 | 马来西亚 | 马来西亚巴林基安 2 × 300MW 燃煤电站总承包项目安装工程 | 4 694 | 火电工程 | 施工承包 | 天津电建与上海电气集团股份有限公司签约 |
| 18 | 中国能源建设集团公司 | 马来西亚 | 马来西亚巴林基安 2X300MW 燃煤电站总承包项目安装工程服务合同 | 3 536 | 火电工程 | 施工承包 | 湖南火电与上海电气集团股份有限公司签约 |
| 19 | 中国能源建设集团公司 | 孟加拉国 | 孟加拉古拉绍 300—450MW 联合循环燃机电站项目 | 3 888 | 火电工程 | 施工承包 | 东北一公司与中国技术进出口总公司签约 |
| 20 | 中国电力建设集团公司 | 孟加拉国 | 孟加拉国 Siraganj225MW 双燃料燃机电厂 EPC 总承包 | 3 377. 86 | 火电工程 | FEPC（带融资的）总承包 | |

续表

| 序号 | 企业名称 | 国家（地区） | 项目名称 | 合同额（万美元） | 工程领域 | 承包方式 | 项目简况 |
|---|---|---|---|---|---|---|---|
| 21 | 中国能源建设集团公司 | 南苏丹 | 南苏丹 240MW Paloich 联合循环电站项目 EPC 总承包合同 | 32 279 | 火电工程 | EPC 总承包 | 中电工程与南苏丹电力大坝部签约 |
| 22 | 中国能源建设集团公司 | 南苏丹 | 南苏丹 240MW Paloich 联合循环电站项目 EPC 总承包合同 | 15 873 | 火电工程 | EPC 总承包 | 东北电力设计院中国电力工程顾问集团公司签约 |
| 23 | 中国能源建设集团公司 | 尼日利亚 | 依托巴 2X150 MW 燃煤电厂项目 | 66 746 | 火电工程 | EPC 总承包 | 葛洲坝国际与尼日利亚祖玛能源有限公司签约 |
| 24 | 中国能源建设集团公司 | 尼日利亚 | 尼日利亚卡拉巴尔 240MW 燃机电站承包项目 | 26 616 | 火电工程 | EPC 总承包 | 华北电力设计院有限公司与尼日利亚财富电力有限公司签约 |
| 25 | 中国能源建设集团公司 | 塞浦路斯 | 塞浦路斯 First Electric 3 × 8. 7MW 燃油电厂项目 | 4 409 | 火电工程 | 施工承包 | 山西省电力勘测设计院与 First Electric 公司签约 |
| 26 | 中国电力建设集团公司 | 沙特阿拉伯 | 沙特阿拉伯吉赞 2400 兆瓦煤气化联合循环电站项目电站包与公用包的 EPC 总承包 | 183 130. 75 | 火电工程 | EPC（不带融资的）总承包 | |
| 27 | 中国电力建设集团公司 | 沙特阿拉伯 | 沙巴哈联合循环改造电站项目（境内） | 9 901. 09 | 火电工程 | EPC（不带融资的）总承包 | |
| 28 | 中国能源建设集团公司 | 土耳其 | 土耳其 Cankiri Orta 1 × 150MW 褐煤电站 EPC 项目 | 32 193 | 火电工程 | EPC 总承包 | 天津电建与土耳其恰勒克集团签约 |
| 29 | 中国能源建设集团公司 | 危地马拉 | 危地马拉 JAGUAR 能源技术服务和采购 | 4 104 | 火电工程 | 设备供应 | 陕西电建与 JAGUAR ENERGY GUATEMALA LLC. 签约 |
| 30 | 国家电网公司 | 伊朗 | 伊朗 LOUSHAN500MW 燃气蒸汽联合循环电站项目 | 32 258 | 火电工程 | EPC 总承包 | 2014 年 11 月签订 |

续表

| 序号 | 企业名称 | 国家（地区） | 项目名称 | 合同额（万美元） | 工程领域 | 承包方式 | 项目简况 |
|---|---|---|---|---|---|---|---|
| 31 | 中国大唐集团公司 | 印度 | 古德洛尔脱硫项目 | 10 000 | 火电工程 | EPC 总承包 | 项目位于印度南部泰米尔纳德邦古德洛尔镇，靠近孟加拉湾。大唐科技公司负责建设2台60万千瓦机组石灰石—石膏湿法烟气脱硫工程，具体包括：工程设计、制造、供货、运输、施工、安装、调试，以及业主人员和运行检修人员的培训 |
| 32 | 中国能源建设集团公司 | 印度尼西亚 | 印尼 TAKALAR 燃煤电站项目 | 30 930 | 火电工程 | EPC 总承包 | 葛洲坝集团与印尼国家电力公司 PLN 签约 |
| 33 | 中国电力建设集团公司 | 印度尼西亚 | 印尼苏拉威西镍铁工业园项目电厂 6x65MW 工程总承包合同，I 期 | 21 203 | 火电工程 | EPC（不带融资的）总承包 | |
| 34 | 中国电力建设集团公司 | 印度尼西亚 | 印尼东南苏拉威西省镍铁配套2X65MW＋2X135MW 电站项目 EPC 总承包合同 | 21 078. 43 | 火电工程 | EPC（不带融资的）总承包 | |
| 35 | 中国电力建设集团公司 | 印度尼西亚 | 印度尼西亚 MUARA JAWA 2×27. 5 MW 燃煤电站项目 | 8 508 | 火电工程 | EPC（不带融资的）总承包 | |
| 36 | 中国华电集团公司 | 印尼 | Mamuju 火电项目 | 7 777. 2 | 火电工程 | EPC 总承包 | 项目位于印尼西苏拉维西省 Mamuju 市。计划建设装机容量净出力为 2X25MW |
| 37 | 中国电力建设集团公司 | 英国 | 英国 Derwent 电厂、Shutton 电厂、液化气站拆迁重建项目 | 7 700 | 火电工程 | FEPC（带融资的）总承包 | |
| 38 | 中国能源建设集团公司 | 约旦 | 约旦 460MW 油页岩 CFB 项目 | 123 000 | 火电工程 | EPC 总承包 | 广东火电与 APCO 签约 |
| 39 | 中国电力建设集团公司 | 约旦 | 约旦侯赛因联合循环电站 | 27 719 | 火电工程 | EPC（不带融资的）总承包 | |
| 40 | 中国能源建设集团公司 | 越南 | 越南公青 2X660MW 燃煤电站项目一期工程 | 11 111 | 火电工程 | EPC 总承包 | 东北电力设计院与越南公青热电集团有限公司签约 |

续表

| 序号 | 企业名称 | 国家（地区） | 项目名称 | 合同额（万美元） | 工程领域 | 承包方式 | 项目简况 |
|---|---|---|---|---|---|---|---|
| 41 | 中国电力建设集团公司 | 越南 | 越南沿海三期 2X622MW 火电工程 | 10 536. 36 | 火电工程 | 施工承包 | |
| 42 | 中国电力建设集团公司 | 埃塞俄比亚 | 戈巴水电站项目 | 26 820. 74 | 水电工程 | FEPC（带融资的）总承包 | |
| 43 | 中国能源建设集团公司 | 埃塞俄比亚 | 埃塞戈巴水电站项目 | 22 893 | 水电工程 | EPC 总承包 | 葛洲坝国际与尼泊尔 Ambeshwar 水电工程公司签约 |
| 44 | 中国电力建设集团公司 | 巴基斯坦 | 巴基斯坦柯亚华水电站项目土建标 | 14 492. 46 | 水电工程 | 施工承包 | |
| 45 | 中国电力建设集团公司 | 贝宁 | 阿贾哈拉水电站 | 55 107. 89 | 水电工程 | FEPC（带融资的）总承包 | |
| 46 | 中国电力建设集团公司 | 玻利维亚 | 圣何塞水电站土建、道路、引水洞及调压井工程 | 12 499. 81 | 水电工程 | 施工承包 | |
| 47 | 中国电力建设集团公司 | 玻利维亚 | MIGUELITO 水库土建项目建设、压力管道、SJ1 及 SJ2 发电厂房，SAN JOSÉ 水电项目电机设备的供应和安装 | 7 490. 31 | 水电工程 | EPC（不带融资的）总承包 | |
| 48 | 中国能源建设集团公司 | 俄罗斯 | 下布列亚水电站发电枢纽混凝土工程 | 6 078 | 水电工程 | 施工承包 | 黑火一公司与星河电力建设有限责任公司签约 |
| 49 | 中国电力建设集团公司 | 厄瓜多尔 | 厄瓜多尔老虎水电站总承包项目 | 23 635 | 水电工程 | FEPC（带融资的）总承包 | |
| 50 | 中国电力建设集团公司 | 厄瓜多尔 | 厄瓜多尔德尔西水电站总承包项目扩机补充合同 | 6 368. 89 | 水电工程 | EPC（不带融资的）总承包 | |
| 51 | 中国能源建设集团公司 | 菲律宾 | 菲律宾 AGUS VI 水电站 1、2 号机组改造项目 | 3 522 | 水电工程 | EPC 总承包 | 广西水电工程局与菲律宾电力资产负债管理公司（简称 PSALM）签约 |
| 52 | 中国长江三峡集团公司 | 加纳 | 合芒水电站建设项目 | 30 756 | 水电工程 | EPC 总承包 | 总装机容量 93MW，年均发电量 3. 57 亿千瓦时 |

续表

| 序号 | 企业名称 | 国家（地区） | 项目名称 | 合同额（万美元） | 工程领域 | 承包方式 | 项目简况 |
|---|---|---|---|---|---|---|---|
| 53 | 中国能源建设集团公司 | 加蓬 | 加蓬非岛、安贝迪斯水电站项目 | 23 333 | 水电工程 | EPC 总承包 | 葛洲坝国际与加蓬能源部签约 |
| 54 | 中国电力建设集团公司 | 柬埔寨 | 柬埔寨王国桑河二级水电站河床混凝土坝及发电厂房工程 | 18 281 | 水电工程 | 施工承包 | |
| 55 | 中国能源建设集团公司 | 柬埔寨 | 桑河二级水电站导流明渠及左右岸土坝工程 | 9 554 | 水电工程 | 施工承包 | 葛洲坝集团与云南澜沧江国际能源有限公司签约 |
| 56 | 中国电力建设集团公司 | 老挝 | 老挝南塔河 1 号水电站项目主体工程建筑安装 | 14 980 | 水电工程 | 施工承包 | |
| 57 | 中国能源建设集团公司 | 老挝 | 老挝 Nam Phoun 水电站项目 | 12 587 | 水电工程 | EPC 总承包 | 广西水电工程局与 SOK Corporation Co. Ltd 签约 |
| 58 | 中国电力建设集团公司 | 老挝 | 老挝色拉龙一级水电站 EPC 合同框架协议书 | 11 673 | 水电工程 | EPC（不带融资的）总承包 | |
| 59 | 中国电力建设集团公司 | 老挝 | 老挝南桑 3 水电站筹建期及准备期项目总承包 | 8 073. 27 | 水电工程 | EPC（不带融资的）总承包 | |
| 60 | 中国电力建设集团公司 | 老挝 | 老挝南好水电站工程总承包合同 | 4 509. 58 | 水电工程 | EPC（不带融资的）总承包 | |
| 61 | 中国电力建设集团公司 | 老挝 | 老挝南捏河一级水电站砂石项目 | 4 308 | 水电工程 | 施工承包 | |
| 62 | 中国能源建设集团公司 | 老挝 | 老挝会兰庞雅下游水电站项目 | 3 921 | 水电工程 | 设计建造 | 葛洲坝国际与老挝会兰庞雅下游发电有限公司签约 |
| 63 | 中国电力建设集团公司 | 老挝 | 老挝南俄 1 水电站扩机项目土建施工、金属结构安装及机电设备安装工程 | 3 606. 52 | 水电工程 | EPC（不带融资的）总承包 | |
| 64 | 中国电力建设集团公司 | 马来西亚 | 胡鲁水电站 CW3 标-Tembat 厂房土建及附属工程（在建项目新增） | 3 421. 19 | 水电工程 | EPC（不带融资的）总承包 | |

续表

| 序号 | 企业名称 | 国家（地区） | 项目名称 | 合同额（万美元） | 工程领域 | 承包方式 | 项目简况 |
|---|---|---|---|---|---|---|---|
| 65 | 中国电力建设集团公司 | 缅甸 | 缅甸联邦丹伦江滚弄水电站前期工作服务合同 | 4 873. 98 | 水电工程 | 规划勘测设计 | |
| 66 | 中国电力建设集团公司 | 南苏丹 | 朱巴水电站 | 49 092. 42 | 水电工程 | FEPC（带融资的）总承包 | |
| 67 | 中国能源建设集团公司 | 尼泊尔 | 尼泊尔 kali Gandaki Koban 水电站项目 | 29 847 | 水电工程 | EPC 总承包 | 葛洲坝国际与尼泊尔 Ambeshwar 水电工程公司签约 |
| 68 | 中国电力建设集团公司 | 尼泊尔 | 尼泊尔那苏瓦卡里水电站土建和金结 EPC 项目 | 9 847. 15 | 水电工程 | 施工承包 | |
| 69 | 中国长江三峡集团公司 | 尼泊尔 | 那苏瓦卡里水电站土建和金结项目 | 9 844 | 水电工程 | EPC 总承包 | 3 台 37 MW 混流式水轮机引水式电站，装机容量 111 MW |
| 70 | 中国能源建设集团公司 | 塞内加尔 | 塞内加尔桑巴加努水电项目（合同 1 号补遗） | 4 079 | 水电工程 | EPC 总承包 | 葛洲坝国际与冈比亚河流域开发组织（OM-VG）签约 |
| 71 | 中国能源建设集团公司 | 越南 | 越南广义省山茶 1 水电站工程设计、设备和物资供应及主体工程施工合同 | 4 778 | 水电工程 | EPC 总承包 | 广西电力设计院与嘉莱省 4 月 30 日有限责任公司签约 |
| 72 | 国家电网公司 | 埃塞俄比亚 | 埃塞俄比亚 GDHA 500kV 输变电项目 | 145 800 | 输变电工程 | EPC 总承包 | 2014 年 4 月签订 |
| 73 | 国家电网公司 | 埃塞俄比亚 | 埃塞俄比亚轻轨配套输变电项目 | 8 295 | 输变电工程 | EPC 总承包 | 2014 年 9 月签订 |
| 74 | 国家电网公司 | 巴基斯坦 | 巴基斯坦奎塔 132kV 输变电工程（标段 1 和 2） | 5 850 | 输变电工程 | EPC 总承包 | 2014 年 8 月签订 |
| 75 | 国家电网公司 | 巴基斯坦 | 巴基斯坦古兰古 132kV 输变电项目 | 3 200 | 输变电工程 | EPC 总承包 | 2014 年 6 月签订 |
| 76 | 国家电网公司 | 巴西 | 巴西黑贝隆项目 | 8 359 | 输变电工程 | EPC 总承包 | 2014 年 3 月签订 |
| 77 | 国家电网公司 | 巴西 | 巴西马雷夏尔龙东项目 | 2 445 | 输变电工程 | EPC 总承包 | 2014 年 9 月签订 |

续表

| 序号 | 企业名称 | 国家（地区） | 项目名称 | 合同额（万美元） | 工程领域 | 承包方式 | 项目简况 |
|---|---|---|---|---|---|---|---|
| 78 | 国家电网公司 | 波兰 | 波兰科杰尼采 400kV 变电站 EPC 总包项目 | 4 535 | 输变电工程 | EPC 总承包 | 2014 年 5 月签订 |
| 79 | 国家电网公司 | 波兰 | 波兰 400KV 日多沃－凯尔兹科沃至斯武普斯克输电线路和变电站总包工程 | 1 713 | 输变电工程 | EPC 总承包 | 2014 年 6 月签订 |
| 80 | 国家电网公司 | 波兰 | 波兰奥尔斯丁和格但斯克 400kV 输电线路铁塔供货项目 | 1 081 | 输变电工程 | 分包 | 2014 年 10 月签订 |
| 81 | 国家电网公司 | 厄瓜多尔 | 厄瓜多尔 500kV 输变电项目工程 | 3 000 | 输变电工程 | 分包 | 2014 年 2 月签订 |
| 82 | 国家电网公司 | 菲律宾 | 菲律宾 MALITA-MATANAO 输变电项目 | 1 723 | 输变电工程 | EPC 总承包 | 2014 年 12 月签订 |
| 83 | 国家电网公司 | 菲律宾 | 菲律宾 BALINGUEO 230KV 变电站项目 | 1 519 | 输变电工程 | EPC 总承包 | 2014 年 6 月签订 |
| 84 | 国家电网公司 | 加纳 | 加纳阿克拉 330KV 变电站项目标段 1 | 3 181 | 输变电工程 | EPC 总承包 | 2014 年 11 月签订 |
| 85 | 国家电网公司 | 加纳 | 加纳阿克拉 330KV 变电站项目标段 2 | 2 830 | 输变电工程 | EPC 总承包 | 2014 年 11 月签订 |
| 86 | 国家电网公司 | 柬埔寨 | 柬埔寨 230kV 西金边—西哈努克输变电工程铁塔和导线成套项目 | 2 090 | 输变电工程 | EPC 总承包 | 2014 年 10 月签订 |
| 87 | 中国长江三峡集团公司 | 老挝 | 500KV 输变电项目（川圹—纳塞通段） | 62 286 | 输变电工程 | EPC 总承包 | 输电容量最大可达 2350MW。210 千米双回路 500KV 输电线路；新建 2 座 500KV 变电站；扩建、230KV 变电站；8. 5 千米双回路 230KV 输电线路 |

续表

| 序号 | 企业名称 | 国家（地区） | 项目名称 | 合同额（万美元） | 工程领域 | 承包方式 | 项目简况 |
|---|---|---|---|---|---|---|---|
| 88 | 中国长江三峡集团公司 | 老挝 | 500KV 输变电项目（桑怒—丰沙湾段） | 40 107 | 输变电工程 | EPC 总承包 | 170KM 双回路 500KV 输电线路；新建 1 座 500KV 变电站 |
| 89 | 国家电网公司 | 老挝 | 老挝 230kV 巴俄—帕乌东输变电项目 | 16 595 | 输变电工程 | EPC 总承包 | 2014 年 11 月签订 |
| 90 | 国家电网公司 | 马来西亚 | 马来西亚 500 千伏输电线路工程 | 3 228 | 输变电工程 | 分包 | 2014 年 2 月签订 |
| 91 | 国家电网公司 | 尼泊尔 | 尼泊尔黑土拉、达拉克巴、伊纳如瓦 220KV 变电站项目 | 1 975 | 输变电工程 | EPC 总承包 | 2014 年 6 月签订 |
| 92 | 国家电网公司 | 泰国 | 泰国变电站总包项目 | 1 519 | 输变电工程 | EPC 总承包 | 2014 年 12 月签订 |
| 93 | 国家电网公司 | 泰国 | 泰国变电自动化系统采购安装项目 | 1 363 | 输变电工程 | EPC 总承包 | 2014 年 12 月签订 |
| 94 | 中国能源建设集团公司 | 委内瑞拉 | 委内瑞拉中西部电网扩建之科赫德斯—波图格萨输变电项目波图格萨标段 | 44 210 | 输变电工程 | 施工承包 | 葛洲坝国际与委内瑞拉国家电力公司签约 |
| 95 | 中国能源建设集团公司 | 委内瑞拉 | 委内瑞拉南方电网加强项目 | 34 050 | 输变电工程 | EPC 总承包 | 葛洲坝国际与委内瑞拉国家电力公司签约 |
| 96 | 国家电网公司 | 委内瑞拉 | 委内瑞拉唐．路易斯．桑布拉诺火电厂配套输电网扩建项目 | 14 547 | 输变电工程 | EPC 总承包 | 2014 年 12 月签订 |
| 97 | 国家电网公司 | 委内瑞拉 | 委内瑞拉国家调度中心项目 | 5 000 | 输变电工程 | EPC 总承包 | 2014 年 12 月签订 |
| 98 | 国家电网公司 | 伊朗 | 伊朗西亚国家调度中心项目 | 1 750 | 输变电工程 | EPC 总承包 | 2014 年 12 月签订 |
| 99 | 国家电网公司 | 伊朗 | 伊朗西亚 Takestan 风电场项目 | 13 949 | 风电工程 | EPC 总承包 | 2014 年 10 月签订 |
| 100 | 国家电网公司 | 巴西 | 巴西 ITAJOBI 太阳能电站 EPC 总包项目 | 1 460 | 太阳能工程 | EPC 总承包 | 2014 年 12 月签订 |

续表

| 序号 | 企业名称 | 国家（地区） | 项目名称 | 合同额（万美元） | 工程领域 | 承包方式 | 项目简况 |
|---|---|---|---|---|---|---|---|
| 101 | 国家电网公司 | 菲律宾 | 菲律宾太阳能30兆瓦总包 | 3 420 | 太阳能工程 | EPC总承包 | 2014年10月签订 |
| 102 | 国家电网公司 | 菲律宾 | 菲律宾太阳能20兆瓦总包 | 2 430 | 太阳能工程 | EPC总承包 | 2014年12月签订 |
| 103 | 中国能源建设集团公司 | 肯尼亚 | 肯尼亚加里萨50MWp光伏电站项目土建与安装工程分包合同 | 7 936 | 太阳能工程 | 施工承包 | 东北一公司与江西国际与晶科联合体签约 |
| 104 | 中国能源建设集团公司 | 保加利亚 | 保加利亚15MW生物质热电站 | 7 272 | 生物质工程 | EPC总承包 | 华北电力设计院有限公司与保加利亚ENE-MONA股份公司签约 |
| 105 | 中国长江三峡集团公司 | 美国 | 密西西比州富尔顿可再生能源项目 | 32 185 | 生物质工程 | EPC总承包 | 建设一座乙醇生产厂、一座木球生产厂和利用木质素和其他生物质产生的蒸汽发电装机容量23.5MW自备电厂 |
| 106 | 中国能源建设集团公司 | 匈牙利 | 考波什堡Kaposvar）1×10.4MW生物质项目总承包合同 | 6 731 | 生物质工程 | EPC总承包 | 东北电力设计院与匈牙利KBE能源公司签约 |
| 107 | 中国能源建设集团公司 | 阿根廷 | 阿根廷总统及省长大坝项目（合同变更增量） | 82 585 | 水利工程 | EPC总承包 | 葛洲坝国际与阿根廷联邦计划、公共投资和服务部签约 |
| 108 | 中国能源建设集团公司 | 伊朗 | 伊朗大灌溉网一期工程 | 101 309 | 水利工程 | EPC总承包 | 葛洲坝国际与伊朗水资源管理公司签约 |
| 109 | 中国能源建设集团公司 | 埃塞俄比亚 | 姆克莱供水开发项目 | 32 275 | 市政工程 | EPC总承包 | 葛洲坝国际与埃塞俄比亚提格雷省水资源局签约 |
| 110 | 中国能源建设集团公司 | 加纳 | 加纳凯蓬供水扩建项目二期工程 | 35 486 | 市政工程 | EPC总承包 | 葛洲坝集团与加纳自来水公司签约 |
| 111 | 中国能源建设集团公司 | 喀麦隆 | 喀麦隆70至80座城镇中心饮用水构筑物改造与整治、饮用水生产系统与配水系统构新建工程（第一阶段：16个城镇）项目 | 10 158 | 市政工程 | EPC总承包 | 葛洲坝勘测设计院与葛洲坝集团股份有限公司签约 |

续表

| 序号 | 企业名称 | 国家（地区） | 项目名称 | 合同额（万美元） | 工程领域 | 承包方式 | 项目简况 |
|---|---|---|---|---|---|---|---|
| 112 | 中国能源建设集团公司 | 科威特 | 科威特 961 项目 2—4 分区场平、道路、管道安装工程项目 | 10 041 | 市政工程 | 施工承包 | 葛洲坝国际与科威特 HOT 工程建筑公司签约 |
| 113 | 中国能源建设集团公司 | 肯尼亚 | 肯尼亚内罗毕自流供水北部集水隧道施工 1 期项目 | 7 787 | 市政工程 | 施工承包 | 葛洲坝国际与肯尼亚阿西水务局签约 |
| 114 | 中国能源建设集团公司 | 牙买加 | 饮用水供水及污水项目框架协议 | 49 206 | 市政工程 | EPC 总承包 | 葛洲坝集团与牙买加水土环境和气候变化部签约 |
| 115 | 中国能源建设集团公司 | 安哥拉 | 宽多库班古道路修复工程 | 5 148 | 路桥工程 | 施工承包 | 广西水电工程局与 TEICHMANN PLANT ANGOLA LDA 签约 |
| 116 | 中国能源建设集团公司 | 巴基斯坦 | JAGLOT-SKARDU 道路改造工程 | 39 264 | 路桥工程 | EPC 总承包 | 葛洲坝国际与阿根廷国家公路局签约 |
| 117 | 中国能源建设集团公司 | 巴基斯坦 | 巴基斯坦哈桑阿卜杜勒至赫韦利扬 E-35 公路伯翰至加瑞卡斯段项目 | 7 366 | 路桥工程 | 施工承包 | 葛洲坝国际与巴基斯坦高速公路管理局签约 |
| 118 | 中国能源建设集团公司 | 巴基斯坦 | 巴基斯坦哈桑阿卜杜勒至赫韦利扬 E-35 公路加瑞卡斯到萨纳萨勒段 | 6 765 | 路桥工程 | 施工承包 | 葛洲坝国际与巴基斯坦高速公路管理局签约 |
| 119 | 中国能源建设集团公司 | 喀麦隆 | 卢姆—昆巴—蒙德巴—伊桑格雷—阿克巴 222 千米公路整治项目 | 34 361 | 路桥工程 | EPC 总承包 | 葛洲坝集团与喀麦隆公共工程部签约 |
| 120 | 中国能源建设集团公司 | 中国澳门 | 澳门路环—九澳隧道建造工程 | 3 112 | 路桥工程 | 施工承包 | 葛洲坝第二工程有限公司与澳门特别行政区政府建设发展办公室签约 |
| 121 | 中国能源建设集团公司 | 阿尔及利亚 | 阿尔及利亚鲁道姆什市公共租赁住房及室外配套工程项目 | 3 899 | 房屋建筑工程 | 施工承包 | 广西水电集团与中国水利水电第十三工程局有限公司签约 |

续表

| 序号 | 企业名称 | 国家（地区） | 项目名称 | 合同额（万美元） | 工程领域 | 承包方式 | 项目简况 |
|---|---|---|---|---|---|---|---|
| 122 | 中国能源建设集团公司 | 南苏丹 | 南苏丹上尼罗大学 Obel 校区项目 | 58 286 | 房屋建筑工程 | EPC 总承包 | 葛洲坝国际与南苏丹教育、科学和技术部签约 |
| 123 | 中国能源建设集团公司 | 尼日尔 | 尼日尔 5000 套社会住房建设项目 | 20 167 | 房屋建筑工程 | EPC 总承包 | 葛洲坝国际与尼日尔城市规划和住房部签约 |
| 124 | 中国能源建设集团公司 | 尼日利亚 | 尼日利亚住房项目（1） | 38 730 | 房屋建筑工程 | EPC 总承包 | 华北电力设计院与尼日利亚抵押联邦银行签约 |
| 125 | 中国能源建设集团公司 | 尼日利亚 | 尼日利亚住房项目（2） | 16 761 | 房屋建筑工程 | EPC 总承包 | 华北电力设计院有限公司与尼日利亚抵押联邦银行签约 |
| 126 | 中国能源建设集团公司 | 圣多美及普林西比 | 圣多美市城区扩建北区至 GONGá-SANTO AMARO-机场的房建与基础设施 | 30 097 | 房屋建筑工程 | EPC 总承包 | 广西水电工程局与圣多美和普林西比民主共和国 公共工程、基础设施、自然资源和环境部签约 |
| 127 | 中国能源建设集团公司 | 印度尼西亚 | PT. EASTERN OEN-002 轮胎厂二期 | 11 555 | 其他工程 | EPC 总承包 | 东北三公司与 PT. EASTERN O'GREEN 签约 |

# 后　记

在《中国电力行业年度发展报告2015》的编撰过程中，国家发展改革委、国家能源局等政府相关部门给予了大力支持和帮助，国家电网公司、中国南方电网有限责任公司、中国华能集团公司、中国大唐集团公司、中国华电集团公司、中国国电集团公司、中国电力投资集团公司、中国核工业集团公司、中国长江三峡集团公司、神华集团有限责任公司、国家核电技术公司、中国广核集团有限公司、广东省粤电集团有限公司、中国电力建设集团公司、中国能源建设集团公司、内蒙古电力（集团）有限责任公司、北京能源投资（集团）有限公司、申能股份有限公司、陕西省地方电力（集团）有限公司、晋能电力集团有限公司、河北建设投资集团有限责任公司、华润电力控股有限公司、国投华靖电力控股股份有限公司、甘肃省电力投资集团公司等理事单位为报告提供了详实资料，中信证券吴非提供了上市公司数据。蔡声芸、白青峰、黄威、许锡霖、孙蕾、崔霖、邵玮、孙红胜、付燕红、朱虹、余金涛、吴冬、张明霞、赵越、陈丽、宣然、胡啸宇、顾敏芯、梁建红、徐薇、程岭、高坚、褚乐义、曾丽荣等相关单位的人员为本单位资料整理和汇总做了大量协调工作，在此一并表示衷心感谢！

中电联研究室牵头负责报告编制工作，中电联本部王永建、朱志强、冀瑞杰、周丽波、吴江、孔祥博、刘伟涛、吴林娟、吴华旻、欧阳明、吴立强、侯勇、董士波、周慧、丁瑞明、范幼林、高明、李霞、裴杰、石丽娜、张晶杰、刘志强、杨帆、季涛、冀慧敏、余丹雅、徐纯毅、祝慧萍、李书鹏等分别承担了相关章节的撰稿任务。

特别需要说明的是，《中国电力行业年度发展报告2014》出版后，由于统计口径调整完善，国家统计部门对部分同期数据进行了调整，在编撰本年度行业发展报告计算增长（下降）幅度时，均依据了国家统计部门调整后的数据。

受编撰时间、资料收集和编者水平所限，报告难免存在疏漏，恳请读者谅解并批评指正。我们将认真总结，不断改进，进一步提高编撰质量，使《中国电力行业年度发展报告》成为研究、了解、记录电力行业发展的工具，在立足行业、联系政府、服务企业、沟通社会中发挥更大的作用。